プリント形式のリアル過去問で本番の臨場感！

京都府

洛南高等学校附属中学校

2025年春受験用

解答集

本書は，実物をなるべくそのままに，プリント形式で年度ごとに収録しています。
問題用紙を教科別に分けて使うことができるので，本番さながらの演習ができます。

■ 収録内容

・解答集（この冊子です）

書籍ＩＤ番号，この問題集の使い方，最新年度実物データ，リアル過去問の活用，
解答例と解説，ご使用にあたってのお願い・ご注意，お問い合わせ

・2024（令和６）年度 ～ 2021（令和３）年度　学力検査問題

JN131982

○は収録あり	年度	'24	'23	'22	'21		
■ 問題収録		○	○	○	○		
■ 解答用紙		○	○	○	○		
■ 配点							

全教科に解説
があります

注）問題文等非掲載：2024年度国語の3と社会の3

問題文などの非掲載につきまして

著作権上の都合により，本書に収録している過去入試問題の本文や図表の一部を掲載しておりません。ご不便をおかけし，誠に申し訳ございません。

本文の一部を掲載できなかったことによる国語の演習不足を補うため，論説文および小説文の演習問題のダウンロード付録があります。弊社ウェブサイトから書籍ＩＤ番号を入力してご利用ください。

なお，問題の量，形式，難易度などの傾向が，実際の入試問題と一致しない場合があります。

教英出版

■ 書籍ＩＤ番号

入試に役立つダウンロード付録や学校情報などを随時更新して掲載しています。
教英出版ウェブサイトの「ご購入者様のページ」画面で，書籍ＩＤ番号を入力してご利用ください。

書籍ＩＤ番号　109128

（有効期限：2025年9月30日まで）

【入試に役立つダウンロード付録】
「要点のまとめ（国語／算数）」
「課題作文演習」ほか

■ この問題集の使い方

年度ごとにプリント形式で収録しています。針を外して教科ごとに分けて使用します。①片側，②中央のどちらかでとじてありますので，下図を参考に，問題用紙と解答用紙に分けて準備をしましょう（解答用紙がない場合もあります）。

針を外すときは，けがをしないように十分注意してください。また，針を外すと紛失しやすくなりますので気をつけましょう。

① 片側でとじてあるもの

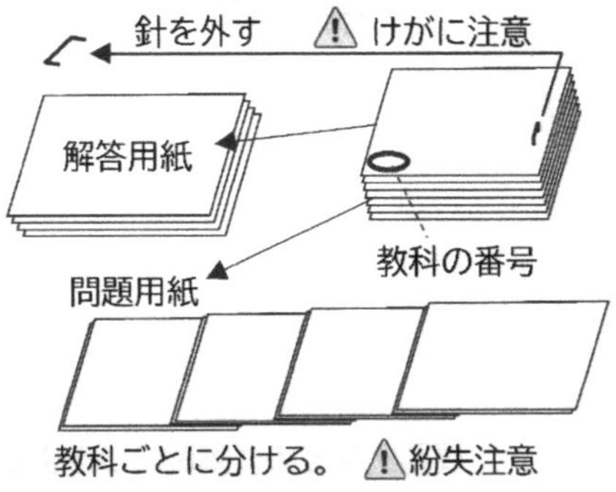

② 中央でとじてあるもの

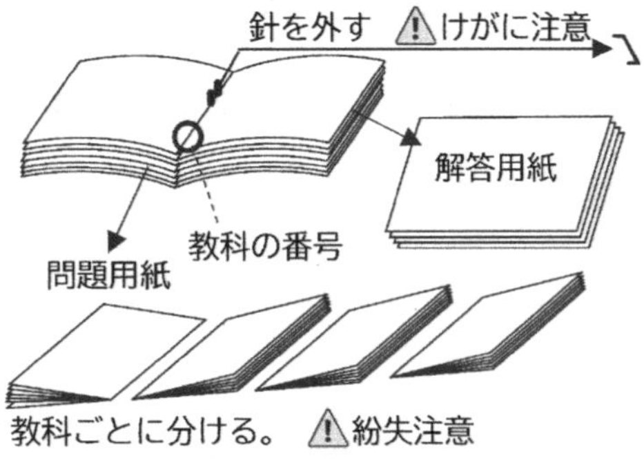

※教科数が上図と異なる場合があります。
解答用紙がない場合や，問題と一体になっている場合があります。
教科の番号は，教科ごとに分けるときの参考にしてください。

■ 最新年度 実物データ

実物をなるべくそのままに編集していますが，収録の都合上，実際の試験問題とは異なる場合があります。実物のサイズ，様式は右表で確認してください。

問題用紙	Ｂ５冊子（二つ折り）
解答用紙	Ｂ４プリント（国：両面　理・社：片面） 算：Ａ４片面プリント

リアル過去問の活用

～リアル過去問なら入試本番で力を発揮することができる～

✿ 本番を体験しよう！

問題用紙の形式（縦向き / 横向き），問題の配置や余白など，実物に近い紙面構成なので本番の臨場感が味わえます。まずはパラパラとめくって眺めてみてください。「これが志望校の入試問題なんだ！」と思えば入試に向けて気持ちが高まることでしょう。

✿ 入試を知ろう！

同じ教科の過去数年分の問題紙面を並べて，見比べてみましょう。

① 問題の量

毎年同じ大問数か，年によって違うのか，また全体の問題量はどのくらいか知っておきましょう。どのくらいのスピードで解けば時間内に終わるのか，大問ひとつにかけられる時間を計算してみましょう。

② 出題分野

よく出題されている分野とそうでない分野を見つけましょう。同じような問題が過去にも出題されていることに気がつくはずです。

③ 出題順序

得意な分野が毎年同じ大問番号で出題されていると分かれば，本番で取りこぼさないように先回りして解答することができるでしょう。

④ 解答方法

記述式か選択式か（マークシートか），見ておきましょう。記述式なら，単位まで書く必要があるかどうか，文字数はどのくらいかなど，細かいところまでチェックしておきましょう。計算過程を書く必要があるかどうかも重要です。

⑤ 問題の難易度

必ず正解したい基本問題，条件や指示の読み間違いといったケアレスミスに気をつけたい問題，後回しにしたほうがいい問題などをチェックしておきましょう。

✿ 問題を解こう！

志望校の入試傾向をつかんだら，問題を何度も解いていきましょう。ほかにも問題文の独特な言いまわしや，その学校独自の答え方を発見できることもあるでしょう。オリンピックや環境問題など，話題になった出来事を毎年出題する学校だと分かれば，日頃のニュースの見かたも変わってきます。

こうして志望校の入試傾向を知り対策を立てることこそが，過去問を解く最大の理由なのです。

✿ 実力を知ろう！

過去問を解くにあたって，得点はそれほど重要ではありません。大切なのは，志望校の過去問演習を通して，苦手な教科，苦手な分野を知ることです。苦手な教科，分野が分かったら，教科書や参考書に戻って重点的に学習する時間をつくりましょう。今の自分の実力を知れば，入試本番までの勉強の道すじが見えてきます。

✿ 試験に慣れよう！

入試では時間配分も重要です。本番で時間が足りなくなってあわてないように，リアル過去問で実戦演習をして，時間配分や出題パターンに慣れておきましょう。教科ごとに気持ちを切り替える練習もしておきましょう。

✿ 心を整えよう！

入試は誰でも緊張するものです。入試前日になったら，演習をやり尽くしたリアル過去問の表紙を眺めてみましょう。問題の内容を見る必要はもうありません。どんな形式だったかな？受験番号や氏名はどこに書くのかな？…ほんの少し見ておくだけでも，志望校の入試に向けて心の準備が整うことでしょう。

そして入試本番では，見慣れた問題紙面が緊張した心を落ち着かせてくれるはずです。

※まれに入試形式を変更する学校もありますが，条件はほかの受験生も同じです。心を整えてあせらずに問題に取りかかりましょう。

2024 解答例 令和6年度　洛南高等学校附属中学校

《国　語》

1 ⑴1．打つ　2．借りる　3．刻む　⑵上手に書こ　⑶ア　⑷自分の作文を広田先生にほめられたのは嬉しいが、それは普通の大人が喜びそうなことを後で考えて書いた作文なので、すなおには喜べない気持ち。
⑸イ　⑹エ　⑺イ　⑻イ　⑼神妙な顔　⑽オ

2 ⑴②群　⑤利益　⑵エ　⑶イ　⑷A．エ　B．ア　C．イ　D．ウ　E．オ　⑸客室　⑹④エ　⑥イ
⑺1．人工的なシステム　2．気持ちのいい人間の居場所　⑻フィクション　⑼1．見物　2．背筋
3．人気　⑽「ガラス」は内と外とを区画し自然と人間とを切断するものだが、「庇」は内部でも外部でもない場所をつくり自然と人間とをひとつにするものだと考えている。

3 ⑴ⅰ．1．オ　2．イ　ⅱ．社会　⑵イ　⑶エ　⑷B．エ　C．ウ　⑸自分の尺度や価値観が広がって、新たな物事が見えてくるようになること　⑹自分の血肉　⑺ⅰ．イ　ⅱ．1．思案　2．証明　3．理解
⑻⑦リジナ　⑧ドバイ　⑩ア　⑼穴　⑽ア　⑾1．自分以外に無関心でいる　2．退屈でさびしい物語
3．すべての人を受け止める素直さ　4．あらゆることに主体的にかかわれる

《算　数》

1 ⑴$\frac{3}{7}$　⑵26　⑶$\frac{2}{3}$　⑷45

2 ⑴1400　⑵5600

3 ⑴184　⑵909　⑶94

4 ア．1　イ．2　ウ．14

5 ⑴18　⑵66　⑶1026

6 ⑴36　⑵36　⑶153

7 ⑴2　⑵18　⑶116

8 ⑴①6　②$\frac{1}{4}$　⑵①18　②15

《理　科》

1 ⑴ウ　⑵①ア　②エ　⑶イ

2 ⑴ア，イ，カ　⑵ウ　⑶イ，エ　⑷①ウ　②ア　⑸①ア　②ア　③ア　④オ　⑤キ

3 ⑴①二酸化炭素　②イ，キ　⑵1.54　⑶①3.58　②うすい塩酸…68　発生する気体…1.04　⑷65

4 ⑴Z　⑵キ　⑶オ　⑷オ　⑸50　⑹①600　②200　③泥→れき→砂　⑺ア

5 ⑴20　⑵ウ　⑶$\frac{320}{9}$　⑷エ　⑸$\frac{500}{7}$　⑹32　⑺4　⑻2　⑼6

《社　会》

1 ⑴オ　⑵ウ　⑶ア　⑷摂政　⑸承久の乱　⑹ウ　⑺エ　⑻イ　⑼本能寺の変　⑽武家諸法度の内容に違反したため。　⑾ウ　⑿津田梅子　⒀ウ　⒁イ　⒂全国水平社　⒃オ　⒄ア　⒅エ　⒆イ　⒇ウ

2 ⑴あ．信濃　い．濃尾　⑵ク　⑶A．英　B．イスラム　⑷カ　⑸エ　⑹オ　⑺イ　⑻ウ　⑼ウ
⑽エ　⑾エ　⑿黒部ダム…ア　地熱…カ　⒀イ

3 ⑴広島　⑵b．両性　c．最低限度　d．教育を受ける　e．勤労　⑶あ．ウ　い．通常　⑷文民であること。　⑸ア　⑹国民主権　⑺イ　⑻気候変動　⑼エ　⑽イ　⑾イ

《2024　国語　解説》

1 (2)　次の一文に「それまでは、ハァちゃんは作文を上手に書こうと思ったし～うまくゆくことが多かった」とある。そんなハァちゃんにとって、「上手に書こうと思うと駄目《だめ》になります」という広田先生の言葉は驚《おどろ》きだった。

(3)　ハァちゃんはこれまで、「作文を上手に書こう」と思って書いてきた。しかし、広田先生は「見たまま、感じたまま、そのまま書くのですよ」と言う。ハァちゃんにとってそれは初めての経験なので、うまくいかなかったのである。よって、アが適する。

(4)　直後の２文に、このときのハァちゃんの気持ちが描《えが》かれている。

(5)　生徒の会話文の内容から、ハァちゃんは、お父さんは特別で、普通の大人ではないと考えていることがわかる。ハァちゃんは、普通の大人ではないお父さんは作文の嘘《うそ》を見ぬけるはずであり、そのことで叱《しか》られると思っていた可能性がある。そのため、予想に反してお父さんが作文をほめてくれたことについて、酒に酔《よ》って上機嫌《じょうきげん》だったからだと自分に言い聞かせたのである。よって、イが適する。

(6)　(5)の解説にあるように、ハァちゃんは作文のことでお父さんに叱られるかもしれないと思っていた。しかし、実際には作文の内容をほめられたので、自分の思ったとおりになっていない。また、お母さんが「日曜日にも読書を許可しては」と言った時、ハァちゃんは「これはしめた」と思った。しかし、結局は「読書は土曜だけでよい」と言われ、思い通りにならなかった。よって、エが適する。

(7)　お父さんに作文をほめられている場面に、「ハァちゃんはそのうち心配になってきた～兄さんたちが自分を馬《ば》鹿《か》にしているのではないか、などと思えてきたのだ」とある。この気持ちは翌朝まで変わっていないと考えられるので、イが適する。

(8)　――線⑧の「なり」は、前の動作が終わった直後に後の動作が行われることを示す言葉である。イは、帰るという動作が終わった直後に閉じこもるという動作が行われているので、これが適する。

(9)　「昨晩の兄たちの」様子が描かれているのは、お父さんが作文をほめている場面であり、「一同神妙《しんみょう》な顔をしてお父さんの言葉を聞いている」とある。

(10)　ミト兄ちゃんは、「つくりもの」の作文を「皆の前で読まれ」たことで、ハァちゃんが嫌《いや》な気持ちになっていることを理解していて、それをジョークで笑い飛ばしてくれた。それを受けて、兄弟四人は「走りながらゲラゲラと笑いまくっていた」。そんな兄弟の様子を見て、ハァちゃんは、他の四人も自分の気持ちをわかってくれていたのだと気づき、安心して、兄弟のありがたさを感じたのである。よって、オが適する。

2 (2)　20 世紀初頭にモダニズム建築が登場した時、人々は熱狂《ねっきょう》し、「人間は～再び自然とつながったと、狂喜《きょうき》した」。しかし実際には、――線③の次の行から始まる段落にあるように、内と外は少しもつながっておらず、その室内環境《かんきょう》は、空調や照明など人工的な技術に依存《いぞん》することで維持《いじ》されていた。よって、エが適する。

(3)　a・b・eは、格助詞の「に」で、c・dは形容動詞の一部である。よって、イが適する。

(5)　１は「至」が、２は「各」が入る。

(7)　――線⑦をふくむ段落と、その後の２段落の内容から読み取る。新しい国立競技場は、箱の代わりに大きな庇《ひさし》を重ねることで、弱い人間を守るとある。箱を作れば、その箱の環境を維持するために、空調や照明といった人工的なシステムに頼《たよ》ることになる。一方、大きな庇を重ねる建築物を作ることについては、「20 世紀的な空調システム、照明システムに頼らずに、気持ちのいい人間の居場所を作ろうとする」と述べている。

⑽　──線⑤をふくむ段落にあるように、「ガラスによって内と外をつなぐというのは～工業化社会のフィクション」である。──線③の次の行にあるように、ガラスの箱を建てたところで、「実のところ、内と外は、少しもつながっていな」い。──線⑥をふくむ段落にあるように、ガラスは「内と外とを区画する」ものであるが、庇は内部でも外部でもない場所を作り出す。最後から２番目の段落にあるように、ガラスではなく開かれた庇だからこそ、人間は自然を感じ、自然とひとつになることができるのである。

3　著作権上の都合により文章を掲載《けいさい》しておりませんので、解説も掲載しておりません。ご不便をおかけし、誠に申し訳ございません。

―《2024　算数　解説》

1　⑴　**【解き方】分子は 21 ずつ，分母は 18 ずつ大きくなっている。**

分子の３つの数の平均はちょうど真ん中の数の 59 になり，分母も同様だから，与式$=\frac{59\times 3}{59\times 7}=\mathbf{\frac{3}{7}}$

⑵　与式$=(\frac{90}{60}-\frac{80}{60}+\frac{75}{60}-\frac{72}{60})\times 2\times 3\times 4\times 5=\frac{13}{60}\times 2\times 3\times 4\times 5=\mathbf{26}$

⑶　与式より，$8+(\square-\frac{5}{8})\times 18\div\frac{33}{4}=89\div 11$　　$(\square-\frac{5}{8})\times 18\times\frac{4}{33}=\frac{89}{11}-8$　　$(\square-\frac{5}{8})\times\frac{24}{11}=\frac{1}{11}$

$\square-\frac{5}{8}=\frac{1}{11}\times\frac{11}{24}$　　$\square=\frac{1}{24}+\frac{5}{8}=\frac{1}{24}+\frac{15}{24}=\frac{16}{24}=\mathbf{\frac{2}{3}}$

⑷　**【解き方】2024 を素因数分解すると，2024＝２×２×２×11×23 となる。**

2024 を差が２となる２数の積で表す。2024＝(２×２×11)×(２×23)＝44×46＝(**45**－１)×(**45**＋１)

2　⑴　**【解き方】２人が１回目にすれ違った地点をＰ，２回目にすれ違った地点をＱとすると，２回目にすれ違うまでの２人の移動の様子は右図のようになる。**

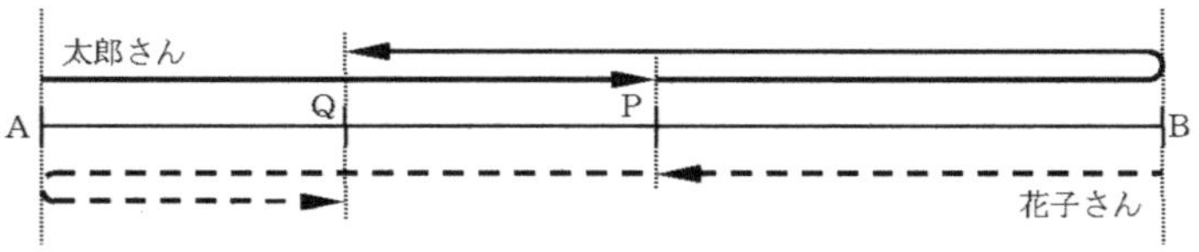

１回目に出会うのは２人が進んだ道のりの和がＡＢ間の道のりと等しくなったときであり，２回目に出会うのは，２人がさらにＡＢ間の道のりの２倍進んだときである。したがって，１回目に出会ってから２回目に出会うまでに進んだ道のりは，２人とも，出発してから１回目に出会うまでに進んだ道のりの２倍である。

花子さんは，１回目に出会ってから２回目に出会うまでに，Ｐ→Ｑ→Ａ→Ｑと進んだから，800＋400＝1200(m)進んだ。よって，出発してから１回目に出会うまでに 1200÷２＝600(m)進んだから，ＰＢ間の道のりは 600m であり，ＡＢ間の道のりは，800＋600＝**1400**(m)

⑵　**【解き方】⑴より，２人が同じ時間に進む道のりの比は，(ＡＰ間の道のり)：(ＰＢ間の道のり)＝800：600＝４：３である。**

２人が同時にＡに着くとき，太郎さんがx往復，花子さんがy往復したとすると，xは整数，yは(整数)＋0.5 となる。４：３をこの条件に合うように最小の値《あたい》の比にすると，(４÷２)：(３÷２)＝２：1.5 となる。

よって，太郎さんが２往復，花子さんが 1.5 往復したとき２人は初めて同時にＡに着くので，求める道のりは，1400×４＝**5600**(m)

3　**【解き方】定価が 10 の倍数のとき，(定価)：(消費税)：(支払う金額)＝10：１：11 となり，支払う金額は定価の$\frac{11}{10}$倍になる。**

⑴　2024÷11＝184 で割り切れるから，求める金額は **184** 円である。

⑵　**【解き方】定価が 10 の倍数のとき，支払う金額は 11 の倍数である。1000 以上の 11 の倍数のうち最小の数は**

11×91＝1001である。

支払う金額が1001円のとき，定価は $1001 \div \frac{11}{10} = 910$(円)である。定価が910－１＝909(円)のときの支払う金額は，$909 \times \frac{11}{10} = 999.9 \to 999$ 円である。よって，求める金額は**909**円である。

⑶　**【解き方】支払う金額が11の倍数になるところに注目する。**

⑵より，1001は11の倍数であり，その直前の1000円は支払う金額とならない。1000円の次の支払う金額にならない金額を探すと，右表より，1011円が見つかる。したがって，支払う金額が11の倍数になったときより１円低い金額が，支払う金額にならない金額である。⑴より2024も11の倍数だから，1001から2024までの11の倍数の個数を求めればよい。1001÷11＝91，2024÷11＝184だから，支払う金額とならないものは，184－91＋１＝**94**(通り)

定価(円)	消費税(円)	支払う金額(円)
910	91	1001
911	91	1002
912	91	1003
913	91	1004
914	91	1005
915	91	1006
916	91	1007
917	91	1008
918	91	1009
919	91	1010
920	92	1012
⋮	⋮	⋮

4　**【解き方】右のようなてんびん図にまとめて考える。**

図Ⅰ

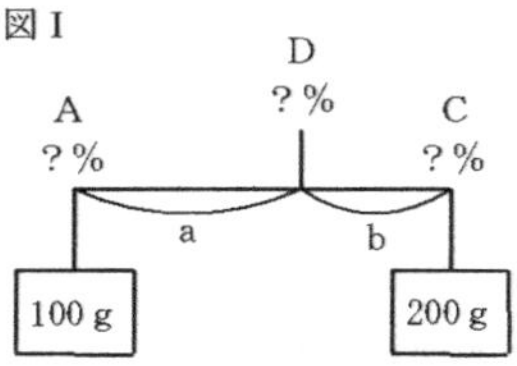

図Ⅱ

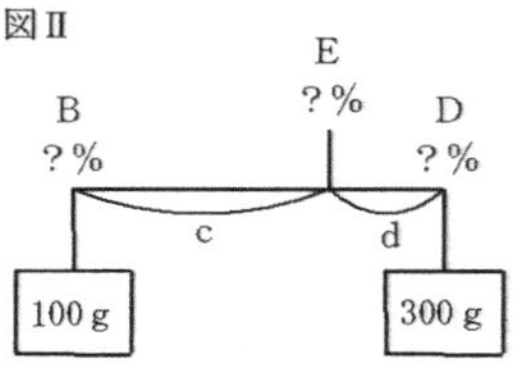

BとDを混ぜたときの図Ⅱにおいて，c：dは100：300＝１：３の逆比の３：１である。BとEの濃度の差が３％なのだから，c＝３％なので，$d = 3 \times \frac{1}{3} = 1$ (％)である。したがって，DとEの濃度の差は１％であり，A(およびB)とDの濃度の差は，３＋１＝４(％)である。

AとCを混ぜたときの図Ⅰにおいて，a：bは100：200＝１：２の逆比の２：１で，a＝４％である。したがって，$b = 4 \times \frac{1}{2} = 2$ (％)だから，CとDの濃度の差は**２**％である。

Eの重さは400gであり，これに水150gを加えると400＋150＝550(g)になる。したがって，水を加える前後での濃度の比は，400：550＝８：11の逆比の11：８だから，EとCの濃度の比は11：８である。EとCの濃度の差は１＋２＝３(％)だから，Cの濃度は，$3 \times \frac{8}{11-8} = 8$ (％)である。

Aの濃度はCより４＋２＝６(％)濃いから，Aの濃度は，８＋６＝**14**(％)

5　⑴　**【解き方】まず２色でぬる場合と３色でぬる場合に分け，さらに同じ色をぬる場所の組み合わせで分けて数える。**

２色でぬる場合，同じ色をぬる場所は，(①と③，②と④)の１パターンである。順番に色を決めると，①と③は３通り，②と④は２通りの決め方があるから，この場合のぬり方は，３×２＝６(通り)

３色でぬる場合，同じ色をぬる場所は，(①と③，②，④)(②と④，①，③)の２パターンである。順番に３色を決めると，３×２×１＝６(通り)の決め方ができるから，この場合のぬり方は，２×６＝12(通り)

以上より，全部で，６＋12＝**18**(通り)

⑵　**【解き方】まず２色でぬる場合と３色でぬる場合に分け，さらに同じ色をぬる場所の組み合わせで分けて数える。**

２色でぬる場合，同じ色をぬる場所は，(①と③と⑤，②と④と⑥)の１パターンである。したがって，この場合のぬり方は，３×２＝６(通り)

３色でぬる場合，同じ色をぬる場所は右表の10パターンである。したがって，この場合のぬり方は，10×６＝60(通り)

①と③	②と⑤	④と⑥
①と④	②と⑤	③と⑥
①と④	②と⑥	③と⑤
①と⑤	②と④	③と⑥
①と③と⑤	②と④	⑥
①と③と⑤	②と⑥	④
①と③と⑤	④と⑥	②
②と④と⑥	①と③	⑤
②と④と⑥	①と⑤	③
②と④と⑥	③と⑤	①

以上より，全部で，６＋60＝**66**(通り)

⑶　**【解き方】⑵から，①と⑥が異なる色の場合，①～⑥のぬり方は 66 通りあるとわかる。①と⑥が異なる色の場合と同じ色の場合で場合分けをする。また，赤，青，緑をそれぞれ，ｒ，ｂ，ｇとする。**

①と⑥が異なる色の場合は次のようになる。

例えば①＝ｒ，⑥＝ｂのとき，⑦～⑩のぬり方は，表Ⅰのように 11 通りある。したがって，①～⑥のぬり方 66 通りの１通りごとに，⑦～⑩のぬり方が 11 通りあるから，この場合のぬり方は，

66×11＝726(通り)

①と⑥が同じ色の場合は次のようになる。

例えば①＝ｒ，⑥＝ｒのとき，⑦～⑩のぬり方は，表Ⅱのように 10 通りある。同様に，②～⑤のぬり方も 10 通りある。①と⑥のぬり方が３通り，②～⑤が 10 通り，⑦～⑩が 10 通りだから，この場合のぬり方は，

３×10×10＝300(通り)

以上より，全部で，726＋300＝**1026**(通り)

表Ⅰ

⑥	⑦	⑧	⑨	⑩	①
b	r	b	r	b	r
b	r	b	r	g	r
b	r	b	g	b	r
b	r	g	r	b	r
b	r	g	r	g	r
b	r	g	b	g	r
b	g	r	b	g	r
b	g	r	g	b	r
b	g	b	r	b	r
b	g	b	r	g	r
b	g	b	g	b	r

表Ⅱ

⑥	⑦	⑧	⑨	⑩	①
r	b	r	b	g	r
r	b	r	g	b	r
r	b	g	r	b	r
r	b	g	r	g	r
r	b	g	b	g	r
r	g	r	b	g	r
r	g	r	g	b	r
r	g	b	r	b	r
r	g	b	r	g	r
r	g	b	g	b	r

6　⑴　**【解き方】三角形ＡＢＧを等積変形する。**

ＡＧとＢＫが平行だから，(三角形ＡＪＧの面積)＝(三角形ＡＢＧの面積)＝18 ㎠

よって，四角形ＡＪＫＧの面積は，(三角形ＡＪＧの面積)×２＝18×２＝**36**(㎠)

⑵　**【解き方】三角形ＡＢＧと合同な三角形を探す。**

三角形ＡＨＣは三角形ＡＢＧと合同だから，三角形ＡＨＣの面積は 18 ㎠である。あとは⑴と同様に，

(四角形ＡＨＭＬの面積)＝(三角形ＡＨＬの面積)×２＝(三角形ＡＨＣの面積)×２＝18×２＝**36**(㎠)

⑶　**【解き方】右のように作図すると，三角形ＣＢＦと三角形ＣＥＡ，三角形ＢＣＩと三角形ＢＤＡはそれぞれ合同である。**

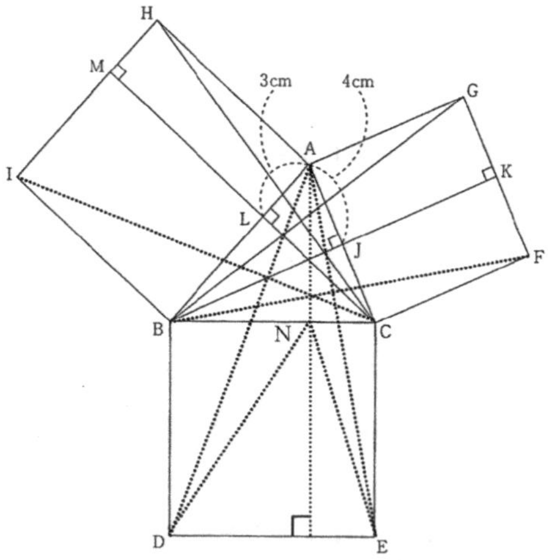

四角形ＡＪＫＧの面積より，ＡＧ＝36÷４＝９(㎝)，

ＪＣ＝９－４＝５(㎝)

(三角形ＣＥＡの面積)＝(三角形ＣＢＦの面積)＝

ＣＦ×ＪＣ÷２＝９×５÷２＝22.5(㎠)

四角形ＡＨＭＬの面積より，ＡＨ＝36÷３＝12(㎝)，

ＬＢ＝12－３＝９(㎝)

(三角形ＢＤＡの面積)＝(三角形ＢＣＩの面積)＝

ＢＩ×ＬＢ÷２＝12×９÷２＝54(㎠)

三角形ＣＥＮの面積は三角形ＣＥＡの面積と等しく 22.5 ㎠，

三角形ＢＤＮの面積は三角形ＢＤＡの面積と等しく 54 ㎠なので，

正方形ＢＤＥＣの面積は，(22.5＋54)×２＝**153**(㎠)

7　⑴　実際にかいてみると図Ⅰのようになる(矢印については⑶参照)。

よって，正方形は**２**個ある。

図Ⅰ

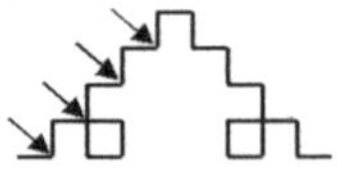

⑵　実際にかいてみると図Ⅱのようになる。よって，正方形は **18 個**ある。

図Ⅱ

⑶　**【解き方】図Ⅰ，図Ⅱから規則性を考える。**

図Ⅰで正方形だったところは，図Ⅱで正方形が５個になっている。図Ⅱのそれ以外の正方形は，図Ⅰで矢印で示したところに１個ずつできている。

図Ⅰで矢印で示した，階段がへこんでいるような部分は，図Ⅱでは左半分に 13 か所あるから，全部で 13×２＝26(か所)ある。よって，図でできる図形の中の正方形の数は，18×５＋26＝**116(個)**

8　⑴①　**【解き方】ア，イ，ウそれぞれの長方形の面どうしが交わる線を考える。**

図Ⅰ

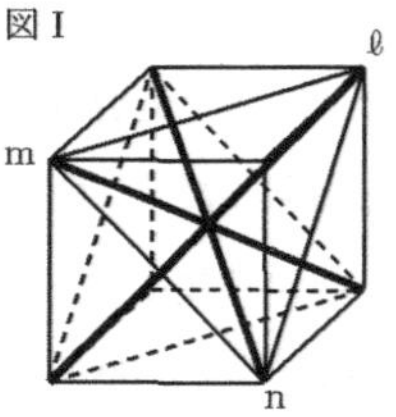

図Ⅱ

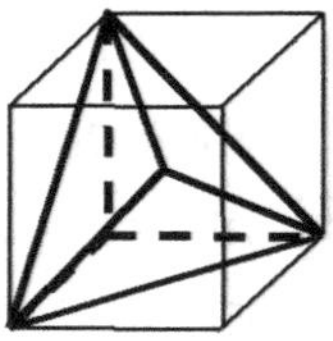

アの長方形の面とイの長方形の面が交わる線は，右の図Ⅰの直線ℓである。アの長方形の面とウの長方形の面が交わる線は，直線mである。イの長方形の面とウの長方形の面が交わる線は，直線ｎである。したがって，重なる部分の立体は図Ⅱの太線の立体だから，面は**６個**ある。

図Ⅲ

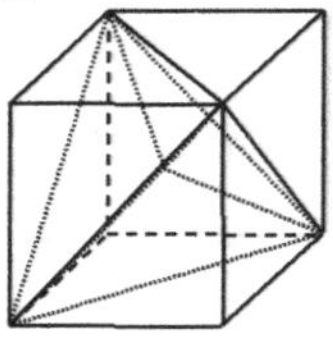

②　図Ⅲのように，立方体は図Ⅱの立体４個に分けることができる。よって，図Ⅱの立体の体積は，$\frac{1\times1\times1}{4}=\frac{1}{4}$(㎤)

⑵①　**【解き方】１辺が３㎝の立方体を大立方体，１辺が１㎝の立方体を小立方体とし，大立方体を小立方体３×３×３＝27(個)に分けて考える。**

図Ⅳ

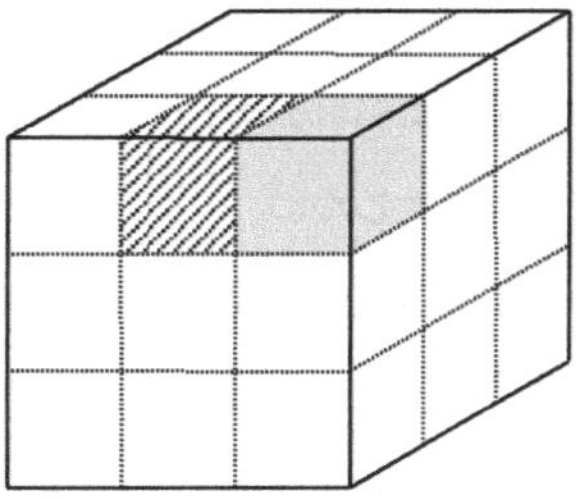

小立方体は，大立方体の頂点にあるもの(Ⓐとする)，大立方体の辺の真ん中にあるもの(Ⓑとする)，大立方体の面の真ん中にあるもの(Ⓒとする)，大立方体の中心にあるもの(Ⓓとする)の４種類に分けられる。

図Ⅴ

図Ⅳは大立方体であり，色つき部分の位置にある小立方体の内部でエ，オ，カと重なる部分はそれぞれ，⑴のア，イ，ウと同じ形である。したがって，Ⓐの内部にできる立体はすべて，図Ⅱの立体と合同である。

図Ⅵ

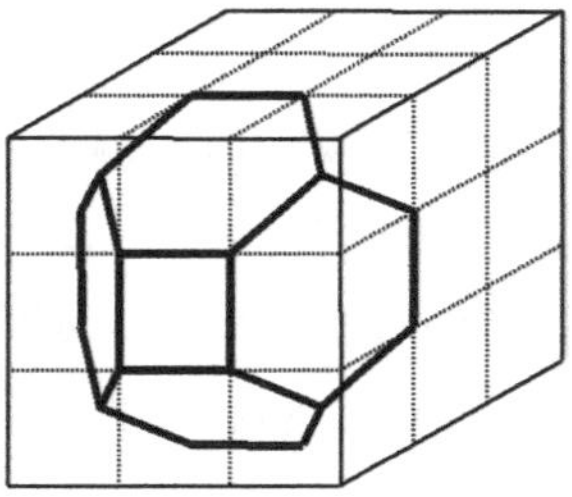

図Ⅳの斜線部分にできる立体は，図Ⅴの立体である。Ⓑの内部にできる立体もすべて同じである。

Ⓒ，Ⓓはすべて，エ，オ，カが重なる部分の立体にふくまれる。

したがって，エ，オ，カが重なる部分の立体の一部は図Ⅵの太線のようになる。この立体には，正方形の面が６個，六角形の面が 12 個(大立方体の辺の数と同じ)あるので，面は全部で，６＋12＝**18(個)**ある。

②　①より，エ，オ，カが重なる部分の立体のうち，Ⓐと重なる部分の体積は$\frac{1}{4}$㎤ずつ，Ⓑと重なる部分の体積は$\frac{1\times1\times1}{2}=\frac{1}{2}$(㎤)ずつ，Ⓒ，Ⓓと重なる部分の体積は１㎤ずつである。

Ⓐは8個，Ⓑは12個，Ⓒは6個，Ⓓは1個あるから，求める体積は，$\frac{1}{4}\times 8+\frac{1}{2}\times 12+1\times 6+1\times 1=$**15**(㎤)

《2024　理科　解説》

1　(1)　温度は低すぎても高すぎても発芽の割合が小さくなる。25℃くらいで発芽する割合が最も大きくなっているウが正答となる。

(2)①　イはカボチャ，ウはソラマメ，エはヒマワリの種子である。　②　表より，レタスは光が当たらないとほとんど発芽しないので，光が当たるようにうすく土をかぶせる。これに対し，カボチャは光を当てるとほとんど発芽しないので，光が当たらないように厚く土をかぶせる。

(3)　草むらの植物のはたらきに着目する。植物は一日中呼吸を行い，光が当たるときには光合成も行う。光合成は二酸化炭素と水を材料にして，でんぷんと酸素をつくり出すはたらきである。植物に光が当たる時間帯では，くもりの日よりも晴れた日の方が光合成が盛んに行われるので二酸化炭素の割合が小さくなり，植物に光が当たらない時間帯では，どちらも同じだけ二酸化炭素を放出するので二酸化炭素の割合は等しくなる。

2　(1)　ウとオは成虫，エはさなぎで冬を越《こ》す。

(5)　入れたアブラムシの数は100匹で等しいから，容器が小さいときの方が容積あたりのアブラムシの数(飼育密度)が大きくなる。どちらの温度でも，容器が小さいとき(飼育密度が大きいとき)の方が，はねのある成虫の割合も死亡率も高いことがわかる。また，どの容器の大きさでも，温度が高い方が死亡率が高いので，アブラムシには過ごしにくいことがわかる。よって，環境《かんきょう》が悪くなると飛んで別の場所へ移動するために，はねのある成虫になると考えられる。

3　(1)①　貝がらの主成分は炭酸カルシウムであり，塩酸と反応すると二酸化炭素が発生する。　②　アは塩素，ウはアルゴン，エは硫化《りゅうか》水素，オはアンモニア，ケは水素である。カのドライアイスは二酸化炭素を固体にしたものであるが，そこから出る白いけむりは，空気中の水蒸気がドライアイスによって冷やされて水てきに変化したものである。クでは気体が発生しない。

(2)　この実験では，発生した気体はすべて空気中に出ていくと考える。表のビーカーに加えた貝がらの合計の重さから電子てんびんの値を引くと，発生する気体の重さを求めることができる。(貝がらの重さ，発生する気体の重さ)＝(1g，0.43g)，(2g，0.86g)，(3g，1.29g)，(4g，1.54g)，(5g，1.54g)となり，貝がらの重さが4gのときと5gのときで，発生する気体の重さが1.54gで等しいから，発生する気体の重さは最大で1.54gである。

(3)①　(2)で，発生する気体の重さが変化しなくなるのは，塩酸がすべて反応してしまうためである。(2)解説より，貝がらが1g反応すると気体が0.43g発生すること，塩酸が100g反応すると気体が1.54g発生することがわかるので，塩酸100gと過不足なく反応する(気体を1.54g発生させるのに必要な)貝がらの重さは$1\times\frac{1.54}{0.43}=3.581\cdots\rightarrow$3.58gである。　②　(3)①解説より，貝がらが1g反応すると気体が0.43g発生するから，貝がらが1gの6倍の6g反応すると，気体が$0.43\times 6=2.58$(g)発生する。塩酸が100g反応した時点で発生している気体は1.54gだから，塩酸を追加して加えたときに発生する気体は$2.58-1.54=1.04$(g)である。また，1.04gの気体を発生させるのに必要な塩酸は$100\times\frac{1.04}{1.54}=67.5\cdots\rightarrow$68gである。

(4)　実験2で発生した気体は$6-4.32=1.68$(g)である。ここでは200gの塩酸を用いているので，気体は最大で$1.54\times 2=3.08$(g)まで発生する。つまり，6gのチョークにふくまれている貝がらと同じ成分はすべて反応したことがわかる。よって，(3)②解説より，貝がらが6g反応したときに発生する気体は2.58gだから，チョークにふくまれている貝がらと同じ成分の割合は$\frac{1.68}{2.58}\times 100=65.1\cdots\rightarrow 65\%$である。

4 (1) 標高150mのbとcでは，掘《ほ》りはじめた地層がX，地表から50m真下にW（Yの上面とほぼ同じ高さ）があり，地表から100m真下にZの上面がある。よって，下から順に，Z→Y→W→Xである。

(2) Wの標高に着目して，地層のかたむきを考える。山頂の標高は230mで，地表から130m真下でWにぶつかったから，山頂の真下のWの標高は230－130＝100(m)である。同様に考えると，bとcでは150－50＝100(m)，aとdでは100－50＝50(m)となるから，この地域の地層は，南北方向にはかたむきがなく，西に2マス→100m進むと50m低くなるようにかたむいていると考えられる。

(3) いろいろな色をしたガラスのような角ばった粒《つぶ》が見えたことから，オと判断する。ア，イ，ウの粒は，川を流れてくる間に川底や他の石にぶつかるなどして角がとれ，丸みを帯びている。また，エは貝がらやサンゴなどの炭酸カルシウムを主成分とする生物の死がいが押し固められたものである。

(5) (2)解説より，eはaやdより100m西にあるから，eの真下のWの標高はaやdよりも50m低い0mである。eの標高は50mだから，eでは真下に50m掘り進むとWにぶつかる。

(6)① 図で，fからZの東のはしまでの長さは12マス→600mである。　② fの標高は0mであり，トンネルはfから東に向かって水平に掘られるから，fの東でWの標高が0mになる地点を考えればよい。(5)解説より，eの真下のWの標高が0mであり，南北方向にかたむきがないことから，eの真北で，fから東に4マス→200mの地点でWにぶつかる。　③ (6)②で，Wにぶつかるとほぼ同時にYにぶつかり，その後Zにぶつかるから，X（泥《どろ》）→Y（れき）→Z（砂）の順である。

(7) bでは，地表から真下に50m掘り進むとW（Yの上面とほぼ同じ）があり，さらに50m掘り進むとZの上面がある。図iのように考えて，色のついた直角三角形に着目すると，斜辺《しゃへん》の長さが50mだから，Yの厚さは50mよりうすいことがわかる。

図 i

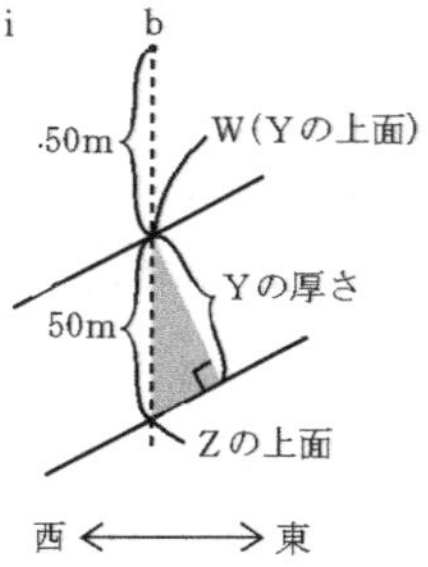

5 ここでは，レールと床《ゆか》が接する点がてこの支点である。また，その真上には常にPの中心がくる。

(1) AとBの床からの高さが等しいとき，支点からの水平距離《きょり》も等しくなる。てこがつりあうのは，てこをかたむけるはたらき〔おもりの重さ×支点からの水平距離〕が支点の左右で等しくなるときだから，AとBの支点からの水平距離が等しいとき，AとBの重さも等しい。

(2) AとBの重さは等しく，つりあうときの支点からの水平距離も等しくなるから，(1)解説より，高さも等しくなる。

図 ii

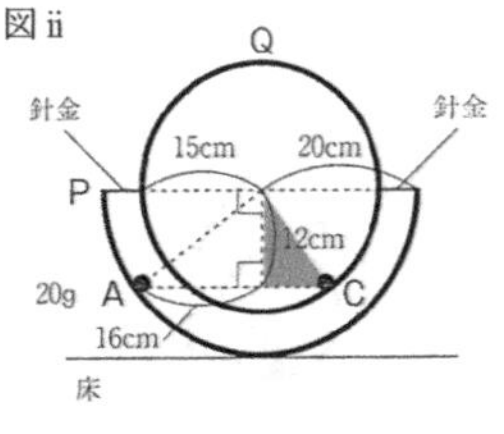

(3) 図iiの色のついた三角形は辺の比が3：4：5の直角三角形だから，Cの支点からの水平距離は$15\times\frac{3}{5}=9$(cm)である。このとき，Aがてこをかたむけるはたらきは20(g)×16(cm)＝320だから，Cがてこをかたむけるはたらきも320になるのは，Cの重さが320÷9(cm)＝$\frac{320}{9}$(g)のときである。

(4) QはPよりも半径が小さいので，AとDの高さが等しくなるとき，図4のCのときと同様に，Dの方が必ず支点からの水平距離が小さくなる。よって，Dの重さはAより重くなければならない。

図iii

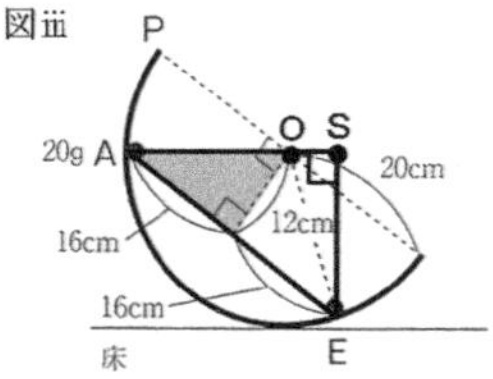

(5) 図iiiにおいて，色のついた三角形は辺の比が3：4：5の直角三角形であり，三角形AESはこれと同じ形である。AE＝16＋16＝32(cm)より，AS＝$32\times\frac{4}{5}=$25.6(cm)であり，Eの支点からの水平距離は25.6－20＝5.6(cm)である。Aの支点からの水平距離はAO＝20(cm)だから，Aがてこをかたむけるはたらきは20(g)×20(cm)

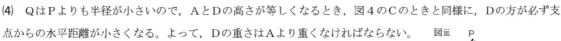

＝400であり，Ｅの重さは400÷5.6(cm)＝$\frac{500}{7}$(ｇ)である。

(6)　Ｂの支点からの水平距離は０cmだから，Ｂがてこをかたむけるはたらきは考えなくてよい。図ivにおいて，色のついた三角形は辺の比が３：４：５の直角三角形であり，三角形ＡＢＴと三角形ＯＵＦはこれと同じ形である。ＡＢ＝16＋16＝32(cm)より，ＡＴ＝32×$\frac{3}{5}$＝19.2(cm)だから，Ａがてこをかたむけるはたらきは20(ｇ)×19.2(cm)＝384である。また，ＯＦ＝20(cm)より，ＵＦ＝20×$\frac{3}{5}$＝12(cm)だから，Ｆの重さは384÷12(cm)＝32(ｇ)である。

図iv

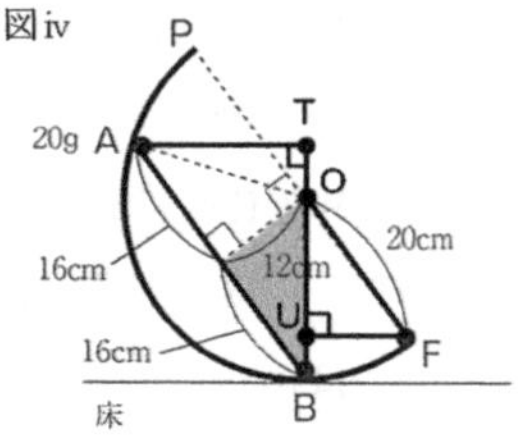

(7)　Ａの高さが最大になるのは，Ｇがてこをかたむけるはたらきが最大になるときだから，Ｇの支点からの水平距離が８cmになるときである。このとき，Ｇがてこをかたむけるはたらきは30(ｇ)×８(cm)＝240であり，Ａの支点からの水平距離は240÷20(ｇ)＝12(cm)となる。よって，図ｖで，三角形ＯＡＶは斜辺が20cm，辺の比が３：４：５の直角三角形だから，ＯＶ＝20×$\frac{4}{5}$＝16(cm)であり，Ａの床からの高さ(ＶＷ)はＯＷ－ＯＶ＝20－16＝４(cm)である。

図ｖ

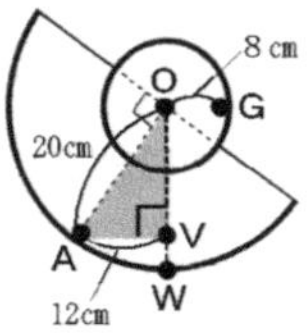

(8)　Ｇはレールの内側にそってなめらかに動くので，Ｒ内で最も低い位置に来る。Ａは図８の位置で固定されていて，図８の向きで，ＧがＲ内の最も低い位置に来れば，ＡとＧはどちらも支点からの水平距離が０になるので，つりあう。よって，Ｇの床からの高さは20－10－８＝２(cm)である。

(9)　まず，Ｐがどのような向きのときにつりあうかを考える。例えば，図viの向きにすると，Ｐは時計回りに回転し，図viiの向きにしても，Ｐは時計回りに回転する。これに対し，図viiiの向きにすると，Ｐは反時計回りに回転するから，つりあうのは図viiと図viiiの間の図ixのような向きのときである。Ｇが常にＲの中心の真下にくることに着目すると，つりあうときの装置は図ｘのように考えることができる。図ｘにおいて，Ｇは30ｇのおもり，Ｇ′はＲの中心，ＯはＰの中心，Ａは20ｇのおもり，ＺはＰが床と接する点(支点)である。ＡとＧの重さの比は20：30＝２：３であり，つりあうのはＡとＧの支点からの水平距離の比が重さの逆比と等しくなるときだから，ＡＹ：Ｇ′Ｘ＝３：２である。また，三角形ＡＯＹと三角形ＯＧ′Ｘは同じ形だから，対応する辺の長さの比は，20：10＝２：１である。ここでＡＹの長さを$\boxed{3}$とすると，Ｇ′Ｘは$\boxed{2}$であり，ＯＸは$\boxed{3}\times\frac{1}{2}=\boxed{1.5}$となるから，Ｇ′Ｘ：ＯＸ＝$\boxed{2}:\boxed{1.5}$＝４：３より，三角形ＯＧ′Ｘは辺の比が３：４：５の直角三角形であることがわかる。よって，ＯＸ＝10×$\frac{3}{5}$＝６(cm)であり，Ｇの床からの高さはＯＺ－ＯＸ－Ｇ′Ｇ＝20－６－８＝６(cm)である。

図vi

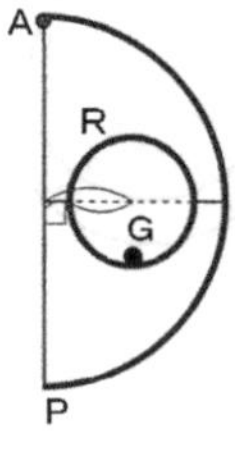

図vii

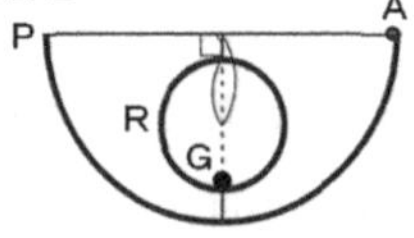

図viii

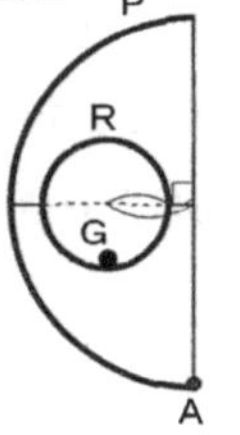

図ix

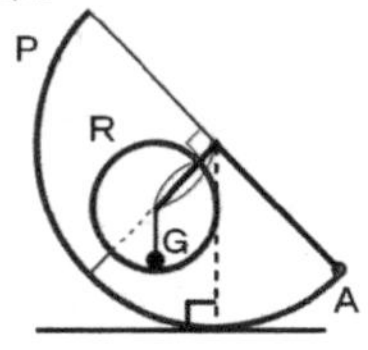

図ｘ

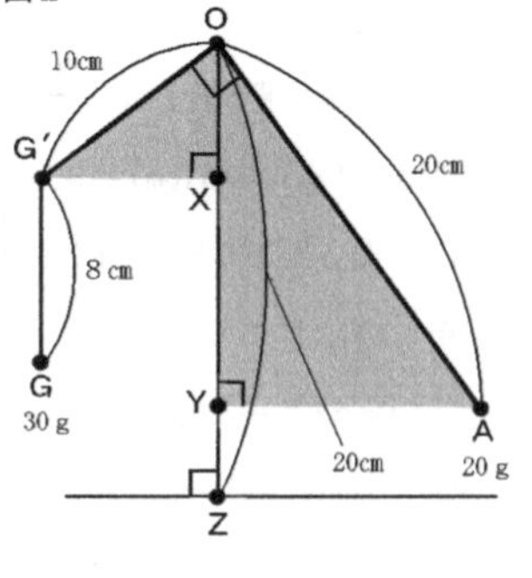

《2024　社会　解説》

1 (1) オ　　吉野ヶ里遺跡は佐賀県にある。

(2) ウ　　『魏志』倭人伝に，卑弥呼が親魏倭王の称号と金印，百枚あまりの銅鏡を授かったと書かれている。漢委奴国王は，奴国の王が授かったとされる金印に刻まれていたものであり，その金印は『後漢書』東夷伝に書かれたものとされている。

(3) ア　　光明子は，聖武天皇の愛用品を東大寺の正倉院に納めた。イは法隆寺にある玉虫厨子(飛鳥時代)，ウは平家納経(平安時代末期)，エは尾形光琳の八橋蒔絵螺鈿硯箱(江戸時代)，オは高村光雲の老猿(明治時代)。

(4) 摂政　　藤原氏は，天皇が幼少のときは摂政として，成人してからは関白として，政治の実権をにぎった。このような藤原氏の政治を摂関政治という。

(5) 承久の乱　　後鳥羽上皇は，源氏の将軍が三代で途絶えたことから，政治の実権を朝廷に戻そうとして，当時の執権である北条義時に対して挙兵した。北条政子の呼びかけに集まった関東の御家人の活躍で，鎌倉幕府方が勝利し，鎌倉幕府の勢力は西日本まで及んだ。

(6) ウ　　永仁の徳政令の内容である。アは「楽市令」，イは「朝倉孝景条々」，エは「大宝律令」など，オは「二条河原落書」。

(7) エ　　浮世絵は，江戸時代に描かれた。

(8) イ　　足軽が描かれている。足軽は，軽装で機動力に富み，集団で戦って，略奪などを行った。アは長篠の戦い，ウは文永の役(元寇)，エは倭寇，オは大塩平八郎の乱を描いた作品。

(9) 本能寺の変　　明智光秀が織田信長を滅ぼしたことを知った豊臣秀吉は，すぐに中国地方から戻り，山崎の戦いで明智光秀に勝利し，天下統一の足掛かりとした。

(10) 武家諸法度には，「無断での城の修築の禁止」「参勤交代」「五百石以上の大型船の建造の禁止」など，さまざまな制約が定められた。福島正則などが武家諸法度に違反したとして改易になっている。

(11) ウ　　箱根関所は，東海道にある。

(12) 津田梅子　　「6歳」「アメリカ合衆国に渡り」「彼女が設立した女子英学塾」などから津田梅子と判断する。津田梅子は，岩倉使節団とともにアメリカ合衆国に渡り，その後，女子英学塾(現在の津田塾大学)を設立した。

(13) ウ　　オ(1860 年・桜田門外の変)→イ(1863 年・薩英戦争)→ウ(1866 年・薩長同盟)→ア(1867 年・大政奉還)→エ(1868 年・戊辰戦争江戸城無血開城)

(14) イ　　絵の題名はメンザレ号の救助である。ノルマントン号事件で，日本人乗客 20 数名が水死したが，イギリス人の船長に無罪判決が言い渡されたことから，領事裁判権の撤廃の気運が高まった。イギリスの対応の悪さによって日本人の条約改正の意識が高まったことを不満に思ったビゴーは，ノルマントン号事件の翌年にメンザレ号事件が起きたことから，イギリスを批判した風刺画を描いた。

(15) 全国水平社　　1922 年の水平社宣言である。

(16) オ　　国民全員を総動員することができる国家総動員法は，太平洋戦争(1941～1945 年)より前の 1938 年に制定された。

(17) ア　　憲法をつくる仕事に力を注いだのは伊藤博文らである。二・二六事件で殺害されたのは高橋是清や斎藤実である。

(18) エ　　国際連合の安全保障理事会には5の常任理事国(アメリカ合衆国・イギリス・フランス・中国・ソ連)があり，常任理事国には議案を廃案にする拒否権があった。日本が西側諸国として国際連合に加盟することを懸念したソ連は，拒否権を発動して日本の国際連合加盟に反対していた。1956 年に日ソ共同宣言が発表され，国交が回復したことから，ソ連の反対がなくなり，日本の国際連合加盟が実現した。

(19) イ　日本人のノーベル文学賞受賞者は，川端康成と大江健三郎だけである。

(20) ウ　アは 2001 年，イは 1965 年頃，エは 1950 年，オは 2010 年。

2　(1) あ＝信濃　い＝濃尾　信濃川は，長野県では千曲川と呼ばれる。岐阜県から愛知県にかけて広がる濃尾平野には，木曽三川(木曽川・長良川・揖斐川)が流れる。

(2) ク　A．誤り。三角州は堆積作用によって形成される。B．誤り。三角州は湖に注ぐ河口にも形成される。C．誤り。低平な土地に形成される三角州は土砂災害の危険性は低い。

(3) A＝英語　B＝イスラム教　A．「日本の約 2.5 倍の人口」「多くの移民」「航空機」などからアメリカ合衆国と判断する。B．ピラミッドがあるのはエジプトであり，北アフリカと西アジアではイスラム教が広く信仰されている。

(4) カ　甲武信ヶ岳は，甲州(山梨)・武州(埼玉)・信州(長野)にまたがる。

(5) エ　夏でも冷涼な気候を利用して，野辺山原では夏にレタスやキャベツを栽培する。

(6) オ　東京都は，せまい範囲に人口が集中しているため，47 都道府県の中で騒音の苦情が最も多い。大気汚染・水質汚濁・土壌汚染・騒音・振動・地盤沈下・悪臭を典型７公害という。日本最大の工業地帯である中京工業地帯が位置する愛知県は，大気汚染の苦情が最も多い。

(7) イ　小型魚のいわしは，一本釣りに適していない。にしんは北海道の漁港，冷凍かつおは静岡県の焼津港，生鮮かつおは宮城県の気仙沼港の水揚げが多い。

(8) ウ　A．誤り。水屋は，水害時の避難用の建物であり，排水機能はない。B．正しい。

(9) ウ　ア．誤り。ＪＲ中津川駅の駅前には警察署(⊗)ではなく交番(X)がある。イ．誤り。本町には図書館(🕮)はあるが発電所(☼)はない。エ．誤り。この地図は主曲線が 10mごとに引かれていることから，25000 分の１地形図である。城山の南側を流れる川の沿岸の標高が 269mと表示されていることから，城山にある城跡の標高は 400mを超えている。

(10) エ　最上川は，４月になると雪解け水が流れ込むことで流量が増える。太平洋側では，季節風の影響を受けて，夏の降水量が増えるので，夏の流量が多くなる。瀬戸内地方は，夏と冬の季節風が四国山地や中国山地にさえぎられることで，１年を通して降水量が少ないので，１年を通して流量が少ない。

(11) エ　桂川・宇治川・木津川の合流する地点は，大阪府と京都府の境界にある。

(12) 黒部ダム…ア　地熱…カ　水力発電は，戦後より安定した発電量を供給している。２度の石油危機を受けて，石油に代わる代替エネルギーを開発するサンシャイン計画に後押しされ，1970 年代から九州・東北地方に地熱発電所が建設されたため，再生可能エネルギーの中でも地熱発電の歴史は古い。イは火力，ウは原子力，エは太陽光，オは風力。

(13) イ　印刷・同関連業は，出版社・官庁・企業が集中し，経済活動・文教活動の盛んな大都市周辺で発達するから，県庁所在地の熊本市の工業製品出荷額等が多くなる。熊本市の北東部に隣接する菊陽町には，台湾の半導体企業(ＴＳＭＣ)の工場が進出している。また，Bの工業製品出荷額が他の２つより極端に多いことからも，Bは電子部品・デバイス・電子回路製造業とわかる。

3　(1) 広島　2000 年代の日本におけるサミット開催地は，九州・沖縄，北海道洞爺湖，伊勢志摩，広島である。

(2) b＝両性　c＝最低限度　d＝教育を受ける　e＝勤労　第 24 条は個人の尊厳と両性の平等，第 25 条は生存権，第26条は教育を受ける権利と普通教育を受けさせる義務，第27条は勤労の権利と義務が規定されている。

(3)㋐ ウ　衆議院の優越によって，予算先議権は衆議院にある。ア．誤り。衆・参ともに選挙権は満 18 歳以上の国民に与えられる。イ．誤り。参議院は，３年ごとに選挙を行い，半数の議員を入れ替えている。エ．国政調査権は，衆議院と参議院が対等にもつ権利である。㋑ 通常　通常国会(常会)は，１月に召集される。

(4) 文民であること　文民とは職業軍人でないことを意味する。文民が，軍の最高指揮監督権をもつことを，文民統制(シビリアンコントロール)という。

(5) ア　令和２年度から令和４年度にかけて，大幅赤字から黒字に転じていることが図１から読み取れるので，財政が好転する内容がⅠとⅡにあてはまる。

(6) 国民主権　日本国憲法の三大原則は，平和主義・国民主権・基本的人権の尊重である。

(7) イ　安全保障理事会は，５の常任理事国と 10 の非常任理事国で構成されている。

(8) 気候変動　17 の目標は右表を参照。

1	貧困をなくそう	10	人や国の不平等をなくそう
2	飢餓をゼロに	11	住み続けられるまちづくりを
3	すべての人に健康と福祉を	12	つくる責任 つかう責任
4	質の高い教育をみんなに	13	気候変動に具体的な対策を
5	ジェンダー平等を実現しよう	14	海の豊かさを守ろう
6	安全な水とトイレを世界中に	15	陸の豊かさも守ろう
7	エネルギーをみんなに そしてクリーンに	16	平和と公正をすべての人に
8	働きがいも 経済成長も	17	パートナーシップで目標を達成しよう
9	産業と技術革新の基盤をつくろう		

(10) イ　南スーダン共和国が 193 番目の国連加盟国である。

(11) イ　日本の合計特殊出生率が 1.3〜1.4 であることは知っておきたい。合計特殊出生率が２未満になると，人口減少が進む。

2023 解答例 令和5年度　洛南高等学校附属中学校

《国　語》

1　(1)②覚　⑩放　⑬治　(2)救急車はま　(3)a．エ　b．ア　c．ウ　d．オ　e．イ　(4)1．ざむき　2．むし／いどころ　3．した／づみ　4．がえり　(5)④だに　⑫なり　(6)イ　(7)1．ウ　2．エ　3．ア　4．オ　5．イ　(8)自分の内にある感情をきちんと伝え、相手の思いをきちんと受け止められてこそ本当の友だちだ、ということ。　(9)⑧ウ　⑨エ　⑪ク　(10)自然　(11)三つめ…「なるほど　四つめ…「加奈子さ

2　(1)②頭脳　④表層　⑥予測　(2)ウ，オ　(3)無償の愛の行為だ　(4)エ　(5)C　(6)1．うろ　2．から　3．け　(7)1．つける　2．さむく　3．うるさい　(8)ウ　(9)料理とは、人間と自然とのつながりを考え、食べる人のことを思い、幸せを感じる行為。

3　(1)ア　1．やる　2．あがる　3．つく　(2)1．腹　2．足　3．目　4．耳　(3)1．コピー　2．シート　3．フリー　(4)エ　(5)ア　(6)A．目的　B．手段　(7)a．言葉をもつ　b．コミュニケーションのための手段　c．想像力　d．「いま・ここ」　e．はるかな未来　(8)X．これまで　Y．これから　(9)人間が言葉によって、自分自身の人生をつくりだし、その人生を生きていくということ。

《算　数》

1　(1)3333　(2)9999　(3)56　(4)$\frac{5}{6}$　(5)10　(6)6

2　ア．4　イ．13　ウ．1728　エ．9828

3　(1)1234　(2)A．6　B．8　C．2　D．4

4　(1)4：1　(2)146

5　(1)90　(2)$\frac{1}{3}$

6　(1)5：13　(2)72：13：5

7　(1)六〔別解〕正六　(2)(ア)12　(イ)162　(ウ)162

8　(1)12　(2)(ア)4　(イ)15

《理　科》

1　(1)ウ　(2)エ　(3)タンポポ…ク　キャベツ…ウ　ツバキ…エ　(4)①じょうさん　②イ，ウ

2　(1)えら　(2)1．イ　2．ア　3．ウ　(3)ウ，エ　(4)ウ　(5)エ，オ，ク

3　(1)1．ア　2．エ　3．ウ　4．ク　(2)①カ　②ウ，エ　(3)①ア，イ　②オ　③手であおいでかぐ。(4)①2.67　②0.2　③ア，イ

4　(1)1.8　(2)結ろ　(3)カ　(4)ウ　(5)ア　(6)0.248　(7)ウ　(8)④

5　(1)4　(2)60　(3)100　(4)12　(5)ア．560　イ．240　ウ．24　(6)D．290　E．395　F．395　(7)D．80　E．220　F．360

《社　会》

1 ⑴イ　⑵イ→エ→ウ→ア　⑶ウ　⑷班田収授　⑸大宝律令　⑹イ　⑺エ　⑻ク　⑼一遍　⑽明
⑾オ　⑿ザビエル　⒀エ　⒁ア　⒂ウ　⒃オ　⒄エ　⒅エ　⒆水俣病　⒇オ

2 ⑴あ．アイヌ　い．フォッサマグナ　⑵イ　⑶ウ　⑷オ　⑸ア　⑹海や河川に近接した標高が低い地域
⑺ウ　⑻ウ　⑼イ　⑽ウ　⑾ア　⑿ア　⒀ア　⒁ア

3 ⑴ａ．ルーブル　ｂ．外国為替相場（下線部はレートでもよい）　ｃ．利子〔別解〕利息　ｄ．条例　⑵ク　⑶ウ
⑷イ　⑸エ　⑹ｅ．公平　ｆ．弁護人　ｇ．国　⑺核兵器を保有しているアメリカと同盟を結んでいるため。
⑻国債　⑼イ　⑽イ

《2023　国語　解説》

1 (2)　杏里《あんり》は、「おばあちゃんに何かあったんじゃ」ないかと不安になり、救急車のサイレンの音が大きくなるのにしたがって、その不安もどんどんふくらんでいった。しかし、救急車は家の近くのマンションの前にとまり、けがをしたのは高校生だという会話が聞こえてきたため、杏里は少し落ち着きを取りもどした。「救急車はまた～遠ざかっていった」という描写《びょうしゃ》から、杏里の不安をかきたてた救急車のサイレンの音が小さくなっていく様子が読み取れる。したがって、この描写は、杏里の気持ちが静まっていく様子を間接的に表している。

(6)　このあと美穂《みほ》は、「杏里に会う前に友だちから無視されていたことがあって」と話している。その後の話の流れから、美穂が友だちに無視されるようになったのは、美穂が相手を傷つけることを言ってしまったからだと推測できる。また、美穂は、自分は「考え無しのとこ」があり、自分の言葉で「ときどき、相手を嫌《いや》な気分にさせちゃう」ことがあるとも言っている。つまり、美穂には、考えが浅いことで相手を傷つけることを言ってしまうところがあり、以前そのせいで人間関係をこじらせたことがあった。それが原因で、自分の思っていることを正直に言うのが恐《こわ》いという気持ちになっていたのである。よって、イが適する。

(7) 1　少し後の「走ってきたのだ」より、美穂が杏里を追いかけてきたことがわかる。よって、ウが適する。

2　この前後で、美穂は言いにくいことを杏里に話しているので、杏里の顔を直視することができず、下を見たと考えられる。よって、エが適する。　3　直後に「背の高い杏里を見上げてくる」とある。《　2　》で目を伏《ふ》せた美穂は、ここで顔を上げ、杏里を見上げたのである。よって、アが適する。　4　直後の「口元にエクボができた」や、少し後の「きれいな笑顔だった」より、美穂が笑ったことがわかる。よって、オが適する。　5　直後で、美穂は杏里をかばうような発言をしている。杏里は悪くないということを伝えるために、美穂は杏里の母の方にふみ出したと考えられる。よって、イが適する。

(8)　杏里は、直前で美穂が言ったことに対して、「その通りだ」と思っている。美穂は、「友だちって思っていることを言い合えるから友だちでしょ～『嫌だ』も言えないようなのって、おかしいよね」と言っている。これと同じような内容が書かれているのが、――線⑦の11～14行後の「自分の内にある感情をきちんと伝える。相手の思いをきちんと受け止める～友だちって、そういうものだろう」の部分である。この部分を中心にまとめる。

(9)⑧　美穂は、本当の友だちであれば、「自分の内にある感情をきちんと伝え」てほしいと思っている。そのことを言った上で、杏里に対して、「つごうの悪いときや、気持ちの合わないときに、ちゃんと『嫌だ』と言ってほしいと伝えているということは、杏里が本当の友だちであってほしいと願っているということである。よって、ウが適する。　⑨　杏里は、３行前の「無理して、あたしに、付き合ったりしないで」という美穂の言葉に「わかったよ」と返事をした。――線⑨はこのことを受けているので、エが適する。　⑪　ここより前で、杏里の母は、杏里が頼まれたことを放り出して外出したことを責めている。２～３行前には「もっと、美穂を信じるべきだったのだ。自分の責任を考えるべきだったのだ」とあり、――線⑪はこのことを受けているので、クが適する。

(10)　［　　］をふくむ菊枝の言葉を聞いた杏里は、「そうか、友だちも家族も同じなんだ。自然のままに。自然のまま互いが心地よくいられる。そんな関係が一番、すてきなんだ」と考えている。これは、菊枝の「もっと、自然でいいの。でないと～お互《たが》い居心地《いごこち》悪くなるでしょ」という言葉を聞いて考えたことである。

(11)　三つめの場面は、杏里の母が初めて登場するところから始まり、四つめの場面は、杏里の祖母が初めて登場するところから始まる。

2 (2) 同じ段落に、「料理する人の思いは、『自然』と『他者』に向かいます」とある。「自然」については、──線⑤をふくむ段落に「料理するとなれば、まず自然を見ることになります。そうすれば、自然が、今、何を食べるべきかを教えてくれることでしょう」とある。この部分から、「料理する人」は、旬《しゅん》の食材は何かということも意識していると考えられるので、ウは適する。また、「他者」つまり「食べる人」については、──線⑤をふくむ段落に「家族という食べる人を見れば、家族の体調や好み、いろいろなことを思って少し工夫するものです」とある。さらに、──線⑨の３～５行後に「作る人と食べる人の関係は、表現者と観客のようです～ちゃんと食べ物に向き合ってください」とある。よって、オも適する。

(3) ７～９行前に「家庭料理は無償《むしょう》の愛の行為《こうい》だ～ゆえに経済行為としてあるプロの料理に対して、家庭料理は純粋《じゅんすい》料理、原初の料理です」とある。

(5) ＡとＢは、付け加える意味を表す用法、Ｃは、それさえあれば十分だという意味を表す用法。

(8) ２文前に「『地球は自分』、『自分は地球』だと思えてくるでしょう」とある。「地球」と「自分」は同じものだということをふまえれば、地球を傷つけることは自分を傷つけることと同じだというウがもっともふさわしい。

(9) ──線⑨と同じ段落に「料理をすれば、地球を思うことができるでしょう」とあり、その前の段落に「料理をすることは、地球を考えることです」とある。それぞれの段落に書かれている内容から、料理をすれば、自然とのつながりを感じたり考えたりすることが読み取れる。──線⑩については、──線⑤をふくむ段落にあるように、料理をする人は、食べる人のことを考える、つまり家族のことを思うということが言える。そして、最後の段落にあるように、料理とは、幸せを感じる行為なのである。

3 (4) ──線④の内容は、直前の段落に書かれている。具体的には、才能や能力の差によって、自分は(レギュラーに)手が届かないのに、ほんのわずかの差しかないはずのあいつは手が届いたということ。つまり、少しの能力の差によって、自分にできないことがあるということである。よって、エが適する。

(5) 欲望は、何かを求めることで、能力は、物事をやりとげられる力のこと。欲望とは、最初の段落の例で言えば、野球部でレギュラーになりたいという思いであり、人はこうした目標や夢を追い求めて努力する。このことは、──線⑥の直後にも書かれている。しかし、人間には、能力的にできることとできないことがある。この“できることとできないこと”が存在する中で、人は“目標や夢を追い求めて努力する”ものである。よって、アが適する。

(6) ──線⑥では、チンパンジーがバナナを取るという話を受けて、「人は目に見えない目的、つまり未来の目的をめざすことができる」と述べている。このことから考えると、バナナは目に見えている「目的」にあたる。そして、バナナをとるために使った椅子《いす》や机は、目的を達成するための「手段」ということになる。

(7) ３～４行後に「ではなぜ、人間は『いま・ここ』ではない世界のことを考えることができるのでしょうか」とあり、この後に「目に見えない目的、つまり未来の目的をめざすことができ」る理由が書かれている。

(8) 同じ一文に「その物語を誰《だれ》かに語ることで」とある。「その物語」とは、「これまでこうやって生きてきて～これからはこんなことをしていきたい」という、自分の人生の物語である。この物語を人に語ることで確認できるのは、自分の人生の過去と未来、つまり「これまで」と「これから」である。

(9) ──線⑥の後にあるように、人間は言葉を獲得《かくとく》したことで、「はるかな過去を語り、はるかな未来をつくりだすことができ」るようになった。そして人間は、「『これまでこうやって生きてきて～これからはこんなことをしていきたい』という人生の物語を」言葉によってつくっていく。この「物語」を生きるというのは、言葉によってつくった自分の人生の物語にそって人生を生きていくということである。

《2023　算数　解説》

1 (1)　与式＝(0.375＋3.75＋37.5＋375)×８＝(0.001＋0.01＋0.1＋１)×375×８＝1.111×3000＝3333

(2)　与式＝100＋$(100-\frac{1}{99})\times 99=100+100\times 99-\frac{1}{99}\times 99=100+9900-1=9999$

(3)　与式より，$\{\frac{9}{2}+\frac{1}{30}\div(\frac{1}{42}-\frac{1}{\square})\}\times 10=89+12$　　$\frac{9}{2}+\frac{1}{30}\div(\frac{1}{42}-\frac{1}{\square})=101\div 10$　　$\frac{1}{30}\div(\frac{1}{42}-\frac{1}{\square})=\frac{101}{10}-\frac{9}{2}$

$\frac{1}{30}\div(\frac{1}{42}-\frac{1}{\square})=\frac{28}{5}$　　$\frac{1}{42}-\frac{1}{\square}=\frac{1}{30}\div\frac{28}{5}$　　$\frac{1}{42}-\frac{1}{\square}=\frac{1}{168}$　　$\frac{1}{\square}=\frac{1}{42}-\frac{1}{168}=\frac{4}{168}-\frac{1}{168}=\frac{3}{168}=\frac{1}{56}$　　□＝56

(4)　左辺の和は15＋□＋31－□＝46，右辺の和は95＋181＝276だから，左辺は右辺を$\frac{46}{276}=\frac{1}{6}$にした値である。

よって，15＋□＝$95\times\frac{1}{6}$　　□＝$\frac{95}{6}-15=\frac{95}{6}-\frac{90}{6}=\frac{5}{6}$

(5)　小数第２位を四捨五入して0.2になる数は0.15以上0.25未満の数である。$0.15\leqq\frac{Ⓐ}{97}<0.25$より，

Ⓐは，0.15×97＝14.55以上，0.25×97＝24.25未満の数である。

よって，Ⓐにあてはまる整数は15から24までの10個ある。

(6)　36＝２×２×３×３だから，分母が36の既約分数の分子は，３の倍数でない奇数になる。

36以下の奇数のうち，３の倍数でないものは，１，５，７，11，13，17，19，23，25，29，31，35

その和は，１＋５＋７＋11＋13＋17＋19＋23＋25＋29＋31＋35＝216

よって，１以下で分母が36の既約分数の和の分子は216になるから，求める和は，$\frac{216}{36}=6$

2 (1)　**【解き方】アについては，花子さんと太郎さんの段数の差に着目する。イについては，アをふまえた上で，あいこをふくめたつるかめ算にする。**

１回勝負がつくと，２人の差は４＋１＝５(段)に広がる。30回じゃんけんをしたときの２人の段の差は，

51－31＝20(段)だから，花子さんは太郎さんより，20÷５＝ア4(回)多く勝った。

30回全部があいこだったとすると，２人の上がる段の合計は(１＋１)×30＝60(段)になるが，実際より

(31＋51)－60＝22(段)少ない。１回勝負がつくと２人の上がる段の合計は(４－１)－(１＋１)＝１(段)多くなるから，勝負がついた回数は，22÷１＝22(回)である。花子さんは太郎さんより４回多く勝ったから，花子さんは，

(22＋４)÷２＝イ13(回)勝った。

(2)　**【解き方】36の倍数は，４の倍数かつ９の倍数である。４の倍数の下２けたは４で割り切れ，９の倍数の各位の数の和は９で割り切れるから，36の倍数は下２けたが４で割り切れ，各位の数の和が９で割り切れる。**

ウについては，千の位を１として考える。１＋２＋８＝11だから，４つの位の数の和が18になれば９の倍数となる。したがって，４つの位の数は１，２，８，７であり，千の位が１で下２けたが４の倍数となるように最小の数をつくると，ウ1728となる。

エについては，千の位を９として考える。９＋２＋８＝19だから，４つの位の数の和が27になれば９の倍数となる。したがって，４つの位の数は９，２，８，８であり，千の位が９で下２けたが４の倍数となるように最大の数をつくると，エ9828となる。

3 (1)　10000＝9999＋１より，12340000＝1234×10000＝1234×(9999＋１)＝1234×9999＋1234

よって，12340000を9999で割ると1234余る。

(2)　**【解き方】(1)をふまえる。**

７Ａ５ＢＣ３Ｄ１＝７Ａ５Ｂ0000＋Ｃ３Ｄ１＝７Ａ５Ｂ×9999＋７Ａ５Ｂ＋Ｃ３Ｄ１とすれば，

７Ａ５Ｂ＋Ｃ３Ｄ１が9999の倍数になればよい。２つの数は9999より小さいから２つの数の和が9999×２＝19998になることはないので，７＋Ｃ＝９，Ａ＋３＝９，５＋Ｄ＝９，Ｂ＋１＝９が成り立つ。

よって，Ａ＝６，Ｂ＝８，Ｃ＝２，Ｄ＝４

4 ⑴ **【解き方】太郎さんの動きに着目する。**

太郎さんはＡからＢまでを90歩で歩き，ＢからＡまでを72歩で歩いたから，太郎さんが動く歩道で動いた距離は，太郎さんの90－72＝18(歩)分に等しい。太郎さんが72歩歩く間に動く歩道は，太郎さんの18歩分を動いたから，(太郎さんの歩く速さ)：(動く歩道の速さ)＝72：18＝４：１

⑵ **【解き方】(歩みの比)×(歩幅の比)＝(同じ時間に進む距離の比)になる。**

太郎さんと花子さんの歩幅の比は，同じ距離を進むのにかかる歩数の逆比に等しく，108：90＝６：５

太郎さんと花子さんの歩みの比は，15：14だから，太郎さんと花子さんが同じ時間に進む距離の比は，

(６×15)：(５×14)＝９：７　　したがって，太郎さんと，動く歩道に乗った花子さんが同じ時間に進む距離の比は，９：$(7+\frac{9}{4})$＝36：37　　太郎さんと花子さんがすれ違ったときまでに進む距離の差は１×２＝２(m)だから，比の数の差の37－36＝１が２mにあたる。よって，ＡからＢまでは，２×(37＋36)＝146(m)

5 ⑴ **【解き方】右図のように考える。**

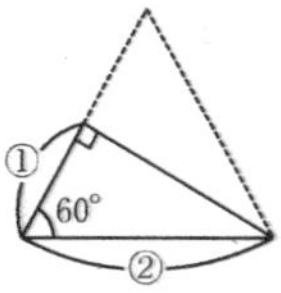

60°の角をはさむ２辺の長さの比が１：２になっている三角形は，比の２の長さを１辺とする正三角形の半分になるので，角㋐の大きさは90°である。

⑵ **【解き方】⑴より，角ＡＰＢ＝30°になるので，ＡＰとＤＣが平行になるため，図を新たに書き直し，右のように作図する。**

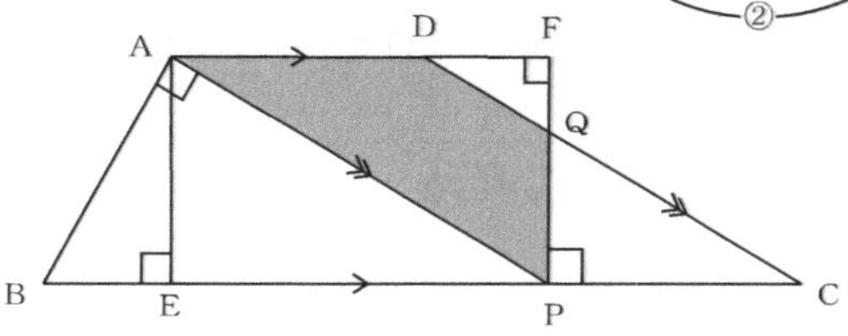

直角三角形ＡＢＥにおいて，ＡＢ：ＢＥ＝２：１だから，

ＢＥ＝ＡＢ×$\frac{1}{2}$＝１×$\frac{1}{2}$＝$\frac{1}{2}$(cm)，ＥＰ＝２－$\frac{1}{2}$＝$\frac{3}{2}$(cm)

四角形ＡＥＰＦは長方形，四角形ＡＰＣＤは平行四辺形だから，ＡＦ＝ＥＰ＝$\frac{3}{2}$cm，ＡＤ＝ＰＣ＝１cmより，

ＤＦ＝$\frac{3}{2}$－１＝$\frac{1}{2}$(cm)

三角形ＦＤＱと三角形ＰＣＱは同じ形の三角形だから，ＦＱ：ＰＱ＝ＤＦ：ＣＰ＝$\frac{1}{2}$：１＝１：２

三角形ＦＤＱと三角形ＰＣＱの面積比は，(１×１)：(２×２)＝１：４だから，三角形ＦＤＱの面積を①とすると，三角形ＰＣＱの面積は④になる。

三角形ＦＤＱと三角形ＦＡＰも同じ形だから，ＦＱ：ＦＰ＝１：３より，面積比は(１×１)：(３×３)＝１：９

三角形ＦＡＰ＝①×９＝⑨だから，四角形ＡＰＱＤの面積は，⑨－①＝⑧

三角形ＰＣＱと三角形ＥＰＡも同じ形であり，ＰＣ：ＥＰ＝１：$\frac{3}{2}$＝２：３だから，

面積比は(２×２)：(３×３)＝４：９　　三角形ＥＰＡの面積は，④×$\frac{9}{4}$＝⑨

高さの等しい三角形の面積比は，底辺の長さの比に等しいので，三角形ＡＰＢと三角形ＥＰＡの面積比は，

ＢＰ：ＥＰ＝２：$\frac{3}{2}$＝４：３より，三角形ＡＰＢの面積は，⑨×$\frac{4}{3}$＝⑫

台形ＡＢＣＤの面積は，⑫＋④＋⑧＝㉔だから，四角形ＡＰＱＤの面積は，台形ＡＢＣＤの面積の，$\frac{⑧}{㉔}$＝$\frac{1}{3}$(倍)

6 ⑴ **【解き方】右のように作図し，同じ形の直角三角形に着目し，直角をはさむ２辺の長さの比から考える。**

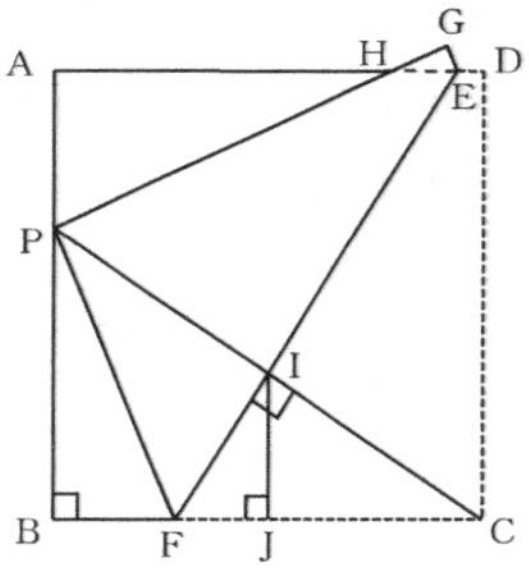

ＡＢ＝ＢＣで，ＡＢ：ＰＢ＝(１＋２)：２＝３：２だから，ＢＣ：ＰＢ＝３：２

折り返したことから，ＦＥはＰＣの垂直二等分線であり，三角形ＰＢＣと三角形ＦＩＣは同じ形の直角三角形である。また，三角形ＦＪＩ，三角形ＩＪＣも三角形ＰＢＣと同じ形の直角三角形になる。これらの直角三角形の直角をはさむ２辺の長さの比は２：３だから，三角形ＦＪＩにおいて，ＦＪ＝④とすると，ＩＪ＝

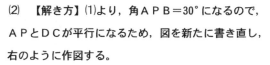

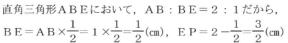

④×$\frac{3}{2}$＝⑥，三角形ＩＪＣにおいて，ＣＪ＝ＩＪ×$\frac{3}{2}$＝⑥×$\frac{3}{2}$＝⑨　折り返した図形だから，ＥＦはＰＣの垂直二等分線になるので，ＰＣ：ＩＣ＝２：１より，ＪはＢＣの真ん中の点になるからＢＣ＝ＣＪ×２＝⑨×２＝⑱
ＣＦ＝④＋⑨＝⑬だから，ＢＦ：ＦＣ＝(⑱－⑬)：⑬＝⑤：⑬＝５：13

⑵　【解き方】⑴をふまえて，三角形ＰＢＦと同じ形の直角三角形に着目する。

三角形ＰＢＦと三角形ＨＡＰと三角形ＨＧＥは同じ形の直角三角形である。

⑴より，ＡＢ＝18としたとき，ＰＢ＝12，ＡＰ＝６，ＢＦ＝５，ＰＦ＝ＣＦ＝13になったから，これらの直角三角形の３辺の長さの比は５：12：13になる。

三角形ＨＡＰにおいて，ＡＰ：ＡＨ：ＰＨ＝５：12：13だから，ＡＨ＝ＡＰ×$\frac{12}{5}$＝６×$\frac{12}{5}$＝$\frac{72}{5}$，
ＰＨ＝ＡＰ×$\frac{13}{5}$＝６×$\frac{13}{5}$＝$\frac{78}{5}$，ＰＧ＝ＣＤ＝18だから，ＨＧ＝18－$\frac{78}{5}$＝$\frac{12}{5}$
三角形ＨＧＥにおいて，ＥＧ：ＨＧ：ＥＨ＝５：12：13だから，ＨＥ＝ＨＧ×$\frac{13}{12}$＝$\frac{12}{5}$×$\frac{13}{12}$＝$\frac{13}{5}$，
ＥＧ＝ＨＧ×$\frac{5}{12}$＝$\frac{12}{5}$×$\frac{5}{12}$＝１，ＥＤ＝ＥＧだから，ＥＤ＝１
よって，ＡＨ：ＨＥ：ＥＤ＝$\frac{72}{5}$：$\frac{13}{5}$：１＝72：13：５

7　**⑴　【解き方】右図１の立方体ＡＣＤＥ－ＧＨＢＦをＡＢとＥＦが平行になる位置から見ると，右図２のようになる。**

図１
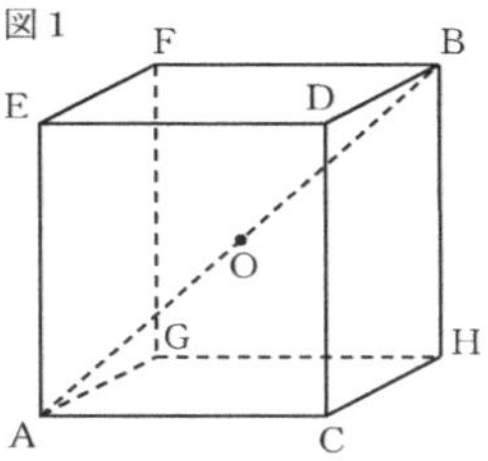

図２
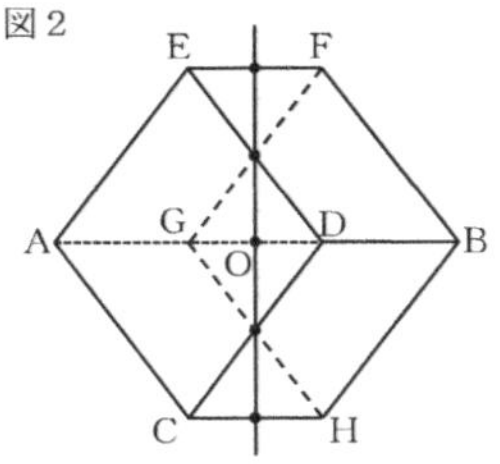

図２において，ＡＢの真ん中の点をＯとすると，Ｏを通りＡＢに垂直な平面は，Ｏを通るＡＢの垂線として表されるから，この平面の切り口は，ＦＥ，ＥＤ，ＤＣ，ＣＨ，ＨＧ，ＧＦの各辺と交わることがわかる。よって，切り口は六角形(正六角形)になる。

⑵(ア)【解き方】⑴の断面は立方体の６つの辺の真ん中の点を通る正六角形であり，ＡＢの真ん中の点を中心とする点対称な図形である。したがって，この正六角形の６つの頂点はそれぞれ，180°回転させたあとの立方体の６つの辺の真ん中の点となる。

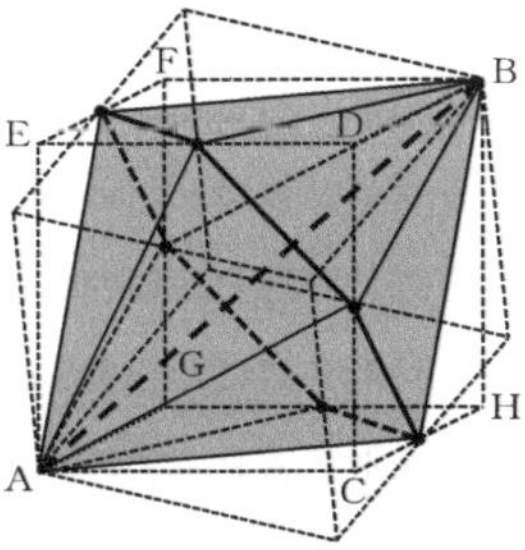

㋐と㋑の重なる部分の立体は，合同な正六角すいを底面で合わせた，右図の形になる。合同な二等辺三角形が６×２＝12(個)あるから，12面ある。

(イ)【解き方】立方体の体積の半分から，右図の色をつけた三角すいの体積３つ分をひけば，正六角すいの体積１つ分が求められる。

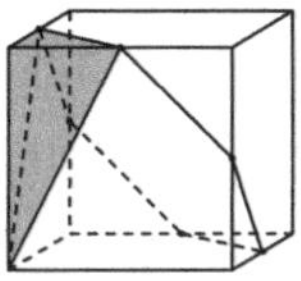

色をつけた三角すいの体積は，(３×３÷２)×６÷３＝９(㎤)
正六角すいの体積１個分は，６×６×６÷２－９×３＝81(㎤)
よって，求める体積は，81×２＝162(㎤)

(ウ)【解き方】(イ)で体積を求めた三角すいの表面積は，右図の１辺が６㎝の正方形の面積に等しく，正六角すいの側面の１つの二等辺三角形の面積は，図の斜線部分の面積に等しい。

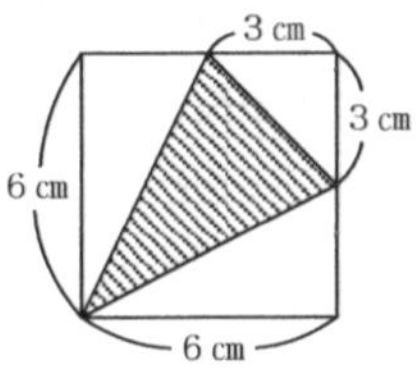

図の斜線部分の面積は，６×６－(３×６÷２)×２－３×３÷２＝$\frac{27}{2}$(㎠)だから，
求める表面積は，$\frac{27}{2}$×12＝162(㎠)

8 (1)　右図アの○印をつけた12個の点がある。

(2)(ア)　図1については，右図イの○印をつけた4個の点がある。

(イ)　Aさんの通る交差点については，右図ウの直線と格子点の交わる位置を，Aから近い順に，3時間後，4時間後，5時間後，6時間後と通過する。Cさんの通る交差点については，右図ウの点線で表した正方形と格子点《こうしてん》の交わる位置を，内側から順に，3時間後，4時間後，5時間後，6時間後と通過する。この2つの図形が同じ時間に交わる交差点は，図ウの○印をつけた15個ある。

図ア

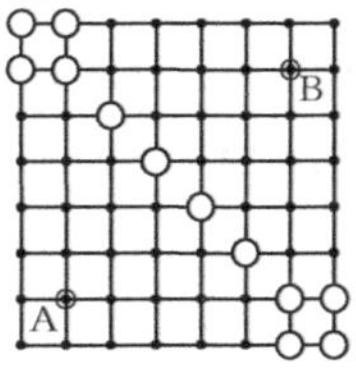

図イ

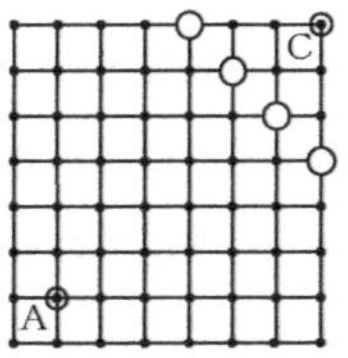

図ウ

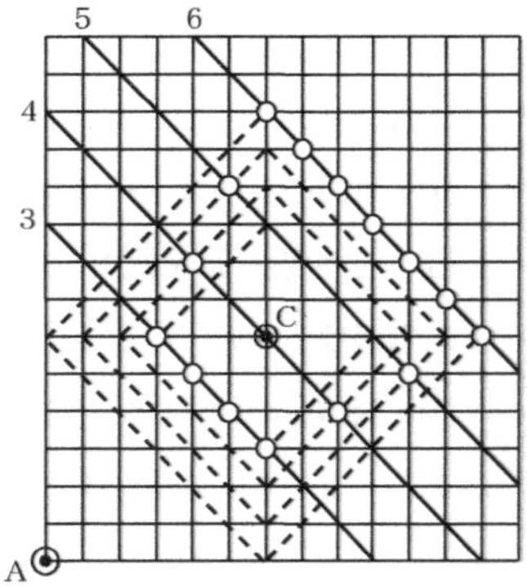

《2023　理科　解説》

1 (1)　ウ○…ホウセンカとカラスノエンドウは，実がはじけて種子が飛び出す。

(2)　エ○…アスパラガスは単子葉類で，水が通る管(道管という)がまばらに分布している。

(4)②　ア×…気温が高いのは5日だが，葉から出た水の量が多かったのは19日である。　イ○…5日はくもり，19日は晴れで，19日の方が水が多く出ていっている。　ウ○…5日，19日ともに，夜でも少しは水が出ていっている。　エ×…雨の日のグラフがないので，雨の日に葉から出た水の量についてはわからない。

2 (1)　スルメイカはえらで呼吸している。

(2)　レポートより脳は眼の近くにあり，口はあしの付け根にあることがわかるので，イ，ア，ウの順である。

(3)　ウ×…すい液は十二指腸に送りこまれる。　エ×…胃は消化はおこなうが吸収はおこなわない。また，一部を切り取られた胃がもとの大きさにもどることはない。

(4)　ウ×…小腸で吸収した養分はいったん肝臓まで運ばれ，そこから全身へ運ばれる。

(5)　エは貝のなかま，オとクはこん虫のなかまで，背骨がない。

3 (2)①　カ○…化石燃料を燃やす火力発電では，二酸化炭素が発生する。　②　ア×…二酸化炭素は水にとけると酸性を示すので，青色リトマス紙を赤色に変える。

(3)①　ア，イ○…塩酸は塩化水素，炭酸水は二酸化炭素がとけた水溶液《すいようえき》である。　②　オ○…ムラサキキャベツの液は，酸性で赤色(弱酸性で赤むらさき色)，アルカリ性で黄色(弱アルカリ性で緑色)に変化する。中性ではむらさき色のまま変わらない。アンモニア水は弱アルカリ性である。　③　アンモニアは有毒な気体である。大量の吸いこまないようにするため，気体のにおいをかぐときは手であおぐようにしてかぐ。

(4)①　$0.178\times15=2.67$(kg)　②　$24.2\div121=0.2$(m^3)　③　ア○…水素1 m^3→1000000 cm^3から70.8 kg→70800 gの水素が取り出せるので，水素1 gを取り出すには $1000000\times\frac{1}{70800}=14.12\cdots$($cm^3$)必要である。　イ○…$121\div70.8=1.70\cdots$(倍)　ウ×…$121\div0.178=679.7\cdots$(kg)より，700 kgよりも軽い。

4 (1)　表2より，20℃でのほう和水蒸気量は17.3 g/m^3だから，空気1 m^3にふくまれる水蒸気量は$17.3\times0.55=9.515$(g)である。よって，$8.0\times8.0\times3.0=192$($m^3$)の教室では，$9.515\times192=1826.\cdots$(g)→1.8 kgである。

(3)　カ○…空気1 m^3にふくまれる水蒸気量は$30.4\times0.76=23.1\cdots$(g)だから，25℃で水滴がつきはじめる。

(4)　ウ○…冷房には空気中の水蒸気を取り除く効果もある。

⑸　ア○…暖房をつけると気温が上がってほう和水蒸気量が増えるので，しつ度は低くなる。

⑹　表２より，５℃でのほう和水蒸気量は 6.81 g/㎥だから，空気１㎥あたり 6.81－5.52＝1.29(g)の水蒸気をふくむことができる。よって，理科室全体では 1.29×192＝247.68 g→0.248 ㎏の水蒸気をふくむことができる。

⑺　ウ○…石油ストーブを使うと，石油が燃えるときに水蒸気が発生するので，部屋の乾燥をおさえられる。

⑻　しつ度が高いほど，水が蒸発しにくく，ぞうきんが乾《かわ》きにくい。④の湿度は$\frac{5.52}{6.81}$×100＝81.0…(%)だから，最も湿度が高い④のとき，ぞうきんが最も乾きにくい。

5　⑴　液体中の物体が受ける上向きの力を浮力という。物体が水に浮かんでいるので，物体にはたらく浮力は 40 g である。よって，水中に入っているＡの体積は 40 ㎤だから，底面は水面から４㎝下にある。

⑵　Ａが水中で浮いているとき，Ａの重さと浮力の大きさが等しいので，Ａの浮力は 10×10＝100(㎤)→100 g であることから，水の重さは 60 g である。

⑶　⑵解説より，Ａは浮力の方が重さよりも 60 g 大きいから，Ｐは重さの方が浮力よりも 60 g 大きい。よって，Ｐの体積は 60÷(2.5－１)＝40(㎤)だから，Ｐの重さは 2.5×40＝100(g)である。

⑷　棒にはたらく力は下向きに 640－１×80＝560(g)，Ｂは上向きに 30×20－200＝400(g)だから，Ｃは上向きに 560－400＝160(g)の力がはたらく。よって，Ｃの底面は水面から(160＋200)÷30＝12(㎝)下になる。

⑸　ア．⑷解説より，棒にはたらく力は下向きに 560 g である。　イ．Ｃにはたらく力は上向きに 400 g だから，Ｂにはたらく力は上向きに 560－400＝160(g)である。よって，Ｂに入っている水は 400－160＝240(g)になる。
ウ．棒を回転させるはたらき〔力の大きさ(g)×支点からの距離《きょり》(㎝)〕が左右で等しくなるときにつり合う。
Ｂは棒の中央(支点)から左に 40 ㎝のところにあるので，Ｂによって時計回りに回転させるはたらきは 160×40＝6400 である。よって，Ｃによって反時計回りに回転させるはたらきも 6400 だから，Ｃの支点からの距離は 6400÷400＝16(㎝)であり，ウは 40－16＝24(㎝)である。

⑹　鉄の板にはたらく力は 480－10×10×0.6＝420(g)で，板の中心(d，４)に下向きにかかる。板が水平になるとき，図６の縦《たて》と横それぞれで板を回転させるはたらきがつり合う。縦方向について，Ｄは板の中心と同じ位置にあるので，ＥとＦで考える。ＥとＦの支点からの距離が等しいので，ＥとＦにはたらく力は等しい。次に横方向について，ＤにはたらくカがＥとＦにはたらく力の合計と等しいので，板にはたらく下向きの力 420 g をＤ～Ｆにふり分けると，Ｄには 420÷２＝210(g)，ＥとＦにはそれぞれ 210÷２＝105(g)となる。水が入っていないＤ～Ｆそれぞれにはたらく力は上向きに 40×20－300＝500(g)だから，水はＤに 500－210＝290(g)，ＥとＦにそれぞれ 500－105＝395(g)入れる。

⑺　Ｑにはたらく下向きの力は 525－210＝315(g)，Ｒにはたらく下向きの力は 175－70＝105(g)であり，力の大きさの比はＱ：Ｒ＝315：105＝３：１となるので，これらを合わせた下向きの力 315＋105＝420(g)はＱとＲの力がはたらく点を結んだ直線を１：３に分ける点にはたらく。このことから，(c，４)に新たに下向きに 420 g の力がはたらき，⑹から水の重さが合計で 420 g 小さくなる。⑹解説と同様に，減らす水の重さをＤ～Ｆにふり分ける。(d，１)，(c，４)，(b，７)を通る直線をてことすると，(d，１)と(b，７)に 210 g ずつはたらくので，Ｄの水を⑹から 210 g 減らして 290－210＝80(g)にする。ＥとＦについて，(b，７)にはたらく 210 g を(a，７)と(g，７)にふり分ける。(a，７)と(g，７)にかかる力の大きさの比は，(a，７)と(g，７)それぞれの(b，７)からの距離の比１：５の逆比になるので，(a，７)にはたらく力は 210×$\frac{5}{6}$＝175(g)，(b，７)にはたらく力は 35(g)である。よって，Ｅの水は⑹から 175 g 減らして 395－175＝220(g)，Ｆの水は⑹から 35 g 減らして 395－35＝360(g)となる。

《2023　社会　解説》

1 (1)　イ　　北海道で採れた黒曜石は，三内丸山遺跡だけでなくロシアやサハリンにも運ばれた。富山県あたりで採れたひすいは，装飾品として使われた。

(2)　イ→エ→ウ→ア　　それぞれ書物名から，書かれたときの中国の王朝名がわかる。日本と関わりが多かった王朝の年代順は覚えておくとよい。イ(王朝…漢　「楽浪郡の東に倭人が住み，100 余りの小国に分かれている」)→エ(王朝…漢(後漢)　「倭の奴国の王が，漢の皇帝から金印を授かった」)→ウ(王朝…魏(三国)　邪馬台国を中心とした，当時の日本に関する記述)→ア(王朝…隋　日本から派遣された遣隋使などの記述)

(3)　ウ　　534 年，東ローマ帝国の皇帝ユスティニアヌスに命じられたトリボニアヌスらが制定した法典。アは４世紀，イは１～５世紀，エは８世紀，オは７世紀。

(4)　班田収授　　６歳以上の男女に口分田が与えられ，収穫した稲の約３％を租として納め，耕作者が死ねばその口分田は国に返還された。これを班田収授と呼んだ。

(5)　大宝律令　　律令の律は刑罰，令は行政上の決まりを意味する。藤原不比等・刑部親王らによって制定された。

(6)　イ　　日本最古の貨幣である富本銭は，飛鳥時代につくられた。

(7)　エ　　ア．臣下として初めて摂政になったのは藤原良房。イ．多賀城は奈良時代前半につくられた。坂上田村麻呂によって築かれた城は胆沢城。ウ．平等院鳳凰堂をつくったのは藤原頼通。オ．真言宗を開いたのは空海。

(8)　ク　　管領は，室町時代に置かれた将軍の補佐役。記録所は，平安時代の後三条天皇の治世や，後醍醐天皇による建武の新政のときに設けられた。京都所司代は，江戸時代に置かれた。

(9)　一遍　　一遍は時宗の開祖である。一遍上人絵伝などに描かれている。

(10)　明　　足利義満は，明の皇帝から倭寇の取り締まりを条件に，朝貢形式での貿易を許された。その際，正式な貿易船と倭寇を見分けるために勘合と呼ばれる合い札を使用したために，日明貿易は勘合貿易とも呼ぶ。

(11)　オ　　備中ぐわや千歯こきは，江戸時代に発明された農具である。

(12)　ザビエル　　フランシスコ＝ザビエルは，布教を目的に，日本の鹿児島に上陸した。

(13)　エ　　安土城は，琵琶湖の近く(現在の近江八幡市)にあったと言われる。

(14)　ア　　元禄文化を代表する尾形光琳が描いた『燕子花図屏風』である。イの『富嶽三十六景・神奈川沖浪裏(葛飾北斎筆)』は江戸時代の化政文化，ウの『上杉本洛中洛外図屏風(狩野永徳筆)』は安土桃山時代，エの『無我(横山大観筆)』は明治時代，オの『瓢鮎図(如拙筆)』は室町時代。

(15)　ウ　　水野忠邦による天保の改革の人返し令である。アは徳川吉宗の享保の改革の内容，イは田沼意次による改革の内容，エは徳川綱吉による法令の内容，オは徳川家光による法令の内容である。

(16)　オ　　労働組合法は社会権を保障するものであり，労働組合法が日本で制定されたのは 1945 年である。

(17)　エ　　選挙権年齢の要件の変遷は右表を参照。

(18)　エ　　ポツダム会談は 1945 年，大西洋上会談は 1941 年，ヤルタ会談は 1945 年に開かれた。テヘラン会談は 1943 年に開かれたが，アメリカ・イギリス・ソ連の首脳が集まったものである。

(19)　水俣病　　四大公害病については右表を参照。

(20)　オ　　イギリスのＥＵ離脱(ブレグジット)は，2020(令和２)年のことである。平成時代は 1989 年

選挙法改正年（主なもののみ抜粋）	直接国税の要件	性別による制限	年齢による制限
1889 年	15 円以上	男子のみ	満 25 歳以上
1925 年	なし	男子のみ	満 25 歳以上
1945 年	なし	なし	満 20 歳以上
2015 年	なし	なし	満 18 歳以上

公害名	原因	発生地域
水俣病	水質汚濁（メチル水銀）	八代海沿岸（熊本県・鹿児島県）
新潟水俣病	水質汚濁（メチル水銀）	阿賀野川流域（新潟県）
イタイイタイ病	水質汚濁（カドミウム）	神通川流域（富山県）
四日市ぜんそく	大気汚染（硫黄酸化物など）	四日市市（三重県）

～2019 年。湾岸戦争(1991 年・平成３年)，アメリカ同時多発テロ(2001 年・平成 13 年)，東西ドイツの統一(1990 年・平成２年)，リーマンショック(2008 年・平成 20 年)

2 ⑵　イ　　様似町は，春から夏にかけての休日の滞在人口が多いから自然景観を目的とした観光客，赤井川村は，12 月から２月の休日の滞在人口が多いからスキーを目的とした観光客，泊村はどの月も平日の滞在人口が多いから仕事を目的とした人と判断する。

⑶　ウ　　Ａはパルプ・紙・紙製品，Ｄはパルプである。愛媛県の四国中央市で紙・パルプ製造がさかんである。Ｃはケニア・スリランカが上位にあることから茶と判断できる。

⑷　オ　　北陸新幹線の開通によって，地図上で近い長野駅 - 糸魚川駅間が最も短縮された。また，金沢駅・糸魚川駅間も短縮された。糸魚川駅 - 長岡駅間には新幹線が通っていないため，地図上では金沢駅と同程度の距離であるが，所要時間には大きな差が生じる。

⑸　ア　　３県のうち秋田県が最も広いこと，千葉県には高い山がないことなどから判断する。

⑹　海や河川の近くであること・低地(標高が低い土地)であることが盛り込まれていればよい。

⑺　ウ　　札幌市と釧路市の気温を比べた場合，千島海流(親潮)と季節風の影響で発生する濃霧(海霧)によって，釧路市の夏の気温は札幌市に比べて低くなる。熊本市と室戸市を比べた場合，日本海流(黒潮)の影響を受けやすい室戸市の方が冬の気温が低くならない。よって，Ａが釧路市，Ｂが札幌市，Ｃが室戸市，Ｄが熊本市。

⑻　ウ　　玉若酢命神社の八百スギの上にある「∴」は天然記念物を意味する。畑(∨)，田(Ⅱ)，針葉樹林(Λ)は見られるが，茶畑(∴)は見られない。

⑼　イ　　Ａ．正しい。ジャストインタイム方式の導入によって，一部の工場からの部品供給がストップすると，自動車の組み立てができなくなる。Ｂ．誤り。愛媛県新居浜市は，化学工業や機械工業がさかんだが，自動車の組み立て工場はない。自動車の組み立て工場は，愛知県・静岡県・神奈川県・北関東に多い。

⑽　ウ　　宮崎平野ではマンゴーなどが栽培されるが桃は栽培されない。桃は山梨県や福島県が有名。

⑾　ア　　北海道の夕張炭鉱や九州の三池炭鉱などでさかんに石炭が掘られたが，エネルギー革命によって，石炭の需要が減り，それとともに石炭産業は衰退した。石油は，西アジアから多く輸入される。

⑿　ア　　図１の右側の山頂から手前にのびる稜線に注目すれば，アと判断できる。

⒀　ア　　政令指定都市(人口が 70 万人をこえる都市)の数に着目する。静岡県には浜松市と静岡市(静岡市は近年の人口減少で 70 万人を割っている)，新潟県には新潟市がある。よって，Ａが静岡県，Ｂが長崎県，Ｃが新潟県。

3 ⑵　ク　　円安は，日本の輸出産業と外国人観光客にとって有利にはたらき，円高は，日本の輸入産業と日本からの海外旅行客に有利にはたらく。

⑶　ウ　　2022 年４月～６月は，円安が進んだ時期であった。

⑷　イ　　ア．Ａの「まったくあてはまらない」と答えた割合が最も高かったのはアメリカ合衆国で，ひとりっ子政策を廃止した国は中国だから誤り。ウ．Ｂの「まったくあてはまらない」と答えた割合が最も高かったのは中国で，国際連合の本部はアメリカ合衆国のニューヨークに置かれているから誤り。エ．Ａの「とてもあてはまる」と答えた人の割合が最も高かったのは韓国で，今年(2023 年)にサミットが開かれるのは日本だから誤り。

⑸　エ　　ア．衆議院議員選挙の選挙区選挙は，小選挙区で行われるから誤り。イ．参議院議員選挙の選挙区選挙は，都道府県単位(一部に合区がある)で行われるから誤り。ウ．衆議院議員選挙の比例代表選挙は，全国を 11 のブロックとするしくみになっているから誤り。

⑹　ｅ＝公平　ｆ＝弁護人　ｇ＝国　　被告人が弁護人を依頼できないとき，国が国選弁護人を用意する。

⑺　日本がアメリカの核の傘の下にあることを盛り込めばよい。

⑻　国債　　2022年度，国債の発行残高はついに1000兆円をこえた。

⑼　イ　　違憲立法の審査は裁判所→国会，弾劾裁判の実施は国会→裁判所である。

⑽　イ　　裁判員裁判は，重大な刑事裁判の第一審でのみ行われるから，地方裁判所以外で行われることはない。また，成人年齢の引き下げにともなう法改正により，20歳以上から18歳以上に引き下げられた。

2022 解答例 令和4年度　洛南高等学校附属中学校

《国　語》

1　(1)①ウ　④オ　⑤イ　⑥エ　⑦ア　(2)ア，オ，カ，キ　(3)ウ　(4)B．切　C．雑　(5)1．イ　2．オ　3．ウ　(6)筆　1．根　2．席　(7)i．エ　ii．1．支　2．尾　3．石　(8)1．三つの連載小説　2．休むことなく　3．一作ずつ　4．同時並行　5．旺盛な筆力　(9)現在は小説を手がけていない　(10)早くてすみませんが……

2　(1)①不思議　⑦余計　⑧絶対　(2)まわり　1．似　2．穴　3．論　(3)オ　(4)A．ア　B．ウ　C．オ　D．イ　E．エ　(5)④イ　⑤エ　(6)ア　(7)不安　(8)今まで大人になろうと頑張ってきたが、同じ悩みを持つ人とたがいに認め合えたことによって、今のままでもよいと思えて安心したということ。

3　(1)④意義　⑤地産地消　⑥指標　(2)i．ア　ii．汗　(3)I．こうぼうにもふでのあやまり　II．さるもきからおちる　(4)A．参加　B．未来　(5)1．地域への深い愛情　2．活動人口　(6)1．増　2．明　3．生　(7)ウ　(8)楽しさと充実感とを同時に味わえる活動を増やし、住民のまちへの愛情を育むうちに、まちのために活動する住民が増える

《算　数》

1　(1)$\frac{27}{58}$　(2)$\frac{15}{16}$　(3)126　(4)202.2　(5)10　(6)31

2　ア．50　イ．74　ウ．90

3　ア．4　イ．288

4　(1)12，14　(2)0805　(3)16　(4)265024

5　(1)(ア)5　(イ)4　(ウ)3　(2)1，6

6　(1)012345679　(2)27

7　(1)(ア)9　(イ)$13\frac{1}{2}$　(2)(ア)2：5　(イ)$3\frac{1}{2}$

《理　科》

1　(1)①ア　②イ　③オ　④ウ　⑤エ　(2)エ，カ　(3)オ　(4)ウ　(5)ア，オ，カ

2　(1)ウ　(2)サクラ…エ　クワ…カ　(3)イ　(4)ア

3　(1)エ　(2)あ．0.5　い．64　う．1　え．40　(3)①60　②オ，カ

4　(1)あ．足元　い．暖か　う．冷た　え．海　(2)イ　(3)ウ　(4)イ

5　(1)75　(2)78　(3)ア，イ　(4)44.8　(5)24，95　(6)イ

《社　会》

1 (1)エ　(2)イ　(3)日本書紀　(4)オ　(5)御成敗式目　(6)エ　(7)ア　(8)エ　(9)２番目…ウ　４番目…イ
(10)近松門左衛門　(11)ウ　(12)ア　(13)地租改正　(14)イ　(15)エ　(16)エ　(17)ウ　(18)三種の神器　(19)イ
(20)国連平和維持活動〔別解〕ＰＫＯ

2 (1)カ　(2)エ　(3)ウ　(4)ウ　(5)ア　(6)大きな船を通すことができるようにするため。　(7)ア　(8)ア
(9)ウ　(10)エ　(11)エ　(12)エ　(13)鳥取市…ア　高松市…イ　(14)エ　(15)イ

3 (1)ａ．資本　ｂ．独占禁止　ｃ．公共の福祉　(2)ウ　(3)エ　(4)ア　(5)ｄ．司法　ｅ．最高　ｆ．良心
(6)エ　(7)ウ　(8)あ．オ　い．持続可能な開発目標　(9)常任理事国に拒否権が与えられている。　(10)エ

《2022　国語　解説》

1　(3)　この後に続く７行に着目する。編集者は、締《しめ》切《き》りが過ぎてやっと小説をもらうことに醍醐味《だいごみ》を感じ、そのようにして提出された小説は傑作《けっさく》だと思っている様子である。そこで筆者は「となると、締切り日前に書いたものを渡す私などは、編集者の喜びを取り上げ、さらに作品の質が低いと判断されていることになる」と言っている。この内容に合う、ウが適する。「私の癖《くせ》」とは、締切り日前に作品を提出すること。

(7) i　「因果《いんが》(だ)」は宿命的に不運であること。ここでは変えられない性格のことを嘆《なげ》いて言っている。Ａの前の段落に「性分《しょうぶん》というものはどうにもならない」とあり、少年時代からすでに、余裕《よゆう》をもって宿題や勉強を終わらせておきたいタイプだったと説明している。その性分は大人になっても変わらず、短篇《たんぺん》小説が締切り日の三日前に書けていなかったときには、パニックになり、恐怖《きょうふ》を感じた。筆者はそのような自分を、「いわば私は、小心者なのである」と分析《ぶんせき》している。時間の余裕がないと怖《こわ》いという、臆病《おくびょう》な性格は、変えられないと思っているので、エが適する。

(8)　── 線⑪の後の３つの段落を参照。『生麦《なまむぎ》事件』、『夜明けの雷鳴《らいめい》』、『アメリカ彦蔵《ひこぞう》』という三つの小説を筆者は書いたが、「(三作品を同時に書くような)旺盛《おうせい》な筆力はない。常に一つの作品のみに没頭《ぼっとう》し、同時並行《へいこう》などは基本的にできないし、やろうとも思わない」と言う。これらの三作品は実際には「過去に一作ずつ」書いたものであった。また、その間は「それらの作品を一日三枚ほど休むことなく書きつづけてきたのである」。しかし、それらが別の雑誌で同時期に連載《れんさい》されているので、「第三者からみれば、～三つの連載《れんさい》小説を書いている形」になっている。

(9)　［　Ｉ　］　直前に「随筆を書くことも、小説を執筆中は引き受けない」とあることから、この随筆を書いている「現在は小説を手がけていない」ということになる。「同時並行などは基本的にはできない」筆者の性格もヒントになる。

(10)　── 線⑨の直前の段落を参照。筆者は作品が書きあがって手もとにあると落着《おちつ》かず、すぐに編集者に送ってしまう。その際には(早く書きすぎたという)照れ臭《くさ》さから「早くてすみませんが……」と書き添《そ》える。この表現が、締切り前に余裕をもって作品を仕上げずにはいられない、自分の性分をユーモラスに描《えが》いている本文の表題にふさわしい。

2　(3)　自分の好きな甘口《あまくち》のマーボー豆腐《どうふ》を食べているうちに、「だんだんほっとした気分」になっていたが、つまらなそうにマーボー豆腐を食べているみっくんを見て、きっと本場のマーボー豆腐のほうが好きなんだろうな、と思い、「わたしはやっぱりお子さまなんだな」と考えてしまった。よってオが適する。

(6)　(　Ａ　)をふくむ文に「(みっくんが楽しそうに童話を読んでいることに)驚きすぎて声をかけることもできないでいると、みっくんがわたしに気がついた。みっくんはぎょっとした顔になってから」とあること、「こんなでかいのが～童話なんて読んでたら、変に決まってるだろ」と言っていること、また、── 線⑥の後に「わたしは気がついた。みっくんは、童話を好きじゃなくなったわけじゃなかったんだ、って」とあることから、みっくんが、大人に近づいている中学生なのに、童話好きであることを知られて気まずく思っていることが読みとれる。よってアが適する。　イ．みっくんは「わたし」が話していた本を思いだして読んだので「たまたま目に入った童話」ではない。　ウ．みっくんは「わたし」に見られたことに気づいて、すぐに「ぎょっとした顔」になっているので、(表面にあらわれないことを見ぬくという意味の)「見すかされた」が適さない。　エ．この前で「高梨《たかなし》が話してたのを思いだして、ちょっと見てただけだ」とすでに言い訳しているので、「どううまく言い訳しようかと恥ずかしく思っている」が適さない。　オ．みっくんは、あだ名で呼ばれた直後に「怒《おこ》った顔で振《ふ》りかえった」が、そのあとすぐに怖《こわ》い顔をやめている。よって、この時点では、あだ名で呼ばれたことはもう関係がないと考えられる。

(7)　中華《ちゅうか》料理店の辛いマーボー豆腐を食べて以来「わたし」が感じていたのは、自分が子どもっぽいのではないかということである。恋愛小説を楽しめなかったときも同じ思いで、「この本を返しちゃったら、わたしはこれからもずっと、大人っぽくはなれないんじゃないかな」という「不安」を感じていた。

(8)　楽しそうに童話を読んでいる姿を見られて不機嫌《ふきげん》そうになったみっくんを見て、「わたし」は、みっくんも本当は童話が好きなのに興味がないふりをしていることに気づいた。つまり、みっくんも無理をして大人っぽくしようとしていることに気がついたのである。「大人にならなくちゃとあせっていたのは、わたしだけじゃなかった」と思えた「わたし」は、同じ悩みをかかえたみっくんに、また童話を読んでほしいという思いで一生懸命話しかけ、みっくんはそんな「わたし」の思いを受け止めた。一方、みっくんは「わたし」に「変わらないな」と言い、「わたし」はそう言われたことがうれしかった。まとめると、「わたし」とみっくんは、たがいに同じ悩みをかかえていたが、認め合うことができた。そして「わたし」は、無理に変わらなくてもいいと思えるようになり、心が軽くなったのである。

3 (3)　順に、「光陰《こういん》矢の如《ごと》し」「郷《ごう》に入《い》っては郷に従《したが》え」「弘法《こうぼう》にも筆の誤り」（…Ⅰ）「虎穴《こけつ》に入らずんば虎子《こじ》を得ず」「転ばぬ先の杖《つえ》」「猿《さる》も木から落ちる」（…Ⅱ）「三十六計逃《さんじゅうろっけいに》げるに如《し》かず」「三人寄《よ》れば文殊《もんじゅ》の知恵《ちえ》」。

(4)　直前の文の「福祉《ふくし》や教育も含《ふく》めて、これからのまちづくりには住民の参加が不可欠です」ということを、キーワードにしたもの。［A］には「参加」が入る。また、「これからの」から考えて、［B］には「未来」が入る。――線③の「楽しさなくして参加なし」は、「参加なくして未来なし」と対《つい》になっている。

(5) 1　この２段落後で、「嫌々《いやいや》やっていたり、無理をして関わっていたりするのだとしたら～地域への深い愛情はなかなか育まれない」と述べている。反対に言えば、「楽しさ」があれば、「地域への深い愛情」が育《はぐく》まれるということになる。　2　――線⑥のある段落で、「参加することでみんなが楽しいと感じられる」取り組みがあれば「ふるさとの活動人口は自《おの》ずと増えていく」と述べている。

(7)　２段落後で、「道普請《みちぶしん》」について「まちのためにいいことをしたという充実感が得られ、なおかつ楽しさがセットになっている」とまとめられている。筆者は、現代のわたしたちも〝楽しさ自給率〟を高めていかなければならないと考えていて、最後の段落では「必要なのは～楽しさを創造していく力です。そこから得られる楽しさが～地域のためになることとセットになれば、活動人口は増えて日本人の楽しさ自給率も高まっていくと僕《ぼく》は思います」と、今後の「楽しさ」がセットになった地域の活動の可能性について、前向きに述べているので、ウが適する。

(8)　「地域が元気になるための活動に参加している人の数」を表す、「活動人口」を増やせば、まちの営みを充実させることができる。その「活動人口」を増やすためには、活動に「楽しさ」が必要であり、それによって、「地域への深い愛情が」育まれる。さらに、道普請のような「充実感が得られ、なおかつ楽しさがセットになっている」活動をしていくことが必要であるということをまとめる。

《2022　算数　解説》

1 (1)　与式$=\frac{1}{2}-\frac{1}{15}+\frac{1}{29}-\frac{1}{15\times 29}=\frac{1}{2}-\frac{29}{435}+\frac{15}{435}-\frac{1}{435}=\frac{1}{2}-(\frac{29}{435}+\frac{1}{435}-\frac{15}{435})=\frac{1}{2}-\frac{1}{29}=\frac{29}{58}-\frac{2}{58}=\frac{27}{58}$

(2)　与式$=\frac{1}{3\times 4}+\frac{3}{4\times 7}+\frac{5}{7\times 12}+\frac{1}{2}+\frac{1}{8}+\frac{1}{16}=(\frac{1}{3}-\frac{1}{4})+(\frac{1}{4}-\frac{1}{7})+(\frac{1}{7}-\frac{1}{12})+\frac{1}{2}+\frac{1}{8}+\frac{1}{16}=$
$\frac{1}{3}-\frac{1}{12}+\frac{1}{2}+\frac{1}{8}+\frac{1}{16}=\frac{1}{4}+\frac{1}{2}+\frac{1}{8}+\frac{1}{16}=\frac{4}{16}+\frac{8}{16}+\frac{2}{16}+\frac{1}{16}=\frac{15}{16}$

(3)　与式より，$\frac{9}{8}\times\{\frac{5}{3}-\frac{1}{2}-(1\div\square+\frac{19}{21})\}=\frac{2}{7}$　　$\frac{10}{6}-\frac{3}{6}-(1\div\square+\frac{19}{21})=\frac{2}{7}\times\frac{8}{9}$

$\frac{7}{6}-(1\div\square+\frac{19}{21})=\frac{16}{63}$　　$1\div\square+\frac{19}{21}=\frac{7}{6}-\frac{16}{63}$　　$1\div\square+\frac{19}{21}=\frac{115}{126}$　　$1\div\square=\frac{115}{126}-\frac{19}{21}$　　$1\div\square=\frac{115}{126}-\frac{114}{126}$

$1\div\square=\frac{1}{126}$　　$\square=126$

(4)　与式$=232\times99.9-232\times99+2320\times9-23200\times0.9-\frac{22}{3}\times0.9=232\times0.9+2320\times(9-9)-\frac{22}{3}\times0.9=$ $(232-\frac{22}{3})\times0.9=\frac{674}{3}\times0.9=202.2$

(5)　与式より，$\frac{100}{\square}=\square$　　$\square\times\square=100$ だから，$\square=10$

(6)　4時間1分17秒＝(4×3600＋1×60＋17)秒＝14477秒，7分47秒＝(7×60＋47)秒＝467秒だから，

□＝14477÷467＝31

2　**【解き方】Pの上る速さとQの上る速さと川の流れの速さの比は(10－1)：(4－1)：1＝9：3：1である。**

Pの上りの速さを毎分⑨とすると，20分間にPが上った距離は⑨×20＝(180)，Qの上りの速さは毎分③だから，20分後のPとQは，(180)－③×20＝(120)離れている。ここから，Pは毎分①で下流に流され，Qは毎分③で上るから，(120)離れたQがPを追いこすまでに，(120)÷(①＋③)＝30(分)かかる。これは，出発してから，20＋30＝ア 50(分後)である。

AB間の道のりは，(180)÷$\frac{2}{3}$＝(270)だから，QがBに着くまでに(270)÷③＝ウ 90(分)かかる。

AB間をPは20÷$\frac{2}{3}$＝30(分)で進むから，エンジンが止まってから，ふたたびその地点に戻《もど》ってくるまでに，90－30＝60(分)かかったことになる。流された速さ(川の流れの速さ)と上りの速さの比は1：9だから，同じ距離を進むのにかかる時間の比は9：1になる。比の数の和の9＋1＝10が60分にあたるから，エンジンをかけ直したのは，20＋60×$\frac{9}{10}$＝イ 74(分後)である。

3　(1)　**【解き方】Aに水2g，Bに食塩2gを加えるとき，できる食塩水の量は等しいので，濃度の比は中に含まれる食塩の重さの比に等しい。**

含まれる食塩の重さの比は3：5になり，この比の数の5－3＝2が2gにあたるから，Aの中の食塩は最初から2×$\frac{3}{2}$＝3(g)のままである。よって，はじめのAとBの濃度は，$\frac{3}{75}$×100＝4(%)

(2)　**【解き方】12gずつ加えた食塩水CとDは，同じ重さで，食塩の重さは12g違う。**

12gの食塩の差が，濃度の差の4%になるのは，食塩水が12÷0.04＝300(g)あるときである。

よって，はじめのCとDの食塩水の重さは，300－12＝288(g)

4　(1)　**【解き方】右表の下段の数字が階と部屋の番号に使われる。**

1	2	3	4	5	6	7	8	9	10	11	12	13	14	15	16
01	02	03	05	06	07	08	10	11	12	13	15	16	17	18	20

15は12番目，17は14番目だから，1517は12階の14番目の部屋番号である。

(2)　**【解き方】各階に16部屋あるのだから，100番目の部屋番号が何階かを考える。**

100÷16＝6余り4より，100番目は6＋1＝7(階)の4番目の部屋番号になる。7は08，4は05に対応するから，100番目の部屋番号は，0805

(3)　**【解き方】(1)の表の下段の数のうち数字の和が4以下の番号は，01，02，03，10，11，12，13，20がある。**

和が1になる数は(01，10)の2通り，和が4になる数は13の1通りあるから，和が1になる数と和が4になる数の組は2×1＝2(組)あり，階数と部屋の順番の組み合わせが2通りあるから，和が1になる数と和が4になる数でできた部屋番号は，2×2＝4(通り)

和が2になる数は(02，11，20)の3通り，和が3になる数は(03，12)の2通りあるから，和が2になる数と和が

３になる数の組は３×２＝６(組)あり，階数と部屋の順番の組み合わせが２通りあるから，和が２になる数と和が３になる数でできた部屋番号は，６×２＝12(通り)

よって，４つの数字をたすと５になる部屋番号は，４＋12＝16(個)

⑷　**【解き方】部屋の順番を表す数の和と，階数を表す数の和に分けて考える。**

同じ階の部屋の順番を表す数をたすと，(１＋20)×20÷２－(４＋９＋14＋19)＝164

ホテルは16階建てだから，部屋の順番を表す数の和は，164×16＝2624

階を表す数は，１つの階に16回現れ，４けたの数とみるから，階を表す数の和は，164×16×100＝262400

よって，すべてたすと，2624＋262400＝265024

5　⑴　**【解き方】面積が６㎠の正六角形の中に面積が１㎠の正三角形が６個作図できる。この面積が１㎠の正三角形を基準に考える。**

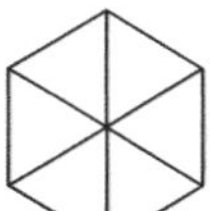

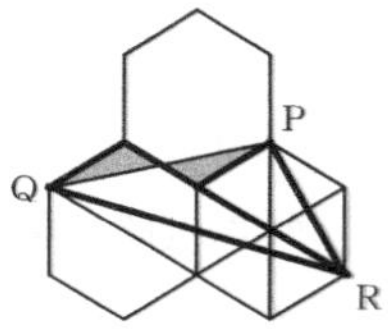

(ア)　１回の移動のあとのＰ，Ｑ，Ｒの位置は右図のようになる。

右図の色をつけた部分の面積が等しいことから，三角形ＰＱＲの面積を太線で囲んだ２つの三角形の面積で数えると，左側は３㎠，右側は２㎠だから，３＋２＝５(㎠)

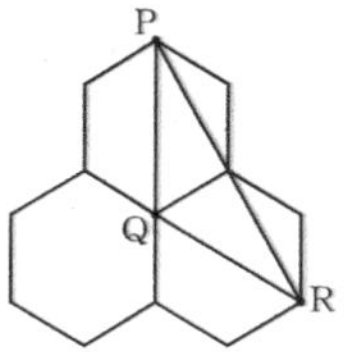

(イ)　３回の移動のあとのＰ，Ｑ，Ｒの位置は右図のようになる。

三角形ＰＱＲと面積が１㎠の正三角形を比べると，ＰＱを底辺としたとき，底辺は２倍，高さも２倍になっているから，三角形ＰＱＲの面積は，１×２×２＝４(㎠)

(ウ)　40回の移動は，周期として考える。Ｐは６回，Ｑは３回，Ｒは２回の移動でＯに戻ってくる。40÷６＝６余り４より，Ｐは40回移動すると４回の移動と同じ位置にある。40÷３＝13余り１より，Ｑは40回移動すると１回の移動と同じ位置にある。40÷２＝20より，Ｒは40回移動すると，Ｏにある。

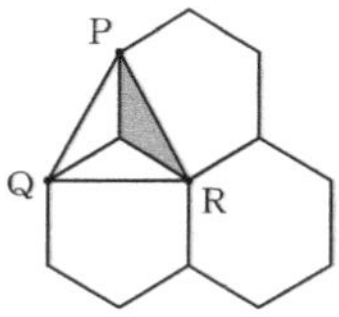

40回移動したあとのＰ，Ｑ，Ｒの位置は右図のようになる。

色をつけた部分は，１㎠の正三角形と面積が同じだから，三角形ＰＱＲの面積は，１×３＝３(㎠)

⑵　**【解き方】３点は６回の移動で同時にＯに戻るから，６回の移動を調べればよい。３点のうちの少なくとも１点がＯの位置にあると面積は最大にならない。Ｐ，Ｑ，Ｒはそれぞれ，移動回数が右表の○をつけた回数のときＯに戻る。**

	1	2	3	4	5	6
P						○
Q			○			○
R		○		○		○

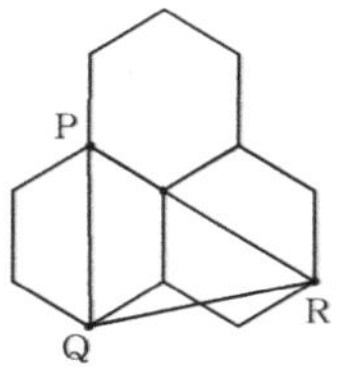

１回の移動のあとのＰ，Ｑ，Ｒの位置は右図のようになる。

面積が１㎠の正三角形と比べたとき，底辺をＰＲとしたときの底辺は３倍，高さは２倍になっているから，面積は１×３×２＝６(㎠)

５回の移動のあとのＰ，Ｑ，Ｒの位置は⑴の(ア)の位置に等しく，面積は５㎠である。

よって，１回の移動のあとの面積が最大になり，その面積は６㎠である。

6　⑴　**【解き方】余りの数字が１になるまで割り算を続ける。**

１÷81の商が0.012345679となったときの余りの数字が１になるから，循環節は012345679である。

⑵　**【解き方】$\frac{1}{81}$の循環節と$\frac{1}{27}$の循環節について考える。循環節がある小数を0.213213…＝$0.\dot{2}1\dot{3}$のように表すことにする。**

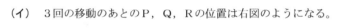

$\frac{1}{27}=0.037037\cdots$より，$\frac{1}{27}=0.\dot{0}3\dot{7}$である。$\frac{1}{81}=\frac{1}{27\times3}$であり，037は３で割ると１余る数だから，この循環節を３つ並べないと３で割り切れない。

つまり，$\frac{1}{27}=0.037037037$として，両辺を３で割れば，$\frac{1}{81}=\frac{0.037037037}{3}=0.\dot{0}1234567\dot{9}$の９桁《けた》の循環節が導ける。

このように考えると，012345679は３で割ると１余る数だから，この循環節を３つ並べて３で割ると，

$\frac{1}{81}\div3=\frac{0.012345679012345679012345679}{3}=0.\dot{0}0411522633744855967078189\dot{3}$となり，循環節は$9\times3=27$(桁)の循環節になるとわかる。

7 (1)(ア)　$(3\times3\div2)\times6\times\frac{1}{3}=9$ (cm³)

(イ)【解き方】三角すいＯＡＢＣの展開図は右のような正方形になる。

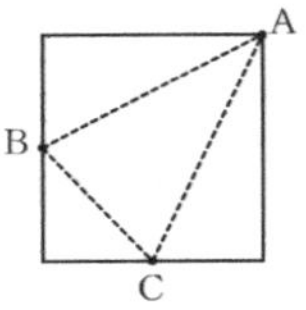

右図の正方形の面積から３つの直角三角形の面積を引けば，三角形ＡＢＣの面積を求められる。正方形の１辺の長さは６cmだから，求める面積は，

$6\times6-(3\times6\div2)\times2-3\times3\div2=36-18-\frac{9}{2}=13\frac{1}{2}$(cm²)

(2)(ア)【解き方】立方体を体積が半分ずつになるように切ると，図１のＡＤとＯＧの交わる点Ｉを通る。図２は，図１の４点Ａ，Ｏ，Ｄ，Ｇを通る平面を表したものである。

図１

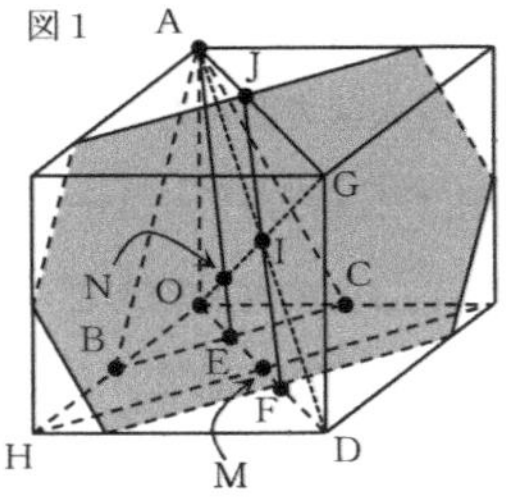

図２

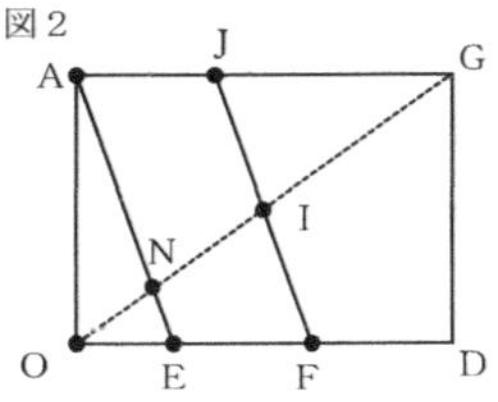

図１において，三角形ＯＢＥと三角形ＯＨＭは同じ形だから，

ＯＥ：ＯＭ＝ＯＢ：ＯＨ＝１：２

ＭはＯＤの真ん中の点だから，ＯＭ：ＯＤ＝１：２より，

ＯＥ：ＯＤ＝１：(２×２)＝１：４

図２において，三角形ＯＥＮと三角形ＧＡＮは同じ形で，ＯＮ：ＧＮ＝ＯＥ：ＧＡ

ＧＡ＝ＯＤだから，ＯＮ：ＧＮ＝１：４なので，

ＯＮ：ＯＧ＝１：５より，ＯＮ＝ＯＧ×$\frac{1}{5}$

ＩはＯＧの真ん中の点だから，ＯＩ：ＯＧ＝１：２より，ＯＩ＝ＯＧ×$\frac{1}{2}$

ＥＮとＦＩは平行なので，三角形ＯＥＮと三角形ＯＦＩは同じ形だから，

ＯＥ：ＯＦ＝ＯＮ：ＯＩ＝(ＯＧ×$\frac{1}{5}$)：(ＯＧ×$\frac{1}{2}$)＝２：５

(イ)【解き方１】右図３のように作図して，三角すいＯＡＢＣと同じ形の三角すいＯＸＹＺ，ＡＸＰＱ，ＳＲＹＴ，ＵＶＷＺを考える。

図３

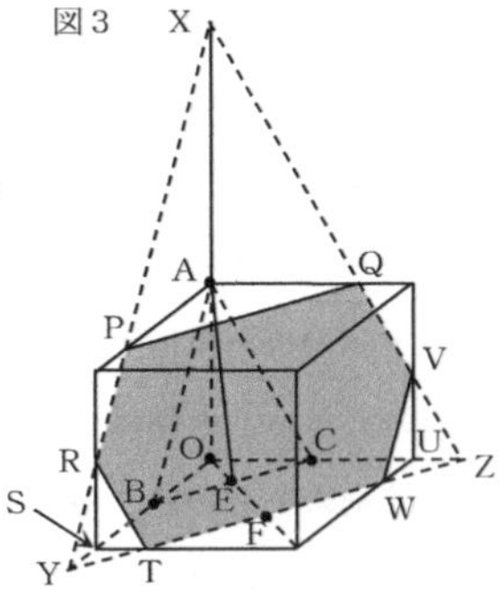

三角すいＯＡＢＣと三角すいＯＸＹＺの対応する辺の長さの比は２：５だから，

三角形ＡＢＣと三角形ＸＹＺの面積比は，(２×２)：(５×５)＝４：25

ＯＸ＝ＯＡ×$\frac{5}{2}=6\times\frac{5}{2}=15$(cm)だから，ＡＸ＝$15-6=9$(cm)

三角すいＯＡＢＣと三角すいＡＸＰＱの対応する辺の長さの比は，

６：９＝２：３だから，三角形ＡＢＣと三角形ＸＰＱの面積比は，

(２×２)：(３×３)＝４：９

ＯＹ＝ＯＢ×$\frac{5}{2}=3\times\frac{5}{2}=\frac{15}{2}$(cm)だから，ＳＹ＝$\frac{15}{2}-6=\frac{3}{2}$(cm)

三角すいＯＡＢＣと三角すいＳＲＹＴの対応する辺の長さの比は，$3:\frac{3}{2}=2:1$だから，

三角形ＡＢＣと三角形ＲＹＴの面積比は，(２×２)：(１×１)＝４：１

三角すいＵＶＷＺと三角すいＳＲＹＴは合同だから，三角形ＡＢＣと三角形ＸＹＺと三角形ＸＰＱと三角形ＲＹＴと三角形ＶＷＺの面積比は，４：25：９：１：１になる。

よって，切り口の面積と三角形ＡＢＣの面積比は，(25－９－１－１)：４＝７：２だから，
切り口の面積は，三角形ＡＢＣの面積の，$\frac{7}{2}=3\frac{1}{2}$(倍)

【解き方２】切り口は右図４の六角形ＰＲＴＷＶＱで，(ア)の点Ｉを通るから，Ｉは ＲＶ上にある。したがって，切り口はＲＶで合同な２つの台形に分けることができるので，切り口の面積は，台形ＲＴＷＶの面積の２倍である。
(ア)の図２において，ＡＥとＪＦは平行だからＡＥ＝ＪＦなので，三角形ＡＢＣ(底辺をＢＣとする)と台形ＲＴＷＶの高さの比は２：１である。
したがって，三角形ＡＢＣと切り口の面積比は，ＢＣ：(ＲＶ＋ＴＷ)と等しい。

図４

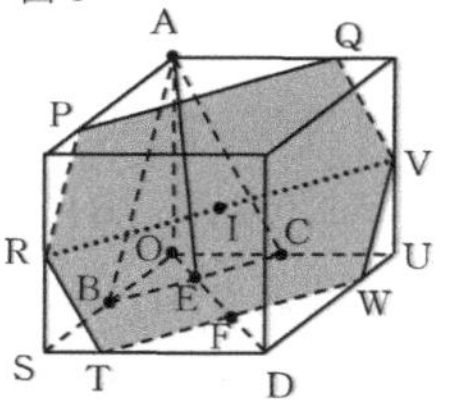

ＯＤ＝ＳＵ＝⑧とすると，ＯＥ＝ＯＤ×$\frac{1}{4}$＝②，ＯＦ＝ＯＥ×$\frac{5}{2}$＝⑤，ＤＦ＝⑧－⑤＝③
ＢＥ＝ＣＥ＝ＯＥ＝②だから，ＢＣ＝②＋②＝④，ＴＦ＝ＷＦ＝ＤＦ＝③だから，ＴＷ＝③＋③＝⑥
ＲＶ＝ＳＵ＝⑧だから，三角形ＡＢＣと切り口の面積比は，ＢＣ：(ＲＶ＋ＴＷ)＝④：(⑥＋⑧)＝２：７
よって，切り口の面積は三角形ＡＢＣの面積の，$\frac{7}{2}=3\frac{1}{2}$(倍)である。

《2022　理科　解説》

1 (1)　①ア○…アゲハチョウは春から秋にかけて３～４回産卵するため，成虫を観察できる期間が長い。
②イ○…オオカマキリは卵で冬をこす。　③オ○…アブラゼミの羽化は地温が高くなる７月ごろに始まる。
④ウ○…ゲンジボタルは６月ごろに羽化する。成虫の寿命《じゅみょう》は10日ていどとされていて，観察できる期間が短い。
⑤エ○…エンマコオロギの成虫は夏の終わりから秋にかけて観察できる。

(2)　アは６月～８月ごろ，イは５月～７月ごろ，ウは９月～11月ごろ，エは２月～４月ごろ，カは３月～５月ごろに花を咲《さ》かせる。オはシダ植物であり，種子ではなく胞子《ほうし》で増えるので，花が咲かない。

(4)　ダイズは，葉がかれて落ち，さやが茶色になって実が十分に成熟してから収かくする。なお，ダイズの実が未成熟の状態で収かくしたものが枝豆である。

(5)　イは小麦の実，ウはソバの実，エはコンニャクイモを原料とする。

2 (1)　さなぎになるのは昆虫《こんちゅう》であり，卵→幼虫→さなぎ→成虫の順に育つ完全変態の昆虫は，ハチ，ハエ，チョウ，カブトムシのなかまである。アとイとオは卵→幼虫→成虫の順に育つ不完全変態の昆虫であり，エは昆虫ではない。

(2)　エのような形をしたクワの葉もあるが，エはまわりがギザギザしていることからサクラの葉であると判断する。

(3)　シジュウカラはほおの部分が白くなっている。

(4)　表より，四齢《よんれい》幼虫以降の数の減り方が大きくなっていることがわかる。四齢幼虫以降は巣網《すあみ》を出て生活することから，巣網の中で生活することで，他の動物から食べられにくくなっていると考えられる。よって，幼虫がふ化したあと巣網をつくらなければ，ふ化した直後から数が大きく減ると考えられる。

3 (1)　アとウとオは水が蒸発するときに熱をうばうことで温度が下がる現象，イは温度が高いものから低いものへ熱が移動することで温度が下がる現象である。これらに対し，エは，2021年にノーベル賞を受賞したデヴィッド・ジュリアスが発見した「ＴＲＰ(トリップ)チャネル」によるものである。ミントを食べたときにひんやりと感じたり，トウガラシを食べたときに熱く感じたりするのは，ミントのメントールやトウガラシのカプサイシンという成分による刺激《しげき》を受け取ることで，温度が変わったように感じるためである。

(2)　あ，い．表の84℃のときの結果より，実験２で用いた水溶液《すいようえき》の濃《こ》さは40％だとわかる。よって，１ｇの水溶液にふくまれるアルコールの重さは１×0.4＝0.4(ｇ)である。90℃のときは，Ａの重さが0.5ｇだから，Ｂの重さ

は１－0.5＝0.5(ｇ)である。また，Ａには0.5×0.16＝0.08(ｇ)のアルコールがふくまれているから，Ｂにふくまれるアルコールは0.4－0.08＝0.32(ｇ)であり，その濃さは0.32÷0.5×100＝64(％)である。

(3)①　(2)と同様に考えると，表の88℃のとき，Ａにふくまれるアルコールは0.6×0.2＝0.12(ｇ)，Ｂの重さは１－0.6＝0.4(ｇ)で，Ｂにふくまれるアルコールは0.4－0.12＝0.28(ｇ)だから，Ｂの濃さは0.28÷0.4×100＝70(％)である。Ａ，Ｂそれぞれの濃さは変わらないことから，ここでは，Ａにふくまれるアルコールは0.2×0.2＝0.04(ｇ)，Ｂにふくまれるアルコールは0.8×0.7＝0.56(ｇ)である。よって，注射器に入れた１ｇの水溶液にふくまれていたアルコールは0.04＋0.56＝0.6(ｇ)だから，濃さは0.6÷１×100＝60(％)である。　②　表の86℃のときについて，Ａにふくまれるアルコールは0.8×0.3＝0.24(ｇ)だから，Ｂにふくまれるアルコールは0.4－0.24＝0.16(ｇ)であり，Ｂの重さは１－0.8＝0.2(ｇ)だから，Ｂの濃さは0.16÷0.2×100＝80(％)となる。表やここまでの問題から，84℃から温度が上がるにしたがってＡの濃さとＢの濃さはどちらも小さくなっていくと考えられる。ここでは87℃から98℃について考えるので，86℃のときに着目すると，Ａの濃さは30％以上になることはなく，Ｂの濃さは80％以上になることはない。また，94℃のときのＡの濃さが８％だから，実験２から考えられる濃さの範《はん》囲《い》は８％以上80％未満である。

4　(1)　空気は温度が高くなると，体積は大きくなるが，重さは変化しないので，１㎤あたりの重さが軽くなる。陸は海よりも暖まりやすいため，晴れた日の昼は陸の温度が先に高くなり，陸上の空気が暖められて上へ上がり，海上から冷たい空気が流れこんでくる。

(2)　図１では，右側の砂の方が温度が高いので，右側では上《じょう》昇《しょう》気流，左側では下降気流が生じるイが正答となる。このような熱の伝わり方を対流という。

(3)　砂と水では砂の方が暖まりやすいので，水がある右側では下降気流，砂がある左側では上昇気流が生じるウが正答となる。

(4)　砂は水よりも冷めやすいので，砂の方が温度が低くなり，(3)とは反対にイのようになる。

5　(1)　パイプの重さ500ｇは，パイプのある一点(重心)にすべてかかると考える。まっすぐなパイプでは，ちょうど真ん中の50㎝の目盛りが重心である。また，Ｐの真下に全体の重心がくるとつりあう。Ｂに重さが500ｇの球を固定したとき，全体の重心は，パイプの重心から球までの間の長さを重さの逆比に分けた位置になる。ここではパイプの重さと球の重さが同じだから，パイプの重心(50㎝)とＢ(100㎝)のちょうど真ん中の75㎝が全体の重心となる。

(2)　図Ⅰ参照。Ｐの真下の目盛りＧを支点として，パイプの重心Ｃにかかる重さと，球の位置Ｄにかかる重さがパイプを回転させるはたらきが等しくなれば，つりあう。パイプの重さと球の重さは同じだから，ＣＧ＝ＧＤとなるときを考えればよい。三角形ＡＢＰは辺の長さの比が，ＢＰ：ＡＰ：ＡＢ＝60：80：100＝３：４：５の直角三角形であり，三角形ＡＰＧはこれと同じ形だから，ＡＰ：ＡＧ＝ＡＢ：ＡＰ＝５：４である。よって，ＡＰ＝80㎝より，ＡＧ＝$80\times\frac{4}{5}$＝64(㎝)，ＣＧ＝ＡＧ－ＡＣ＝64－50＝14(㎝)だから，ＡＤ＝ＡＧ＋ＧＤ＝64＋14＝78(㎝)となる。

図Ⅰ

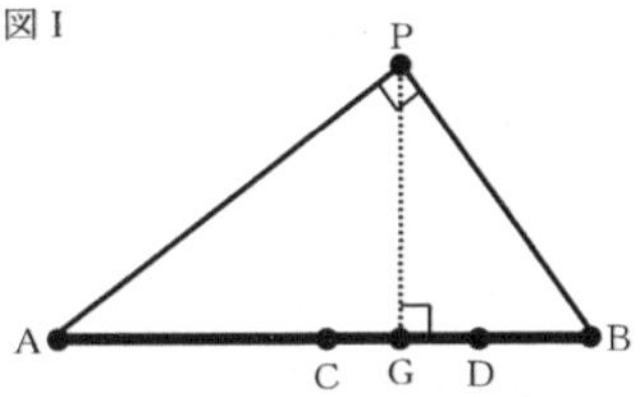

(3)　球をＧからＢ側に移動していくと，つりあう球の重さが軽くなっていき，球をＢに置いたとき，つりあう球の重さが最も軽くなる。図Ⅰで，ＣＧ＝14㎝，ＧＢ＝ＡＢ－ＡＧ＝100－64＝36(㎝)であり，パイプの重さと球の重さの比は，Ｇからの距離の逆比に等しくなるから，36：14＝18：７となる。よって，Ｂに置く球の重さは$500\times\frac{7}{18}$＝194.4…(ｇ)だから，これより軽いアとイでは，つりあわせることができない。

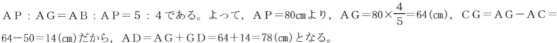

(4)　図Ⅱ参照。折り曲げたパイプの重心を考える。ADの重心はAE＝ED＝56÷2＝28(cm)となる点E，DCの重心はDF＝FC＝42÷2＝21(cm)となる点Fだから，全体の重心は，重さの逆比に着目して，EG：GF＝21：28＝3：4となる点Gである。よって，QGを通る直線がADと交わる点Jが，Qの真下にくる。同じ形の三角形の辺の比に着目すると，AC：EF＝AD：ED＝2：1だから，EF＝(40＋30)÷2＝35(cm)であり，EG：GF＝3：4より，EG＝35×$\frac{3}{3+4}$＝15(cm)である。さらに，AJ：EJ＝AQ：EG＝40：15＝8：3だから，AJ：AE＝8：(8－3)＝8：5であり，AE＝28cmだから，AJ＝28×$\frac{8}{5}$＝44.8(cm)となる。

図Ⅱ

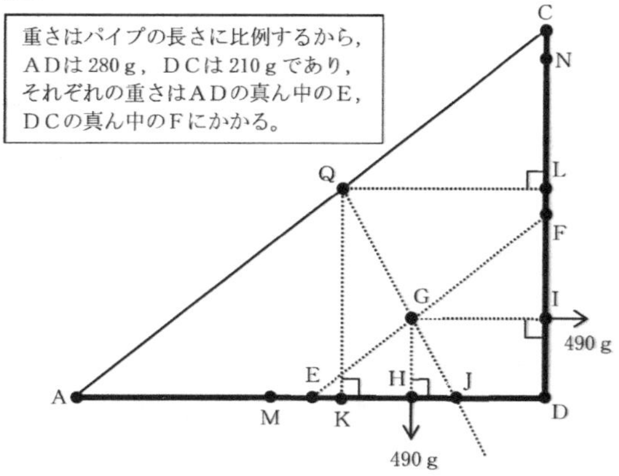

(5)　球を置く位置の目盛りが最も小さくなるのは，ADが水平になるときである(AがDよりも低くなると，球はAから落下する)。このとき，図Ⅱで，Qの真下にある点Kを支点とし，Gの真下にある点Hにかかる490gがパイプを時計回りに回転させるはたらきと，490gの球がパイプを反時計回りに回転させるはたらきが等しくなればよいので，MK＝KHとなる点Mを考えればよい。三角形AKQと三角形EHGは三角形ADCと同じ形だから，辺の長さの比は3：4：5であり，AK＝AQ×$\frac{4}{5}$＝32(cm)，EH＝EG×$\frac{4}{5}$＝12(cm)より，HD＝ED－EH＝16(cm)である。よって，KH＝AD－AK－HD＝8(cm)だから，MK＝8cmであり，AM＝AK－MK＝32－8＝24(cm)となる。これに対し，目盛りが最も大きくなるのは，DCが水平になるときだから，Qの真下にある点Lを支点とし，IL＝LNとなる点Nを考えればよい。三角形GIFと三角形QLCは三角形ADCと同じ形だから，辺の長さの比は3：4：5であり，IF＝GF×$\frac{3}{5}$＝(35－15)×$\frac{3}{5}$＝12(cm)より，DI＝DF－IF＝9(cm)，LC＝QC×$\frac{3}{5}$＝18(cm)である。よって，IL＝DC－DI－LC＝15(cm)だから，LN＝15cmであり，NC＝LC－LN＝3(cm)だから，Nの目盛りは98－3＝95(cm)となる。

(6)　(3)解説と同様に考える。ADを水平にしたとき，つりあわせることができる球の重さが最も軽くなるのは，球をAに置いたときである。図Ⅱより，AK：KH＝32：8＝4：1であり，球とパイプの重さ(490g)の比はその逆比の1：4になるから，球の重さは490×$\frac{1}{4}$＝122.5(g)である。また，DCを水平にしたとき，つりあわせることができる球の重さが最も軽くなるのは，球をCに置いたときである。図Ⅱより，IL：LC＝15：18＝5：6であり，球とパイプの重さ(490g)はその逆比の6：5になるから，球の重さは490×$\frac{5}{6}$＝408.3…(g)である。球をDに置いたときには，どの重さでもDがAやCよりも低くなってつりあうから，アではDに置いたときの1か所，イではDに置いたときとADを水平にしたときの2か所，ウとエではDに置いたときとADを水平にしたときとDCを水平にしたときの3か所でつりあう。

《2022　社会　解説》

1　(1)　エの釣針が正しい。縄文時代，動物の骨や角を使って釣針などの骨角器が作られた。アは銅鐸(弥生時代)，イは甲冑(古墳時代)，ウは円筒埴輪(古墳時代)，オは石包丁(弥生時代)。

(2)　稲荷山古墳は埼玉県にあるので，イを選ぶ。稲荷山古墳から出土した鉄剣と，熊本県の江田船山古墳から出土した鉄刀の両方にワカタケルが刻まれていたため，大和政権の支配は関東－北九州に及んでいたと考えられる。

(3)　『日本書紀』に続く五つの歴史書は『続日本紀』『日本後紀』『続日本後紀』『日本文徳天皇実録』『日本三代実録』。

(4)　オ．平安時代始め，桓武天皇が坂上田村麻呂を征夷大将軍に任命し，蝦夷を平定させて東北地方の支配を固めた。

(5)　鎌倉幕府３代執権北条泰時が制定した御成敗式目は，貞永式目とも呼ばれる。

(6)　両方とも誤りだからエを選ぶ。　X．ａは書院造で室町時代の武家住宅である。寝殿造は平安時代の貴族の住宅に見られる建築様式。　Y．ｂは雪舟の水墨画「天橋立図」である。浮世絵は江戸時代。

(7)　ア．鎌倉幕府で執権を独占した北条氏とは別ものであり，「後北条氏」とも呼ばれる。北条早雲以外は 16 世紀に活躍した大名。

(8)　エが正しい。バスコ・ダ・ガマは15世紀末にインド航路を開拓した。アは10世紀後半，イは18世紀後半，ウは11世紀末，オは17世紀前半。

(9)　アは２代将軍徳川秀忠，イは老中松平定信，ウは３代将軍徳川家光，エは５代将軍徳川綱吉，オは老中阿部正弘の政策なので，ア→ウ→エ→イ→オの順になる。

(10)　近松門左衛門は，江戸時代の元禄文化を代表する人形浄瑠璃の脚本家である。元禄文化は 17 世紀後半～18 世紀初頭の上方を中心に栄えた。

(11)　ウが誤り。鎖国完成後，朝鮮と交易を行ったのは対馬藩である。薩摩藩は琉球王国と交易を行った。

(12)　アが正しい。イは杉田玄白・前野良沢，ウは平賀源内，エは高野長英・渡辺崋山，オはウィリアム＝アダムス(三浦按針)・ヤン＝ヨーステン。

(13)　地租改正では，土地の所有者に税の負担義務を負わせて地券を交付し，課税の対象を収穫高から地価の３％に変更して現金で税を納めさせた。江戸時代の年貢と変わらない重い負担だったため，各地で地租改正反対一揆が起こり，1877 年に政府は税率を 2.5％に引き下げた。

(14)　イ．ａは日本の主要な輸出品だった生糸である。ｂは 1910 年の輸出の割合が輸入を上回ったことから綿糸と判断できる。それに伴って原料の綿花の輸入も増加したから，ｃは綿花となる。

(15)　ノルマントン号事件により領事裁判権の撤廃を求める声が高まったので，エがふさわしい。日清戦争直前の 1894 年に領事裁判権(治外法権)の撤廃を実現させた。

(16)　エが正しい。　ア．「内閣総理大臣」ではなく「天皇」である。　イ．「大隈重信」ではなく「伊藤博文」である。ウ．「イギリス」ではなく「プロイセン(ドイツ)」である。　オ．国民は法律の範囲内で自由権が保障されていた。

(17)　ウが誤り。女性に選挙権が与えられたのは戦後初の衆議院議員総選挙(1946 年)以降である。

(18)　高度経済成長期(1950 年代後半～1973 年)に人々の収入が増えて，三種の神器(白黒テレビ・電気洗濯機・電気冷蔵庫)が普及した。

(19)　イが正しい。国民所得倍増計画は，1961 年度から 1970 年度までの 10 年間で，国民所得を２倍にしようという計画。アは吉田茂，ウは小泉純一郎，エは幣原喜重郎，中曾根康弘。

2　(1)　カ．Ⅱは日本なしの生産が盛んな千葉県が１位だから，なしである。残ったうち，Ⅰは岡山県が上位だからぶどう，Ⅲは岩手県が上位だからりんごと判断する。

(2)　エが正しい。サウジアラビアの国旗には，イスラム教の聖典「コーラン」の一節と，聖地メッカを守護する剣が描かれている。アはトルコ，イは南スーダン，ウはブラジルなどがあてはまる。

(3)　ウが誤り。アメリカの人口(3 億 3200 万人)は，中国の人口(14 億人)の２分の１以下である。

(4)　「」から風力発電と判断し，Ⅱのみ誤りだからウを選ぶ。風力発電は，天候などの影響を受けやすいため，発電量が不安定である。

(5)　ア．千島海流(親潮)沿いの釧路港(Ⅰ)はたら類の水揚げ量が多いＡ，日本海側の境港(Ⅱ)はさば類の水揚げ量が多いB，太平洋側の枕崎港(Ⅲ)はかつお類の水揚げ量が多いCと判断する。

(6) タンカーやコンテナ船を通すため，アクセルペダルを踏み込まないと登れないほどの急坂がつくられた。

(7) アが誤り。蔵王山は「北上高地」ではなく「奥羽山脈」に位置する。

(8) アが誤り。札幌市は，明治時代に開拓使がおかれて，屯田兵が移住したことで開拓された。

(9) ウ．奈良時代の浜名湖は淡水湖で，遠津淡海と呼ばれていた。

(10) エが誤り。「福岡県」ではなく「沖縄県」である。台風対策として屋根を低くしたり，瓦をしっくいで固めたりしている。

(11) 関西国際空港は小型軽量な集積回路の輸出が盛んなので，エと判断する。反対に，重量の重い自動車は海上輸送が利用される。アは名古屋港，イは成田国際空港，ウは東京港。

(12) エが正しい。大山隠岐国立公園の記述である。 ア．日本最大のため池は香川県の満濃池。 イ．リアス海岸の浦富海岸は鳥取県東部にある。 ウ．中国地方で最高峰の大山は鳥取県西部にある。

(13) 鳥取市は日本海側の気候なので，北西季節風の影響で冬の降水量が多いアと判断する。高松市は瀬戸内の気候なので１年を通して降水量が少ないイと判断する。ウの名古屋市，エの盛岡市は太平洋側の気候。

(14) エが誤り。AにもBにも航路は書き込まれていない。

(15) Ⅲのみ誤りだからイを選ぶ。観光客の来訪手段を調査するには，アンケートや聞き取り調査を行う。

3 (1)(a) 企業が利潤を追求する経済を資本主義経済と言うのに対し，国家が生産手段を持つ計画経済を社会主義経済と言う。 (b) 公正取引委員会が運用している独占禁止法は，同じ業種の企業同士が，競争を避けるために価格の維持や引き上げの協定を結ぶカルテルなどを禁じている。 (c) 公共の福祉とは，一人ひとりの利益ではなく，社会全体の人々の利益のことである。利用者の健康を守るため，医師免許を持たない者の営業が禁止されている。

(2) ウが誤り。「総務省」ではなく「国土交通省」である。

(3) エが誤り。農業協同組合(ＪＡ)は私企業の内の協同組合に分類される。

(4) ア．条例の制定・改廃の請求先は「地方議会の議長」ではなく「首長」である。

(5) 裁判を公正・中立に行うために，裁判所が国会や内閣などの機関から影響を受けないことを「司法権の独立」といい，裁判官が法と良心にのみ拘束されて職権が独立していることを「裁判官の独立」という。

(6) エが正しい。アとウは精神活動の自由，イは公務員選定罷免権。

(7) ウの弾劾裁判が正しい。 ア．参議院の議員定数は 248 人。 イ．国務大臣の過半数は国会議員の中から選ばれる必要はあるが，過半数に満たない国務大臣は国会議員でなくてもよい。 エ．衆議院総選挙は小選挙区比例代表並立制である。

(8)あ オ．Bの野菜の輸入先割合において，Ｇ７(アメリカとイタリア)は18.6％で半分以下である。

い 17の目標の「ＳＤＧｓ(持続可能な開発目標)」が掲げられ，環境・経済・人間社会のバランスがとれた社会を取り戻し継続していくことが世界中で目指されている。

(9) 安全保障理事会の常任理事国はアメリカ・中国・イギリス・フランス・ロシア。大国一致の原則によって，常任理事国が１国でも反対すれば議案は否決される。また，核拡散防止条約によって核兵器の保有を認められているのも常任理事国だけである。

(10) まもるさんは「各国の自由を他国がじゃましてはいけない」と考えているので，エがふさわしい。

2021 解答例 令和3年度　洛南高等学校附属中学校

《国　語》

1　⑴③絶品　⑤生来　⑫延　⑵①エ　1．ア　2．オ　3．イ　⑶②ウ　1．オ　2．エ　3．イ
⑷『一見さんお断り』のお店　⑸こ　⑹少しも楽し　⑺⑦せっか　⑧きた　⑻⑨ア　⑪ウ　⑼ウ
⑽A．ウ　B．ア　C．エ　D．オ　E．イ　⑾人を幸せにするはずの仏様が怖い顔をしていること。
⑿土産屋でみんなの態度は冷たく思えたが、実はあとで菜摘にプレゼントをして喜ばせようとしていたこと。
⒀エ

2　⑴ウ　⑵A　⑶ア　⑷1．内　2．場　3．見　4．雨　5．屋　⑸ラクばかり　⑹⑤無名
1．不利　2．失点　3．可決　⑺ゴ　1．ポ　2．ガ　⑻⑦か　⑧も　⑼1．ものすごく大変な苦しみ
2．ちょっと苦しい　3．長続き　4．次に頑張る力を支えるエネルギー　⑽ウ

3　⑴③治安　⑥究極　⑦大局　⑵A．エ　B．オ　C．ア　⑶人間として真っ当で充実した生き方
⑷1．目に見えるもの　2．読書、文化、芸術　3．間接体験（追体験）　⑸十　⑹1．大／小
2．右／左　3．寒／温　⑺ア，オ，カ　⑻(ⅰ)大海　(ⅱ)実体験が疑似体験により補完されず、健全な知識や情緒や形が身につかない人間。　⑼1．×　2．○　3．×　4．○　5．○

《算　数》

1　⑴$\frac{5}{36}$　⑵10　⑶12321　⑷5　⑸$\frac{684}{685}$

2　⑴ア．120　イ．1920　⑵6　⑶エ．1　オ．9　カ．6　キ．4　⑷150　⑸ケ．12　コ．72　⑹6

3　⑴3：2　⑵600　⑶28

4　⑴1：5　⑵70　⑶$1\frac{7}{8}$

5　⑴3142　⑵58692　⑶a．5　b．6　c．7　d．2

6　⑴18　⑵4　⑶$6\frac{1}{2}$　⑷166

《理　科》

1　⑴ウ　⑵イ　⑶①イ，キ　②ウ，オ　⑷ウ　⑸エ　⑹5　⑺オ

2　⑴①a．水　b．二酸化炭素　c．酸素　②消化管　③[記号／名前]　d．[ア／肺]　e．[ウ／腎臓]
⑵1．ウ　2．ウ　3．オ　⑶①イ　②A．ア　B．イ

3　⑴①A．砂糖　D．アルミニウム　②ウ　③X．エ　Z．ア　⑵①ア，イ　②218　③154

4　⑴ウ　⑵午前8時…エ　午後4時…カ　⑶カ　⑷エ

5　⑴ア．600　イ．300　ウ．500　⑵エ．600　オ．500　カ．400　キ．300　ク．200　⑶[ケ／コ／サ／シ／ス]
[600／500／100／400／200]，[500／400／600／100／200]，[400／600／500／100／200]　のうち1組　⑷800
⑸500　⑹800

《社　会》

1 ⑴モース　⑵エ　⑶ウ　⑷隋　⑸聖武　⑹ア　⑺２番目…イ　５番目…エ　⑻奉公　⑼ア
⑽エ　⑾オ　⑿首里　⒀ウ　⒁エ　⒂オ　⒃領事裁判権〔別解〕治外法権　⒄イ　⒅ウ　⒆エ
⒇オ

2 ⑴あ．福島　い．伊豆　⑵イ　⑶オ　⑷ウ　⑸ア　⑹ウ　⑺ア　⑻ア　⑼客土をおこなった。
⑽エ　⑾イ　⑿イ　⒀エ　⒁ウ

3 ⑴参議院　⑵エ　⑶エ　⑷低所得者の負担を減らすため。　⑸期日前投票
⑹(あ)ＩＮＦ全廃条約〔別解〕中距離核戦力全廃条約　(い)非政府組織　⑺ｃ．国事　ｄ．内閣　ｅ．国政
⑻ア　⑼カ　⑽(あ)生存権　(い)ワイマール憲法　⑾エ

洛南高等学校附属中学校

←解答例は前のページにありますので，そちらをご覧ください。

《2021　国語　解説》

1 (2)①　眉《まゆ》をひそめるとは、他人のいやな行為《こうい》に不快を感じるなどして顔をしかめること。よって、エが適する。

1　眉につばするとは、だまされないように用心する、疑ってかかること。眉につばをつけるも同じ意味。

2　膝《ひざ》を打《う》つとは、はっと思いつくことがあったり、たいそう感心したりしたときにする動作で、思いつくこと、感心することを表す。　3　腹をくくるとは、覚悟《かくご》を決めること。

(3)②　ご存じとは、知っていらっしゃること、ご承知という意味。よって、ウが適する。　1　手があいていること、ひまなことを表す「手すき」に尊敬を表す「お」がついたもの。ひまだから「時間がある」ということ。

2　目通しとは、目を通すこと。始めから終わりまで、一通り見ること。「お目通し」は、これに「お」がついたもの。　3　お目通りとは、身分の高い人にお目にかかる、お会いすること。

(4)　後にあるように「『信用』できる人しか(お店に)上がることができ」ない「一見さんお断り」のお店では、店の存在や場所を、店を知らない人や通りがかりの人に知ってもらう必要がなく、そういう人が看板を見て店に入って来ても、断らなければならない。そのため、看板を出さないのである。『もも吉庵《きちあん》』も「一見さんお断り」のお店なので、看板を出していないのである。

(6)　――線⑪の３～４行前に「菜摘《なつみ》は～でも、少しも楽しくない」とある。

(7)　「もし何か悩《なや》み事を抱《かか》えているとしたら、僅《わず》かなりとも力になってやれないだろうか」というのが「おせっかい」、つまり、でしゃばって、いらぬ世話をやくこと。こういう気持ちが「頭をもたげた」、つまり起こってきたので、「しきたり」をおかして、四人を『もも吉庵』に案内することにした。

(8)⑨　「フラッ」という言葉じたいにはいろいろな意味があるが、ここは『一見さんお断り』の店に「来ても食事できない」というところから考える。　⑪　舞《まい》は菜摘にあげるプレゼントをさがしていたのだが、それに気づかれるとサプライズにならないので、わざと菜摘に対してそっけないそぶりをして見せた。

(9)　菜摘の母は交通事故に巻《ま》き込《こ》まれ、急死した。父の経営していた印刷会社は倒産《とうさん》し、父は手紙を残して行方《ゆくえ》不明になった。菜摘は、仙台《せんだい》に行くためにこの旅行を最後に転校し、ダンス部の仲間とも別れなければならない。二年前までは、家族を失い、今の学校にも通えなくなるなど想像もしていなかった。よって、ウが適する。

(10) A　菜摘はお土産《みやげ》物屋で友達にそっけない態度をとられ、直前の２行のようなことを考えていた。よって、ウが適する。　B　前後の会話の内容から、歓迎《かんげい》してくれたことがわかるので、アが適する。　C　「だが、」と逆接でつながっているので、その前の２文で丹衛門《たんえもん》が心配したのとはちがう反応を見せたことがわかる。よって、エが適する。　D　女の子の発言は、京都に住んでいて仏像に日常的に接していると意識しない意外なもので、丹衛門はおどろかされた。よって、オが適する。　E　仲間の三人は、山田先生の「心だけじゃなくて身体も参っているはずだ。気遣《きづか》ってやれ」という言葉を聞いていた。そして、旅行中の菜摘の元気のない様子を見て、おそらく心配していた。そんな中、菜摘が唐突《とうとつ》に話し始めたので、心配しているのである。よって、イが適する。

(12)(13)　他の三人の友達の土産物屋でのそっけない態度を見て、（　A　）の前の２行のように考えた。そして「そんなの嘘」と話しはじめ、この二年間の出来事を話したあとに、「せっかく楽しみにしていた修学旅行がメチャクチャ～最後に友達まで失ってしまった」と菜摘は思った。しかし、ユッキーは「菜摘ちゃんのうちが大変なことは、私たち知ってる」と言い、三人はプレゼントを渡《わた》してくれた。それを見て菜摘は、「さっき、お土産屋さんで選んでいたのは、自分のためのものだった」こと、そのため三人がわざとそっけない態度をとっていたことを知った。

2 (1)　「目的」の「的」は、ねらったり目指したりする対象・目標を表す。他の「～的」は接尾語として用いられていて、上の字や語に対して、「～の、～のような(性質を持った)、～に関する」などの意味を表す。

(2)　B～Eは英語をもとにした外来語。Aは動詞「の(乗)る」の連用形「のり」が名詞になったもの。

(3)　イは「くり返し読み直したりすることによって自分が納得《なっとく》するまで時間をかけ理解を深めることができる」と一致《いっち》する。ウは「『あ、こんな考え方がある』～という発見を自分の中に取り込める」と一致する。エは、「実際のつき合いでは～でも本を読む上では～いろいろな性格の人と比較的楽《ひかくてきらく》に対話することができます」と一致する。オは「その結果、少しずつ自分の考え方や感じ方を作り変えていくことができる」と一致する。アは読書の良さとしてよく語られることではあるが、この文章には書かれていない。

(4) 1　内気《うちき》　2　場所《ばしょ》　3　見本《みほん》　4　雨具《あまぐ》　5　楽屋《がくや》

(5)　44～45行目の1文が答え。タカ(高)が知れるとは、程度《ていど》がわかる。大したことはないという意味。

(9)　前の段落の前半部のまとめになっている。空らんの前後の文脈からあてはまる言葉をしぼりこもう。

(10)　ウは、読書の良さについて述べた部分で、「実際のつきあい」と比較《ひかく》することによって、直前の内容を実感しやすくしている。

3 (2) A　前には私達が「よく知る人」はひじょうに少ないこと、あとには人間へのかなり正しいイメージを持っていることが書かれている。前の部分から予測されることとは逆のことがあとに書かれているから、逆接のエの「にもかかわらず」が適する。　B　前の段落では、実体験では「目に見えるものしか分からない」ので、「読書、文化、芸術などに親しむことが大切となる」ということが書かれている。このことの具体例があとに書かれているので、オの「例えば」が適する。　C　間接体験によってわかる大切なことの実例を、付け加えているので、アの「また」が適する。

(3)　4段落目に「家族や学校で～ほんの基礎《きそ》基本だけです。人間として真っ当で充実《じゅうじつ》した生き方をするためにはとても充分《じゅうぶん》とは言えません。これからの教養～を獲得《かくとく》するには～必要があります」とある。この3文のつながりから、「これからの教養」が目指すものは、下線部の「人間として～生き方をする」ことだとわかる。

(4)　2つあとの段落からまとめる。「実体験では余りにも足りない」ので、「読書、文化、芸術などに親しむ」という間接体験(追体験)によって補うことで、「目に見えるもの」以外の大切なものが見えてくる。

(5)　疑似《ぎじ》体験一つ一つは実体験の「十分の一の深さや強烈《きょうれつ》さ」しかなくても、体験する回数が「百倍」あれば、1/10×100＝10倍の教養を得られる。

(7)　アは、── 線⑤の次の段落の「古今東西の賢人《けんじん》たちの精魂《せいこん》こめた授業を、タダで聴講《ちょうこう》することができるのです」と一致する。オは、── 線⑤の次の段落の「文学書を読めば～人間としての美しい情緒《じょうちょ》や、醜《みにく》い情緒を学ぶことができます」と一致する。カは、「永訣《えいけつ》の朝」について書かれた部分の、「一篇《いっぺん》の詩に出会っただけで、生き方が変わったり～」と一致する。

(9) 1　4段落目の内容、特に「実体験では余りにも足りないので」より×。　2　4段落目の後半と一致するので○。「間接体験(追体験)」と「疑似体験」は同じような意味。　3　── 線⑥の前の段落に着目する。筆者の生き方は、詩との出会いによって変わったが、「だれでも」できるとは言っていないので×。「生き方が変わったり～それを実現するために頑張《がんば》ることが可能となったりすることもあります」と述べている。　4　── 線④の段落の「読書なら～いくらでも重ねることが可能です」や、次の段落の「古今東西の賢人たちの～知識や思想を吸収できます」などと一致するので○。　5　最後の３段落と一致するので○。「実体験による小さな世界だけで満足」する人のことを、「井の中の蛙」と表現し、「これからの教養」を身につけることが大切だと述べている。

《2021　算数　解説》

[1] ⑴　与式$=4\frac{30}{36}+7\frac{32}{36}-10\frac{33}{36}-1\frac{24}{36}=\frac{5}{36}$

⑵　与式$=\{\frac{1}{14}\times2+1\div(\frac{35}{105}-\frac{21}{105}+\frac{1}{105})\}\times\{(64+24+3)\div13-5.6\}=(\frac{1}{7}+1\div\frac{1}{7})\times(91\div13-5.6)=$
$(\frac{1}{7}+7)\times(7-5.6)=\frac{50}{7}\times1.4=\frac{50}{7}\times\frac{7}{5}=10$

⑶　与式$=37\times79+37\times2\times41+37\times3\times28+37\times4\times22=37\times(79+82+84+88)=37\times333=12321$

⑷　与式より，$5\frac{3}{8}\div\frac{1}{4}\times\square\times11\frac{3}{4}\div\frac{5}{8}=2021$　$\frac{43}{8}\times4\times\frac{47}{4}\times\frac{8}{5}\times\square=2021$　$\frac{2021}{5}\times\square=2021$　$\square=5$

⑸　与式$=9\div\{8+7\div(6+5\div4\frac{3}{2})\}=9\div\{8+7\div(6+5\times\frac{2}{11})\}=9\div(8+7\div6\frac{10}{11})=$
$9\div(8+7\times\frac{11}{76})=9\div8\frac{77}{76}=9\times\frac{76}{685}=\frac{684}{685}$

[2] ⑴　**【解き方】１～30の整数については，１つ１つ数え上げる。１～120の整数については，周期性を利用する。**

１～30の整数について，３でも５でも割り切れない奇数を並べると，1，7，11，13，17，19，23，29
これらの和を計算すると，ア120になる。
31～60の整数について，２でも３でも５でも割り切れない整数は，下線部の８個の数に30ずつ加えた数だから，それらの和は120より30×８＝240大きくなる。このように整数を30個ずつに区切ることで，２でも３でも５でも割り切れない整数の和は240ずつ大きくなる。よって，１～120の整数について，２でも３でも５でも割り切れない整数の和は，120＋(120＋240)＋(120＋240×２)＋(120＋240×３)＝120×４＋240×(１＋２＋３)＝120×４＋240×６＝120×４＋120×12＝120×16＝ア1920

⑵　**【解き方】どの品物も少なくとも１つは買うから，Ａ，Ｂ，Ｃ１個ずつを除いて考える。したがって，０個のものがあってもよいので，合計金額が，280－20－30－70＝160(円)になる組み合わせを探す。**

Ｃの値段が一番高いので，Ｃの個数で場合を分けて数えるとよい。また，20と30の最小公倍数は60だから，Ａの60÷20＝３(個)とＢの60÷30＝２(個)を入れかえても合計金額は変化しない。条件に合う組み合わせは右表のように６通りある。

Ａ(個)	8	5	2	3	0	1
Ｂ(個)	0	2	4	1	3	0
Ｃ(個)	0	0	0	1	1	2

⑶　**【解き方】計算結果は3960040以上3969949以下だから，かける数の範囲《はんい》は限られる。**

3960040÷2021＝1959余り901だから，かける数は1960以上である。かける数を1960から５大きくして1965にすると，計算結果は2021×５＝10105大きくなり，3970000以上になってしまう。したがって，かける数は1964以下である。あとは下２けたにだけ注目して，計算結果の十の位が４になる数を探す。21×60＝1260，21×61＝1281，21×62＝1302，21×63＝1323，21×64＝1344だから，求める数は1964である。実際の筆算は，右のようになる。

```
      2021
   ×  1964
      8084
    12126
   18189
   2021
   3969244
```

⑷　**【解き方】条件をもとに合同な三角形を探す。**

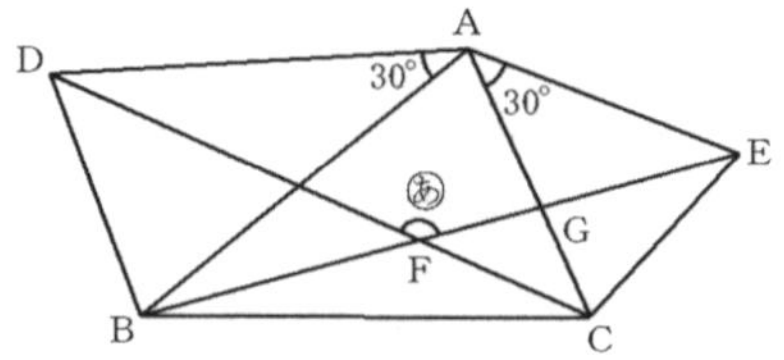

右図のように記号をおく。三角形ＡＤＣと三角形ＡＢＥにおいて，
ＡＤ＝ＡＢ，ＡＣ＝ＡＥ，角ＤＡＣ＝30°＋角ＢＡＣ＝角ＢＡＥだから，
この２つの三角形は合同である。したがって，角ＡＣＤ＝角ＡＥＢ

これより，三角形ＡＥＧと三角形ＦＣＧは同じ形の三角形とわかるから，

角ＣＦＧ＝角ＥＡＧ＝30°　　よって，角㋐＝180°－30°＝150°

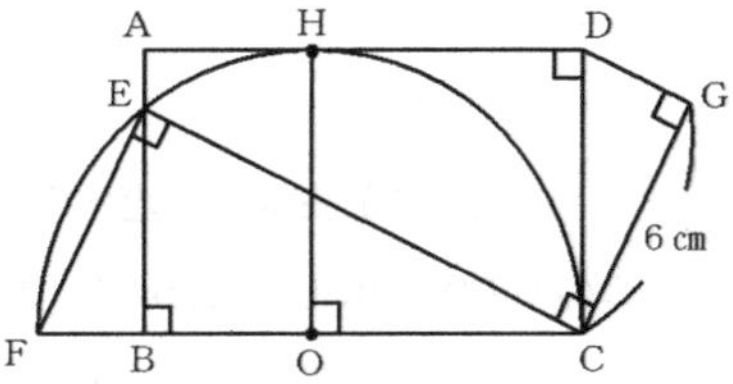

⑸　**【解き方１】同じ形の三角形を探し，半円の半径と直径から対応する辺の比を考える。**

右図のように記号をおく(Oは半円の中心)。角ＥＣＦ＝90°－角ＤＣＥ＝角ＧＣＤだから，三角形ＥＣＦと三角形ＧＣＤは同じ形の三角形である。

半円の半径をｒ㎝とすると，四角形ＯＣＤＨは正方形だから，

ＤＣ＝ＯＣ＝ｒ㎝　　したがって，三角形ＥＣＦと三角形ＧＣＤの対応する辺の比は，

ＦＣ：ＤＣ＝(ｒ×２)：ｒ＝２：１だから，ＣＥ＝ＣＧ×２＝６×２＝ケ 12(㎝)

三角形ＢＣＥと三角形ＧＣＤは同じ形の三角形だから，ＢＣ：ＣＥ＝ＧＣ：ＣＤ＝６：ｒより，

ＢＣ＝ＣＥ×$\frac{6}{r}$＝12×$\frac{6}{r}$＝$\frac{72}{r}$(㎝)　　よって，長方形ＡＢＣＤの面積は，ＤＣ×ＢＣ＝ｒ×$\frac{72}{r}$＝コ 72(㎠)

【解き方２】ＣＥの求め方までは【解き方１】と同じである。右のように作図すると，長方形ＡＢＣＤの面積は，三角形ＥＣＤの面積の２倍である。

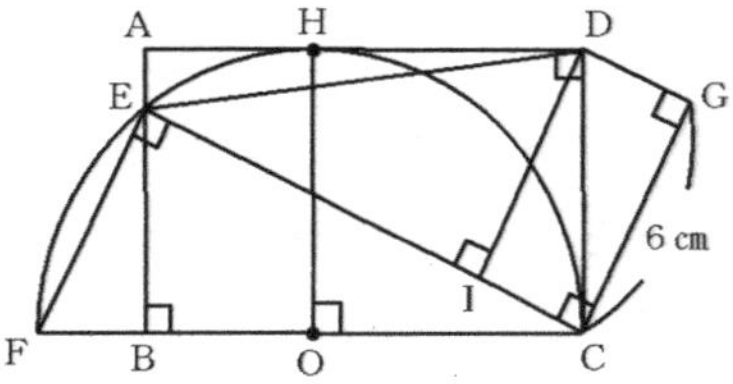

ＩＤ＝ＣＧ＝６㎝だから，三角形ＥＣＤの面積は，

ＣＥ×ＩＤ÷２＝12×６÷２＝36(㎠)

よって，長方形ＡＢＣＤの面積は，36×２＝コ 72(㎠)

⑹　**【解き方】(ぬった部分の面積)：(すべての立方体の表面積の和)＝１：(１＋８)＝１：９だから，右図の直方体の表面積が，すべての立方体の表面積の和の$\frac{1}{9}$になればよい。**

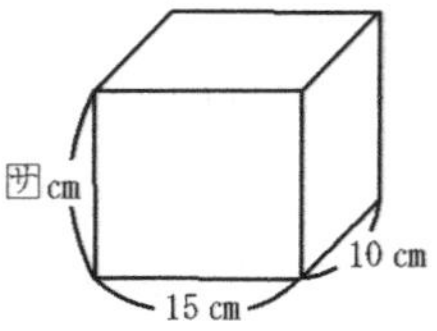

右図の直方体の表面積は，10×15×２＋[ア]×(15×２＋10×２)＝[ア]×50＋300(㎠)

立方体は全部で10×15×[ア]＝[ア]×150(個)あるから，すべての立方体の表面積の和は，

([ア]×150)×(１×１×６)＝[ア]×900(㎠)　　これの$\frac{1}{9}$の([ア]×900)×$\frac{1}{9}$＝[ア]×100(㎠)

が[ア]×50＋300(㎠)と等しいから，[ア]×100－[ア]×50＝[ア]×50(㎠)は300㎠と等しい。よって，[ア]＝300÷50＝６

3　⑴　**【解き方】スタートした直後から台形ＡＢＱＰの面積が増え続けているのは，ＰがＱより速いため，ＢＱが減る割合よりもＡＰが増える割合の方が大きいからである。グラフの形が変化するところで何が起こったかを考える。**

10秒後は，Ｐが１回目にＤに着いたときである。Ｐが１往復するのは1×２＝20(秒後)だから，その前にグラフが変化している15秒後は，ＱがＢに着いたときである。速さの比は，同じ道のりを進むのにかかる時間の比の逆比に等しいから，ＰとＱの速さの比は，10：15＝２：３の逆比の３：２である。

⑵　**【解き方】10秒後の台形ＡＢＱＰの面積と長方形ＡＢＣＤの面積の比を考える。⑴をふまえ，ＡＤ＝ＢＣの長さを，10と15の最小公倍数の㉚㎝とする。**

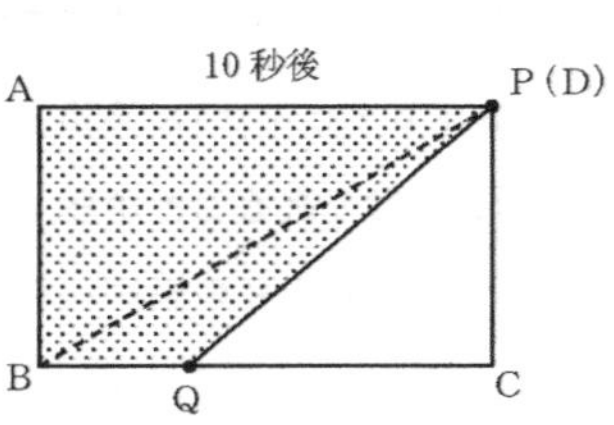

10秒後は右図のようになる。Ｐの速さは毎秒$\frac{㉚}{10}$㎝＝毎秒③㎝，Ｑの速さは

毎秒$\frac{㉚}{15}$㎝＝毎秒②㎝だから，右図において，ＢＱ＝㉚－②×10＝⑩(㎝)

(三角形ＰＢＱの面積)：(三角形ＰＢＣの面積)＝ＢＱ：ＢＣ＝⑩：㉚＝１：３

したがって，台形ＡＢＱＰと長方形ＡＢＣＤの面積比は，(３＋１)：(３＋３)＝２：３

台形ＡＢＱＰの面積が400㎠だから，長方形ＡＢＣＤの面積は，400×$\frac{3}{2}$＝600(㎠)

⑶　**【解き方】⑵をふまえる。台形ＡＢＱＰにおいてＡＰ＋ＢＱが㉚×２＝㊿(㎝)のとき，面積が長方形ＡＢＣＤと同じ600㎠になる。したがって，面積Ｓが500㎠になるのは，ＡＰ＋ＢＱが⑥⓪×$\frac{500}{600}$＝㊿(㎝)のときである。**

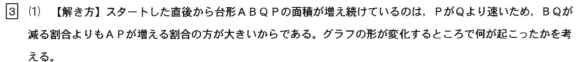

図②のグラフより，面積Ｓが500 ㎠になるのは，20秒後から30秒後の間である。

20秒後はＰがちょうど１往復したときであり，右図のようになる。

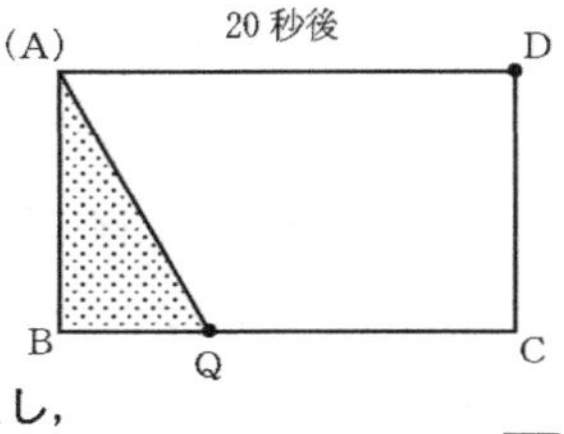

このとき，ＢＱ＝②×20－㉚＝⑩（cm）である。このあとＡＰ＋ＢＱが㊿－⑩＝㊵（cm）長くなるのは，$\frac{㊵}{③+②}$＝８（秒後）だから，求める時間は，20＋８＝28（秒後）

4 ⑴　**【解き方】右図は食塩水の重さを長さで表した図であり，Ａの中の食塩水をａとし，Ｂの中の食塩水をb_1とb_2に，Ｃの中の食塩水をc_1，c_2，c_3に分けたものである。b_2とc_2の量が等しいことから，これに含《ふく》まれる食塩の量をそれぞれ考える。**

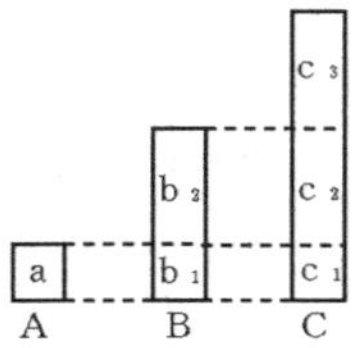

b_2には56ｇの食塩が含まれる。c_3には35ｇの食塩が，c_2とc_3には合わせて63ｇの食塩が含まれるから，c_2には63－35＝28（ｇ）の食塩が含まれる。

b_2とc_2は量が等しく，含まれる食塩の量の比が56：28＝２：１だから，濃度の比も２：１である。

b_1とc_1は量が等しく，濃度の比が２：１だから，<u>含まれる食塩の比も２：１</u>である。

b_1とc_1に含まれる食塩の重さの差は，63－56＝７（ｇ）だから，下線部の比の数の２－１＝１が７ｇにあたるので，b_1に含まれる食塩は$7\times\frac{2}{1}$＝14（ｇ）である。

b_1とb_2の重さの比は含まれる食塩の重さの比に等しく，14：56＝１：４だから，

ａと（b_1+b_2）の重さの比は，１：（１＋４）＝１：５であり，これが求める比である。

⑵　⑴より，Ｂに入っている食塩の重さは14＋56＝70（ｇ）だから，Ａに入っている食塩の重さも70ｇである。

⑶　⑴より，（c_1+c_2）とc_3の重さの比は含まれる食塩の重さの比と等しく，（７＋28）：35＝１：１だから，Ｃには Ｂの２倍の重さの食塩水が入っている。したがって，Ａ，Ｂ，Ｃに入っている食塩水の重さの比は１：５：10である。Ａ，Ｂ，Ｃに入っている食塩の重さの比は１：１：１だから，３つの食塩水をすべて混ぜてできる食塩水の濃度と，Ｃに入っている食塩水の濃度の比は，$\frac{1+1+1}{1+5+10}:\frac{1}{10}$＝15：８

よって，求める割合は，$\frac{15}{8}=1\frac{7}{8}$（倍）

5 ⑴　**【解き方】1357を２回シャッフルすると7531となり，数字の並びが逆になっているので，４回シャッフルすると元の数にもどるとわかる。**

1234を４回シャッフルすると，1234→3142→4321→2413→1234となる。４回を１周期とすると，21回のシャッフルで，21÷４＝５余り１より，６周期目の１番目の数の3142になる。

⑵　**【解き方】⑴をふまえ，１周期の４つの数の和を考える。**

１周期の中の４つの数は，各位の数の和が１＋２＋３＋４＝10だから，４つの数の和は，10×1111＝11110である。よって，求める和は，11110×５＋3142＝58692

⑶　**【解き方】ここまでの解説から，20回のシャッフルでできる数の和は，（ａ＋ｂ＋ｃ＋ｄ）×1111×５＝（ａ＋ｂ＋ｃ＋ｄ）×5555とわかる。これが118626から４けたの数（21回目のシャッフルでできる，ｃａｄｂ）を引いた数であることから，ａ＋ｂ＋ｃ＋ｄの値《あたい》を考える。**

ａ＋ｂ＋ｃ＋ｄの値は，118626÷5555＝21余り1971より，およそ21である。

ａ＋ｂ＋ｃ＋ｄが22以上になると21回のシャッフルでできる数の和が118626をこえてしまう。

ａ＋ｂ＋ｃ＋ｄ＝21のとき，ｃａｄｂ＝1971だが，1971の４つの位の数を足しても21にならないので，条件に合わない。

ａ＋ｂ＋ｃ＋ｄ＝20のとき，ｃａｄｂ＝1971＋5555＝7526であり，7526の４つの位の数を足すと20になる。

ａ＋ｂ＋ｃ＋ｄが19以下だと，ｃａｄｂ＝7526＋5555＝13081以上となり，条件に合わない。

よって，ａ＝５，ｂ＝６，ｃ＝７，ｄ＝２

6 (1)　底面積が３×３＝９(㎠)，高さがＡＥ＝６㎝だから，体積は，９×６÷３＝18(㎤)

(2)　**【解き方】問題の図の点線について，同一平面上にある点線の交わる点が重なる部分の頂点になる。**

図①

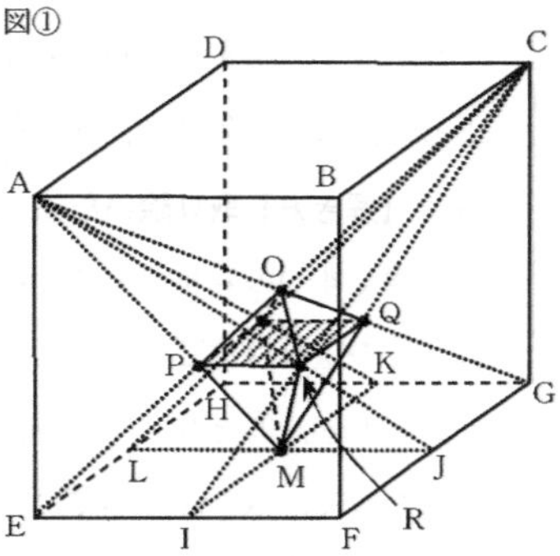

直線ＡＧ，ＡＭ，ＣＥ，ＣＭは平面ＡＥＧＣ上にあるので，これらが交わる点をとる(右図①のＭ，Ｏ，Ｐ，Ｑ)。直線ＡＪ，ＣＩは平面ＡＩＪＣ上にあるので，これらが交わる点をとる(図①のＲ)。直線ＡＫ，ＣＬは平面ＡＬＫＣ上にあるので，これらが交わる点をとる。以上より，重なる部分は図①のようになる。この立体の体積は，斜線部分の四角形を底面とする，高さがＯＭの四角すいの体積として求めることができる。

三角形ＡＣＰと三角形ＭＥＰは同じ形だから，ＡＰ：ＭＰ＝ＡＣ：ＭＥ＝２：１より，ＡＰ：ＡＭ＝２：３

同様に，ＣＱ：ＣＭ＝２：３

三角形ＡＣＲと三角形ＪＩＲは同じ形だから，ＡＲ：ＪＲ＝ＡＣ：ＪＩ＝２：１より，ＡＲ：ＡＪ＝２：３

ＡＰ：ＡＭ＝ＡＲ：ＡＪより，ＰＲとＭＪは平行である。これより，三角形ＡＰＲと三角形ＡＭＪは同じ形だから，ＰＲ：ＭＪ＝ＡＰ：ＡＭ＝２：３なので，ＰＲ＝ＭＪ$\times\frac{2}{3}$＝３$\times\frac{2}{3}$＝２(㎝)

したがって，色をつけた四角形は１辺が２㎝の正方形だから，面積は，２×２＝４(㎠)

Ｏは立方体の対角線が交わる点だから，ＯＭ＝ＡＥ÷２＝６÷２＝３(㎝)

よって，求める体積は，４×３÷３＝４(㎤)

(3)　**【解き方】(2)をふまえる。同一平面上にある点線の交わる点が重なる部分の頂点になる。**

図②

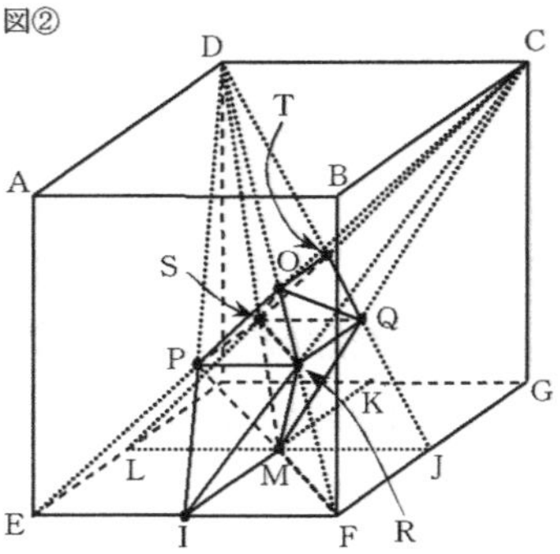

直線ＣＥ，ＣＩ，ＤＩ，ＤＦは平面ＤＥＦＣ上にあるので，これらが交わる点をとる(右図②のＩ，Ｏ，Ｐ，Ｒ)。直線ＣＬ，ＣＭ，ＤＭ，ＤＪは平面ＤＬＪＣ上にあるので，これらが交わる点をとる(図②のＭ，Ｑ，Ｓ，Ｔ)。以上より，重なる部分は図②の立体ＴＱＳＰＯＲＭＩである。「三角すいを切断してできる三角すいの体積の求め方」を利用する。

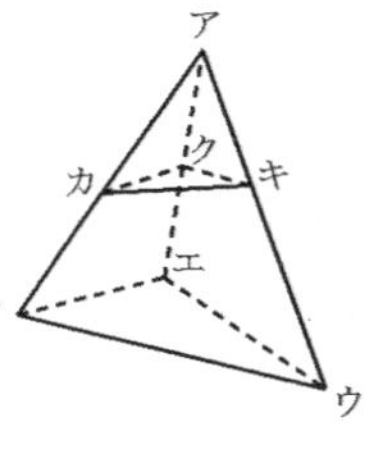

三角すいを切断してできる三角すいの体積の求め方

左の三角すいア‐カキクの体積は，

(三角すいア‐イウエの体積)$\times\frac{アカ}{アイ}\times\frac{アキ}{アウ}\times\frac{アク}{アエ}$

で求められる。

※三角すい以外の角すいでは成り立たないことがあるので，三角すいだけに使うこと。

四角すいＤ‐ＦＪＭＩを平面ＤＭＦで２つの三角すいに分け，それぞれのうちの重なる部分の体積を求める。

(三角すいＤ‐ＦＭＩの体積)＝18÷２＝９(㎤)

(三角すいＤ‐ＲＭＩの体積)＝

(三角すいＤ‐ＦＭＩの体積)$\times\frac{DR}{DF}$＝

９$\times\frac{2}{3}$＝６(㎤)

(三角すいＤ‐ＯＳＰの体積)＝

(三角すいＤ‐ＦＭＩの体積)$\times\frac{DO}{DF}\times\frac{DS}{DM}\times\frac{DP}{DI}$＝＝９$\times\frac{1}{2}\times\frac{2}{3}\times\frac{2}{3}$＝２(㎤)

したがって，三角すいD‐FMＩのうち重なる部分の体積は，6－2＝4(cm³)

(三角すいD‐FＪMの体積)＝9 cm³

(三角すいD‐RQMの体積)＝(三角すいD‐FＪMの体積)$\times\frac{DR}{DF}\times\frac{DQ}{DJ}=9\times\frac{2}{3}\times\frac{2}{3}=4$ (cm³)

(三角すいD‐OTSの体積)＝(三角すいD‐FＪMの体積)$\times\frac{DO}{DF}\times\frac{DT}{DJ}\times\frac{DS}{DM}=9\times\frac{1}{2}\times\frac{1}{2}\times\frac{2}{3}=\frac{3}{2}$ (cm³)

したがって，三角すいD‐FＪMの体積のうち重なる部分の体積は，$4-\frac{3}{2}=\frac{5}{2}$ (cm³)

よって，求める体積は，$4+\frac{5}{2}=6\frac{1}{2}$ (cm³)

⑷ **【解き方】取り除いた部分の体積を先に求める。そのさい，重なる部分は⑵，⑶で体積を求めた立体になる。**

取り除く4つの四角すいについて，頂点A，B，C，DをふくむものをそれぞれⒶ，Ⓑ，Ⓒ，Ⓓとする。

ⒶとⒸの重なりは⑵の立体であり，ⒷとⒹの重なりも同じだから，4つの四角すいが重なる部分は⑵の立体である。ⒶとⒷ，ⒷとⒸ，ⒸとⒹ，ⒹとⒶの重なりはそれぞれ，⑶の立体と合同である。

したがって，取り除く体積は，(Ⓐ，Ⓑ，Ⓒ，Ⓓの体積の和)－(⑶の立体の体積)×4＋(⑵の立体の体積)＝

$18\times4-6\frac{1}{2}\times4+4=50$ (cm³)　　よって，残る部分の体積は，$6\times6\times6-50=166$ (cm³)

―《2021　理科　解説》―

1 ⑴　ウ○…モンシロチョウの4枚のはねのうち，腹側の2枚は丸い形をしている。

⑵　イ○…モンシロチョウの卵はトウモロコシのような形をしている。

⑶　くきを食材とするのはアスパラガスとタケノコ，根を食材とするのはゴボウとニンジンである。なお，タマネギとチンゲンサイは葉，ブロッコリーは花のつぼみ，キュウリは実，トウモロコシは種子を食材としている。

⑷　ウ○…アはキキョウ，イはハス，ウはアブラナ，エはヒガンバナ，オはアーティチョーク，カはヒマワリである。

⑸　エ○…カブトムシは幼虫，オオカマキリは卵，ナナホシテントウは成虫，ナミアゲハはさなぎ，エンマコオロギは卵で冬を越す。

⑹　5齢幼虫になるまでに4回脱皮し，さなぎになる直前にもう1回脱皮するので，合計5回である。

⑺　オ○…ハチのなかまははねを4枚もつ。イはミツバチ，ウはマルハナバチである。

2 ⑴①　a．大腸で吸収され血液に入るのは水である。　b，c．d(肺)から取りこまれるcが酸素，d(肺)に出されるbが二酸化炭素である。　②　口，食道，胃，小腸，大腸，こう門の順につながる食べ物の通り道を消化管という。

③　dは気体の交かんを行う肺(ア)である。肺の下にある心臓がからだの左よりの位置にあるため，肺はからだの右側(図の左側)の方が少し大きい。また，eは血液中の不要物をこし取ってにょうをつくる腎臓(ウ)である。腎臓も肺と同様に左右に1つずつある臓器で，ソラマメのような形をしている。

⑵　1，2．ヨウ素液はデンプンにつけると青むらさき色に変化する。ごはん粒にふくまれるデンプンは，だ液のはたらきでより小さな物質に分解されるが，水や胃液では分解されないので，ヨウ素液によってそれぞれ青むらさき色(ウ)に変化する。　3．魚の切り身(タンパク質が多くふくまれる)にはデンプンがふくまれず，タンパク質が分解されてもデンプンはできないので，ヨウ素液を加えても茶色(オ)のままである。なお，タンパク質は胃液などによってより小さな物質(アミノ酸)に分解される。

⑶①　イ○…骨と骨のつなぎ目(イとウの間の部分)を関節という。うでの筋肉は関節をまたぐようについている。

② うでを曲げるときは，Aの筋肉がちぢみ，Bの筋肉がゆるむ。うでを伸ばすときは，反対にAの筋肉がゆるみ，Bの筋肉がちぢむ。

3 ⑴① 実験1より，水にとけるA，Bは食塩か砂糖，水にとけないC，D，E，Fは鉄，銀，卵の殻，アルミニウムのいずれかである。実験2より，水酸化ナトリウム水溶液と反応して気体が発生したDはアルミニウムである。実験3より，うすい塩酸を加えても変化がなかったCは銀である。実験4より，水溶液を加熱して水を蒸発させると，黒色に変化したAは砂糖，白色の粉末を生じたBは食塩である。実験5より，XとYは水素だと考えられるので，実験3でYが発生したEは鉄(Fは卵の殻)だとわかり，Zは卵の殻と塩酸の反応で発生した二酸化炭素である。 ② ウ○…うすい塩酸には気体の塩化水素がとけている。 ③ X(水素)は空気より軽い(エ)。また，Z(二酸化炭素)は水にとけると酸性を示し，青色リトマス紙を赤色に変える(ア)。

⑵① ア，イ○…ものが水にとけたものを水溶液という。水溶液はすきとおっていて，とけている物質の小さなつぶが全体に広がっている。 ② 60℃で硝酸カリウムにとけ残りが出たので，とけている硝酸カリウムは水 100 g に対して 109 g である(このとき 100＋109＝209 g の水溶液ができる)。したがって，418 g の水溶液ができるとき，硝酸カリウムは $109\times\frac{418}{209}=218$(g)とけている(このとき水は 418－218＝200 g である)。 ③ 水 100 g では 109－32＝77(g)の硝酸カリウムが生じるから，水 200 g では $77\times\frac{200}{100}=154$(g)となる。

4 ⑴ ウ○…夏至(6月 20 日ごろ)に近いほど，昼間の長さが長く，太陽が北よりの地平線からのぼる。したがって，夏至に近い5月の太陽が最も高く最も北より(図では最も左側)にあるウが正答である。

⑵ 影は太陽と反対の方角にでき，太陽の高度が低いほど影は長くなる。11 月の午前8時には太陽が5月よりも南よりの東の地平線付近にあるので，影は5月よりも北よりの方向にでき，影の長さは長い(エ)。また，午後4時には太陽が5月よりも南よりの西の地平線付近にあるので，影は5月よりも北よりの方向にでき，影の長さは長い(カ)。

⑶ カ○…そらさんが朝のあいさつ運動をしていた位置は 11 月には日が当たり，5月には日が当たらなかったので，太陽が東の空の南よりにあると日が当たり，太陽が東の空の北よりにあると校舎によって太陽の光がさえぎられるような場所(カ)である。⑵エで，左側にのびる点線と実線の間にある場所だと考えればよい。

⑷ エ○…図3のAの南側には校舎があるので，日中は太陽の光が校舎によってさえぎられて日かげになる。日なたになるのは太陽が北よりの地平線からのぼり，北よりの地平線にしずむ5月の朝と夕方の短い時間だけである。

5 ⑴ てこを左右にかたむけるはたらき〔おもりの重さ(g)×支点からの距離(cm)〕が等しくなるときにつり合う。支点からの距離を球の直径(長さ1)として考えると，てこを左にかたむけるはたらきは 200×1＝200，右にかたむけるはたらきは 400×1＝400 となるので，アとウによって，てこを左にかたむけるはたらきの方が 200 大きくなるようにする。アとウの支点からの距離はどちらも2だから，アはウよりも 200÷2＝100(g)重い球にする。したがって，アは600 g，ウは500 g，イは残りの 300 g である。

⑵ この問題では，球の半径の長さを1とする。支点の左側にあるエとオの支点からの距離はエが3，オが1，支点の右側にあるカ，キ，クの支点からの距離はカが1，キが3，クが5である。支点の左の方が球の数が少ないので，まず，てこを左にかたむけるはたらきは最大に，右にかたむけるはたらきは最小になるように，左から順に 600 g，500 g，400 g，300 g，200 g の球を入れるときを考える。このようにすると，てこを左にかたむけるはたらきが 600×3＋500×1＝2300，右にかたむけるはたらきが 400×1＋300×3＋200×5＝2300 となり，てこが水平につり合うので，これ以外の組み合わせでつり合うことはない。

⑶ ⑵解説より，ケが 600 g，コが 500 g のとき，てこを左にかたむけるはたらきは2300 だから，スを 400 g にするとてこを右にかたむけるはたらきは 200×1＋100×3＋400×5＝2500 以上になり，2300 より大きくなってしまう(スを 600

ｇや500ｇにすることもできない)。したがって，スが200ｇになる組み合わせを考える。スを200ｇにして，(2)解説と同様に考えると，てこを右にかたむけるはたらきは200×５＝1000であり，ケが600ｇ，コが500ｇのときのてこを左にかたむけるはたらきは2300(差は1300)だから，サが100ｇ，シが400ｇであれば，てこを右にかたむけるはたらきが100×１＋400×３＝1300になり，てこが水平につり合う。これ以外でも，ケが500ｇ，コが400ｇ，サが600ｇ，シが100ｇ，スが200ｇのとき，または，ケが400ｇ，コが600ｇ，サが500ｇ，シが100ｇ，スが200ｇのときに，てこが水平につり合う。

(4)　Ｉを支点としたとき，支点の真下にある３つの球については考えなくてもよい。支点の左側と右側のそれぞれ３つずつの球の重さの合計が等しくなれば，水平につり合う。残っている球は900ｇ，800ｇ，500ｇ，400ｇ，300ｇだから，２個ずつたしたときの差が600－100＝500(ｇ)になるような組み合わせを求める。このような組み合わせは(900＋400)－(500＋300)＝500(ｇ)より，900ｇと400ｇが左側，500ｇと300ｇが右側にあるときだから，セは残りの800ｇである。

(5)　Ｊを支点として，図11でＡＣを結ぶ直線からそれぞれの球の中心までの距離を支点からの距離とし，近い方の球の中心までの距離を１，遠い方の球の中心までの距離を２とする。図11の段階でてこを左にかたむけるはたらきは900×１＝900，右にかたむけるはたらきは100×２＝200であり，左にかたむけるはたらきの方が700大きい。残っている球は800ｇ，700ｇ，500ｇ，300ｇ，200ｇであり，図Ⅰのａ～ｄに入れる球による右にかたむけるはたらきを700大きくするには，ａとｂに800ｇ，700ｇ，500ｇの球は入れられない。つまり，ａとｂには300ｇか200ｇの球を入れることになり，左にかたむけるはたらきは(300×２)＋(200×１)＋900＝1700か，(200×２)＋(300×１)＋900＝1600になるので，ｃとｄに入る組み合わせは，重さの合計が(1700－200)÷１＝1500(ｇ)か(1600－200)÷１＝1400(ｇ)になるときである。したがって，700＋800＝1500より，ａには300ｇ，ｂには200ｇ，ｃとｄには700ｇと800ｇの球を入れればよいから，ソは残りの500ｇである。

図Ⅰ

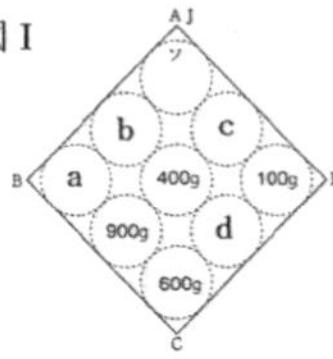

(6)　(4)と同様に考える。図Ⅱで，タに入れる球は，ｂとｄに入れる球の合計の重さより600－(100＋300)＝200(ｇ)重い。残っている球は900ｇ，800ｇ，500ｇ，400g，200ｇだから，タには800ｇ(ｂとｄには400ｇか200ｇ)か900ｇ(ｂとｄには500ｇか200ｇ)のどちらかが入る。これらのうち，さらにａとｂに入れる球の合計の重さが，ｃとｄに入れる球の合計の重さより300－100＝200(ｇ)重くなる組み合わせを考えればよいから，タに800ｇ，ａに900ｇ，ｂに200ｇ，ｃに500ｇ，ｄに400ｇを入れると水平になる。

図Ⅱ

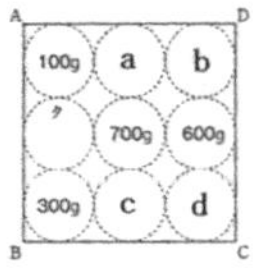

《2021　社会　解説》

1　(1)　標本採集として来日したモースは，汽車の窓から大森貝塚を発見し，その後お雇い外国人として，東京大学の教授に就任した。

(2)　エが正しい。ア．岩宿遺跡は旧石器時代の遺跡で，群馬県にある。イ．吉野ケ里遺跡は佐賀県にある弥生時代の遺跡だから，ナウマンゾウの化石は発見されない。ウ．三内丸山遺跡は縄文時代の遺跡である。オ．唐古・鍵遺跡は奈良県の弥生時代の遺跡だから，古墳時代の出土品である須恵器は出土しない。

(3)　ウが正しい。ア．天智天皇についての記述である。イ．天武天皇についての記述である。エ．天智天皇についての記述である。オ．物部氏が活躍していたのは，聖徳太子が政治改革をする以前のことである。

(4)　隋が正しい。小野妹子に持たせた国書の内容「日出処の天子　書を日没処の天子にいたす　つつがなきや」は，隋の皇帝煬帝を怒らせたと言われている。中国の皇帝にしか使われない天子という言葉を，日本の王が使ったことが理由であった。

(5)　「国分寺」「東大寺」「大仏」から聖武天皇と判断する。

(6)　アが正しい。運慶は，東大寺南大門の金剛力士像をつくった人物。鑑真は，仏教の戒律を伝えるために唐から来日した僧。重源は平安時代末から鎌倉時代初頭にかけて，東大寺を再建した人物。蓮如は室町時代の浄土真宗の僧である。

(7)　オ(797年)→イ(894年)→カ(935年)→キ(1016年)→エ(1086年)→ウ(1167年)→ア(1180年)

(8)　土地を仲立ちとした御恩と奉公による将軍と御家人の主従制度を封建制度と呼んだ。

(9)　アが正しい。応仁の乱は1467年のことであった。鉄砲伝来は1543年。イの正長の土一揆は1428年，ウの勘合貿易の開始は1404年，エの悪党の出現は鎌倉時代後半，オの建武の新政は1334年のことであった。

(10)　エが正しい。加賀一向一揆では，浄土真宗の門徒が守護大名を追い出し，約100年間自治を行った。

(11)　オの刀狩令が正しい。アは 1639 年の鎖国令，イは楽市楽座令，ウは足利義満の国書，エは武家諸法度(元和令)と思われる。

(12)　琉球王国の都だから，首里と答える。

(13)　ウが正しい。アは徳川吉宗，イは田沼意次，ウは徳川綱吉，エは水野忠邦，オは新井白石である。徳川綱吉は，17世紀後半(元禄期)の第５代将軍で，18世紀以降に，新井白石→徳川吉宗→田沼意次→水野忠邦の順に活躍した。

(14)　エが正しい。アは日清戦争の下関条約。イは普仏戦争のフランクフルト講和条約。ウは日露戦争のポーツマス条約。オは1945年のことである。

(15)　オが正しい。岩倉使節団には，木戸孝允・伊藤博文・大久保利通・山口尚芳のほか，中江兆民や津田梅子などの留学生もいた。

(16)　1894年，外務大臣の陸奥宗光は，イギリスとの間に結んだ日英通商航海条約で，領事裁判権の撤廃に成功した。

(17)　イが大正時代ではない。足尾銅山鉱毒事件は明治時代である。普通選挙法と治安維持法の制定は 1925 年。原敬による本格的な政党内閣の開始は1918年。関東大震災は1923年。吉野作造が民本主義を唱えたのは1916年。

(18)　ウが正しい。満州事変は1931年，五・一五事件は1932年，二・二六事件は1936年，ドイツのポーランド侵攻は1939年，日独伊三国軍事同盟は1940年，太平洋戦争の開始は1941年のことであった。

(19)　エが誤り。高度経済成長期は，1950 年代後半から 1973 年までのことである。日中平和友好条約の締結は，1978 年のことである。沖縄返還は 1972 年，新日米安全保障条約(新安保)の締結は 1960 年，東京オリンピックは 1964 年のことである。四日市ぜんそく・水俣病・新潟水俣病・イタイイタイ病の四大公害はいずれも高度経済成長期に発生した。

(20)　オが正しい。アは文学賞受賞者。イは「生体高分子の同定および構造解析のための手法の開発」で化学賞を受賞した。ウは物理学賞受賞者。エは平和賞受賞者。

2　(1)　あ＝福島　い＝伊豆　　あ.「猪苗代湖」「会津若松市」から福島県と判断する。い.「富士山」「静岡県」から伊豆半島と判断する。

(2)　イが誤り。河川の蛇行は，洪水の原因となる。

(3)　オが正しい。３つのうち，最も普及が早かったのがパソコン，急速に普及が広まったのがスマートフォンと判断する。

(4)　ウが正しい。アは諏訪湖，イは田沢湖，エは宍道湖である。

(5)　アの石川県には輪島塗がある。

⑹　ウが誤り。老人ホーム()は，小田山のふもとに１つだけしかない。

⑺　アが正しい。等高線は 10mごとに引かれているので，Ａに近い小田山あたりは標高 360m程度，中間点あたりに標高 320mの等高線があることから判断する。

⑻　アが正しい。沖縄・北海道と東京・大阪・福岡の大都市に多いＢを航空輸送とすれば，沖縄があるＡは海上輸送，Ｃはバスと判断できる。

⑼　客土とは，土壌を改良するために，他の場所から土を持ってくることである。

⑽　エが正しい。北海道の内陸の岩見沢は，他の都市より明らかに気温が低いと判断する。アは群馬県前橋市，イは京都府舞鶴市，ウは青森県八戸市の雨温図である。

⑾　イが正しい。茨城県は，レタスと米の生産量が多い。アは北海道，ウは長野県，エは鹿児島県。

⑿　イが正しい。焼津港は遠洋漁業の基地で，カツオ・マグロ漁がさかんである。遠洋漁業は，1970 年代の，石油危機と他国の排他的経済水域の設定によって，大幅に漁獲量を減らしていった。アは沖合漁業，ウは沿岸漁業，エは海面養殖業である。

⒀　エが正しい。海外に生産拠点を移した日本の自動車メーカーが多い。ア．１つの工場に必要なだけの部品を供給するジャストインタイム方式がとられている。イ．ハイブリッドカーは，ガソリンエンジンと電気モーターを組み合わせて走る車である。水素と酸素から電気をつくって走るのは燃料電池車である。ウ．日本から輸出される自動車の相手先上位は，アメリカ＞オーストラリア＞イギリスである。

⒁　ウが正しい。アはマンチェスター，イはドバイ，エはシンガポール。

3　⑴　参議院が正しい。日本は現在，衆議院と参議院の二院制であり，民意が反映されやすい衆議院の議決が優越する場合が多いことから判断する。

⑵　エが正しい。国民１人がおよそ 800 万円を借金しているのと同じぐらいと覚えておく。

⑶　エが正しい。超高齢社会に突入している日本では，社会保障費にかかる費用が最も多い。地方税収の格差を補うために公布されるのが地方交付税交付金である。

⑷　消費税は，すべての人々が同じ税率を負担するため，低所得者ほど所得に対する消費税の負担割合は高くなる。これを逆進性という。この逆進性を補うために軽減税率が導入された。

⑺　天皇の国事行為には，内閣総理大臣の任命，最高裁判所長官の任命，憲法改正・法律・政令・条約の公布，国会の召集，衆議院の解散，栄典の授与などがあり，いずれも内閣の助言と承認を必要とする。

⑻　アが誤り。憲法改正の発議は，衆議院と参議院の両方で行う。憲法改正の発議には，各議院の総議員の３分の２以上の賛成が必要である。

⑼　カの世界保健機関が正しい。ＡはＷＴＯ(世界貿易機関)，ＢはＵＮＨＣＲ(国連難民高等弁務官事務所)のマークである。

⑽(あ)　生存権は，日本国憲法第 25 条に規定されている。

⑾　エが正しい。前半だけを読むとアも考えられるが，中ほどに「前者の議院は長期的な視点」「後者の議院はより直近の国民の意見をふまえた視点」とあることから，前者が参議院，後者が衆議院と判断する。

■ ご使用にあたってのお願い・ご注意

（1）問題文等の非掲載

著作権上の都合により，問題文や図表などの一部を掲載できない場合があります。

誠に申し訳ございませんが，ご了承くださいますようお願いいたします。

（2）過去問における時事性

過去問題集は，学習指導要領の改訂や社会状況の変化，新たな発見などにより，現在とは異なる表記や解説になっている場合があります。過去問の特性上，出題当時のままで出版していますので，あらかじめご了承ください。

（3）配点

学校等から配点が公表されている場合は，記載しています。公表されていない場合は，記載していません。

独自の予想配点は，出題者の意図と異なる場合があり，お客様が学習するうえで誤った判断をしてしまう恐れがあるため記載していません。

（4）無断複製等の禁止

購入された個人のお客様が，ご家庭でご自身またはご家族の学習のためにコピーをすることは可能ですが，それ以外の目的でコピー，スキャン，転載（ブログ，ＳＮＳなどでの公開を含みます）などをすることは法律により禁止されています。学校や学習塾などで，児童生徒のためにコピーをして使用することも法律により禁止されています。

ご不明な点や，違法な疑いのある行為を確認された場合は，弊社までご連絡ください。

（5）けがに注意

この問題集は針を外して使用します。針を外すときは，けがをしないように注意してください。また，表紙カバーや問題用紙の端で手指を傷つけないように十分注意してください。

（6）正誤

制作には万全を期しておりますが，万が一誤りなどがございましたら，弊社までご連絡ください。

なお，誤りが判明した場合は，弊社ウェブサイトの「ご購入者様のページ」に掲載しておりますので，そちらもご確認ください。

■ お問い合わせ

解答例，解説，印刷，製本など，問題集発行におけるすべての責任は弊社にあります。

ご不明な点がございましたら，弊社ウェブサイトの「お問い合わせ」フォームよりご連絡ください。迅速に対応いたしますが，営業日の都合で回答に数日を要する場合があります。

ご入力いただいたメールアドレス宛に自動返信メールをお送りしています。自動返信メールが届かない場合は，「よくある質問」の「メールの問い合わせに対し返信がありません。」の項目をご確認ください。

また弊社営業日（平日）は，午前９時から午後５時まで，電話でのお問い合わせも受け付けています。

2025 春

株式会社教英出版
〒422-8054　静岡県静岡市駿河区南安倍３丁目 12-28
TEL　054-288-2131　　FAX　054-288-2133
URL　https://kyoei-syuppan.net/
MAIL siteform@kyoei-syuppan.net

神奈川県

①[県立]相模原中等教育学校
　　　　平塚中等教育学校
②[市立]南高等学校附属中学校
③[市立]横浜サイエンスフロンティア高等学校附属中学校
④[市立]川崎高等学校附属中学校
✿⑤聖光学院中学校
✿⑥浅野中学校
⑦洗足学園中学校
⑧法政大学第二中学校
⑨逗子開成中学校(1次)
⑩逗子開成中学校(2·3次)
⑪神奈川大学附属中学校(第1回)
⑫神奈川大学附属中学校(第2·3回)
⑬栄光学園中学校
⑭フェリス女学院中学校

新潟県

①[県立]村上中等教育学校
　　　　柏崎翔洋中等教育学校
　　　　燕中等教育学校
　　　　津南中等教育学校
　　　　直江津中等教育学校
　　　　佐渡中等教育学校
②[市立]高志中等教育学校
③新潟第一中学校
④新潟明訓中学校

石川県

①[県立]金沢錦丘中学校
②星稜中学校

福井県

①[県立]高志中学校

山梨県

①山梨英和中学校
②山梨学院中学校
③駿台甲府中学校

長野県

①[県立]屋代高等学校附属中学校
　　　　諏訪清陵高等学校附属中学校
②[市立]長野中学校

岐阜県

①岐阜東中学校
②鶯谷中学校
③岐阜聖徳学園大学附属中学校

静岡県

①[国立]静岡大学教育学部附属中学校
　　　　(静岡·島田·浜松)
②[県立]清水南高等学校中等部
　[県立]浜松西高等学校中等部
　[市立]沼津高等学校中等部
③不二聖心女子学院中学校
④日本大学三島中学校
⑤加藤学園暁秀中学校
⑥星陵中学校
⑦東海大学付属静岡翔洋高等学校中等部
⑧静岡サレジオ中学校
⑨静岡英和女学院中学校
⑩静岡雙葉中学校
⑪静岡聖光学院中学校
⑫静岡学園中学校
⑬静岡大成中学校
⑭城南静岡中学校
⑮静岡北中学校
⑯常葉大学附属常葉中学校
　常葉大学附属橘中学校
　常葉大学附属菊川中学校
⑰藤枝明誠中学校
⑱浜松開誠館中学校
⑲静岡県西遠女子学園中学校
⑳浜松日体中学校
㉑浜松学芸中学校

愛知県

①[国立]愛知教育大学附属名古屋中学校
②愛知淑徳中学校
③名古屋経済大学市邨中学校
　名古屋経済大学高蔵中学校
④金城学院中学校
⑤椙山女学園中学校
⑥東海中学校
⑦南山中学校男子部
⑧南山中学校女子部
⑨聖霊中学校
⑩滝中学校
⑪名古屋中学校
⑫大成中学校
⑬愛知中学校
⑭星城中学校
⑮名古屋葵大学中学校
　(名古屋女子大学中学校)
⑯愛知工業大学名電中学校
⑰海陽中等教育学校(特別給費生)
⑱海陽中等教育学校(I·II)
⑲中部大学春日丘中学校
新刊⑳名古屋国際中学校

三重県

①[国立]三重大学教育学部附属中学校
②暁中学校
③海星中学校
④四日市メリノール学院中学校
⑤高田中学校
⑥セントヨゼフ女子学園中学校
⑦三重中学校
⑧皇學館中学校
⑨鈴鹿中等教育学校
⑩津田学園中学校

滋賀県

①[国立]滋賀大学教育学部附属中学校
②[県立]河瀬中学校
　　　　守山中学校
　　　　水口東中学校

京都府

①[国立]京都教育大学附属桃山中学校
②[府立]洛北高等学校附属中学校
③[府立]園部高等学校附属中学校
④[府立]福知山高等学校附属中学校
⑤[府立]南陽高等学校附属中学校
⑥[市立]西京高等学校附属中学校
⑦同志社中学校
⑧洛星中学校
⑨洛南高等学校附属中学校
⑩立命館中学校
⑪同志社国際中学校
⑫同志社女子中学校(前期日程)
⑬同志社女子中学校(後期日程)

大阪府

①[国立]大阪教育大学附属天王寺中学校
②[国立]大阪教育大学附属平野中学校
③[国立]大阪教育大学附属池田中学校

④[府立]富田林中学校
⑤[府立]咲くやこの花中学校
⑥[府立]水都国際中学校
⑦清風中学校
⑧高槻中学校（A日程）
⑨高槻中学校（B日程）
⑩明星中学校
⑪大阪女学院中学校
⑫大谷中学校
⑬四天王寺中学校
⑭帝塚山学院中学校
⑮大阪国際中学校
⑯大阪桐蔭中学校
⑰開明中学校
⑱関西大学第一中学校
⑲近畿大学附属中学校
⑳金蘭千里中学校
㉑金光八尾中学校
㉒清風南海中学校
㉓帝塚山学院泉ヶ丘中学校
㉔同志社香里中学校
㉕初芝立命館中学校
㉖関西大学中等部
㉗大阪星光学院中学校

兵庫県

①[国立]神戸大学附属中等教育学校
②[県立]兵庫県立大学附属中学校
③雲雀丘学園中学校
④関西学院中学部
⑤神戸女学院中学部
⑥甲陽学院中学校
⑦甲南中学校
⑧甲南女子中学校
⑨灘中学校
⑩親和中学校
⑪神戸海星女子学院中学校
⑫滝川中学校
⑬啓明学院中学校
⑭三田学園中学校
⑮淳心学院中学校
⑯仁川学院中学校
⑰六甲学院中学校
⑱須磨学園中学校(第1回入試)
⑲須磨学園中学校(第2回入試)
⑳須磨学園中学校(第3回入試)
㉑白陵中学校
㉒夙川中学校

奈良県

①[国立]奈良女子大学附属中等教育学校
②[国立]奈良教育大学附属中学校
③[県立]
　国際中学校
　青翔中学校
④[市立]一条高等学校附属中学校
⑤帝塚山中学校
⑥東大寺学園中学校
⑦奈良学園中学校
⑧西大和学園中学校

和歌山県

①[県立]
　古佐田丘中学校
　向陽中学校
　桐蔭中学校
　日高高等学校附属中学校
　田辺中学校
②智辯学園和歌山中学校
③近畿大学附属和歌山中学校
④開智中学校

岡山県

①[県立]岡山操山中学校
②[県立]倉敷天城中学校
③[県立]岡山大安寺中等教育学校
④[県立]津山中学校
⑤岡山中学校
⑥清心中学校
⑦岡山白陵中学校
⑧金光学園中学校
⑨就実中学校
⑩岡山理科大学附属中学校
⑪山陽学園中学校

広島県

①[国立]広島大学附属中学校
②[国立]広島大学附属福山中学校
③[県立]広島中学校
④[県立]三次中学校
⑤[県立]広島叡智学園中学校
⑥[市立]広島中等教育学校
⑦[市立]福山中学校
⑧広島学院中学校
⑨広島女学院中学校
⑩修道中学校
⑪崇徳中学校
⑫比治山女子中学校
⑬福山暁の星女子中学校
⑭安田女子中学校
⑮広島なぎさ中学校
⑯広島城北中学校
⑰近畿大学附属広島中学校福山校
⑱盈進中学校
⑲如水館中学校
⑳ノートルダム清心中学校
㉑銀河学院中学校
㉒近畿大学附属広島中学校東広島校
㉓AICJ中学校
㉔広島国際学院中学校
㉕広島修道大学ひろしま協創中学校

山口県

①[県立]
　下関中等教育学校
　高森みどり中学校
②野田学園中学校

徳島県

①[県立]
　富岡東中学校
　川島中学校
　城ノ内中等教育学校
②徳島文理中学校

香川県

①大手前丸亀中学校
②香川誠陵中学校

愛媛県

①[県立]
　今治東中等教育学校
　松山西中等教育学校
②愛光中学校
③済美平成中等教育学校
④新田青雲中等教育学校

高知県

①[県立]
　安芸中学校
　高知国際中学校
　中村中学校

福岡県

①［国立］福岡教育大学附属中学校（福岡・小倉・久留米）
②［県立］育徳館中学校
門司学園中学校
宗像中学校
嘉穂高等学校附属中学校
輝翔館中等教育学校
③西南学院中学校
④上智福岡中学校
⑤福岡女学院中学校
⑥福岡雙葉中学校
⑦照曜館中学校
⑧筑紫女学園中学校
⑨敬愛中学校
⑩久留米大学附設中学校
⑪飯塚日新館中学校
⑫明治学園中学校
⑬小倉日新館中学校
⑭久留米信愛中学校
⑮中村学園女子中学校
⑯福岡大学附属大濠中学校
⑰筑陽学園中学校
⑱九州国際大学付属中学校
⑲博多女子中学校
⑳東福岡自彊館中学校
㉑八女学院中学校

佐賀県

①［県立］香楠中学校
致遠館中学校
唐津東中学校
武雄青陵中学校
②弘学館中学校
③東明館中学校
④佐賀清和中学校
⑤成穎中学校
⑥早稲田佐賀中学校

長崎県

①［県立］長崎東中学校
佐世保北中学校
諫早高等学校附属中学校
②青雲中学校
③長崎南山中学校
④長崎日本大学中学校
⑤海星中学校

熊本県

①［県立］玉名高等学校附属中学校
宇土中学校
八代中学校
②真和中学校
③九州学院中学校
④ルーテル学院中学校
⑤熊本信愛女学院中学校
⑥熊本マリスト学園中学校
⑦熊本学園大学付属中学校

大分県

①［県立］大分豊府中学校
②岩田中学校

宮崎県

①［県立］五ヶ瀬中等教育学校
②［県立］宮崎西高等学校附属中学校
都城泉ヶ丘高等学校附属中学校
③宮崎日本大学中学校
④日向学院中学校
⑤宮崎第一中学校

鹿児島県

①［県立］楠隼中学校
②［市立］鹿児島玉龍中学校
③鹿児島修学館中学校
④ラ・サール中学校
⑤志學館中等部

沖縄県

①［県立］与勝緑が丘中学校
開邦中学校
球陽中学校
名護高等学校附属桜中学校

もっと過去問シリーズ

北海道

北嶺中学校
7年分（算数・理科・社会）

静岡県

静岡大学教育学部附属中学校
（静岡・島田・浜松）
10年分（算数）

愛知県

愛知淑徳中学校
7年分（算数・理科・社会）
東海中学校
7年分（算数・理科・社会）
南山中学校男子部
7年分（算数・理科・社会）
南山中学校女子部
7年分（算数・理科・社会）
滝中学校
7年分（算数・理科・社会）
名古屋中学校
7年分（算数・理科・社会）

岡山県

岡山白陵中学校
7年分（算数・理科）

広島県

広島大学附属中学校
7年分（算数・理科・社会）
広島大学附属福山中学校
7年分（算数・理科・社会）
広島学院中学校
7年分（算数・理科・社会）
広島女学院中学校
7年分（算数・理科・社会）
修道中学校
7年分（算数・理科・社会）
ノートルダム清心中学校
7年分（算数・理科・社会）

愛媛県

愛光中学校
7年分（算数・理科・社会）

福岡県

福岡教育大学附属中学校
（福岡・小倉・久留米）
7年分（算数・理科・社会）
西南学院中学校
7年分（算数・理科・社会）
久留米大学附設中学校
7年分（算数・理科・社会）
福岡大学附属大濠中学校
7年分（算数・理科・社会）

佐賀県

早稲田佐賀中学校
7年分（算数・理科・社会）

長崎県

青雲中学校
7年分（算数・理科・社会）

鹿児島県

ラ・サール中学校
7年分（算数・理科・社会）

※もっと過去問シリーズは
国語の収録はありません。

教英出版
〒422-8054
静岡県静岡市駿河区南安倍3丁目12−28
TEL 054-288-2131
FAX 054-288-2133
詳しくは教英出版で検索
教英出版 検索
URL https://kyoei-syuppan.net/

令和6年度

中学入学試験問題

国　語

《解答時間：60分》

《配点：150点満点》

注　意

1．問題は試験開始の合図《あいず》があるまで開かないこと。

2．**問題用紙のページ数は，表紙を除いて24ページ，解答用紙は1枚である。不足している場合は，ただちに申し出ること。**

3．解答はすべて，問題の番号と解答用紙の番号が一致《いっち》するよう，解答用紙の所定のらんに記入すること。不明りょうな書き方をした解答は採点しない。(※印のらんには記入しないこと)

4．開始の合図があったら，まず解答用紙に教室記号・受験番号・氏名を記入すること。

洛南高等学校附属中学校

問題は次ページより始まります。

1 次の文章を読んで、あとの(1)～(10)の問いに答えなさい。

〔一九三八年、兵庫県。六人兄弟の五男であった小学四年生のハァちゃんは、学校でたびたび不用意な言動をしてしまい、担任の広田先生によく叱《しか》られていた。〕

こんなことが重なって、ハァちゃんの一学期の通信簿《つうしんぼ》は「操行《そうこう》」注のところに「乙《おつ》」注がついた。ハァちゃんは悲しかった。それまでは「全甲《こう》」と言って、甲ばかりなのを誇《ほこ》りにしていたのだ。ハァちゃんの「全甲」は、お父さん、お母さんも誇りにしておられた。

通信簿をお父さんに見せるとき、ハァちゃんはふるえあがっていた。お母さんは「ハァちゃんは勉強ができすぎて、力が余って先生を困らせているみたいで」と弁解される。

「操行乙か」とお父さんは言われ、

「小学校では、ちょっとやんちゃやったり、好きにしすぎると操行が乙になるが、そんなのは何もかまへんことや。中学校で操行乙になると、ちょっと問題やけどな」と平然としておられた。

「助かった」とハァちゃんは①胸を撫《な》でおろしたが、「中学校の操行」というのは、何だか凄《すご》いことらしい。「不良」とかいう怖《こわ》いことに関係しているのかな、と思った。それにしても、お父さんの言葉でハァちゃんはほんとうに助けられたと感じた。

操行乙はお父さんのお蔭《かげ》で難を逃《のが》れたが、ハァちゃんは何となく広田先生とは気が合わなくて、うまくゆかない。名誉挽回《めいよばんかい》というわけで、ハァちゃんは得意の作文で頑《がん》張《ば》ろうと思う。小学二年生のときから、作文でほめられることが多く、学級の子どもたちの前で、自分の作文を朗読したこともある。

「作文は何も難しいことではありません。見たまま、聞いたまま、感じたままをそのまま書くとよい作文になります。上手に書こうと思うと駄目《だめ》になります」と広田先生が言われた。②このこともハァちゃんにとっては驚《おどろ》きだった。それまでは、ハァちゃんは作文を上手に書こうと思ったし、こう書くと、先生がほめてくれはるやろな、と思いながら書いたし、それはだいたい思ったとおりにうまくゆくことが多かった。

「今日は、この前、遠足で高城山《たかしろやま》へ行ったときのことを書きなさい。見たまま、感じたまま、そのまま書くのですよ」

先生の声に促《うなが》されて書きはじめたが、③いつものようにうまく書けない。ハァちゃんはだんだんと焦《あせ》ってきた。高城山の坂道を汗《あせ》をかきながら苦労して登ってゆくところを書いているうちに、ふと心に浮《う》かんだことがあった。

いつだったか、お父さんが戦地にいる従兄《いとこ》の博《ひろし》兄ちゃんからきた手紙のことを夕飯のときに話された。博兄ちゃんは注輜《し》重《ちょう》兵とかで、日本の軍隊の砲弾《ほうだん》などを運ぶため、泥《どろ》だらけの道を苦労して、空腹をこらえながら頑張ったとか。注内地では皆《みな》たらふく食べて呑気《のんき》にしているけど、博兄ちゃんが大変な苦労をしておられるのを、忘れてはならない、というようなことだった。

ハァちゃんは、高城山の坂道で苦労するが、戦地で頑張っている従兄の博兄ちゃんのことを思うと、こんなことは何でもないのだ、というようなことを書きかけたが、筆がとまってしまった。それは今勝手に考えたことで、そのときに「感じたまま」ではない。言うなれば、嘘《うそ》のことだ。一瞬《いっしゅん》たじろいだが時間も迫《せま》ってくる。ハァちゃんは思い切って博兄ちゃんのことを書いた作文を提出した。

皆に作文を返した後で、広田先生は上機嫌《じょうきげん》で言われた。

「城山君のが一番よかった。その一番いいところを先生がちょっと読んでみよう」

ハァちゃんは先生に認められて嬉《うれ》しかった。操行乙もふっとんでしまいそうだ。ところが先生が読まれたところは、戦地にいる博兄ちゃんの苦労を思い、必死になって坂道をあがってゆくところだった。返してもらった作文には、先生の読まれたあたりに、赤インクの丸が一杯《いっぱい》ついていた。

④それを見て、ハァちゃんは何とも言えぬ複雑な気持《きもち》になった。広田先生にほめられたのはやっぱり嬉しい。しかし、先生が認めて下さったところは、先生の言われる「感じたまま」を書いたのではなく、普通の大人の人なら喜びそうなことを後で考えて書いたものだ。

こんなの注マト、注ミト兄ちゃんらに見せると、ニヤッと笑って、「ハァちゃんやったなあ」とか何とか言うのではないだろうか。ともかく、⑤家族にはあんまり見せられへん、とハァちゃんは思った。

この日の夕御飯《ゆうごはん》は、子どもたちが食卓《しょくたく》についてみると、ビールの空瓶《からびん》が二本並んでいた。お父さんは子どもたちが来る前に、お酒かビールを飲まれるのだが、だいたいはビール一本である。ときどき、二本飲まれるときは、注「メートルがあがっている」ときで、そんなときは、お父さんの「演説」があることが多い。面白《おもしろ》いときもあるが「説教」に近いときもある。

「ちょっとみんな聞くように」とお父さんが切り出された。どんな話かと思っていると、

「ここに、隼雄《はやお》の作文がある」

と、ハァちゃんの今日返してもらった作文をお父さんが持っておられる。

「隼雄は、高城山に遠足して坂を登る苦しいときに、戦地にいる従兄の博兄ちゃんのことを考えて頑張った。いいか読んでみるぞ」とお父さんはハァちゃんの作文の、先生が赤丸をつけられたところを読みはじめられた。これには、ハァちゃんは参ってしまった。ともかく兵隊さんのことを言って頑張ると言うと大人たちが喜ぶことも知っているし、広田先生がそれに乗られたのはいいとして、

「お父さんまで」

と思うとハァちゃんはたまらなかった。何とも情《なさけ》ない気持が先立って、ほめられて嬉しいなどまったく感じないのだ。

今日はお父さんのメートルがあがっているからだ、とハァちゃんは自分に言い聞かせ、それにしても兄弟たちはどう思っているか、と顔色をうかがったが、一同神妙《しんみょう》な顔をしてお父さんの言葉を聞いている。

こんなとき、よくやるようにマト兄ちゃんが膝《ひざ》をついたりしてくれると、ハァちゃんもほっとするのだが、この日ばかりは、お父さんの勢いに押《お》されたのか、何の信号もないのである。

ハァちゃんはそのうち心配になってきた。

「ハァちゃんは要領のよいことを書きやがって」と兄さんたちが自分を馬鹿《ばか》にしているのではないか、などと思えてきたのだ。「要領よくやる奴《やつ》は、だいたい誠意がないな」などと、マト兄ちゃんが言ってたことも思い出した。そして、ますます自分が嫌《いや》になってきた。「作文は得意だ」なんて、よくも思ったものだ。

この日は土曜日。お父さんは厳格なところがあって、「小学生は教科書以外の本はあまり読む必要がない。家のなかで本など読んでいるよりも、外で元気に遊ぶ子がい

い子だ」というわけで、小学生は土曜日以外は、教科書以外の本を読むのは禁止されている。

それでも、お母さんは読書もいいことだと思っておられ、ハァちゃんの読書を応援《おうえん》したいと思っておられる。お母さんはハァちゃんの作文がほめられたのをよい機会だと思われたのか、

「隼雄の作文が上手なのは、よく本を読んでいるからですよ」と言われ、日曜日にも読書を許可しては、と注陳情《ちんじょう》をされた。お父さんはご機嫌だし、これはしめた、とハァちゃんが思っていると、お父さんが、

「隼雄は、どんな本が好きか」

と尋《たず》ねられた。急なことで答えに迷ったが、広田先生が「こんな面白い本はない」と言っておられたことを思い出して答えた。

「アルセーヌ・ルパン」

「何！　ルパン。そんな探偵《たんてい》小説みたいなもん読む必要ない。読書は土曜だけでよい」

とお父さんは大きい声を出され、ハァちゃんは、⑥今日は変なことばっかりや、と口惜《くや》し涙《なみだ》を流した。

日曜日の朝はよい天気だったが、⑦ハァちゃんの心は曇《くも》り勝《が》ちだ。日曜日の朝は子どもたちは全員で廊下《ろうか》の雑巾《ぞうきん》がけをすることになっている。

雑巾を絞《しぼ》り、ハァちゃんとミト兄ちゃんが横に並び、反対側からは、マト兄ちゃんと注いいちゃんが雑巾を押してやってくる仕掛《しか》けになっている。さあ、これからはじめるというときに、ミト兄ちゃんがえらく真面目《まじめ》な顔になった。こんなときは、ミト兄ちゃんはびっくりするようないたずらをしたり、冗談《じょうだん》を飛ばしたりすることが多い。ハァちゃんはさっと身構えた。ミト兄ちゃんが大声で叫《さけ》んだ。

「戦地におられる博兄ちゃんのことを思い、頑張って雑巾がけをしよう！」

「ギャッハ」

と四人はこれを聞くなり、⑧ひっくり返って笑いこけた。あの作文が「つくりもの」であり、それに感心されたお父さんは、ちょっとどうかしておられたのだ。それにしても、あんなのを皆の前で読まれて、ハァちゃん注かなんかったやろ。笑い飛ばしてしまえ。

これらすべての思いをこめてミト兄ちゃんは、ここでうまくジョークを飛ばしてくれたのだ。昨晩の兄たちの **[X]** が嘘のようだ。

「博兄ちゃんのことを思って、われわれも頑張ろう！」

兄弟四人は、口々に叫びながら雑巾を持って廊下を走り、走りながらゲラゲラと笑いまくっていた。

「あっ、みんなわかってくれてたんや」とハァちゃんはゲラゲラ笑いながらも、じーんとくるものを感じていた。⑨「兄弟ちゅうもんは、ええもんや」。

叫んだり、笑ったりしながらハァちゃんは雑巾がけを続けたが、熱い涙はいくらでも流れ続けるのだった。

（河合《かわい》 隼雄《はやお》『泣き虫ハァちゃん』新潮文庫刊）

注　操行……平素のおこない。
乙……戦前の成績評価の一つ。上位から「甲・乙・丙《へい》・丁《てい》」の順。
輜重兵……旧日本陸軍の兵科の一つで、軍需品《ぐんじゅひん》の輸送や補給を担当した。
内地……日本の本国。
マト兄ちゃん……本名は正雄《まさお》。ガキ大将気質の三男。
ミト兄ちゃん……本名は道雄《みちお》。ハァちゃんにとって一番身近な存在。四男。
メートルがあがっている……酒を飲んで上機嫌になること。
陳情……目上の人間に実情や心情を述べること。
いいちゃん……本名は乙雄《いつお》。やんちゃな弟。六男。
かなんかったやろ……「嫌だったよね」の意。

(1) ――線①「胸を撫でおろした」とありますが、これは「ほっと安心した」という意味の慣用句です。次の**1**～**3**の意味を持つ、「胸」を用いた慣用句を考え、**例**にならって漢字を使って答えなさい。

例　自信のある様子をする。得意になる。
慣用句は「胸を張る」であるので、**答**は「張る」。

1　強く感動させる。
2　上位者に練習の相手をつとめてもらう。
3　よく覚えておく。

(2) ――線②「このこと」とありますが、何を指していますか。それを表している一文を文章中からぬき出し、始めの五字を答えなさい。（、。などは字数に数えます）

(3) ――線③「いつものようにうまく書けない」とありますが、それはなぜですか。次の**ア**～**オ**の中から最もふさわしいものを選んで、記号で答えなさい。

ア　先生が言うように、見たまま、感じたまま、そのまま書くといったことを考えて作文を書いたことなど今までなかったから。
イ　作文を見たまま、感じたまま、そのままを書こうとする前に、先生がほめてくれるだろうということばかり考えてしまったから。
ウ　高城山の坂道で苦労するところを書くうちに、従兄の博兄ちゃんが軍隊で苦労していることを思い出してしまったから。
エ　名誉挽回のため、得意の作文で頑張ろうという気持ちだけが先走ってしまい、自分にプレッシャーをかけているから。
オ　戦地で頑張る従兄の博兄ちゃんのことを思って、遠足での苦労など何でもないのだと書くことが嘘だと気づいたから。

(4) ――線④「それを見て、ハァちゃんは何とも言えぬ複雑な気持になった」とありますが、このときの「ハァちゃん」の気持ちを七十字以内で答えなさい。（、。などは字数に数えます）

(5) ——線⑤「家族にはあんまり見せられへん、とハァちゃんは思った」とありますが、この部分について生徒が話し合いました。次の会話文を読んで、あとの**ア**～**オ**の中から、会話文中の［　　］にあてはまるものとして最もふさわしいものを選んで、記号で答えなさい。

生徒A「ハァちゃんはどうして『家族には見せられない』と思ったんだろう。直前で兄弟について書いているんだから、ここは『兄弟には見せられない』と思うべきところではないかな。」
生徒B「いや、兄弟のことだけではないんじゃないかな。お父さんにも見せられないという思いがあるんだと思う。」
生徒A「え、そうなの。お父さんには、ほめられているけど。」
生徒B「うん。でも、ほめられたハァちゃんの反応はどうだろう。文章には、『今日はお父さんのメートルがあがっているからだ、とハァちゃんは自分に言い聞かせ』と書いてあるよ。」
生徒A「たしかに。もしかするとハァちゃんは、［　　］と思っていたかもしれないということか。」
生徒B「そうだね。直前の段落に『普通の大人の人なら喜びそうなこと』とあるよね。『普通の』とわざわざついているのが気になるんだ。」
生徒A「なるほどそうか。ハァちゃんは、お父さんのことを特別だと感じているんだね。」
生徒B「そうそう。そうした思いもあって、ハァちゃんは『たまらなかった』んだろうね。」

ア　お父さんにも作文をほめられて、複雑な気持ちになる
イ　お父さんには作文の嘘を見破られてしまい、叱られる
ウ　お父さんから兄弟の前で作文を紹介《しょうかい》されて、喜べない
エ　広田先生だけでなく、お父さんにも作文を無視される
オ　広田先生だけでなく、お父さんにも作文を認められる

(6) ——線⑥「変なこと」とはどういうことですか。次のア～オの中から最もふさわしいものを選んで、記号で答えなさい。

ア 自分の希望どおりにいかないこと。

イ 自分のせいで事態が急に変わること。

ウ 自分の力ではどうにもできないこと。

エ 自分の思ったとおりにならないこと。

オ 自分の気持ちがゆれ動くこと。

(7) ——線⑦「ハァちゃんの心は曇り勝ちだ」とありますが、それはなぜですか。次のア～オの中から最もふさわしいものを選んで、記号で答えなさい。

ア 作文のことで先生やお父さんからほめられたのは自分だけであり、兄たちが自分のことを要領のよいやつだと馬鹿にしているので、自分のことが嫌になったから。

イ 大人たちが喜ぶような「つくりもの」の作文を書いて、先生やお父さんからほめられた自分のことを、兄たちが馬鹿にしているのではないかと心配していたから。

ウ 作文がほめられたのをよい機会だと思ったお母さんが、せっかく自分の読書を応援してくれたのに、お父さんに読書は土曜日だけでよいと言われて残念だったから。

エ 日曜日の朝はよい天気だったのに、遊びに行くこともできず、子どもたち全員で廊下の雑巾がけをすることになっているので、退屈《たいくつ》で面白くないと感じていたから。

オ いざ雑巾がけを始めるというときにミト兄ちゃんが真面目な顔になったのは、ミト兄ちゃんがびっくりするようないたずらをするのだと予想し不安に思ったから。

(8) ――線⑧「なり」とありますが、これと同じ意味で使われているものを、次の**ア**～**オ**の中から一つ選んで、記号で答えなさい。

ア 父は外出したなり連絡《れんらく》がつかなくなった。

イ 帰ってくるなり部屋に閉じこもっている。

ウ 赤ちゃんの熱が上がったなり下がらない。

エ 足らないなら足りないなりに何とかすべきだ。

オ ご飯を食べるなりお風呂《ふろ》に入るなりしなさい。

(9) X にあてはまることばを文章中から五字以内でぬき出して答えなさい。

(10) ――線⑨「兄弟ちゅうもんは、ええもんや」とありますが、次の**ア**～**オ**の中から、このときの「ハァちゃん」の気持ちを説明したものとして最もふさわしいものを選んで、記号で答えなさい。

ア 父親との一件でくやしい思いをしていたが、兄弟たちと笑い合えたことで気がまぎれたので、兄弟がいることのありがたみを感じている。

イ 父親との一件で両親が自分の気持ちを理解していないことを悲しんでいたが、兄弟たちが自分の気持ちに寄りそってくれたので、兄弟に感謝している。

ウ 作文の一件で気落ちしてしまっていたが、兄弟たちからそんな自分の気持ちを指《し》摘《てき》されたことでなぐさめられ、兄弟がいてくれたことに感動している。

エ 父親との一件で大人たちが自分を表面的にしか見ていないことに落ち込《こ》んでいたが、兄弟たちが笑い飛ばしてくれたので、兄弟の存在を頼《たの》もしく思っている。

オ 作文の一件で引け目を感じていたが、兄弟たちが冗談交じりに笑い飛ばしてくれたことで安心でき、兄弟のありがたさに感じ入っている。

2　次の文章を読んで、あとの(1)～(10)の問いに答えなさい。

建築の内と外とをつなぐというのは、①20世紀建築の大きなテーマであった。石やレンガを積んで厚い壁《かべ》の建築を作るやり方から、コンクリート、鉄の柱、大判のガラスを組み合わせて作る開かれた建築への転換《てんかん》が、20世紀初頭aに起こった。ガラスを多用した、その透明《とうめい》な建築スタイルは、モダニズム建築と呼ばれ、人々を熱狂《ねっきょう》させた。建築家も建設業界もガラスの箱の大キャンペーンを開始したのである。人間はガラスによって再び自然とつながったと、狂喜したのである。

そのようなガラスの箱を縦に積み重ねた超高層《ちょうこうそう》ビルは、20世紀の都市のシンボルとなり（たとえばミース・ファン・デル・ローエとフィリップ・ジョンソンのシーグラムビル、1958）、新しい時代の新しいワークスタイルやライフスタイルの象《しょう》徴《ちょう》ともなった（たとえば新宿の超高層②ビルグン）。郊外《こうがい》という新しくできた「素敵《すてき》な環境《かんきょう》」bに暮らし、ガラスのタワーで働くというのが、最もかっこいいとされたのが、20世紀という時代であり、工業化社会という文明であった。

その大きなガラスは、本当に内と外をつないでいたのだろうか。確かに視覚的には、内と外はつながっていて、ガラスの箱の中からも、外の景色を眺《なが》めることができた。外を歩く人々も、内で何が起こっているか、③大体察することはできた。

しかし、実のところ、内と外は、（　A　）つながっていなかった。むしろモダニズム建築によって、このガラスの箱によって、自然と人間とは決定的cに切断された。内部の環境、すなわち室内環境は、膨大《ぼうだい》なエネルギーを消費する空調機システムによってしか、制御《せいぎょ》できなかったからである。その空調機を廻《まわ》し続け、その箱の中の照明器具をともし続けるために、石油を垂れ流し続ける必要があり、安全性も不確かな原子炉《げんしろ》を廻し続ける必要があったのである。そのガラスの箱と郊外を通勤するために発明された自動車という道具も、石油の垂れ流しに支えられ、走り廻っていた。それが、20世紀という時代の正体であり、ガラスの箱の正体だったのである。

アメリカで発明されたこのシステムは、あっという間に世界に伝播《でんぱ》し、第二次大戦後の日本は、そのシステムを最も見事dに学習した。日本は20世紀システムの優等生であった。

このシステムの破綻《はたん》を、決定的な形で人々eにつきつけたのは、2011年3月11日の、東日本大震災《だいしんさい》であった。20世紀の人類が築き上げてきたシステムが、いかにもろく、いかに傲慢《ごうまん》であったかを、大地震と大津波《つなみ》とが、われわれに教えてくれた。最高の優等生が、最ももろかったというのは、歴史の皮肉とも、必然とも感じられる。

20世紀の人類は、コンクリートと鉄とガラスを使って、人工的な箱を次々と建設し、増殖《ぞうしょく》させ、世界を覆《おお》いつくした。このガラスの箱は、工業技術の力によって万全な強度を持ち、人工的な空調システム、給排水《きゅうはいすい》システム、照明システムによって、人間に完璧《かんぺき》な環境を提供する――完璧な箱であると、人々は確信し、④うぬぼれていたのである。

しかし、自然という大きなリアリティの前では、このガラスの箱は何物でもなかった。この箱を支えていたはずの原子力のシステムも、大きな波に洗い流されて機能を失い、機能を失っただけではなく、放射能を周囲に撒《ま》き散らした。

20世紀というシステム、工業化社会というシステムが、そしてその象徴であったコンクリートとガラスと鉄でできた箱が、いかに傲慢で無力であったかを、われわれに、つきつけた。

２０２０年のオリンピックの会場となる国立競技場は、３・11がつきつけたものを（　Ｂ　）受け止め、反映したものにしなければならない。ガラスによって内と外をつなぐというのは、そのシステムで⑤リエキを得ているインフラ産業、建設産業が考え出した工業化社会のフィクションである。

ガラスによって、内と外とを区画するのではなく、大きな庇《ひさし》を張り出すことによって、涼《すず》しい風の通る、気持ちのいい内部を作り出そうと、僕《ぼく》らは考えた。庇によって守られたその場所は、（　Ｃ　）内部と呼ぶ必要もない。それは内部でも外部でもなく、ただ人間という弱い生き物が、自然という（　Ｄ　）大きくて厳しいものの中で、だましだまし、なんとかギリギリ暮らしていくことのできる、⑥ささやかな場所なのである。

そもそも、そのような考え方、そのような自然観に基《もと》づいて、日本の建築物は作られてきた。たび重なる地震、災害が、自然というものの大きさ、強さ、そして人間というものの弱さ、はかなさを日本人に叩《たた》きこんできた。だから、日本人は、閉じた箱を作ろうとせず、庇や縁側《えんがわ》といった曖昧《あいまい》な装置を使って、自然に開きながら、自然の美しさを身体で感じながら、自分達のささやかな場所を確保してきたのである。

２０２０年の国立競技場のデザインのベースになっているのは、この日本の知恵《ちえ》、諦《あきら》め、謙虚《けんきょ》さである。

大きな庇を重ねることで、弱い人間を守るというのが、⑦新しい国立競技場のデザインの基本的な発想である。箱に閉じ込《こ》めて、人間を守ろうとすると、その箱の環境を維持《いじ》するために、さらなる人工的なシステム（たとえば空調、照明）を構築しなければならずそのシステムを維持するために、莫大《ばくだい》なエネルギーが必要となる。無理なシステムの上にさらなる無理なシステムを重ねなければならず、⑧嘘《うそ》の上に嘘を重ねなければならない。その結果、地球という繊細《せんさい》な場所、繊細なバランスは破綻してしまう。

箱のかわりに、庇を重ねてできる新しい国立競技場では、風と光の計算が極《きわ》めて重要になる。日本人は昔から、風と光を⑨上手に取り入れ、あるいは上手に防ぐことで、自分のまわりの環境を守ってきた。どの季節にはどのような風が吹《ふ》き、どの季節のどのような時間には、どのような光が射すかを計算しながら、庇の深さ、高さ、形状を決定してきたのである。

今回の競技場のような大きくて複雑な建築となると、その計算の複雑さは半端《はんぱ》ではなくなる。コンピューターの助けを借りて、風と光を計算した。また、大屋根の一部を透明にして、太陽の光を上手に採り入れて、芝生《しばふ》を育て、観客席を明るくしようとした。屋根のどの部分を透明にするかを決めるのに、コンピューターの御世話《おせわ》になった。20世紀的な空調システム、照明システムに頼《たよ》らずに、気持ちのいい人間の居場所を作ろうとするならば、コンピューターと一緒《いっしょ》になって、細かな計算、細かな配慮《はいりょ》を積み重ねていかなければならない。

その大きな庇の重なりの下には、様々な気持ちのいい陰《かげ》が生まれる。谷崎潤一郎《たにざきじゅんいちろう》の『陰翳礼讃《いんえいらいさん》』（1939、創元社）は、陰のことなど考えたこともなかったモダニズム建築家達に大きなショックを与《あた》えたが、国立競技場は、「陰」や美しさ、陰の快適さが感じられる場所である。

建物の最上部を一周する大き

図１　「国立競技場」の「風の大庇」（上）と「空の杜」（下）

な庇を「風の大庇」と名づけ、その庇の下に、「空の杜《もり》」という名の、一周約850メートルの空中の散歩道ができた（図1）。注外苑《がいえん》の森の中に浮《う》かぶこの散歩道から眺める外苑の森は格別である。森が見えるだけではなく、森の風が吹き抜《ぬ》ける（図2）。ガラスの箱を森の中に作っても、森をこのように身近に感じることはできない。開かれた庇だからこそ、僕らは森を感じ、森とひとつになることができるのである。

図2　空から見た「国立競技場」

庇は一階部分にも廻り、外苑の緑と土とスタジアムとを、ひとつにつなげている。スポーツイベントは、毎日開かれるわけではない。スタジアムは、スポーツイベントのためだけの建築であってはならない。スタジアムは、いつも僕らと一緒にあって、（　E　）僕らと会話できる場所でなければならない。そのために、樹をたくさん植え、雨水を集めてせせらぎを流し、スポーツ競技が行われていない日も、このスタジアムと僕らは、いつもつながっている。⑩ガラスによってつながるのではなく、庇によってつながっている。

（隈《くま》 研吾《けんご》『ひとの住処《すみか》　1964-2020』新潮新書刊）

注　外苑……神社の外にある付属の庭園のこと。ここでは明治神宮《じんぐう》の外苑を指す。

(1) ――線②⑤のカタカナをそれぞれ漢字に改めなさい。

(2) ――線①「20世紀建築」とありますが、筆者はそれについてどのように考えていますか。次の**ア**～**オ**の中から最もふさわしいものを選んで、記号で答えなさい。

ア さまざまな自然由来の素材を多用して外部とつながることに成功しながら、頑《がん》丈《じょう》で安全な建造物を実現した。

イ ガラスをふんだんに使用することで、外部とのつながりを完全無欠なかたちで実現することに成功した。

ウ 人間を自然のなかに回帰させるために、外の景色を眺められることを何よりも大切にしていた。

エ 実際には人工的な技術に依《い》存《ぞん》することで、自然や外部とのつながりを実現したように見えていた。

オ 自然とつながりながらも、自然の中では弱い存在である人間を人工物によって保護せざるをえなかった。

(3) ――線a～e「に」を働きによって二つのグループに分けるとき、次の**ア**～**オ**のうち、その分け方として正しいものを一つ選んで、記号で答えなさい。

ア a・c・d と b・e

イ a・b・e と c・d

ウ a・d・e と b・c

エ a・c と b・d・e

オ a・e と b・c・d

(4) （ A ）～（ E ）にあてはまることばを、それぞれ次の**ア**～**オ**の中から一つ選んで、記号で答えなさい。同じ記号は二度使えません。

ア しっかりと　**イ** もはや　**ウ** とてつもなく

エ 少しも　**オ** いつでも

(5) ――線③「察」は「うかんむり」と「祭」とを組み合わせてできた漢字です。次の**1**～**5**のことばがあとの意味になるように□に漢字一字を入れ、その漢字と「うかんむり」とを組み合わせてできた漢字のうち二つを使ってできることばを答えなさい。

1 □急……非常に急ぐこと
2 □紙……それぞれの新聞のこと
3 経□……ある地点を通過すること
4 暗□……それとなしに知らせること
5 □来……最初からその状態であること

(6) ――線④「うぬぼれていた」⑥「ささやかな」のここでの意味としてふさわしいものを、それぞれ次の**ア**～**オ**の中から一つ選んで、記号で答えなさい。

④ うぬぼれていた
ア すっかり安心しきっていた
イ 夢中でひたすら見つめていた
ウ 得意げに自慢《じまん》していた
エ 優《すぐ》れていると自認《じにん》していた
オ 自分だけは大丈夫《だいじょうぶ》だと考えていた

⑥ ささやかな
ア かぎられた
イ ひかえめな
ウ ちょっとした
エ さびれた
オ ここちよい

(7)　――線⑦「新しい国立競技場のデザインの基本的な発想」とは具体的にどうすることですか。それを説明した次の文の 1□・2□ にあてはまることばを、文章中からそれぞれ指定された字数でぬき出して答えなさい。

工業化社会が生み出した 1□（八字） に頼らずに、2□（十二字） を作ろうとすること。

(8)　――線⑧「嘘」とありますが、これと同じ意味で使われていることばを文章中から五字程度でぬき出して答えなさい。

(9)　――線⑨「上手」は、文章中では「じょうず」と読みますが、「かみて」や「うわて」のようにいくつかの読み方ができます。このようにいくつかの読み方をして、それぞれ異なる意味を持つことばは他にもあります。次の1～3の□にそれぞれ共通してあてはまることばを漢字二字で答えなさい。

1
芝居を□する。
この芝居は□だ。

2
□が凍《こお》る思いをする。
□を鍛《きた》えるトレーニングに取り組む。

3
□のない場所だ。
□のある役者だ。

(10)　――線⑩「ガラスによってつながるのではなく、庇によってつながっている」とありますが、「ガラス」と「庇」という構造物はそれぞれ、自然と人間との関係をどのようにするものだと筆者は考えていますか。七十五字以内で答えなさい。（、。などは字数に数えます）

3

次の文章を読んで、あとの(1)～(11)の問いに答えなさい。

お詫び

著作権上の都合により、文章は掲載しておりません。
ご不便をおかけし、誠に申し訳ございません。

教英出版

お詫び

著作権上の都合により、文章は掲載しておりません。
ご不便をおかけし、誠に申し訳ございません。

教英出版

お詫び

著作権上の都合により、文章は掲載しておりません。
ご不便をおかけし、誠に申し訳ございません。

教英出版

お詫び

著作権上の都合により、文章は掲載しておりません。
ご不便をおかけし、誠に申し訳ございません。

教英出版

お詫び
著作権上の都合により、文章は掲載しておりません。
ご不便をおかけし、誠に申し訳ございません。
教英出版

お詫び
著作権上の都合により、文章は掲載しておりません。
ご不便をおかけし、誠に申し訳ございません。
教英出版

（松浦《まつうら》 弥《や》太郎《たろう》『正直』）

(1) ——線①「SNSとは『 A 的なつながりの仕組み』という意味」とありますが、「SNS」は「ソーシャルネットワーキングサービス」の略語です。あとのi・iiの問いに答えなさい。

i 次の1・2の略語の——線部は、それぞれ何のことですか。あとのア～オの中からふさわしいものをそれぞれ一つずつ選んで、記号で答えなさい。

1 生成AI

2 IT関連の会社

ア インターネット　　イ インフォメーション

ウ インストラクター　　エ インターナショナル

オ インテリジェンス

ii 文章中の A にあてはまることばを漢字二字で答えなさい。

(2) ——線②「ごはん」は、ここでは白米だけを指しているのではなく、広く食べ物・料理を指していることばです。この用例に最も近い使われ方をしていることばを、次のア～オの中から選んで、記号で答えなさい。

ア 甘《あま》い汁《しる》を吸う。

イ 喫茶《きっさ》店でくつろぐ。

ウ 店が上手《うま》くいかず閑古《かんこ》鳥が鳴く。

エ 歩き回って足が棒になった。

オ 台風の目がはっきりしてきた。

(3) ——線③「いつしか登場人物は、ただの舞台装置、ただの小道具になってしまう」とありますが、これはどういうことですか。次の**ア**～**オ**の中から最もふさわしいものを選んで、記号で答えなさい。

ア 主人公以外の人々は、これといった人目を引くような個性もない、平凡《へいぼん》でありふれたものになってしまうということ。

イ 自己主張をするばかりで他者を受け入れない主人公の自分に対して、周りが関心を示さなくなってしまうということ。

ウ 自分が困った時でも、誰も自分に注目せず、何を言っても相手にしてもらえない事態になってしまうということ。

エ 本来自分と互いに影響《えいきょう》を与え合うはずの周りの人々が、自分を引き立てるものでしかなくなってしまうということ。

オ 脇役《わきやく》の人々たちが、主役の呼びかけにも反応しない、生命力を失った抜《ぬ》け殻《がら》のような存在になってしまうということ。

(4) ［　B　］・［　C　］にあてはまることばを、それぞれ次の**ア**～**オ**の中から選んで、記号で答えなさい。

ア 遊ぶための読書

イ 語るための読書

ウ 学ぶための読書

エ 考えるための読書

オ 信じるための読書

(5) ——線④「自分のドアが大きく開き、見える景色の画角も広くなる」とは、どういうことのたとえですか。それを説明した次の文の［　　］にあてはまる内容を、三十五字以内で説明しなさい。（、。などは字数に数えます）

［　　　　　　　　］のたとえである。

(6) ――線⑤「糧」とありますが、この「糧」が、さらに何になると筆者は表現していますか。文章中から五字以内でぬき出して答えなさい。

(7) ――線⑥「杞憂」は中国古代の杞の国の人が、天が崩《くず》れ落ちてきはしないかとおそれたという昔の出来事がもととなってできた故事成語です。あとのⅰ・ⅱの問いに答えなさい。

ⅰ 「杞憂」とは文章中ではどういうことですか。次のア～オの中から最もふさわしいものを選んで、記号で答えなさい。

ア 全てを受け入れることで、自分が他者から悪影響を受けるかもしれないと突飛《とっぴ》な考えをすること。

イ 何でも素直に受け止めることで、自分の個性が失われるのではないかと根拠《こんきょ》なく不安に思うこと。

ウ 正直に物事を見つめ続けることで、結果的には自分の損になるのではないかと心配しすぎること。

エ 信じることで、自分が傷つき苦しむかもしれないと予想して対策をむやみに立てようとすること。

オ 全部を忘れずに心にとどめることで、自分の心が疲《つか》れるのではないかと余計な勘《かん》ぐりをすること。

ii **例**にならって、次の故事成語や慣用句などの□にあてはまる漢字一字を入れ、その漢字を組み合わせてできる二字の熟語を答えなさい。

例　五□歩百歩
□八丁手八丁
□がつく
舌先三□

それぞれ「十」「口」「土」「寸」という漢字があてはまるので、**答**は「古寺」。

1
□物買《が》いの銭《ぜに》失い
我《が》□引水
親の□子知らず
□で鼻をくくる

2
李下《りか》に冠《かんむり》を□さず
□進□歩
右と□えば左

3
□手をかける
鶏口《けいこう》となるとも□後となるなかれ
千□眼
快□乱麻《らんま》を断《た》つ
頭□を現す

(8) ――線⑦「オ□□□ル」⑧「ア□□□ス」⑩「リ□ル」の□にそれぞれカタカナ一字ずつを補って、ことばを完成させなさい。

(9) ――線⑨「風□があく」の□にあてはまる漢字一字を答えなさい。

(10) ═線「自分に関係のないことはひとつもない」とありますが、次のア～オの中から、筆者がそう考える理由として**ふさわしくないもの**を一つ選んで、記号で答えなさい。

ア 人生とは、苦しみを味わうこともあるもので、ピカピカの新品の自分を守るものではないから。

イ 物事をあれこれ考えたり工夫したりする過程で、必ず人が何らかの手助けをしてくれているから。

ウ 気がついてもつかなくても、誰かが手を差し伸べてくれ、誰かが知恵を授けてくれているから。

エ 困っている時に、家族の存在が、新たな知恵を授けてくれる原動力になってくれることがあるから。

オ 誰もが、誰かに助けられ、誰かに与えられ、誰かに支えられていて、一人では何もできないから。

(11) ～～線X「自分の物語」Y「自分らしい物語」とありますが、それぞれどういうものだと筆者は考えていますか。それを説明した次の文の［1］～［4］にあてはまることばを、文章中からそれぞれ指定された字数でぬき出して答えなさい。

「自分の物語」は周囲を受け入れず、［1（十一字）］状態が続く中で、自分しか登場しない自己中心的な話を周囲に押《お》しつけるだけの［2（九字）］である。
「自分らしい物語」は［3（十四字）］をもち、［4（十六字）］ようになって初めてつくりだせる、周りから学んで自分のものにしていく物語である。

令和６年度

中学入学試験問題

── 算　数 ──

《解答時間：７０分》

《配点：１５０点満点》

注　意

1．問題は試験開始の合《あい》図《ず》があるまで開かないこと。

2．**問題用紙のページ数は，表紙を除いて14ページ，解答用紙は１枚である。不足している場合は，ただちに申し出ること。**

3．解答はすべて，問題の番号と解答用紙の番号が一《いっ》致《ち》するよう，解答用紙の所定のらんに記入すること。不明りょうな書き方をした解答は採点しない。（※印のらんには記入しないこと）

4．開始の合図があったら，まず解答用紙に教室記号・受験番号・氏名を記入すること。

1 次の□にあてはまる数を答えなさい。

(1) $\dfrac{38+59+80}{5+23+41+59+77+95+113}=\square$

(2) $\left(\dfrac{3}{2}-\dfrac{4}{3}+\dfrac{5}{4}-\dfrac{6}{5}\right)\times 2\times 3\times 4\times 5=\square$

(3) $11\times\left\{8+\left(\square-0.625\right)\times 18\div 8\dfrac{1}{4}\right\}=89$

(4) $(\square-1)\times(\square+1)=2024$　（□には同じ数が入ります。）

2 地点Aと地点Bの間を，太郎《たろう》さんと花子さんが休むことなく一定の速さでくり返し往復します。太郎さんはAを，花子さんはBを同時に出発します。2人が1往復する間に，2人は2回すれ違《ちが》い，1回目，2回目にすれ違ったのはAからそれぞれ800m，400mの地点でした。

このとき，次の問いに答えなさい。

(1) AB間の距離《きょり》は何mですか。

(2) 2人が初めて同時に地点Aに着くとき，太郎さんは出発してから何m進みましたか。

3 品物を買うとき，その品物の定価に消費税を加えた金額を支払《しはら》います。消費税は品物の定価の 10% で，小数点以下を切り捨てるものとします。

このとき，次の問いに答えなさい。

(1) 支払う金額が2024円となるとき，消費税はいくらですか。

(2) 支払う金額が1000円以下となるとき，定価は最大でいくらですか。

(3) 1000円以上 2024円以下の金額のうち，支払う金額とならないものは何通りありますか。

計 算 用 紙

4 次の［ア］～［ウ］にあてはまる数を答えなさい。

食塩水Ａ，Ｂ，Ｃがあります。ＡとＢの濃度《のうど》は同じで，重さはともに100gです。Ｃの濃度はＡより低く，重さは200gです。ＡとＣをよくかき混ぜて食塩水Ｄを作り，ＤとＢをよくかき混ぜて食塩水Ｅを作ると，ＡとＥの濃度の差は3%になります。また，Ｅに水を150g加えてよくかき混ぜると，Ｃと同じ濃度になります。

このとき，ＤとＥの濃度の差は［ア］%，ＣとＤの濃度の差は［イ］%，Ａの濃度は［ウ］%です。

計 算 用 紙

5 図形を形の異なるいくつかの部分に分け，赤，青，緑の３色でぬり分けます。となり合う部分は異なる色でぬるものとし，３色すべてを使わなくてもよいものとします。

次の図において，色のぬり分け方はそれぞれ何通りありますか。

(1)　四角形を①から④の部分に分ける

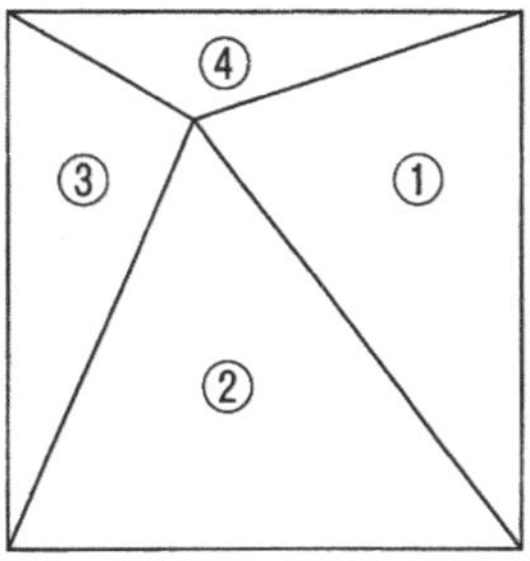

(2)　六角形を①から⑥の部分に分ける

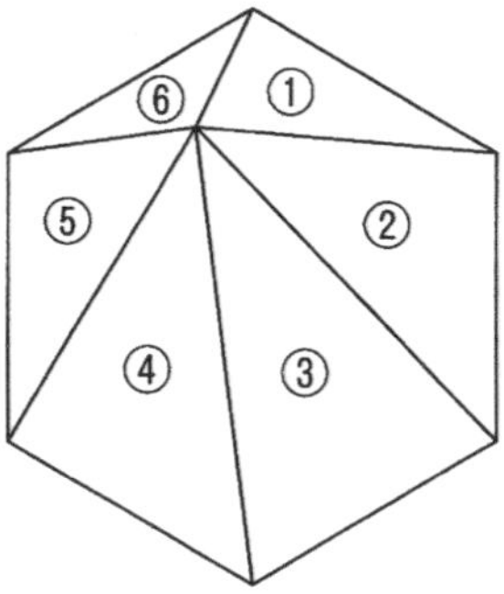

(3)　十角形を①から⑩の部分に分ける

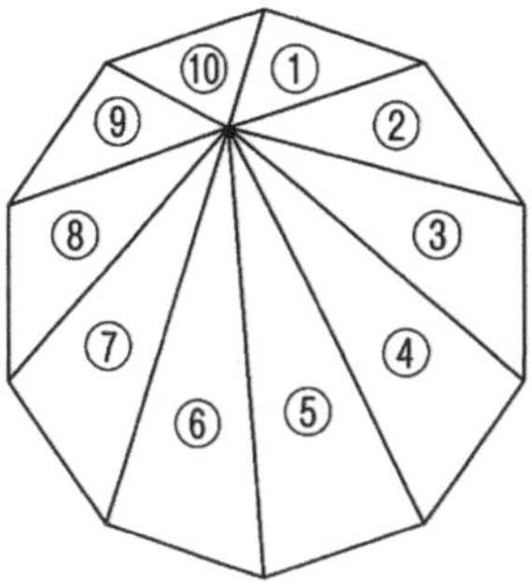

国語解答用紙

教室記号

受験番号

氏名

1

(1)
1
2
3

(2)

(3)

(4)

(5)

(6)

(7)

(8)

(9)

(10)

※ ※ ※ ※ ※ ※

※

※150点満点
（配点非公表）

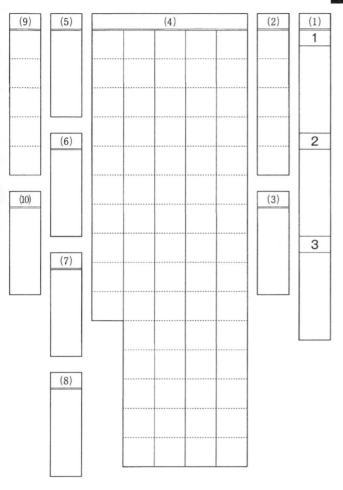

4

ア	イ	ウ

※

5

(1)	(2)	(3)
通り	通り	通り

6

(1)	(2)	(3)
cm^2	cm^2	cm^2

7

(1)	(2)	(3)
個	個	個

8

(1)				(2)			
①	個	②	cm^3	①	個	②	cm^3

※

算 数 解 答 用 紙

教室記号	受験番号	氏　　　名

※

※150点満点
（配点非公表）

1

(1)	(2)	(3)	(4)

2

(1)	(2)
m	m

3

(1)	(2)	(3)

【解答

3

(1)
i
1
2
ii

(2)

(3)

(4)
B
C

(5)

(6)

(7)
i
ii
1
2
3

(8)
⑦ オ□□□ル
⑧ ア□□□ス
⑩ リ□ル

(9)
風□があく

(10)

(11)
1
2
3
4

※ ※ ※ ※ ※ ※ ※ ※ ※ ※

2

(1)
②
⑤

(2)

(3)

(4)
A
B
C
D
E

(5)

(6)
④
⑥

(7)
1
2

(8)

(9)
1
2
3

(10)

※ ※ ※ ※ ※ ※ ※ ※ ※

3の解答らんは裏にあります。

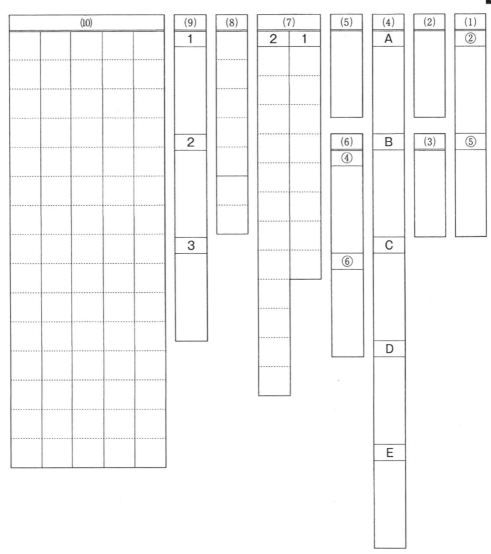

計 算 用 紙

6 図のように，三角形 ABC の各辺に正方形がくっついています。三角形 ABG の面積は 18cm^2 で，AJ，AL の長さはそれぞれ 4cm，3cm です。

このとき，次の図形の面積はそれぞれ何 cm^2 ですか。

(1) 四角形 AJKG　　(2) 四角形 AHML　　(3) 四角形 BDEC

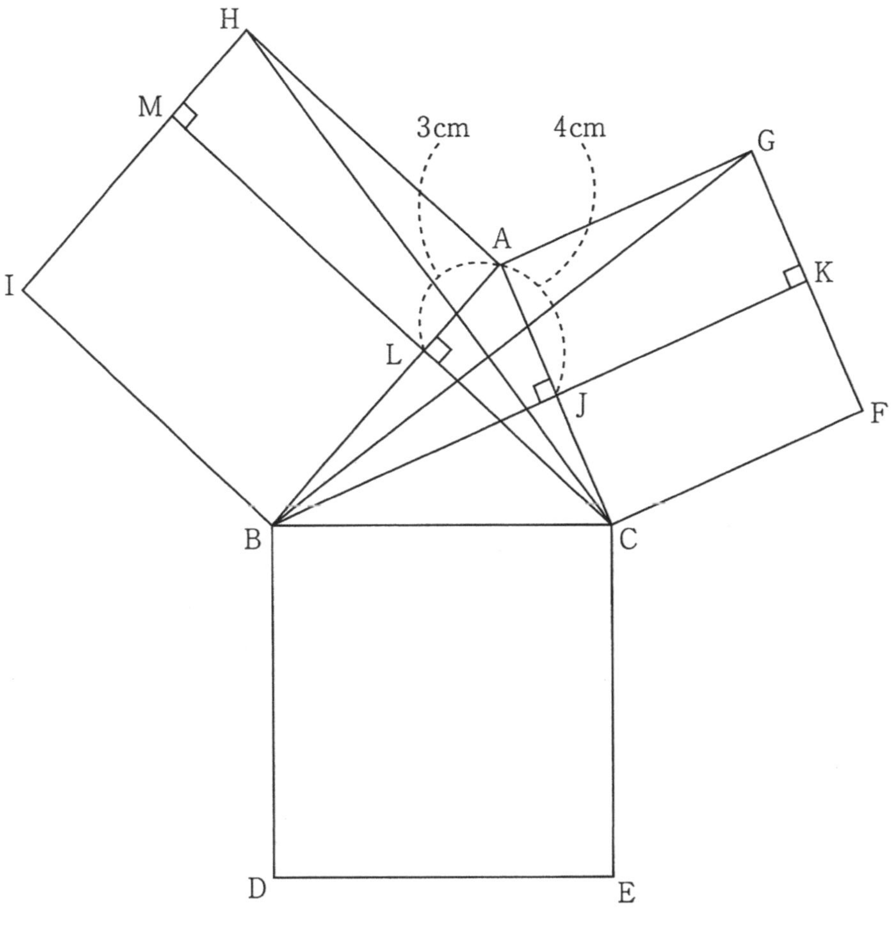

計 算 用 紙

7 あるロボットは，１から３の命令を入力すると，それぞれ次のように動きながら線を引きます。

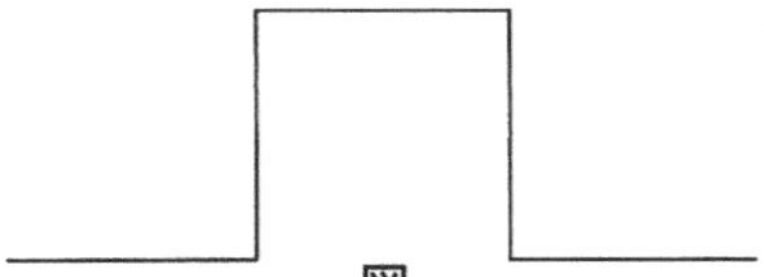

図

命令１：　左に90度回転する

命令２：　まっすぐ1m 進む

命令３：　右に90度回転する

例えば「２１２３２３２１２」という命令[あ]を入力すると，図のような線を引きます。[あ]の中にある２を，すべて[あ]におきかえた新たな命令

「２１２３２３２１２１２１２３２３２１２３２１２３２３２１２３２１２３２３２１２１２１２３２３２１２」

を[い]とします。さらに，[い]の中にある２を，すべて[あ]におきかえた新たな命令を[う]，[う]の中にある２を，すべて[あ]におきかえた新たな命令を[え]とします。

このとき，次の命令を入力してロボットが引いた線によってできる図形の中に，正方形はそれぞれ何個ありますか。

(1)　[い]　　　(2)　[う]　　　(3)　[え]

計 算 用 紙

8

(1) 下の図のように，1辺の長さが1cmの3つの立方体があります。A，B，Cをそれぞれ重ねたとき，立方体の頂点をつないでできる三角柱**ア**，**イ**，**ウ**の重なる部分の立体を考えます。

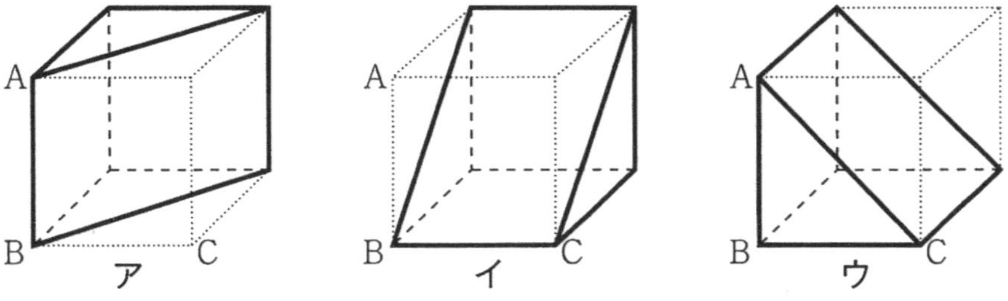

① 面の数はいくつですか。　　　② 体積は何cm^3ですか。

(2) 下の図のように，1辺の長さが3cmの3つの立方体があります。A，B，Cをそれぞれ重ねたとき，立方体の各辺を3等分する点をつないでできる八角柱**エ**，**オ**，**カ**の重なる部分の立体を考えます。

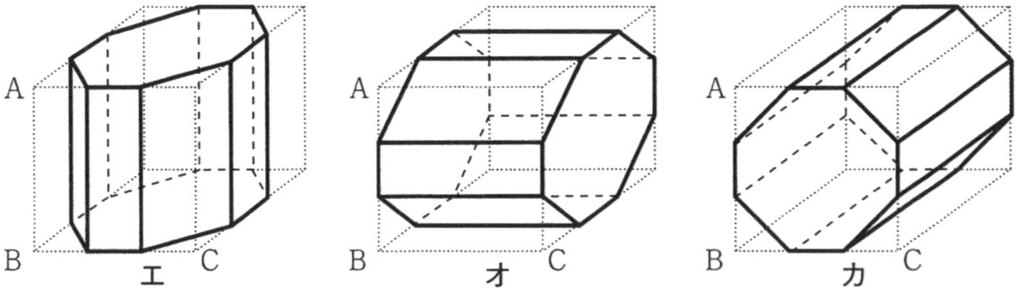

① 面の数はいくつですか。　　　② 体積は何cm^3ですか。

計 算 用 紙

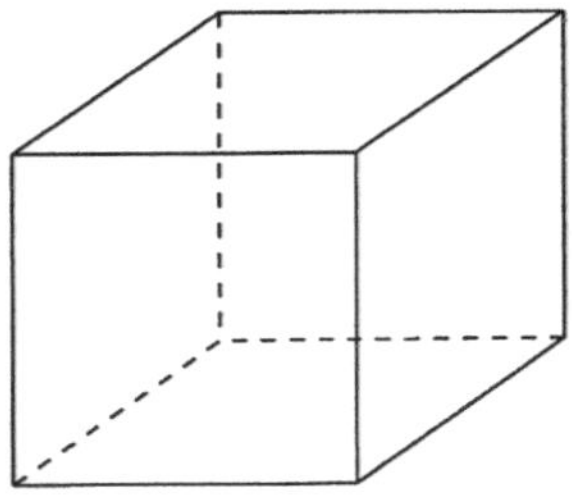

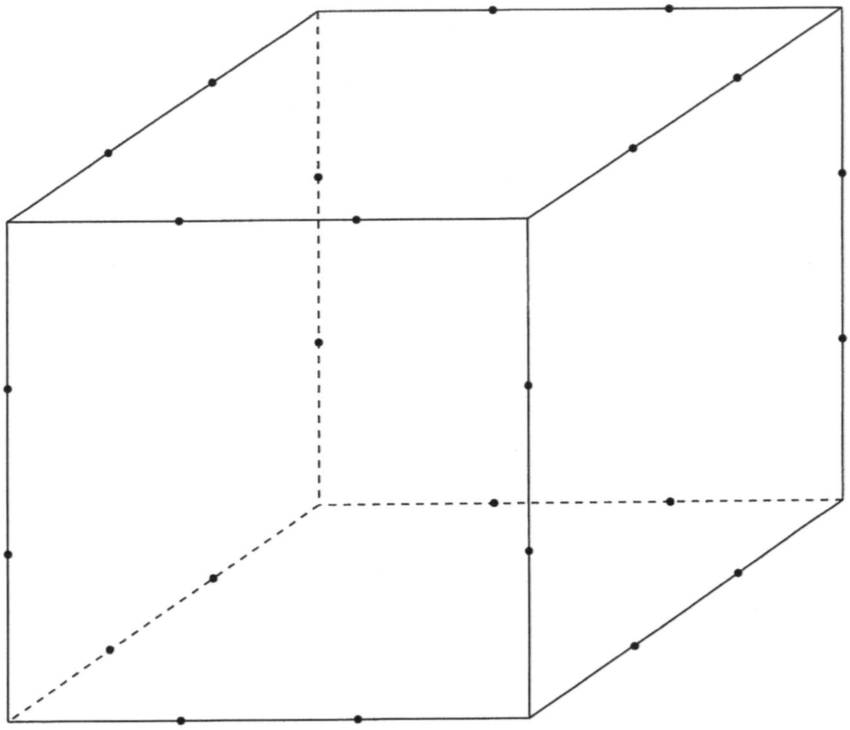

令和６年度

中学入学試験問題

―― 理　科 ――

《解答時間：４５分》

注　意

1．問題は試験開始の合図《あいず》があるまで開かないこと。

2．問題用紙のページ数は，表紙を除いて17ページ，解答用紙は１枚である。不足している場合は，ただちに申し出ること。

3．解答はすべて，問題の番号と解答用紙の番号が一致《いっち》するよう，解答用紙の所定のらんに記入すること。不明りょうな書き方をした解答は採点しない。（※印のらんには記入しないこと）

4．開始の合図があったら，まず解答用紙に教室記号・受験番号・氏名を記入すること。

洛南高等学校附属中学校

1 次の文章を読んで，あとの（１）～（３）の問いに答えなさい。

植物はそれを取りまく環境《かんきょう》の影響《えいきょう》を受けています。例えば種子は一般《いっぱん》的に，水，空気，温度の条件がそろうと発芽しますが，この３つの条件に加えて<u>光の影響を受ける</u>こともあると知られています。

（１） 温度と発芽の割合との関係を示したグラフとして最も適当なものを，次の**ア**～**エ**の中から選んで，記号で答えなさい。

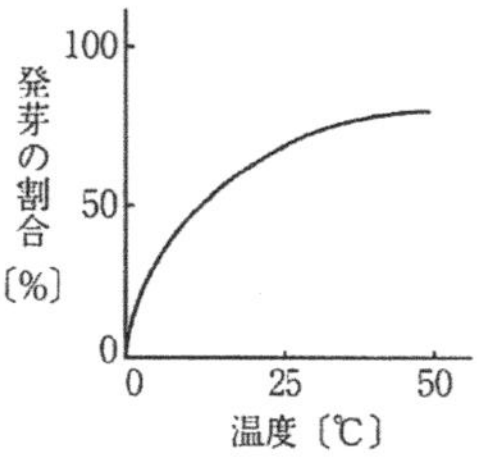

ア

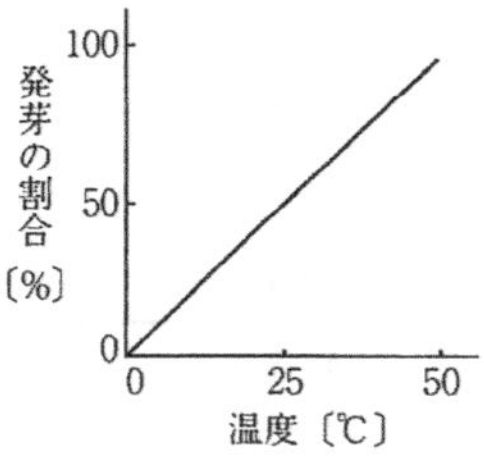

イ

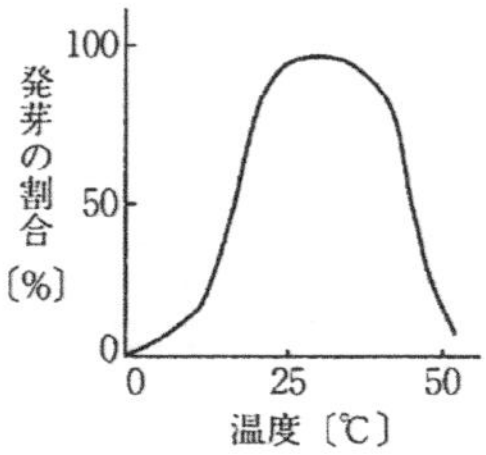

ウ

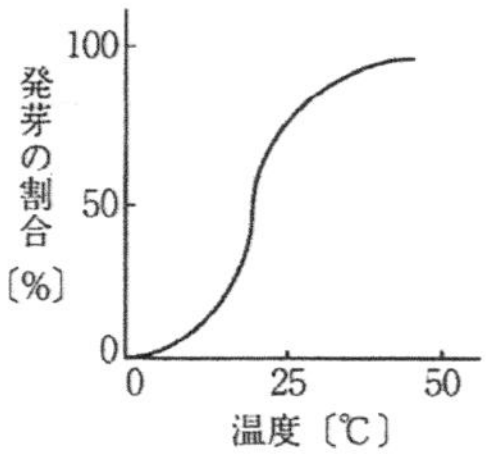

エ

（２） 下線部について，レタスとカボチャの種子を用いて調べました。次の①・②の問いに答えなさい。

① レタスの種子を，次の**ア**～**エ**の中から１つ選んで，記号で答えなさい。

ア

イ

ウ

エ

② レタスとカボチャの種子を一定温度（25℃）で水を十分ひたした脱脂《だっし》綿《めん》にのせて，３日後に発芽した割合を調べました。結果は**表**のようになりました。**表**の結果から考えられることをまとめた次の文章中の［ a ］～［ d ］にあてはまる語の組み合わせとして正しいものを，あとの**ア**～**ク**の中から１つ選んで，記号で答えなさい。

表　種子の発芽した割合（%）

	レタス	カボチャ
光を当てた	95	3
光を当てなかった	6	94

レタスの種子は光によって発芽が［ a ］なるため，種子をまくときは［ b ］土をかぶせる方がよい。また，カボチャは光によって発芽が［ c ］なるため，種子をまくときは［ d ］土をかぶせる方がよい。

	a	b	c	d
ア	しやすく	厚く	しやすく	厚く
イ	しやすく	厚く	しにくく	うすく
ウ	しやすく	うすく	しやすく	うすく
エ	しやすく	うすく	しにくく	厚く
オ	しにくく	厚く	しやすく	うすく
カ	しにくく	厚く	しにくく	厚く
キ	しにくく	うすく	しやすく	厚く
ク	しにくく	うすく	しにくく	うすく

（3） 広い草むらの中で，空気にふくまれる二酸化炭素の割合の時刻による変化を，２日間続けて観察しました。観察１日目は晴れでしたが，２日目はくもりで，２日間とも終日弱い風が観測されました。**図**に１日目の結果を示しました。観察２日目の二酸化炭素の割合の変化を示したものとして最も適当なものを，次の**ア～カ**の中から選んで，記号で答えなさい。ただし，１日目と２日目のちがいは光の影響だけによるものとし，点線は１日目の結果を示すものとします。

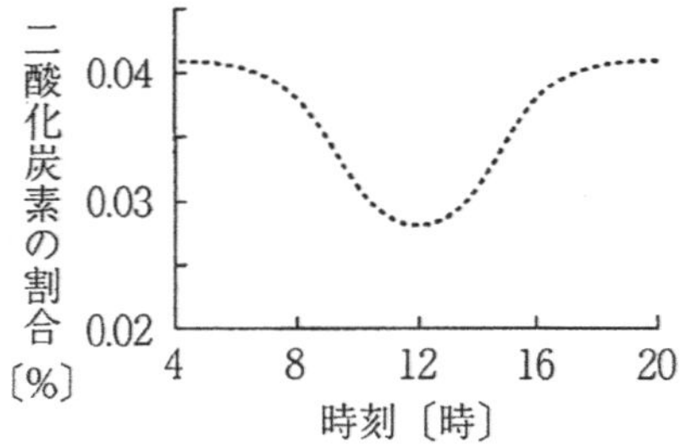

図

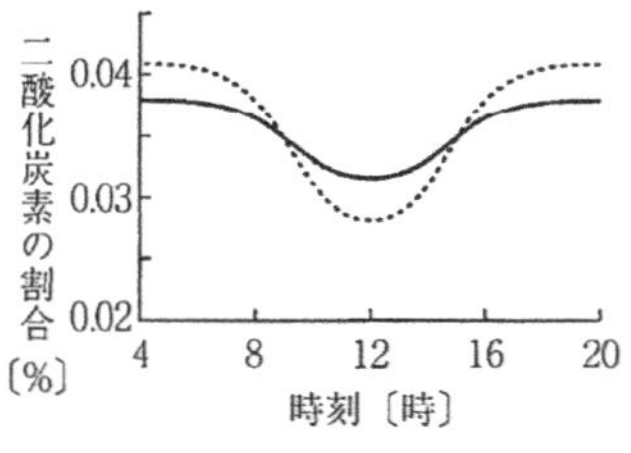

ア

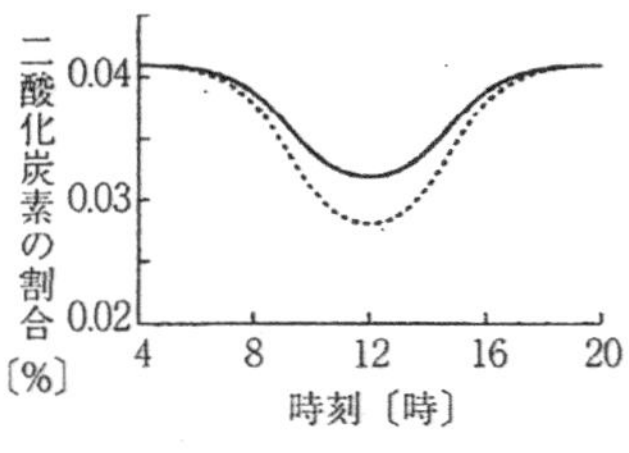

イ

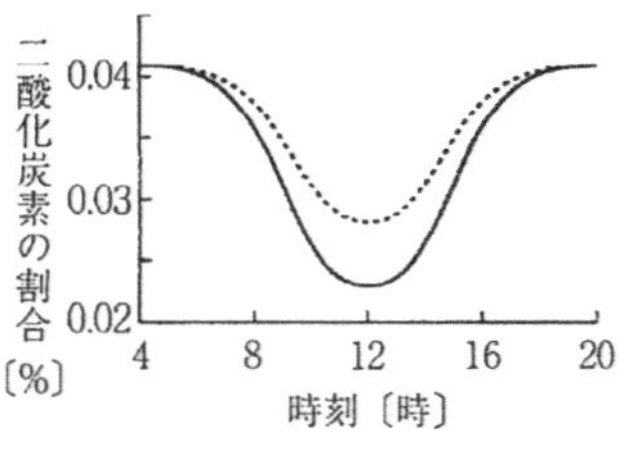

ウ

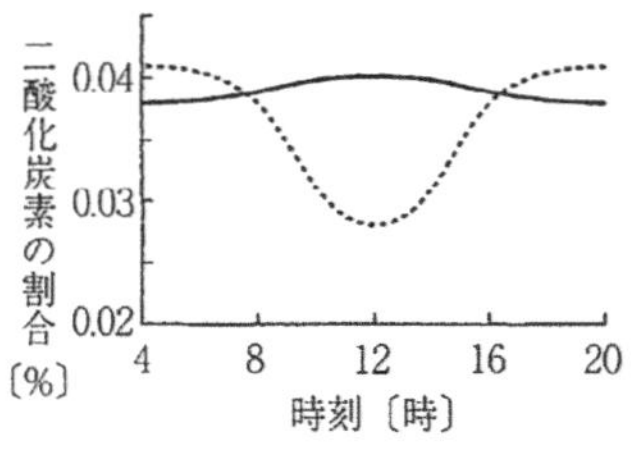

エ

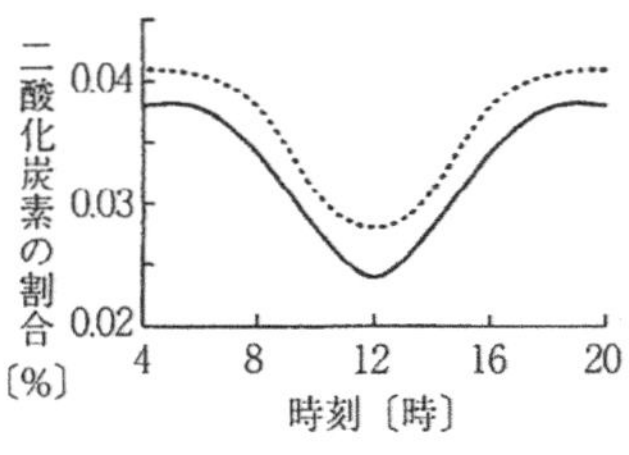

オ

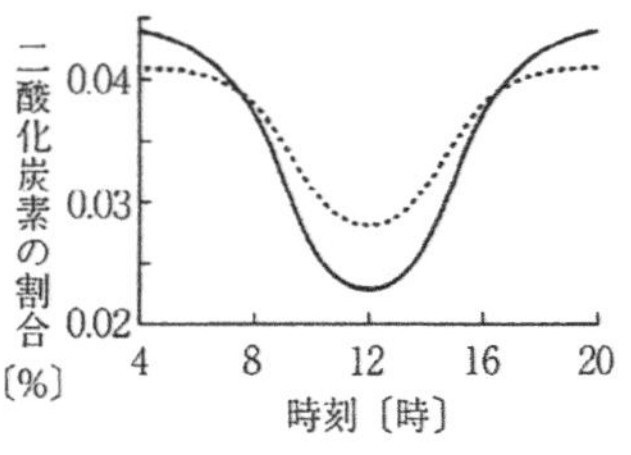

カ

2 次の文章を読んで，あとの（1）～（5）の問いに答えなさい。

図はアブラムシの1年間のようすをあらわしています。春から夏にかけて，私たちが目にするアブラムシはすべてメスです。それはメスの親から直接メスだけが生まれるからです。これをくり返して，どんどん仲間をふやしていくのです。春にははねのないメスばかりですが，夏になるとはねのあるメスも見られます。秋になると，オスも生まれ，オスはメスと交尾《こうび》します。メスは産卵《さんらん》し，この卵が冬を越《こ》して，春になるとふ化して子孫を残していくのです。

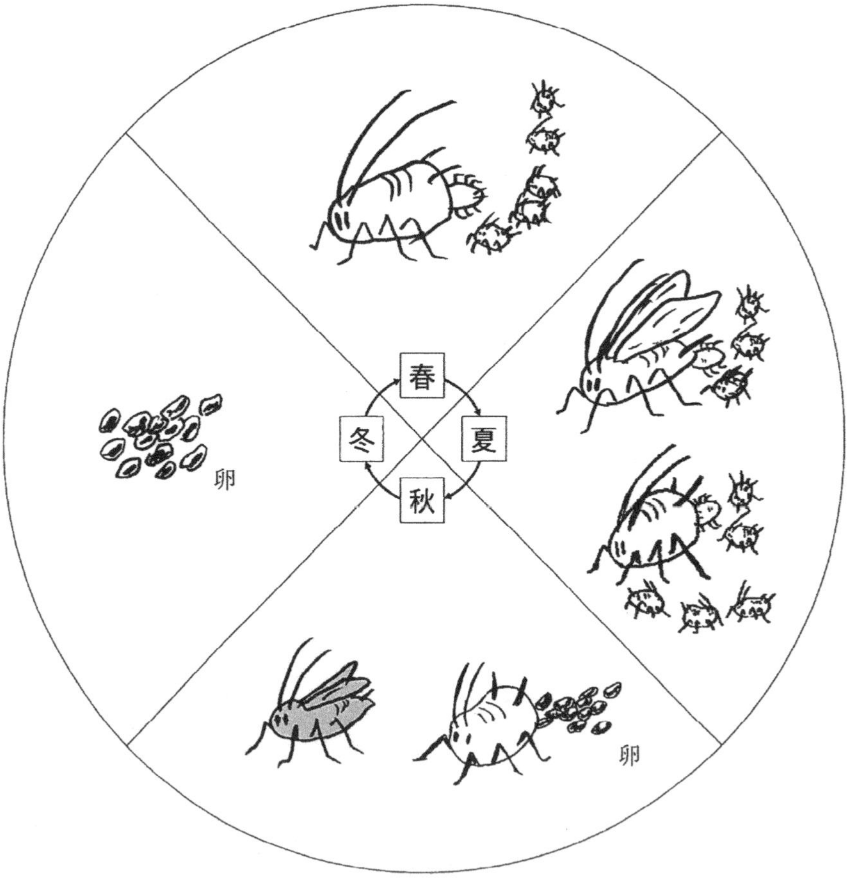

（灰色）はオスで他はすべてメスである

図

（1） 卵で冬を越すこん虫を，次の**ア～カ**の中から**3つ**選んで，記号で答えなさい。

ア オオカマキリ　　**イ** アキアカネ　　**ウ** ゲンゴロウ

エ モンシロチョウ　　**オ** ナナホシテントウ　　**カ** トノサマバッタ

（2） アブラムシのはねは２枚です。はねの枚数が２枚のこん虫を次の**ア～オ**の中から１つ選んで，記号で答えなさい。

ア シオカラトンボ　**イ** アメンボ　**ウ** ハナアブ
エ ギフチョウ　**オ** ツクツクボウシ

（3） ふえたアブラムシにはアリやナナホシテントウが集まります。このときのアリやナナホシテントウの説明として適当なものを，次の**ア～オ**の中から**２つ**選んで，記号で答えなさい。

ア アリは，アブラムシを追いはらう。
イ アリは，アブラムシの出すみつをもらう。
ウ ナナホシテントウは，アブラムシにえさを与える。
エ ナナホシテントウは，アブラムシを食べる。
オ ナナホシテントウは，集まったアリを食べる。

（4） ナナホシテントウについて，次の①・②に答えなさい。

① ナナホシテントウの幼虫を，次の**ア～エ**の中から１つ選んで，記号で答えなさい。

ア

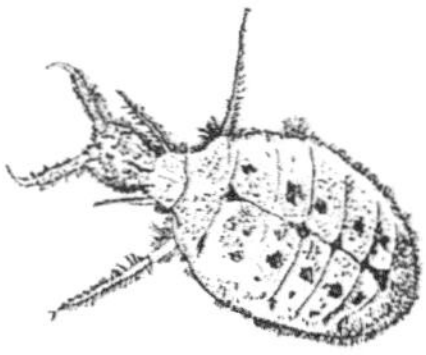
イ

ウ

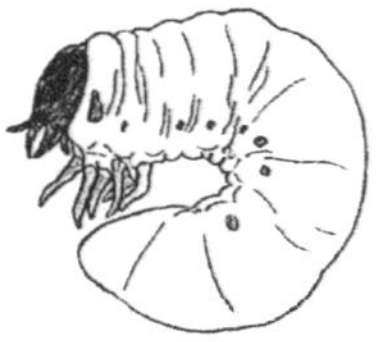
エ

② ナナホシテントウのさなぎを，次の**ア～エ**の中から１つ選んで，記号で答えなさい。

ア

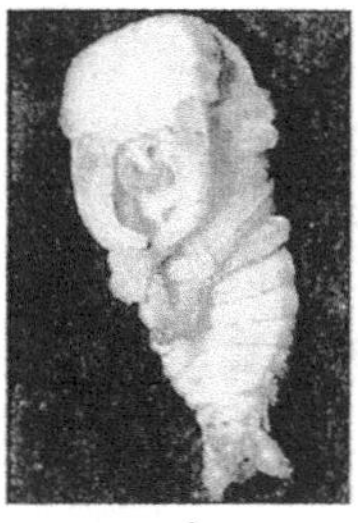
イ

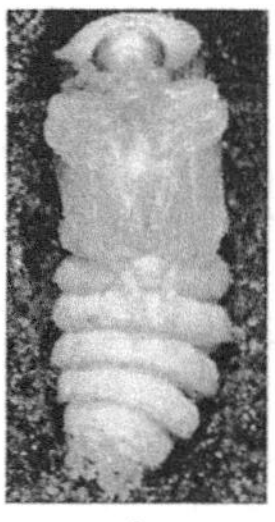
ウ

エ

アブラムシは生まれたときにははねがありませんが，成虫になるとはねのあるものも見られます。どのようなときにはねのある成虫になるか調べるため，夏に生まれた幼虫を温度や容器の大きさを変えて100匹ずつ飼育する実験をおこないました。はねのある成虫の数，はねのない成虫の数，実験途中《とちゅう》で死んだ数を**表**にまとめました。

表

容器	17.5℃で飼育			25.0℃で飼育		
	はねのある成虫〔匹〕	はねのない成虫〔匹〕	死んだ数〔匹〕	はねのある成虫〔匹〕	はねのない成虫〔匹〕	死んだ数〔匹〕
大	0	95	5	4	87	9
中	3	89	8	17	64	19
小	21	70	9	42	27	31

（5） **表**からわかることを説明した次の文章中の［①］～［⑤］にあてはまる語を，あとの**ア**～**キ**の中からそれぞれ1つ選んで，記号で答えなさい。

1 cm^3あたりにアブラムシが何匹いるのか求めたものを飼育密度とします。大容器と比べて小容器の飼育密度は［①］とわかります。飼育密度に注目すると，飼育温度が17.5℃でも25.0℃でも，飼育密度が大きくなると，はねのある成虫の割合が［②］ことがわかります。飼育温度に注目すると，25.0℃のときは17.5℃のときと比べて死亡率が［③］ことから，温度が高い方がアブラムシには過ごし［④］と考えられます。

以上のことから，アブラムシは環境が［⑤］なると，はねのある成虫が出てきて別の場所へ移動し，移動した場所でさらに仲間をふやしていくと予想できます。

ア 大きくなる　**イ** 小さくなる　**ウ** 変わらない

エ やすい　**オ** にくい　**カ** 良く　**キ** 悪く

3 次の文章を読んで，あとの（１）～（４）の問いに答えなさい。

ホタテ貝の生産量は，日本が中国に次ぎ世界の約25％をしめています。北海道では国内の約８割に当たる年間約40万トンが生産されています。ホタテ貝の多くは貝がらをとった状態で出荷されることから，毎年約20万トンの貝がらが捨てられていました。そこで，その捨てられていた貝がらを原料とするチョークが作られるようになりました。

ある中学校で使われているチョークに，貝がらと同じ成分がどれくらいふくまれているかを調べるため，同じ濃《こ》さのうすい塩酸を使って，次の＜実験１＞・＜実験２＞をおこないました。貝がらは，１つの成分のみからできているものとします。

＜実験１＞

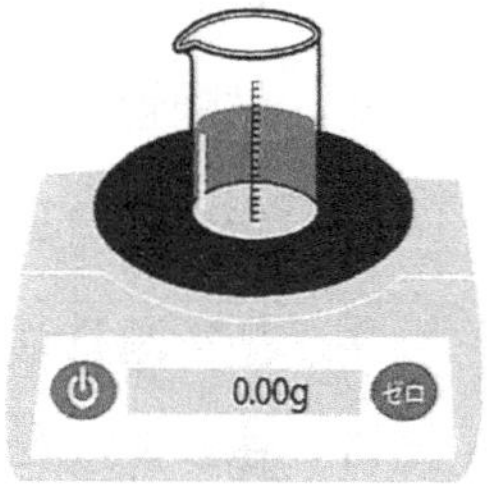

図

100gのうすい塩酸をビーカーにとり，**図**のように電子てんびんにのせて値を0.00gに合わせました。次に，ビーカーを下ろし，くだいた貝がらを少し加えてかき混ぜたところ，とけて(あ)<u>気体</u>が発生しました。気体の発生が止まってから，ビーカーを電子てんびんにのせて値を読み取りました。

さらに同じビーカーに，くだいた貝がらを少し加えてかき混ぜた後，気体の発生が止まってから，電子てんびんにのせて値を読み取りました。この操作を何度もおこない，結果の一部を**表**のようにまとめました。なお，(い)<u>加えた貝がらが，ある重さをこえると，とけずに残るようになりました。</u>

表

ビーカーに加えた貝がらの合計の重さ〔g〕	1	2	3	4	5
電子てんびんの値〔g〕	0.57	1.14	1.71	2.46	3.46

（1） 下線部あ⃝について，次の①・②に答えなさい。

① この気体を石灰水《せっかいすい》に加えると，白くにごりました。この気体の名前を答えなさい。

② この気体の説明として適当なものを，次の**ア**～**ケ**の中から**2つ**選んで，記号で答えなさい。

ア 黄緑色である。

イ 試験管にとり火のついたマッチを近づけると，火が消える。

ウ かわいた空気にふくまれる気体の中で，体積の割合が３番目に大きい。

エ 卵がくさったようなにおいである。

オ 水にとけたとき，ＢＴＢよう液が青色になる。

カ ドライアイスから出る白いけむりの成分である。

キ 水酸化ナトリウム水よう液に吸収される。

ク うすい塩酸に銅を加えると，発生する。

ケ 水酸化ナトリウム水よう液にアルミニウムを加えると，発生する。

（2） ＜実験１＞で発生する気体の重さは，最大何gですか。

（3） 下線部い⃝について，次の①・②に答えなさい。

① くだいた貝がらが残らずとけることができる重さは，最大何gですか。小数第３位を四捨五入して，小数第２位まで答えなさい。

② くだいた貝がらを６g加えたとき，貝がらの一部がとけずに残っていました。とけ残った貝がらをすべてとかすには，うすい塩酸を少なくとも何g加える必要がありますか。**切り上げて**，整数で答えなさい。また，そのときに発生する気体の重さは，何gですか。小数第３位を四捨五入して，小数第２位まで答えなさい。

＜実験２＞

うすい塩酸200gが入ったビーカーを，電子てんびんにのせて値を0.00gに合わせました。このビーカーに，くだいたチョーク６gを加えてかき混ぜた後，気体の発生が止まってから，電子てんびんにのせて値を読み取ると，4.32gでした。

（４） チョークには，貝がらと同じ成分が何％ふくまれていますか。小数第１位を四捨五入して，整数で答えなさい。なお，＜実験２＞では，チョークにふくまれる貝がらと同じ成分のみが塩酸にとけるものとします。

4 図は，ある地域に見られる３つの地層Ｘ・Ｙ・Ｚを調べて，各地層が地表にどのようにあらわれるのかを示したものです。図中の点線は等高線，実線は地層の境界です。次の文章を読んで，あとの（1）～（7）の問いに答えなさい。

地層Ｘは，泥《どろ》が固まってできており，貝や木の葉の化石が見つかりました。地層Ｙはれきをふくんでいました。地層Ｚは砂が固まってできており，シジミの化石が見つかりました。また，図には示されていませんが，地層Ｘと地層Ｙの間には，さらさらした細かい粒《つぶ》からできている厚さ10cmほどの地層Ｗがあります。地層Ｗの一部を取り，水の中でくずしてから何度も洗い流し，残った粒をルーペで観察すると，無色あるいはうすい茶色や緑色をしたガラスのような角ばった粒が見えました。また，表面に小さな穴がたくさんあいている粒もあり，この粒のなかには水に浮《う》くものがありました。

この地域では，図中にあるａ～ｄと山頂▲の各地点でボーリング調査がおこなわれました。５地点とも掘《ほ》りはじめは地層Ｘでしたが，ａ～ｄの４地点では地表から50m，山頂では地表から130m真下で地層Ｗにぶつかりました。さらに，ｂ・ｃの２地点では地表から100m地下で地層Ｚにぶつかりました。

なお，この地域で見られる地層のそれぞれの厚さはどの場所でも同じで，曲がったりずれたりはしていません。

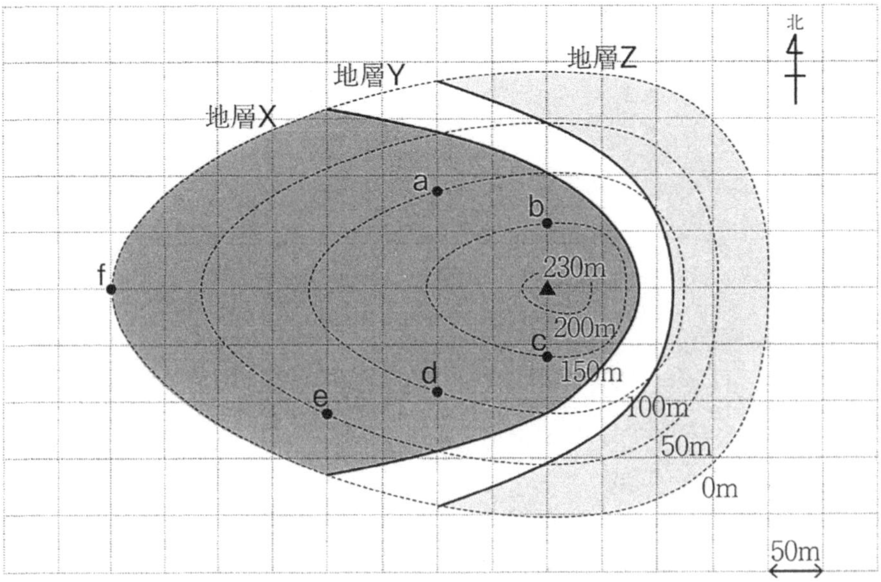

図

（1）　地層Ｘ・Ｙ・Ｚのうち最下部にある地層として適当なものを，Ｘ・Ｙ・Ｚの中から１つ選んで，記号で答えなさい。

（2）　地層Ｘ・Ｙ・Ｚはすべて同じ方向にかたむいています。地層が下がっている方向として適当なものを，次のア～クの中から１つ選んで，記号で答えなさい。

ア　北　　　イ　北東　　　ウ　東　　　エ　南東
オ　南　　　カ　南西　　　キ　西　　　ク　北西

（3）　地層Ｗとして適当なものを，次のア～オの中から１つ選んで，記号で答えなさい。

ア　れき岩層　　　イ　砂岩層　　　ウ　泥岩《でいがん》層
エ　石灰岩《せっかいがん》層　　　オ　火山灰層

（4）　地層Ｚで見つかった化石のシジミが生きていたときの環境として適当なものを，次のア～カの中から１つ選んで，記号で答えなさい。

ア　あたたかくてきれいな浅い海　　　イ　つめたくてきれいな浅い海
ウ　あたたかくてきれいな深い海　　　エ　つめたくてきれいな深い海
オ　湖または河口付近　　　カ　河川の上流

（5）　ｅ地点でもボーリング調査をおこないました。真下に何m掘り進むと地層Ｗにぶつかりますか。

（6）　ｆ地点から東に向かって，まっすぐ水平にトンネルを掘りました。次の①～③の問いに答えなさい。

①　トンネルの全長は何mになりますか。
②　ｆ地点から何m掘り進むと地層Ｗにぶつかりますか。
③　トンネルを掘り進んだとき，れき・砂・泥を現れる順にならべなさい。

（7） 地層Wの下にある地層Yの厚さについて適当なものを，次のア～ウの中から1つ選んで，記号で答えなさい。

ア 50mよりうすい　　イ 50mである　　ウ 50mより厚い

5 は次のページにあります。

5 次の文章を読んで，あとの（1）～（9）の問いに答えなさい。ただし，割り切れない場合は，最も簡単な分数で答えなさい。

半径が20cmの半円形のレールP，半径がそれぞれ15cm，8cmの円形のレールQ，R（図1），いろいろな重さの球と，針金を使って実験をおこないました。レール，針金は変形することはなく，レールの厚さ，球の大きさ，レール，針金の重さは考えないものとします。

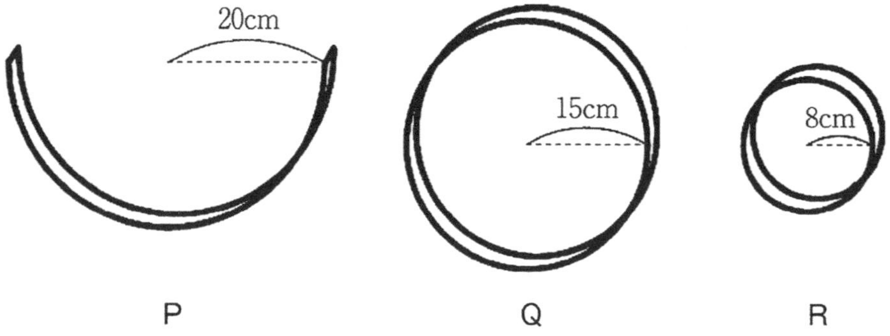

図1

（1） 図2のように，重さが20gの球Aと，ある重さの球BをレールPの内側に固定し，レールPの半円形の部分が床に接するように，水平な床の上でつりあわせたところ，球A，Bの床からの高さが等しくなりました。このとき，球Bの重さは何gですか。

（2） 図3のように，図2の球Bを固定する位置を変えました。レールPの半円形の部分が床に接するように，水平な床の上でつりあわせたとき，球A，Bの床からの高さについて正しいものを，次のア～ウの中から1つ選んで，記号で答えなさい。

ア　球Aの方が球Bより高い。

イ　球Bの方が球Aより高い。

ウ　球A，Bの高さは等しい。

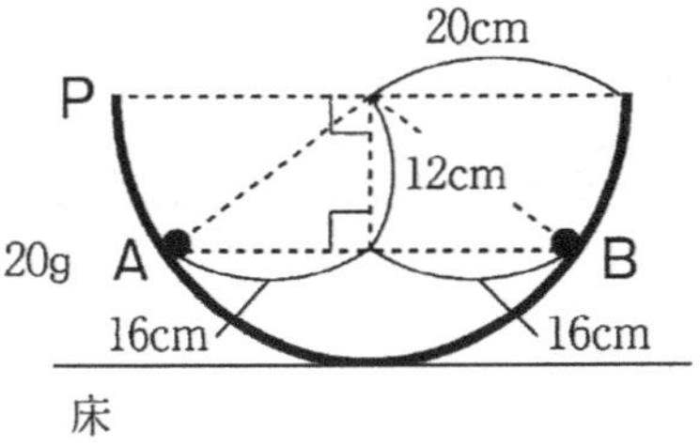

図2

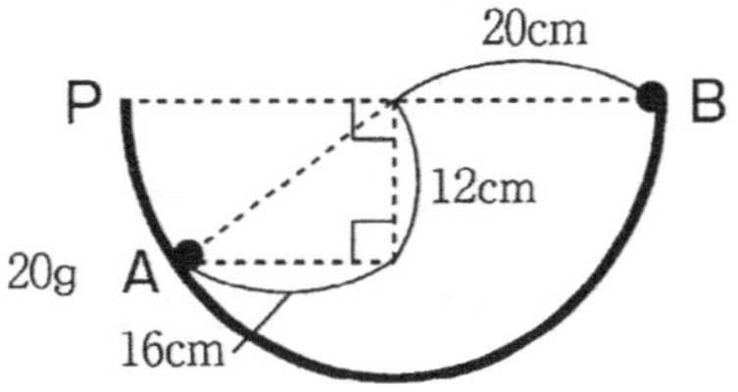

図3

（3） 図4のように，レールP，Qを中心が同じになるように針金で固定し，重さが20gの球Aをレール P の内側に，ある重さの球Cをレール Q の内側にそれぞれ固定し，レールPの半円形の部分が床に接するように，水平な床の上でつりあわせたところ，球A，Cの床からの高さが等しくなりました。このとき，球Cの重さは何gですか。

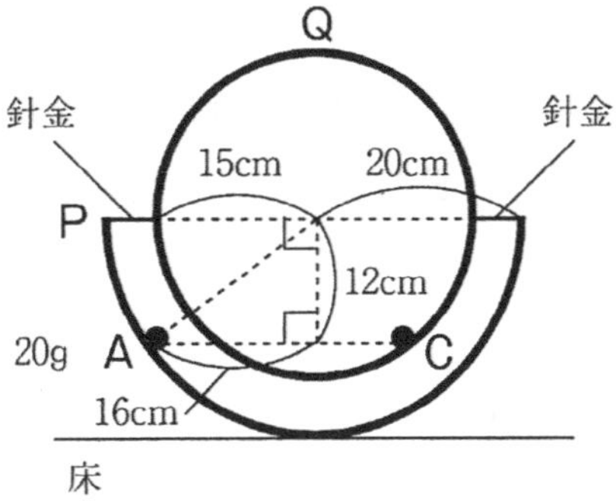

図4

（4） 図4の球Cのかわりに，別の重さの球Dを使って，球Dを固定する位置をレールQの内側でいろいろと変えて，レールPの半円形の部分が床に接するように，水平な床の上でつりあわせたところ，球A，Dの床からの高さが等しくなることがありました。次のア～エの中から，球Dの重さとして適当なものを1つ選んで，記号で答えなさい。

ア　5g　　イ　10g　　ウ　20g　　エ　40g

（5） **図5**のように，**図2**の球Bのかわりに，別の重さの球Eをレール**P**の内側に固定し，レール**P**の半円形の部分が床に接するように，水平な床の上でつりあわせたところ，球Aはレール**P**の半円の中心と床からの高さが等しくなりました。このとき，球Eの重さは何gですか。

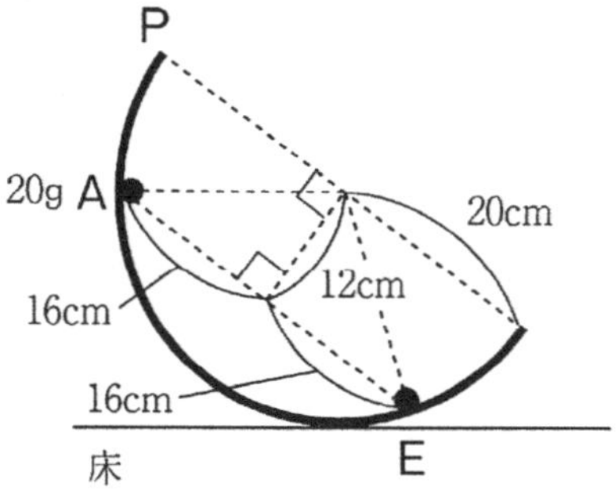

図5

（6） **図6**のように，**図2**の球A，Bに加えて，ある重さの球Fをレール**P**の内側に固定し，レール**P**の半円形の部分が床に接するように，水平な床の上でつりあわせたところ，レール**P**は球Bの位置で床に接しました。このとき，球Fの重さは何gですか。

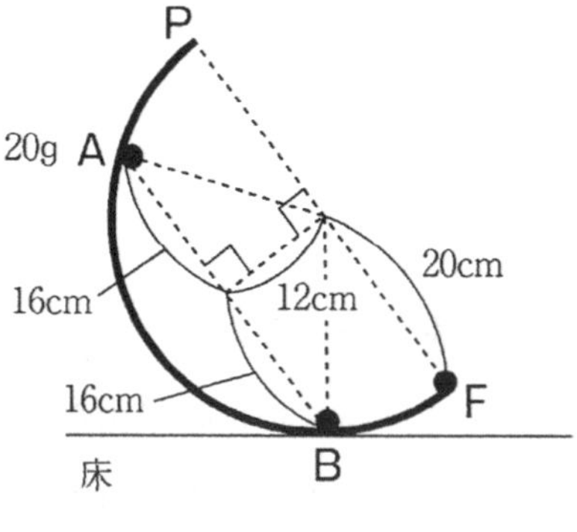

図6

（7）　**図7**のように，レールP，Rを中心が同じになるように針金で固定し，重さが20gの球Aをレール**P**の内側に固定し，重さが30gの球**G**を固定する位置をレール**R**の内側でいろいろと変えて，レール**P**の半円形の部分が床に接するように，水平な床の上でつりあわせたとき，球**A**の床からの高さの最大値は何cmですか。

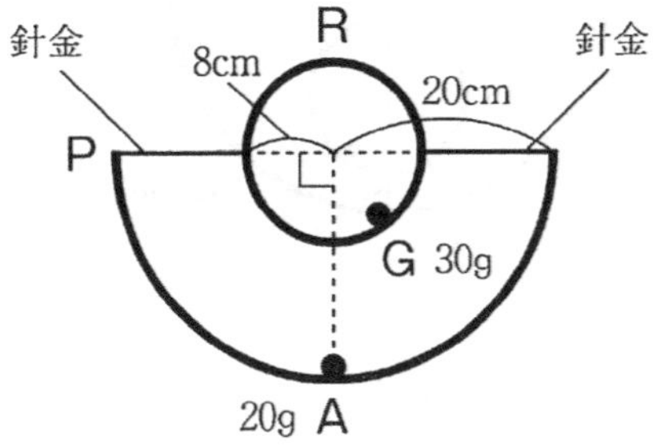

図7

（8）　**図8**のように，レールP，Rを針金で固定し，重さが20gの球**A**をレール**P**の内側に固定し，重さが30gの球Gをレール**R**の内側に置いて，レールの内側にそってなめらかに動くことができるようにしました。レール**P**の半円形の部分が床に接するように，水平な床の上でつりあわせたとき，球Gの床からの高さは何cmですか。

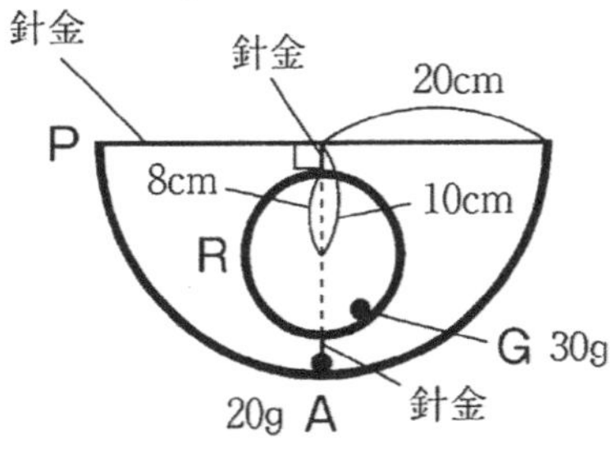

図8

（9） **図9**のように，**図8**の球Aを固定する位置を変えました。レールPの半円形の部分が床に接するように，水平な床の上でつりあわせたとき，球Gの床からの高さは何cmですか。

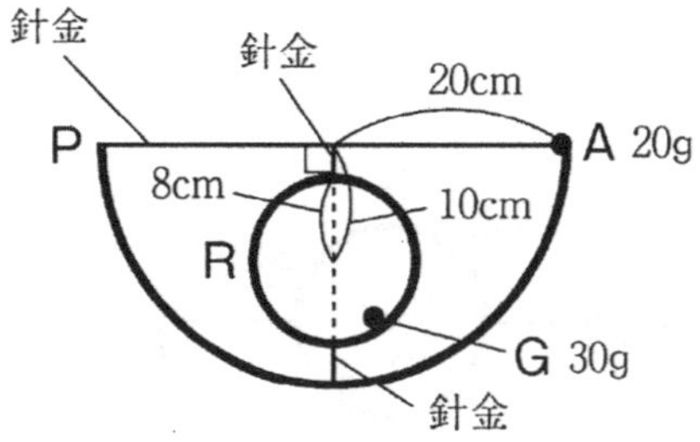

図9

令和6年度

中学入学試験問題

――社　　会――

《解答時間：45分》

注　　意

1．問題は試験開始の合図《あいず》があるまで開かないこと。
2．**問題用紙のページ数は，表紙を除いて35ページ，解答用紙は1枚である。不足している場合は，ただちに申し出ること。**
3．解答はすべて，問題の番号と解答用紙の番号が一致《いっち》するよう，解答用紙の所定のらんに記入すること。不明りょうな書き方をした解答は採点しない。(※印のらんには記入しないこと)
4．開始の合図があったら，まず解答用紙に教室記号・受験番号・氏名を記入すること。

1 近年，日本では女性の社会進出についての議論が盛んになっています。これまでに日本ではどのような女性が活躍《かつやく》をしたのでしょうか。次のＡ～Ｈの文章を読んで，あとの（１）～(20)の問いに答えなさい。

Ａ

中国の歴史書には，３世紀の日本に卑弥呼《ひみこ》という女性の支配者がいたことが記されています。そのころの日本では①小国同士の対立が激しくなっていましたが，諸国がともに卑弥呼を王に立てると，争いはようやく鎮《しず》まりました。卑弥呼は神の権威《けんい》を利用した政治を行うとともに，②使いを送って中国との関係を強めました。卑弥呼が亡くなると，その権威を示す巨大《きょだい》な墓が築かれたといわれています。

（１） 下線①について，争いが激しくなると，各地にはまわりに濠《ほり》をめぐらした環《かん》濠集落《ごうしゅうらく》が現れました。大規模な環濠集落として知られる吉野ヶ里遺跡《よしのがりいせき》の場所として正しいものを，地図中のア～オから１つ選んで，記号で答えなさい。

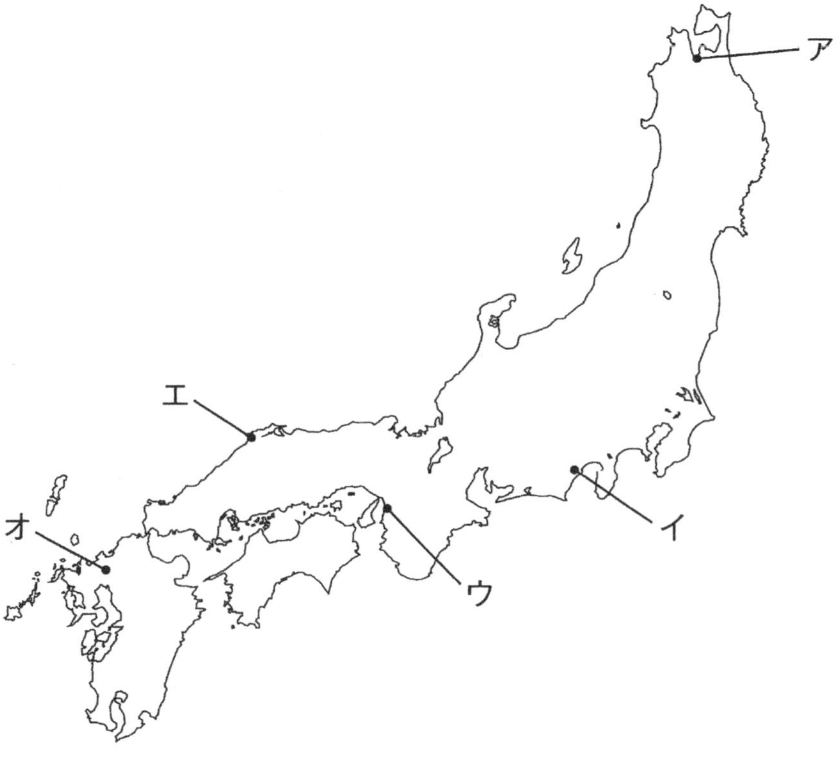

（2） 下線②について，中国の歴史書には卑弥呼が中国から称号《しょうごう》と贈《おく》り物《もの》を与《あた》えられたと記されています。その称号と贈り物の組み合わせとして正しいものを，あとの**ア**～**エ**から１つ選んで，記号で答えなさい。

【称　号】　a　漢委奴国王《かんのわのなのこくおう》　　b　親魏倭王《しんぎわおう》
【贈り物】　c　銅鏡《どうきょう》　　d　銅鐸《どうたく》

ア　a・c　　**イ**　a・d　　**ウ**　b・c　　**エ**　b・d

B

藤原不比等《ふじわらのふひと》の娘《むすめ》である光明子《こうみょうし》は，聖武天皇《しょうむてんのう》に嫁《とつ》ぎ，皇族以外としては初めての皇后《こうごう》になりました。聖武天皇の時代には，飢饉《ききん》や戦いが起こるなど社会的不安が広まりましたが，光明子は聖武天皇の仏教政策を支え，自らも貧民救済のための慈善《じぜん》事業に力を尽《つ》くしました。③聖武天皇の死後も政治への発言力をもち，④藤原氏の発展にも貢献《こうけん》しました。

（3） 下線③について，聖武天皇の死後，光明子は天皇にゆかりのあるものを東大《とうだい》寺《じ》に納めました。その品物として正しいものを，次の**ア～オ**から１つ選んで，記号で答えなさい。

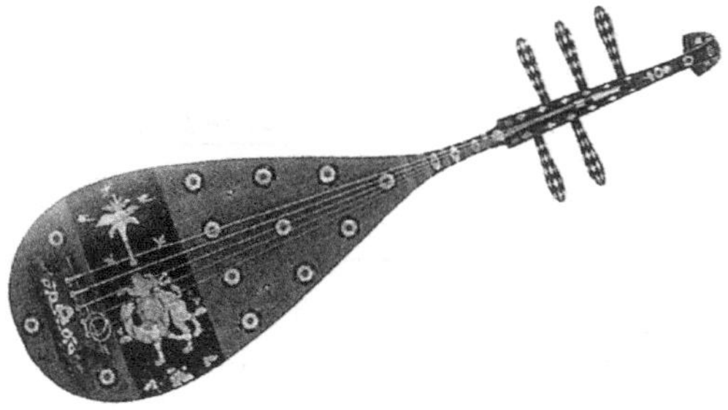

ア

イ

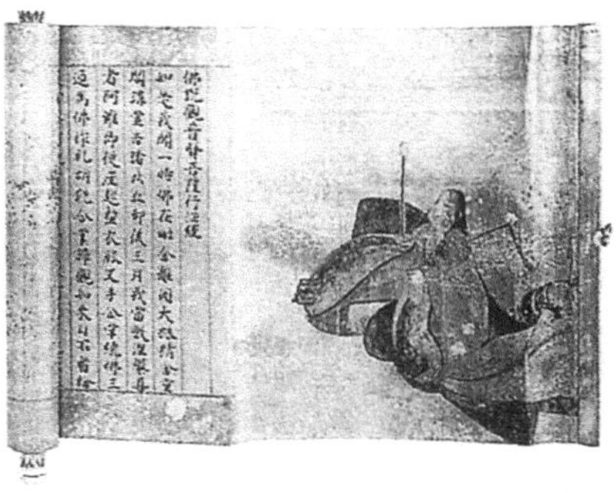

ウ

エ

オ

（4） 下線④について，平安《へいあん》時代になると，藤原氏は代々天皇を支えました。藤原氏が就任した，幼い天皇に代わって政治を行う役職を何といいますか。

C

鎌倉幕府《かまくらばくふ》を開いた源《みなもとの》頼朝《よりとも》が亡くなると，幕府内では御家人《ごけにん》同士の争いや将軍《しょうぐん》の暗殺事件が起こるなど幕府の政治は混乱しました。そうしたなか，頼朝の妻であった北条政子《ほうじょうまさこ》が「尼《あま》将軍」とよばれて存在感を示すようになりました。1221年に起きた（　　　）では，朝廷《ちょうてい》との戦いに動揺《どうよう》する御家人たちに支持を呼びかけて，幕府を勝利に導きました。その後，幕府では⑤北条氏が大きな力を持つようになりました。

（5）　文章中の（　　　）にあてはまる語句を答えなさい。

（6）　下線⑤について，北条氏が行った政策に関する史料として正しいものを，次の**ア**～**オ**から１つ選んで，記号で答えなさい。（史料はわかりやすく書き改めてあります。）

ア　「この町を楽市《らくいち》とお命じになられたからには，座《ざ》の規制や税などは免除《めんじょ》する。」

イ　「有力な家臣はことごとく一乗谷《いちじょうだに》へ引っ越して，村には代官《だいかん》や百姓《ひゃくしょう》のみを置くこと。」

ウ　「領地の質入れや売買は武士の困窮《こんきゅう》の原因である。今後はいっさい禁止する。」

エ　「人々に一定の土地を口分田《くぶんでん》として与えて耕作させる。」

オ　「このごろ都にはやっているものは，夜討ち，強盗《ごうとう》，にせの天皇の命令。」

D

⑥室町《むろまち》時代に起きた⑦応仁《おうにん》の乱《らん》は，将軍足利義政《あしかがよしまさ》の妻である日野富子《ひのとみこ》が将軍後《こう》継《けい》問題に介入《かいにゅう》したことに原因があるとされています。そのため日野富子は悪女といわれましたが，政治への意欲を失った義政に代わって政務を取り仕切ったり，畿内《きない》各所に関所《せきしょ》を設けて通行税を徴収《ちょうしゅう》したりするなど，幕府の政治を支えた政治家としての一面もありました。義政の死後も政治に関与《かんよ》した富子でしたが，室町幕府はかつての権威を取りもどすことなく衰退《すいたい》していきました。

（7） 下線⑥について，室町時代の文化の説明として**誤っているもの**を，次のア～オから１つ選んで，記号で答えなさい。

ア　観阿弥《かんあみ》・世阿弥《ぜあみ》の父子が能《のう》を大成した。
イ　枯山水《かれさんすい》の庭園がつくられた。
ウ　雪舟《せっしゅう》が水墨画《すいぼくが》を大成した。
エ　当時の世の中の様子が浮世絵《うきよえ》に描《えが》かれた。
オ　足利学校《あしかがかっこう》に各地から学生が集まった。

（8） 下線⑦について，応仁の乱を描いた作品として正しいものを，次の**ア～オ**から1つ選んで，記号で答えなさい。

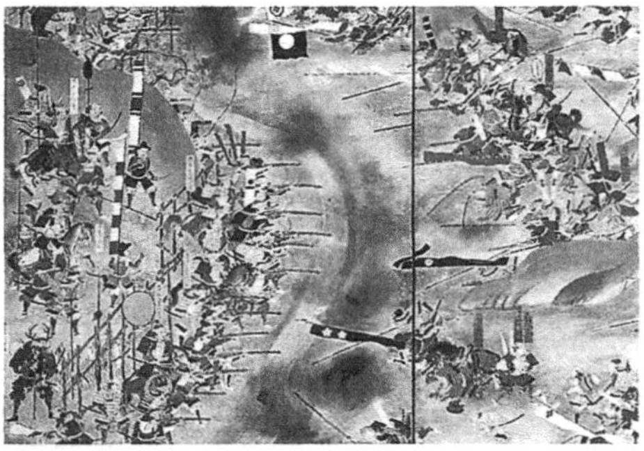

ア

イ

ウ

エ

オ

E

> 春日局《かすがのつぼね》は父が⑧明智光秀《あけちみつひで》の家臣であったため，幼いころは母方の稲葉《いなば》氏のもとで育ち，その後，江戸《えど》幕府３代将軍となる⑨徳川家光《とくがわいえみつ》の乳母《うば》となりました。徳川家光が将軍に就任すると，春日局は将軍とその妻子などが生活する大奥《おおおく》を取り仕切ったほか，朝廷との交渉《こうしょう》役を務めるなど，幕府の内外で影響《えいきょう》力を持つようになりました。また春日局の子である稲葉正勝《まさかつ》も家光に仕え，のちに⑩小田原藩主《おだわらはんしゅ》になりました。

（9） 下線⑧について，明智光秀が織田信長《おだのぶなが》を滅《ほろ》ぼした事件を何といいますか。

(10) 下線⑨について，３代将軍徳川家光の時代には，多くの大名が取りつぶされました。その主な理由を説明しなさい。

(11) 下線⑩について，次の文章は小田原藩について説明したものです。説明として，文章中の下線**ア～オ**のうち，**誤っているもの**を１つ選んで，記号で答えなさい。

小田原藩は，古くから徳川氏に仕えてきたア譜代大名《ふだいだいみょう》が藩主を務めた。早くから農業政策に力を入れ，土地の面積や生産高などを調査するイ検地《けんち》を実施《じっし》したり，酒匂《さかわ》川の用水工事を行ったりした。またウ中山道《なかせんどう》が通る箱根《はこね》関所の管理・運営を幕府から任され，通行人の検査を行った。

1833年に起きた天保《てんぽう》の飢饉は，小田原藩にも大きな被害《ひがい》をもたらした。藩はエ二宮尊徳《にのみやそんとく》を起用し，彼《かれ》の説く節約・貯蓄《ちょちく》を中心とする生活指導を取り入れた。また外国船が日本近海に現れるようになると，小田原藩も海防に着手するようになった。オ日米和親条約《にちべいわしんじょうやく》が締結《ていけつ》されて1854年に下田《しもだ》が開港すると，小田原藩は幕府の命令により藩士を派遣《はけん》して防備に努めた。

F

⑪会津《あいづ》藩の家老《かろう》の家に生まれた山川捨松《やまかわすてまつ》は，戊辰戦争《ぼしんせんそう》で会津藩が新政府軍に敗北したため，一時は箱館《はこだて》のフランス人の家庭に預けられました。1871年には，11歳《さい》で日本初の女子留学生に選ばれ，当時６歳の（　　　）とともにアメリカ合衆国に渡りました。帰国後，政府の有力者である大山巌《おおやまいわお》と結婚《けっこん》したことで社交の場に出向く機会が増えると，海外生活が長かった捨松は⑫鹿鳴館《ろくめいかん》の花形として注目を浴びました。また，日本初の慈善バザーを開いたほか，（　　　）を助け，彼女《かのじょ》が設立した女子英学塾《じょしえいがくじゅく》の理事を務めるなど女子教育の向上に貢献しました。

(12)　文章中の（　　　）に共通してあてはまる人物の名を答えなさい。

(13)　下線⑪について，会津藩は幕末において幕府を支えるなど政治の重要な役割を果たしました。次の**ア～オ**の文は，幕末に起きた出来事を述べたものです。これらを年代順に並べ替《か》えたとき，**3番目**にあたるものを，記号で答えなさい。

ア　幕府が政権を朝廷に返した。
イ　薩摩《さつま》藩がイギリスと戦った。
ウ　薩長同盟《さっちょうどうめい》が成立した。
エ　江戸城《えどじょう》が開城した。
オ　井伊直弼《いいなおすけ》が暗殺された。

(14)　下線⑫について，鹿鳴館では不平等条約の改正に向けた外交交渉が行われました。次の図は明治《めいじ》時代のある出来事に関するものです。この図について説明したあとの文**a**～**d**について，正しいものの組み合わせを，下の**ア**～**エ**から1つ選んで，記号で答えなさい。

a　図の出来事をきっかけに，領事裁判権《りょうじさいばんけん》をめぐる議論が起こった。

b　図の出来事をきっかけに，関税自主権《かんぜいじしゅけん》をめぐる議論が起こった。

c　図の出来事により，イギリスとの条約改正が成功した。

d　図の出来事により，政府の外交政策が批判された。

ア　a・c　　イ　a・d　　ウ　b・c　　エ　b・d

G

市川房枝《いちかわふさえ》は，⑬大正《たいしょう》デモクラシーの風潮のなか，平塚《ひらつか》らいてうらと新婦人協《しんふじんきょう》会《かい》を結成し，女性の地位向上のために活動しました。1924年には女性参政権の獲得《かくとく》を目指す団体をつくり，1940年の解散までこの問題に取り組みました。⑭太《たい》平洋戦争《へいようせんそう》中には戦時体制に協力しましたが，終戦後すぐに女性参政権の獲得を目指して活動を再開しました。悲願であった女性参政権は1945年12月の衆議院議員選挙法改正で認められました。その後，1953年に参議院議員となり活躍しました。

(15) 下線⑬について，この風潮により，自らの権利の獲得を目指す運動が盛んになりました。次の史料について，この宣言を出した団体の名を答えなさい。（史料はわかりやすく書き改めてあります。）

「全国に散らばっている，われわれ差別を受けている人々よ，団結せよ。……人の世がどんなに冷たいか，人間を大切にすることが本当はどんなことであるかを知っているからこそ，われわれは，心から人生の熱と光を求め，その実現を目指すものである。……人の世に熱あれ，人間に光あれ。」

(16) 下線⑭について，太平洋戦争中に起こった出来事として**誤っているもの**を，次の**ア～オ**から１つ選んで，記号で答えなさい。

ア 広島と長崎に原子爆弾《ばくだん》が落とされた。
イ 都市部の小学生たちが地方へ集団疎開《そかい》した。
ウ 日本各地で焼夷弾《しょういだん》による空襲《くうしゅう》があった。
エ ミッドウェー海戦で日本が敗れた。
オ 国民全員を総動員する法律を出した。

H

緒方貞子《おがたさだこ》は，⑮犬養毅《いぬかいつよし》を曾祖父《そうそふ》にもち，祖父や父が外交官を務める家柄《いえがら》に生まれました。幼いころ，アメリカ合衆国や中国で過ごし，語学に優れていた彼女は，戦後，国際政治学者として大学で学生を教えるかたわら，⑯国際連合の日本政府代表を務めるなど⑰1960年代後半から日本の国連外交の場で活躍しました。⑱1991年には国連難民高等弁務官に就任し，「人間の安全保障」という考えを広めるなど，国際平和に力を注ぎました。

(17) 下線⑮について，犬養毅について説明した次の文a～dについて，正しいものの組み合わせを，あとの**ア**～**エ**から１つ選んで，記号で答えなさい。

a 政党に参加し，国民の意見を反映した政治を目指した。

b 政府に参加し，憲法をつくる仕事に力を注いだ。

c 五・一五事件で殺害された。

d 二・二六事件で殺害された。

ア a・c　　イ a・d　　ウ b・c　　エ b・d

(18)　下線⑯について，日本が国際連合の加盟を認められた時期を，次の表の**ア**～**オ**から１つ選んで，記号で答えなさい。

連合国軍による戦後改革が始まった。
↓　**ア**
日本国憲法が公布された。
↓　**イ**
サンフランシスコ平和条約が結ばれた。
↓　**ウ**
日ソ共同宣言が発表された。
↓　**エ**
新しい日米安全保障条約が結ばれた。
↓　**オ**
沖縄が日本に復帰した。

(19)　下線⑰について，1968年にノーベル文学賞を受賞した人物を，次の**ア**～**オ**から１つ選んで，記号で答えなさい。

ア　谷崎《たにざき》潤《じゅん》一郎《いちろう》　　**イ**　川端康成《かわばたやすなり》　　**ウ**　芥川《あくたがわ》龍《りゅう》之《の》介《すけ》

エ　太宰《だざい》治《おさむ》　　**オ**　三島由紀夫《みしまゆきお》

(20)　下線⑱について，このころの世界の出来事として正しいものを，次の**ア**～**オ**から１つ選んで，記号で答えなさい。

ア　アメリカ合衆国で同時多発テロが起きた。

イ　ベトナム戦争が激しくなった。

ウ　ソ連が崩壊《ほうかい》した。

エ　朝鮮《ちょうせん》戦争が起きた。

オ　アラブの春が起きた。

問題は次に続きます。

2 小学６年生のミドリさんは，社会科の授業で学んだことをきっかけに，日本の河川の長さ・流域面積・水質について興味を持ち，調べることにしました。ミドリさんが調べたことをまとめた次のレポートを読んで，あとの（１）～（13）の問いに答えなさい。

日本の河川の長さ・流域面積・水質について

大きな河川では，いくつもの河川が合流し，河口部には①三角州が形成され分流していくことが多い。そのため，②河川の長さはどのように計算されているのかを調べた。その結果，本川の上流端《じょうりゅうたん》から下流端までの長さのことである幹川流路延長であることがわかった。本川とは，水系の中で流量や河川の長さなどがもっとも重要と考えられる河川，あるいは最長となる河川のことである。

さらに調べると，学校の教科書では，水系の幹線流路延長を長さとしていることがわかった。あとの**表Ⅰ**は，日本における各水系の幹川流路延長上位10河川を示したものである。調べた結果，日本でもっとも長い川が（　**あ**　）川であることがわかった。この川についてさらに調べると，源流は長野県と③２つの県の県境となっている甲武信ヶ岳《こぶしがたけ》であり，④野辺山原《のべやまはら》など長野県を流れる間は千曲《ちくま》川とよばれていることがわかった。千曲川は，新潟県に入ると（　**あ**　）川と名を変え，越後《えちご》平野を通り日本海に注いでいる。

流域面積とは，河川に降水が流れこむ範囲《はんい》である。あとの**表Ⅱ**は，日本における各水系の流域面積上位10河川を示したものである。調べた結果，⑤公害が起こったことで知られる渡良瀬《わたらせ》川などを支流にもち，河口部には日本有数の漁港である⑥銚子《ちょうし》港がある利根《とね》川が最大であることがわかった。ほかにも，社会の授業で習った⑦輪中《わじゅう》がみられる（　**い**　）平野を流れる⑧木曽《きそ》川が，流域面積の大きい河川であることを知った。また，**表Ⅰ**の阿武隈《あぶくま》川・⑨天竜《てんりゅう》川と**表Ⅱ**の十勝《とかち》川・⑩淀《よど》川を除くすべての河川が，**表Ⅰ**・**表Ⅱ**ともに上位10河川となっていることがわかった。

以前に，地域の生活にとって必要な飲料水について学んだことを思い出し，水質について調べることにした。あとの**表Ⅲ**は，国土交通省が毎年７月に公表している全国一級河川の水質調査の結果，令和３年に「水質がもっとも良好な河川」として選ばれた12河川を示したものである。その一つである黒部《くろべ》川について調べてみると，上流部に⑪黒部ダムがあることや，流域の扇状《せんじょう》地《ち》が天然のフィルターとなり良質な湧水《ゆうすい》に恵《めぐ》まれることから，黒部川扇状地湧水群として名水百選に選ばれていることがわかった。また，**表Ⅰ**・**表Ⅱ**に比べると鳥取県や⑫熊本県など西日本の河川が多いと感じた。

　このように，河川について調べるなかで，何げなく使われる用語について理解を深めることができた。また，今まで習ったこととつながっていることや，新しく知ることができたこともあり，興味を広げることもできた。

表Ⅰ

水系	幹川流路延長（km）
（　あ　）川	367
利根《とね》川	322
石狩《いしかり》川	268
天塩《てしお》川	256
北上《きたかみ》川	249
阿武隈川	239
木曽川	229
最上《もがみ》川	229
天竜川	213
阿賀野《あがの》川	210

表Ⅱ

水系	流域面積(km²)
利根川	16842
石狩川	14330
（　あ　）川	11900
北上川	10150
木曽川	9100
十勝川	9010
淀川	8240
阿賀野川	7710
最上川	7040
天塩川	5590

（「2022河川データブック」より作成）

表Ⅲ

河川名	都道府県
後志利別《しりべしとしべつ》川	北海道
尻別《しりべつ》川	北海道
荒《あら》川	福島県
黒部川	富山県
狩野《かの》川	静岡県
熊野《くまの》川	和歌山県
北《きた》川	福井県
天神《てんじん》川	鳥取県
小鴨《おがも》川	鳥取県
球磨《くま》川	熊本県
川辺《かわべ》川	熊本県
五ヶ瀬《ごかせ》川	宮崎県

（国土交通省HPより作成）

（1）レポート中の（　あ　）・（　い　）にあてはまる語句をそれぞれ答えなさい。

（2）　下線①について，次のA～Cの文は三角州について説明したものです。A～Cの正誤の組み合わせとして正しいものを，あとのア～クから1つ選んで，記号で答えなさい。

A　三角州はおもに侵食《しんしょく》作用によって形成された地形である。

B　三角州は海沿いにのみ形成される地形である。

C　三角州は土砂災害の危険性が高い地形である。

	ア	イ	ウ	エ	オ	カ	キ	ク
A	正	正	正	正	誤	誤	誤	誤
B	正	正	誤	誤	正	正	誤	誤
C	正	誤	正	誤	正	誤	正	誤

（3）　下線②について，次のA・Bの文章は，世界有数の長さをもつ河川が流れる，アメリカ合衆国・エジプト・中国・ブラジルのいずれかの国について述べたものです。Aの文章で説明されている国でもっとも多くの人に使われている言語を答えなさい。また，Bの文章で説明されている国でもっとも多く信仰《しんこう》されている宗教を答えなさい。

A　この国は，日本の約2.5倍の人口を抱《かか》える国で，多くの移民を受け入れてきた。日本はこの国から航空機などの工業製品を輸入している。

B　この国は，ピラミッドなど古代の遺跡が有名で，多くの観光客を集めている国である。この国でもっとも多く信仰されている宗教は，周辺地域でも広く信仰されている。

(3)			(4)
①	②		
	うすい塩酸	発生する気体	
g	g	g	%

※

4

(1)	(2)	(3)	(4)	(5)
				m

(6)			(7)
①	②	③	
m	m	→ →	

※

5

(1)	(2)	(3)	(4)	(5)
g		g		g

(6)	(7)	(8)	(9)
g	cm	cm	cm

※

(12)		(13)
黒部ダム	地熱	

※

3

(1)

(2)			
b	c	d	e

(3)		(4)
あ	い	

(5)	(6)	(7)	(8)	(9)	(10)	(11)

※

社会解答用紙

教室記号	受験番号	氏　　名

※

※50点満点
（配点非公表）

1

(1)	(2)	(3)	(4)	(5)	(6)	(7)

(8)	(9)	(10)

※

(11)	(12)	(13)	(14)	(15)	(16)	(17)

(18)	(19)	(20)

※

2

(1)		(2)	(3)	
あ	い		A	B

理科解答用紙

教室記号	受験番号	氏　　名

※100点満点
(配点非公表)
４教科型は50点満点に換算

※

1

(1)	(2)		(3)
	①	②	

2

(1)			(2)	(3)	

(4)		(5)				
①	②	①	②	③	④	⑤

※

3

(1)		(2)
①	②	

【解答

（4） 下線③について，２つの県の組み合わせとして正しいものを，次の**ア〜カ**から１つ選んで，記号で答えなさい。

ア 愛知・岐阜　　**イ** 愛知・埼玉　　**ウ** 愛知・山梨
エ 岐阜・埼玉　　**オ** 岐阜・山梨　　**カ** 埼玉・山梨

（5） 下線④について，野辺山原では野菜の栽培《さいばい》が盛んです。次の図は，野辺山原で多く生産されている野菜について，各月における東京都中央卸売《おろしうり》市場での産地別取扱量《とりあつかいりょう》の割合（2022年）を示したもので，図中の**A〜C**は，茨城県・静岡県・長野県のいずれかです。**野菜**と**長野県**の組み合わせとして正しいものを，あとの**ア〜カ**から１つ選んで，記号で答えなさい。

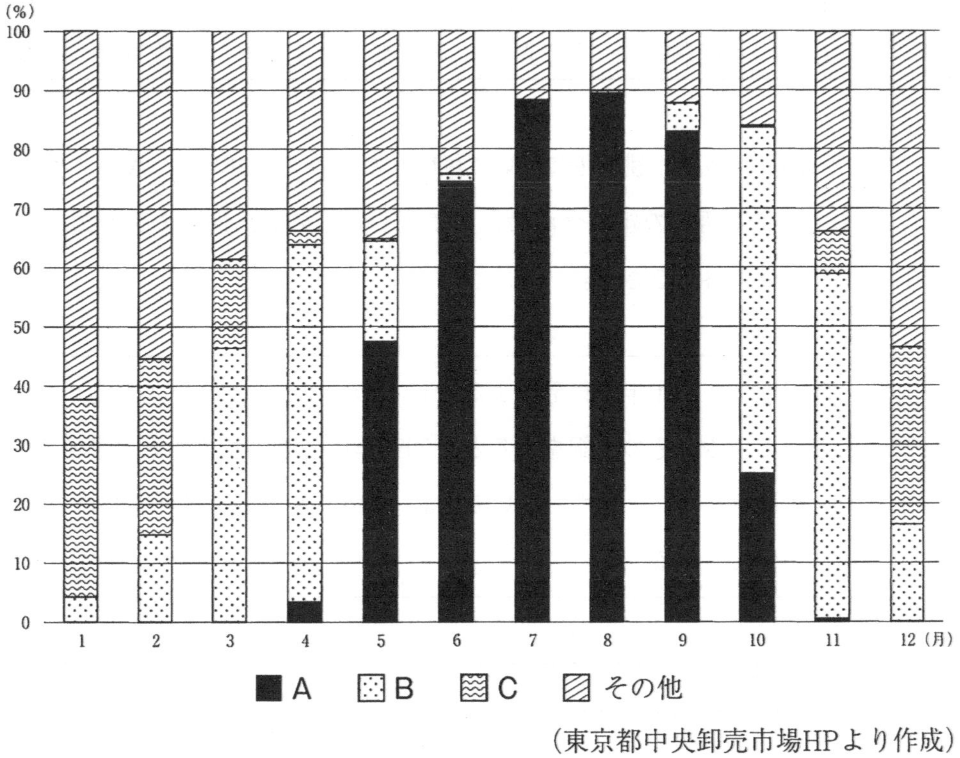

（東京都中央卸売市場HPより作成）

	ア	イ	ウ	エ	オ	カ
野菜	ピーマン	ピーマン	ピーマン	レタス	レタス	レタス
長野県	A	B	C	A	B	C

（６） 下線⑤について，次の表は，都道府県別の公害問題苦情件数（2020年度）を示したもので，表中のＡ～Ｃは，愛知県・佐賀県・東京都のいずれかです。Ａ～Ｃと都県の組み合わせとして正しいものを，あとの**ア**～**カ**から１つ選んで，記号で答えなさい。

	大気汚染《たいきおせん》	水質汚濁《すいしつおだく》	騒音《そうおん》
Ａ	1235	46	4135
Ｂ	1753	385	1708
Ｃ	174	105	50

（『データでみる県勢2023年版』より作成）

	ア	イ	ウ	エ	オ	カ
Ａ	愛知県	愛知県	佐賀県	佐賀県	東京都	東京都
Ｂ	佐賀県	東京都	愛知県	東京都	愛知県	佐賀県
Ｃ	東京都	佐賀県	東京都	愛知県	佐賀県	愛知県

（７） 下線⑥について，銚子港について説明した次の文章中の（　Ａ　）と（　Ｂ　）にあてはまる語句の組み合わせとして正しいものを，あとの**ア**～**カ**から１つ選んで，記号で答えなさい。

> 銚子港は，2020年の統計によると日本の中でもっとも水あげ量の多い漁港となっている。その内訳をみると，2020年にこの港でもっとも多く水あげされた魚は（　Ａ　）となっている。（　Ａ　）をとる漁法としては（　Ｂ　）漁法が盛んである。

	ア	イ	ウ	エ	オ	カ
Ａ	いわし	いわし	かつお	かつお	にしん	にしん
Ｂ	一本づり	巻《ま》き網《あみ》	一本づり	巻き網	一本づり	巻き網

(8) 下線⑦について，輪中について述べた次のA・Bの文における，正誤の組み合わせとして正しいものを，あとの**ア〜エ**から１つ選んで，記号で答えなさい。

A　水屋を設置したことで，輪中内の水を排水《はいすい》できるようになった。

B　輪中には農地が多く，おもに水田が分布している。

	ア	イ	ウ	エ
A	正	正	誤	誤
B	正	誤	正	誤

（9） 下線⑧について，次の図は木曽川流域のある地域の地理院地図です。地図からわかることとして正しいものを，あとのア～エから１つ選んで，記号で答えなさい。

（「地理院地図」より作成）

ア　JR中津川《なかつがわ》駅の駅前には警察署がある。

イ　本町《ほんまち》には図書館と発電所がある。

ウ　上地《うえじ》にある神社付近の森林はおもに針葉樹林である。

エ　城山《しろやま》にある城跡《しろあと》の標高は400m未満である。

(10)　下線⑨について，次の**図１**中の**あ～う**は，太田《おおた》川・天竜川・最上川のいずれかの流量観測地点です。また，あとの**図２**の**Ａ～Ｃ**は，**あ～う**の各地点における各月の平均流量（2012年～2021年の平均）のいずれかを示したものです。**あ～う**と**Ａ～Ｃ**の組み合わせとして正しいものを，下の**ア～カ**から１つ選んで，記号で答えなさい。

図１

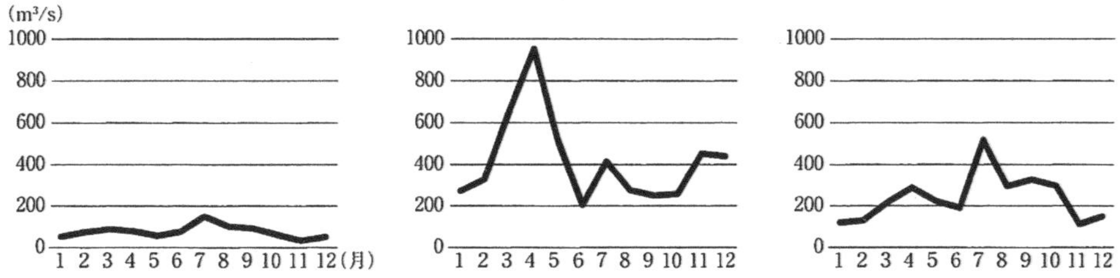

A　　　　B　　　　C

（国土交通省 水文水質データベースより作成）

図２

	ア	イ	ウ	エ	オ	カ
あ	A	A	B	B	C	C
い	B	C	A	C	A	B
う	C	B	C	A	B	A

(11)　下線⑩について，淀川水系について説明した次の**ア～エ**のうち，**下線部が誤っているもの**を１つ選んで，記号で答えなさい。

ア　滋賀県を流れる瀬田《せた》川は琵琶《びわ》湖を水源地としている。

イ　宇治《うじ》川が流れる京都府宇治市は茶の栽培が盛んである。

ウ　桂《かつら》川が流れる京都市は100万人以上の人口を抱える都市である。

エ　桂川・宇治川・木津《きづ》川が合流する地点は兵庫県にある。

(12) 下線⑪について，次の表は日本の発電方式別の発電電力量の推移（単位は百万kWh）を示したものであり，表中の**ア～カ**は，火力・原子力・水力・太陽光・地熱・風力のいずれかです。**黒部ダムでおもに行われている発電**と**地熱発電**にあたるものを，**ア～カ**からそれぞれ１つ選んで，記号で答えなさい。

	1980年	1990年	2000年	2010年	2020年
ア	92092	95835	96817	90681	86310
イ	401967	557423	669177	771306	790020
ウ	82591	202272	322050	288230	37011
エ	−	1	−	22	24992
オ	−	−	109	4016	8326
カ	871	1741	3348	2632	2114

（『日本国勢図会2022/23年版』より作成）

(13)　下線⑫について，次の**図1**は，熊本県の各市町村における工業製品出荷額等(2021年）を示したもので，**図1**中の**A**～**C**は，印刷・同関連業，繊維《せんい》工業，電子部品・デバイス・電子回路製造業のいずれかです。次ページの**図2**を参考に，**A**～**C**と工業の組み合わせとして正しいものを，あとの**ア**～**カ**から１つ選んで，記号で答えなさい。

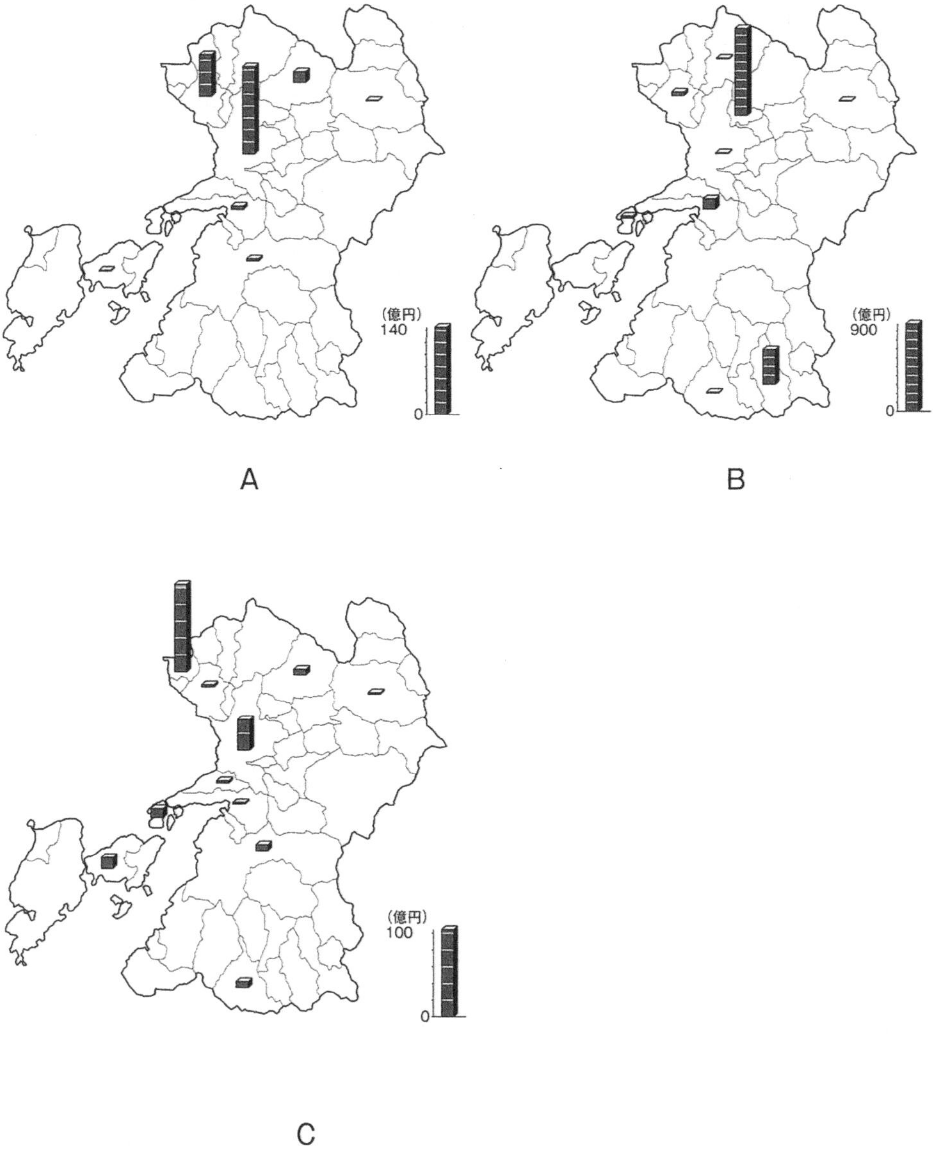

(「e-Stat」より作成)

図1

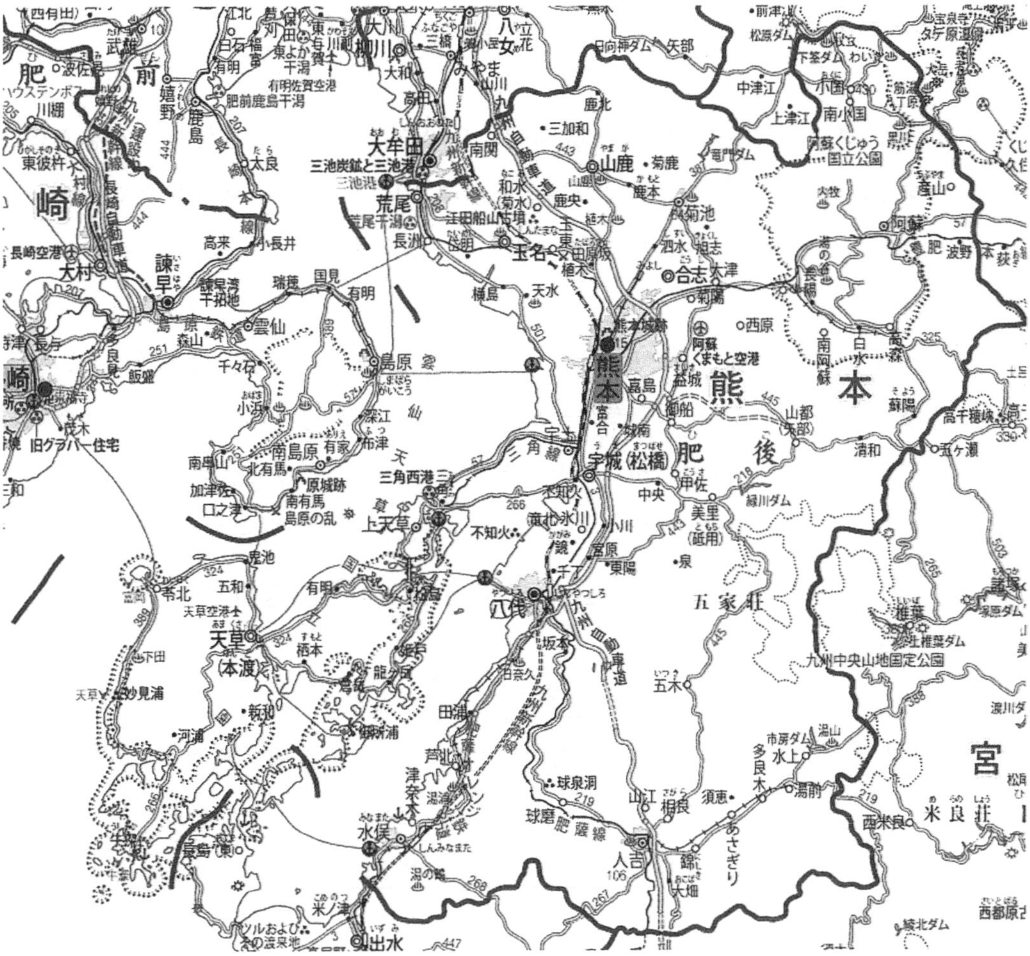

(「二宮書店デジタル地図」より作成)

図2

	ア	イ	ウ	エ	オ	カ
印刷・同関連業	A	A	B	B	C	C
繊維工業	B	C	A	C	A	B
電子部品・デバイス・電子回路製造業	C	B	C	A	B	A

3 次の会話文を読んで，あとの（１）～（11）の問いに答えなさい。

ひろ「お父さん，学校の授業で，次回話し合いを行うから，『政治は人々を幸福にするのか？』というテーマの答えを宿題としてそれぞれ考えてきてって言われたんだけど，問いにある『政治』って，改めて考えてみるといったい何なんだろうと思って。」

父　「いいところに気づいたね。話し合いを行うときに，たとえば『政治』のような，多くの意味を持つ言葉については，あらかじめ『今回はこういう意味で使うんだ』と絞《しぼ》っておかないと，話がかみ合わなくなりやすいんだ。まずはひろのなかで，今回はこういう意味で使うんだと絞ってみたらどうかな。」

ひろ「そうだねえ，①憲法，②国会，③総理大臣，選挙，④地方自治，これらって，全部政治だよね。」

父　「挙げてくれたのは，全部⑤日本の政治のことかな。それだけではなくって，たとえば⑥国際連合なんかも政治に含《ふく》まれるよ。もともと政治は，さまざまな人々の間で起こる考え方の違《ちが》いをまとめる動きを意味するから，一つの国の中だけには限定されず，⑦多くの国にまたがった問題をどうするかということも含まれるんだ。」

ひろ「そうしたら，昨年日本の（　a　）で行われたＧ７サミットも，政治に含まれるんだね。」

父　「その通り。」

ひろ「でも，次は『幸福』か。幸福って，いったい何なんだろうね。」

父　「⑧どんなことを幸福に感じるかこそ，人によってさまざまな考え方があるからね。宗教によって幸福になれるという考え方もあれば，⑨戦争や紛争《ふんそう》で命を奪《うば》われる危険がなければ幸福だという考え方もあるよね。でもお父さんは，ひろが無事に⑩生まれて，今まで元気に生きてくれていることが，一番の幸福だよ。」

ひろ「お父さんがそう言ってくれただけで，私，今とても幸せだよ。」

父　「ありがとう。」

（1）　会話文中の（　a　）にあてはまる都道府県の名を答えなさい。

（2）　下線①について，次の日本国憲法の条文の（　b　）～（　e　）にあてはまる語句をそれぞれ答えなさい。

第24条　婚姻《こんいん》は，（　b　）の合意のみに基《もとづ》いて成立し，夫婦が同等の権利を有することを基本として，相互《そうご》の協力により，維持《いじ》されなければならない。

第25条　すべて国民は，健康で文化的な（　c　）の生活を営む権利を有する。

第26条　すべて国民は，法律の定めるところにより，その能力に応じて，ひとしく（　d　）権利を有する。

第27条　すべて国民は，（　e　）の権利を有し，義務を負ふ。

（３） 下線②について，次の(あ)・(い)の問いに答えなさい。

(あ) 日本の国会について述べた文として正しいものを，次の**ア～エ**から１つ選んで，記号で答えなさい。

ア 衆議院議員の選挙権は満18歳以上，参議院議員の選挙権は満20歳以上の国民に与えられる。

イ 参議院は，２年ごとに選挙を行い，３分の１ずつ議員を入れ替えている。

ウ 予算の審議《しんぎ》は，かならず衆議院から行わなければならない。

エ 国政調査権について，衆議院の優越《ゆうえつ》が認められている。

(い) 次の資料は，2023年１月26日の，毎日小学生新聞の記事の一部です。資料中の（　ｆ　）に共通してあてはまる語句を答えなさい。

国会には（　ｆ　），臨時，特別の３種類があります。（　ｆ　）国会は，憲法と法律で年１回，150日開くと定められています。今回は１月23日に開会したので，６月21日までです。１回に限り，延長することができます。

（４） 下線③について，日本国憲法において，内閣総理大臣として国会から指名されるには，２つの資格が必要だと規定されています。１つ目の資格は国会議員であることですが，もう１つは何か，答えなさい。

(5) 下線④について，次の**図1**は，令和２年度から令和４年度の，京都市の一般《いっぱん》会計決算概況《がいきょう》における収支を示したものです。あとの**図2**は，中学生のあつきさんが，この期間に**図1**にあるような変化が見られた理由について考察するために作ったメモです。**図2**中の**A**・**B**には，Ⅰ～Ⅳのいずれかが入ります。**A**・**B**に入るものの組み合わせとしてもっとも適当なものを，下の**ア**～**エ**から１つ選んで，記号で答えなさい。

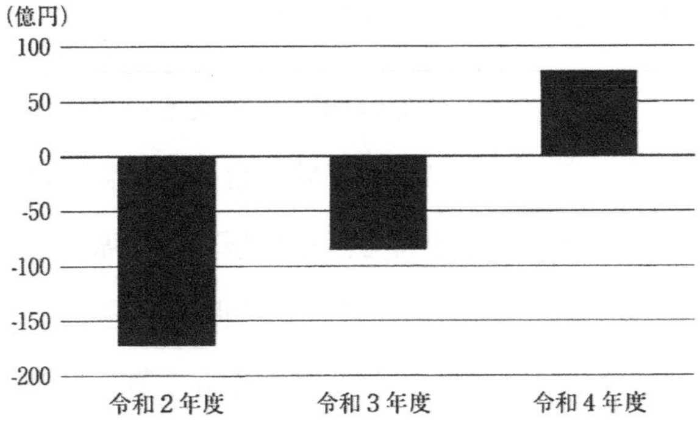

※収支は，歳入（収入）総額から，歳出（支出）総額と翌年度への繰越《くりこし》金を除く形で求めています。

（京都市HPより作成）

図1

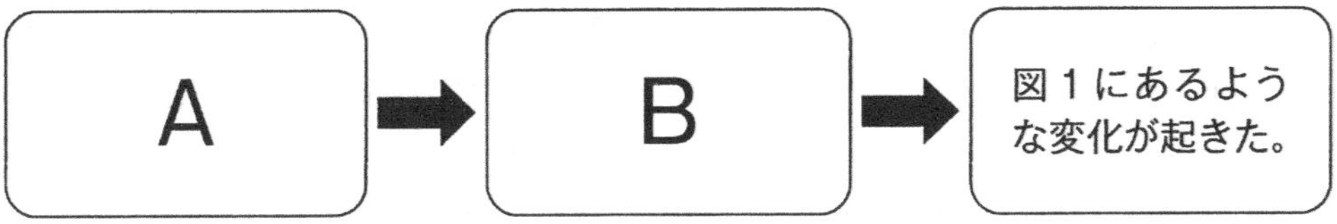

図2

Ⅰ　京都市を訪れる観光客の数が増えた。

Ⅱ　京都市の行政機関の職員数を増やした。

Ⅲ　京都市の歳入が増加した。

Ⅳ　京都市の歳出が増加した。

ア　A：Ⅰ　B：Ⅲ　　　**イ**　A：Ⅰ　B：Ⅳ

ウ　A：Ⅱ　B：Ⅲ　　　**エ**　A：Ⅱ　B：Ⅳ

（6） 下線⑤について，日本の政治は，多くの場面で民主主義的な考え方が取り入れられています。日本国憲法の三大原則のうち，民主主義という言葉の意味にもっとも近いものを答えなさい。

（7） 下線⑥について，次の表は，中学生のすすむさんが国際連合のいくつかの主要機関についてまとめたものです。表から読み取れることについて述べた文としてもっとも適当なものを，あとの**ア**～**エ**から１つ選んで，記号で答えなさい。

総会	すべての加盟国が集まって，国連全体にかかわることについて話し合う。加盟国はそれぞれ１票の議決権を持ち，重要事項《じこう》は出席投票国の３分の２以上の賛成で，その他の問題は過半数の賛成で決められる。
安全保障理事会	国際平和と安全を守る責任を持つ。すべての加盟国が決議に参加するが，常任理事国には実質事項の決定において，１か国でも反対すると可決されないという拒否《きょひ》権が与えられている。
経済社会理事会	経済・社会・教育・文化・福祉などの分野で責任を持ち，問題を処理する。世界の文化財・自然保護に努める国連教育科学文化機関（ユネスコ）や，国際通貨問題を扱う国際通貨基金（ＩＭＦ）などの専門機関と連携《れんけい》している。

ア 「総会」についての記述に誤りが含まれている。

イ 「安全保障理事会」についての記述に誤りが含まれている。

ウ 「経済社会理事会」についての記述に誤りが含まれている。

エ 表中のどの記述にも誤りはない。

（8） 下線⑦について，このような問題の一つに，地球温暖化問題があります。次の図は，2015年に示された持続可能な開発目標（ＳＤＧｓ）で挙げられた17の目標のうち，地球温暖化問題と関係が深い目標についてのものです。図中の□にあてはまる語句を答えなさい。

※お詫び：著作権上の都合により，イラストは掲載しておりません。
ご不便をおかけし，誠に申し訳ございません。 教英出版

（9） 下線⑧について，次の資料は，ある思想家が考えた幸福についてまとめたものです。あとの**ア〜エ**のうち，資料の内容にあうものとしてもっとも適当なものを１つ選んで，記号で答えなさい。

資料

なかには，ただ単に肉体で感じることができる快楽をできるだけたくさん味わうことが，人間にとっての幸福だと考えている人もいるようである。しかし私は，たとえ肉体で苦痛を味わったとしても，それが他の人にとって何かの役に立ったならば，それも人間にとって幸福に感じるものだと考えている。

ア 「人間にとっての幸福は，ただ世の中が自分の思い通りになることではなく，とにかく心安らかな状態でいることだと思う。だから，他の人ともめるくらいならばクラスの話し合いに参加しないほうが，私は幸せだと思うんだ。」

イ 「人間にとって，自分の欲望をすべて満たした状態が幸福だとは限らず，欲望通りいかなくてもそれを受け入れることも一つの幸福だと思う。だから私は，クラスの話し合いで自分の意見が通らなくても，そういうこともあると思ってあきらめたほうが幸せに感じるんだ。」

ウ 「人間にとっての幸福は，できるだけ楽ができ，できるだけ苦しみを味わわない状態でいることだと思うんだ。だから私は，電車が混雑していても，自分ができるだけ長く座席に座っていられたならば，そのときのほうが幸せだと思うな。」

エ 「人間にとって，自分が苦しい思いをしたとしても，誰かの幸せに貢献できたと実感できたならば，それも一つの幸福だと思う。だから，たとえ電車で長時間座席に座れずに立っていたとしても，その代わりに足の不自由な人が座席に座れていたと考えると，私は幸せに感じるな。」

(10)　下線⑨について，紛争などを経て2011年に独立し，193番目の国際連合加盟国となった国の首都を，次の地図中の**ア〜エ**から１つ選んで，記号で答えなさい。

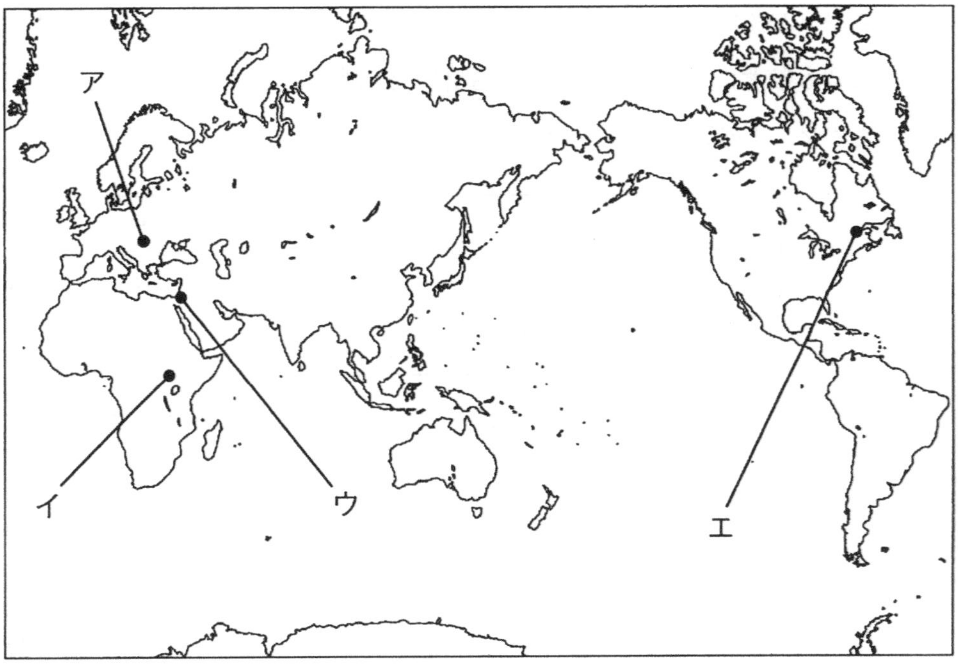

(11)　下線⑩について，次の表は，日本およびフランスの出生に関するものです。表中の**A**・**B**は，日本・フランスのいずれかです。また，表中の**Ⅰ**・**Ⅱ**は，出生率（2020年，単位は‰）・合計特殊出生率（2020年）のいずれかです。あとの文章も参考にしながら，**日本の合計特殊出生率**を表す組み合わせとして正しいものを，下の**ア**～**エ**から１つ選んで，記号で答えなさい。

	A	B
Ⅰ	6.8	10.9
Ⅱ	1.3	1.8

（『データブック　オブ・ザ・ワールド2023年版』より作成）

・「出生率」とは，その国の１年間の出生数を，その国の人口で割って求めたものです。
・「合計特殊出生率」とは，女性１人が平均して一生の間に生む子どもの数です。

ア　A・Ⅰ　　イ　A・Ⅱ　　ウ　B・Ⅰ　　エ　B・Ⅱ

令和５年度

中学入学試験問題

国　語

《解答時間：６０分》

《配点：150点満点》

注　意

1．問題は試験開始の合図《あいず》があるまで開かないこと。

2．問題用紙のページ数は，表紙を除いて20ページ，解答用紙は１枚である。不足している場合は，ただちに申し出ること。

3．解答はすべて，問題の番号と解答用紙の番号が一致《いっち》するよう，解答用紙の所定のらんに記入すること。不明りょうな書き方をした解答は採点しない。（※印のらんには記入しないこと）

4．開始の合図があったら，まず解答用紙に教室記号・受験番号・氏名を記入すること。

洛南高等学校附属中学校

問題は次ページより始まります。

1 次の文章を読んで、あとの(1)〜(11)の問いに答えなさい。

①もしかしたら、もしかしたら。

自転車のペダルをふみながら、頭の中に「もしかしたら」の一言がうずまく。祖母の固く目を閉じた姿がうかび、いっしょになって（　a　）と回る。胸が苦しい。

もしかしたら、おばあちゃんに何かあったんじゃ。

もしかしたら、もしかしたら。

おばあちゃん、目を②サまして、あたしを呼んだんじゃないだろうか。あたしがいないから、一人で薬を飲もうとしたんじゃないだろうか。キッチンに行こうとして転んで……。

救急車のサイレンはまだ聞こえている。どんどん大きくなっている。杏里《あんり》の不安もどんどんふくらんでいく。

力いっぱい自転車をこぐ。

速く、速く、もっと速く。

「あ……」

救急車が止まっていた。家の近くのマンションの前だ。近所の人たちが数人、救急車を見つめている。

「何があったの」

「マンションの前で自転車どうしがぶつかったんですって。高校生が転んで、額を切ったらしいわ」

「あらまあ、だいじょうぶなの」

「たいしたことなかったみたいよ。救急車に乗るのが恥《は》ずかしいだなんて言ってたぐらいだから」

「それはよかった。けど、人騒《ひとさわ》がせだよねえ。だいたい、このごろの若い人って自転車の乗り方が荒《あら》すぎるわよ。危ないったらありゃしない」

「そうそう、ほんとにそうよ。わたしもこの前ね、スーパーの駐車場《ちゅうしゃじょう》であやうく、大けがしそうになって……」

二人の女の人がおしゃべりを始める。救急車はまたサイレンを鳴らして遠ざかっていった。そのテールランプが曲がりかどに消えても、女の人たちはしゃべり続けている。

杏里は自転車を押《お》しながら、その横をそっと通り過ぎた。

「杏里」

《　1　》。息を弾《はず》ませていた。走ってきたのだ。

「美穂《みほ》ちゃん、ごめんね。あたし、おばあちゃんのことが気になって。つい」

「杏里のおばあちゃん、どうかしたの？」

「え？　うん、ちょっと③ぐあいが悪いみたいで……」

「え？　もしかして、杏里、看病してたわけ？」

「そんなにたいしたことしてないの。ただ、母さんに様子を見ていてって言われただけで……」

家についた。自転車を止め、玄関《げんかん》のドアを開ける。

「美穂ちゃん、よっていくでしょ。家の中でゆっくり話、しようよ」

「杏里」

美穂が顔を上げ、杏里をまっすぐに見つめてきた。

「嫌《いや》だって、言える？」

「え？」

「あたしにさ、『嫌だ』って言える？」

「美穂ちゃん……」

美穂の手が杏里の腕《うで》をつかんだ。いつもは、（　b　）とよく動く瞳《ひとみ》が杏里に向けられたまま④微動《びどう》□□しない。

「あたしね、杏里になら言えると思うんだ。嫌なときや、嫌なこと、ちゃんと『嫌だ』って言えるような気がするんだ」

美穂の目は真剣《しんけん》だった。こんなふうに真剣に、まっすぐに他人に見つめられたことなんて、一度もない。

⑤「あたしね、杏里……すごく恐《こわ》くて……自分の思ったこと正直に言うの、すごく恐くて、誰《だれ》にもほんとうのこと、言えないみたいな気持ちになってた」

「うん」

杏里はゆっくり、うなずいた。

よくわかる。

美穂の言っていることが、言おうとしていることがよくわかる。

友だちの誘《さそ》いや話題に『嫌』と言うのは難しい。とても、難しい。つい、臆病《おくびょう》になってしまう。臆病になって、自分の心や意思をつい、おさえこんでしまう。杏里もそうだった。

苦い思いが胸を過《よ》ぎっていく。

「あたしさ、杏里に会う前に友だちから無視されたことがあって……知ってた？」

「うん。バーガーショップで、注前畑くんから聞いた。あたしが教えてって頼《たの》んだの」

「そっか。注ヒサ、そのこともしゃべったか。うん、そうなんだよね。あたしだって、相手を傷つけるってわかっていることを言っちゃいけないって、それぐらい、ちゃんと考えてるんだ。相手の心が傷つくってわかっていながら、わざと言うなんて最低だって」

美穂がつばを飲み込《こ》んだ。ふっと小さく息を吐《は》く。

「だけど、友だちって思っていることを言い合えるから友だちでしょ。嫌なことは嫌だって言えるから友だちでしょ。『嫌だ』も言えないようなのって、おかしいよね」

もう一度大きく、杏里はうなずいた。美穂を励《はげ》ますために、適当に⑥相づちを打っているのではない。

⑦その通りだと思うのだ。

言葉で人を傷つけてはいけない。それは暴力だ。言葉はときに、こぶしで殴《なぐ》るより、蹴《け》りつけるより、深い傷を相手に負わせる。

そう、言葉で人を傷つけてはいけない。でも、飲み込んでしまってもだめなんだと思う。

相手がたいせつな人なら、だいじな友人なら、なおさら、言葉を飲み込んだまま黙《だま》ってしまってはだめなのだ。

あたしは、こう思うんだ。

あたしは、そんなふうには感じないよ。

あたしは、こっちの方が好きだけどな。

あたしは、それは嫌だな。

自分の内にある感情をきちんと伝える。相手の思いをきちんと受け止める。ときにケンカもするし、言い合うこともある。だけど、そのあと、肩《かた》を並べて歩いたりできる。笑いあえる。

友だちって、そういうものだろう。

「あたし、おしゃべりだし、考え無しのとこあるし、鈍《にぶ》かったりするし……だから、ときどき、相手を嫌な気分にさせちゃうんだ。そういうとき、そういうとき……ちゃんと言ってほしいの。『美穂、今、すごく嫌なこと言ったよ』って。あたし、そのときは、けっこうへこむかもしれないけど、やっぱ、すっきりすると思うんだ。素直《すなお》に『ごめんね』って謝《あやま》れたりできる気がするんだ。こんなこと言っちゃいけないかもって、びくびくしながらいっしょにいるの……ちがうよね」

《 2 》。

「⑧だから、杏里にはちゃんと言ってほしい。つごうの悪いときや、気持ちの合わないときに、ちゃんと『嫌だ』って……無理して、あたしに、付き合ったりしないで」

「わかったよ」

杏里は力をこめ、そう答えた。

「⑨だけど美穂ちゃん、あたし、今日は無理して、我慢《がまん》して、美穂ちゃんに付き合ったわけじゃないよ」

《 3 》。背の高い杏里を見上げてくる。

「あたし、美穂ちゃんのことが気になったから、気になってどうしようもなくなったから、水鳥公園に行ったの。無理とかじゃないよ。でも、今度、同じようなことがあったら……あたし、ちゃんと、説明するね。今、家を出られないって、ちゃんと説明するから」

《 4 》。口元にエクボができた。（ c ）とした、とてもきれいな笑顔《えがお》だった。つられて、杏里も笑っていた。

「なるほどね、そういうことなんだ」

背後で声がした。ふりかえり、息を飲む。

母の加奈子《かなこ》が立っていた。玄関の上がり口に、腕を組んで立っている。険しい目をしていた。

「……母さん」

「ちょっと無責任じゃないの、杏里」

目つきだけではない。加奈子の口調にも尖《とが》って冷たい響《ひび》きがあった。いつもとまるでちがう。怒《おこ》っているのだ。

母の怒《いか》りが伝わってくる。

「おばあちゃんを⑩ホウっておいてどこに消えたのかと思ったら、水鳥公園なんかに行ってたんだ。どういうつもりなの」

「おばさん」

《　5　》。

「ちがうんです。あたしが、杏里を呼び出したんです。どうしても聞いてもらいたいこと、あって、あたしが」

「美穂ちゃん」

加奈子がゆっくりと美穂を呼んだ。

「杏里をかばってくれて、ありがとう。けどね、どんな理由があっても、杏里が頼まれたことをホウり出して外出したのは事実なの。どうしても出かけなければならないんだったら、わたしに一言、言えばよかったのよ。杏里はそれをしなかった。何事もなかったからよかったけど、もし、おばあちゃんに何かあったら、ごめんなさいって謝っただけじゃすまなかったでしょ。杏里、もう少し、自分の行動に責任をもちなさい」

「……はい」

言い返せない。母の言うとおりだった。美穂から電話を受けたとき、もう少し丁寧《ていねい》に事情を説明すべきだったのだ。今、動けないから家に来てと伝えるべきだったのだ。そうすれば、美穂は訪ねてきてくれただろう。リビングに座《すわ》り、（　d　）と語ってくれただろう。もっと、美穂を信じるべきだったのだ。自分の責任を考えるべきだったのだ。

ため息が出る。

⑪だけど、あたしは⑫あたし□□に一生懸命《いっしょうけんめい》だった……。

「加奈子さん、そこまでにしといてちょうだい」

菊枝《きくえ》がリビングから出てきた。寝巻《ねま》きの上に薄《うす》いガウンを着込んでいる。

「あんまり杏里を叱《しか》らないで。なんだか、わたしが叱られている気分になりますよ。それにね、加奈子さんはわたしに気を遣《つか》いすぎ。このくらいの熱なら、一人で寝ていれば⑬ナオるんだからね」

「まぁ、でも、お義母《かあ》さん」

「家族って、気を遣いすぎるとうまくいかないもんだよ。気遣いは必要だけど、過ぎちゃだめ。もっと、□でいいの。でないと、（　e　）しちゃって、お互《たが》い、居心地《いごこち》悪くなるでしょ」

そこで、菊枝は軽く片目をつぶってみせた。

「もちろん、加奈子さんの優《やさ》しい気持ちには感謝してるけどね」

杏里と美穂は顔を見合わせていた。

そうか、友だちも家族も同じなんだ。

自然のままに。

自然のまま互いが心地よくいられる。そんな関係が一番、すてきなんだ。

「そうかぁ、わたし、気を遣いすぎてましたか」

「あら、加奈子さん。急に力をぬかなくてもいいからね」

菊枝がぱたぱたと手を振《ふ》る。そのしぐさがおかしくて、杏里は笑ってしまった。美穂も加奈子も笑い声をあげる。菊枝も笑っていた。

開けはなしたドアから四人の笑い声が流れ出る。そして、柔《やわ》らかな日差しの中にとけていった。

（あさの あつこ『一年四組の窓から』光文社文庫）

注　「前畑くん」「ヒサ」……前畑久邦《まえはたひさくに》。杏里と美穂の共通の友人。美穂とは幼なじみ。

(1) ――線②⑩⑬のカタカナをそれぞれ漢字に改めなさい。

(2) ――線①「もしかしたら、もしかしたら」とありますが、ここでの杏里の気持ちがやがて静まっていく様子を、間接的に表している一文を文章中からぬき出して、始めの五字で答えなさい。（、。などは字数に数えます）

(3) （ a ）～（ e ）にあてはまることばを、それぞれ次の**ア**～**オ**の中から選んで、記号で答えなさい。同じ記号は二度使えません。

ア くるくる　**イ** ぎくしゃく　**ウ** はればれ
エ ぐるぐる　**オ** ぽつぽつ

(4) ――線③「ぐあいが悪い」⑥「相づちを打って」は、それぞれ「体調が良くない」「うなずいて」という意味ですが、次の**1**～**4**があとの意味になるように、それぞれ□をひらがなで補って、ことばを完成させなさい。

1 か□□□が悪い……形勢が不利である
2 □□の□□□□が悪い……不機嫌《ふきげん》である
3 □□つ□□を打つ……おいしいものを満足そうに食べる
4 ね□□□を打つ……味方を裏切る

(5) ――線④「微動□□しない」⑫「あたし□□に」の□をひらがなで補って、それぞれことばを完成させなさい。

(6) ――線⑤「あたしね、杏里……すごく恐くて……自分の思ったこと正直に言うの、すごく恐くて、誰にもほんとうのこと、言えないみたいな気持ちになってた」とありますが、美穂がこのような気持ちになっていたのはなぜだと考えられますか。次の**ア**～**オ**の中からふさわしいものを一つ選んで、記号で答えなさい。

ア 友だちということにあまえてしまい、相手が傷つくことを知りつつ、嫌だと言いはなっていた過去があるから。
イ 考えが浅く、結果的に相手を傷つけることを言ってしまうことになり、人間関係をこじらせたことがあるから。
ウ 本音を口にしたところで簡単にはわかってもらえないと考え、しだいに友だちが信じられなくなっていたから。
エ 自分の本心を曲げて、無理して相手に合わせた結果、信用されなくなり友人を失ってしまった経験があるから。
オ 気持ちに正直にふるまい相手を傷つけることになったと知っても、素直に謝ることの不得手な自分だったから。

(7) 《 1 》～《 5 》にあてはまるものを、それぞれ次の**ア**～**オ**の中から選んで、記号で答えなさい。同じ記号は二度使えません。

ア 美穂がうつむけていた顔を起こす
イ 美穂が前に出る
ウ 美穂が追いついてくる
エ 美穂が目を伏《ふ》せる
オ 美穂が笑う

(8) ――線⑦「その通りだと思うのだ」とありますが、杏里はどういうことを思っているのですか。五十字以内で説明しなさい。(、。などは字数に数えます)

(9)　――線⑧「だから」⑨「だけど」⑪「だけど」はどういう内容を受けていますか。それぞれ次の**ア～ケ**の中からふさわしいものを一つ選んで、記号で答えなさい。同じ記号は二度使えません。

ア　自分には考えの浅い、鈍くて気の回らないところがある。
イ　自分はへこむことがあっても、きっと立ち直ることができる。
ウ　自分は杏里のことを本当の友だちであってほしいと願っている。
エ　これからは無理して付き合うことはしないと約束する。
オ　これからは誰にも嫌なことは嫌だと言うと約束する。
カ　これからはいっしょにいてびくびくしたりしないと約束する。
キ　たしかに自分を呼び出したのは美穂の方からであった。
ク　たしかに美穂のことを優先し責任を果たしていなかった。
ケ　たしかにもっと美穂のことを信用することはできた。

(10)　［　　］に入ることばを文章中からぬき出して答えなさい。

(11)　文章を四つの場面にわけるとき、三つめの場面と四つめの場面の始めの五字をそれぞれ答えなさい。（、。などは字数に数えます）

2 次の文章を読んで、あとの(1)～(9)の問いに答えなさい。

①「何を食べたい？」と聞かれたなら、個人的なそのときどきの気分で、レストランでメニューを選ぶように返答すればいいと思います。しかし「何を料理するか」となれば、自分だけのことではなくなり、料理する人の思いは、「自然」と「他者」に向かいます。

料理をする人は、自然と人間、また、人間と人間の間に立って生まれる感情に、喜んだり苦しんだりしてきました。料理する人に依存《いそん》している「食べる人」はそこがわからないので、無邪気《むじゃき》に喜んだり腹を立てたりして、作る人の苦心には想像が及《およ》ばず、食べる人と作る人の関係はギクシャクしていきます。

ところで「人間は何を食べてきたか」を語った書籍《しょせき》は私の本棚《ほんだな》にも何冊かあります。最近では、現代の②ズノウと言われる経済学者で思想家のジャック・アタリがまさにそんな本を書いています。

けれど、それって男の権力や美食の歴史だから私にはつまらないのです。私は料理するという人間の行為《こうい》そのものに興味があるのです。「人間は、何を思い、何を料理してきたのか」という料理する人の気持ちを深く考えて書かれた本は一冊もありません。日々の料理は単なる楽しみ、快楽（欲望）であると軽《かろ》んじられ、なめられてきたのです。

私の仕事は料理研究です。フランス料理や日本料理の現場で修業《しゅぎょう》した後、家庭料理の指導者という命を育む料理の仕事をしてきました。和食は何もしないことを最善とするといったことをすでに書きましたが、その思想は原初よりの人類の行為としての料理と一致《いっち》して、お金を取ることはありません。家庭料理は無償《むしょう》の愛の行為だと言えるのです。お金を取れば家庭料理ではありません。ゆえに経済行為としてあるプロの料理に対して、家庭料理は純粋《じゅんすい》料理、原初の料理です。

この「家庭料理」という言葉は、プロの料理に対しての言葉ですから、原初の本来の意味を考えれば、「家庭」をつける必要はなく、シンプルに「料理」と言えばいいはずです。ですから、本来なら「家庭料理」などと言わずともよいのですが、プロの料理と家庭料理は、その目的や条件を区別しないで語られることが多く、あえて「家庭料理」と呼んでいます。

違《ちが》うことがわかっていれば、家庭料理と言わずともシンプルに「料理」でよいのです。③家庭料理こそが、純粋な料理の原点です。その料理を考えてわかったことは、栄養摂取《せっしゅ》、④ヒョウソウのおいしさ、腹を満たす快楽とコミュニケーションだけが、お料理の意味ではないということです。ですから、それを基準にすればさまざまな場で行なわれる料理の相違《そうい》や意味が見えてくるのです。

これまでは、料理の意義は、食べる人の側に立って、食べる人の「栄養摂取」「楽しみ」「コミュニケーション」にあると言われてきました。もちろんそれだけでも、十分な意味があるでしょう。しかし、料理を「する」という行為には、それだけではない、どころかそれ以上の意味があるのです。

料理するとなれば、まず自然を見ることになります。そうすれば、自然が、今、何を食べるべきかを教えてくれることでしょう。振《ふ》り返《かえ》って、家族という食べる人を見れば、家族の体調や好み、いろいろなことを思って少し工夫《くふう》するものです。それが料理の不思議なところで、⑤オートマチックに食べる人のことを考えてしまいます。

だからこそ、料理する人と食べる人の関係は、愛情となり、信頼《しんらい》関係を生み、その両方を育みます。日々の暮らしにおける「作って食べる」という食事は、教育機能を持ち、学習機能をも持つことは疑いありません。そして、自然から生まれる料理はいつも変化していますから、自然の食材に同じものは二度とないのです。色の濃《こ》いもの薄《うす》いもの、味の濃いもの薄いもの、甘《あま》いもの、苦いもの、酸《す》っぱいもの、と、同じものは二度とありません。

そんな食事から、私たちは無限の経験をしている（きた）のです。身体は、覚えようとしなくても無限の経験を記憶《きおく》します。良い経験は心地《ここち》よい経験として、それぞれの細胞《さいぼう》単位で記憶するのかもしれません。それは頭で覚えるのとは違います。視覚、嗅覚《きゅうかく》、聴覚《ちょうかく》、触覚《しょっかく》、味覚という感覚所与《しょよ》からの刺激《しげき》を受けて、時にすばやく、時に時間をかけて蓄積《ちくせき》された膨大《ぼうだい》な経験と結びます。Aこれを「悟性《ごせい》」と言います。経験が生む知性として、この悟性が働いて、見えていないものさえ知ることができるのです。そうした感性は⑥ヨソクする能力にもなり、食事であれば、見ただけでもおいしいとわかってきます。この悟性によるイマジネーションを持って丁寧《ていねい》にものを見ることは、あらゆることに生かせる能力です。

違いがわかることを「感性」と言います。小さな変化にも気づくことができる人がいます。その気づきを喜ぶ人を⑦「もの喜びする人」と呼びます。もの喜びとは、小さなことにも気づいて喜ぶこと。ちょっとしたことに気づいて発見することがあると、嬉《うれ》しくなります。素直《すなお》に喜んで、笑顔《えがお》になって、幸せな気分になれば、周りにいる人さえも嬉しくなるのです。B お料理屋さんに行って、お皿に⑧あしらわれた季節の葉っぱにも、ちょっとした心遣《こころづか》いにも、いろんなことに気づいて喜んでくれる人は、だれよりも、おいしいものが食べられると思います。だれだって、いいところを見てほしいし、気づいてもらいたいと思っているのです。

　地球と人間の間に料理があります。料理をすることは、地球を考えることです。この頃《ごろ》、魚を食べる度《たび》に海が気になります。地方に行けば、漁港や市場にいつも行きますが、どこに行っても魚が取れなくなった、いなくなったという話を聞くからです。いつまで魚が今の状態で食べられるのか、あるとき突然《とつぜん》魚がいなくなって食べられなくならないかと思うと、心配になることもあります。

　どうぞ料理をしてください。料理をすれば、地球を思うことができるでしょう。私たち人間は、もとはと言えば、みんなわずか0・2ミリの卵です。ずいぶん大きくなりましたね。しかし、どうして大きくなったのかといえば、この身体は全部、これまで自分が食べたもので大きくなったのです、というのは、養老孟司《ようろうたけし》先生に聞いた話です。目の前にある食材は、私たちの身体の一部になるかもしれませんよ。だって、米がなくては生きていけないとしたら、家のそばの田んぼは私たちの一部だとも言えるでしょう、と。だから、まさしく田畑は私たちの未来です。人間は自然の一部なんですね。忘れないでいてください。そう思っていると、⑨「地球は自分」、「自分は地球」だと思えてくるでしょう。争っている場合じゃありません。［　X　］と、わかってきます。

　作る人と食べる人の関係は、表現者と観客のようです。いい芝居《しばい》を見たいなら、良い観客にならないといけません。ちゃんと食べ物に向き合ってください。一生懸命《いっしょうけんめい》食べてください。美味《おい》しく食べてください。一生懸命食べる姿は尊いと思います。

　料理した人が、料理を食べてくれる人を見ると幸せな気分になるものです。一人暮らしでも、自分でお料理して食べてください。そうすれば、いつのまにか、自分を大切にすることができるようになっています。

　自分で料理して自分で食べる。料理して家族に食べさせる。家族が作ったものを自分が食べる。だれが作ってもいいし、だれが食べてもいいのです。料理する人と食べる人はワンセット、一つです。だから⑩「自分は家族」、「家族は自分」です。

幸せは、料理して食べる暮らしにあります。それがほんとうのところです。だから、お料理Cさえしていれば、みんな幸せになれるでしょう。

（土井《どい》善晴《よしはる》『一汁一菜《いちじゅういっさい》でよいと至るまで』新潮新書刊）

(1) ――線②④⑥のカタカナをそれぞれ漢字に改めなさい。

(2) ――線①「何を食べたい？」に対する次の**ア**～**オ**の返答のうち、料理をするという行為の意味を理解していると考えられるものを**すべて**選んで、記号で答えなさい。

ア 僕《ぼく》は近いうちに重要な大会があるから、力が出るものを食べたいな。

イ 前からずっと食べてみたかった、ぜいたくな料理を食べてみたいな。

ウ 今しか食べられない旬《しゅん》の食材を味わって、自然の恵《めぐ》みを感じたいな。

エ みんなで食事をすることが大切だから、何でも食べられればいいよ。

オ 作ってくれた人の思いを感じられるように、何でも真剣《しんけん》に食べるよ。

(3) ――線③「家庭料理こそが、純粋な料理の原点です」とありますが、このように言えるのは、どういう点においてですか。それを説明した次の文の［　］にあてはまることばを、文章中から十字以内でぬき出して答えなさい。（、。などは字数に数えます）

［　　　　］という点。

(4) ――線⑤「オートマチックに」の意味としてふさわしいものを、次の**ア**～**オ**の中から一つ選んで、記号で答えなさい。

ア 例外なく　**イ** 自発的に　**ウ** 意図的に

エ 自動的に　**オ** 仕方なく

(5) 〰〰線A～Cのうち、用法が異なるものを一つ選んで、記号で答えなさい。

(6) ――線⑦「もの喜びする」とありますが、ここでの「もの」はことばの頭について「ぼんやりとした様子」を表します。このように、ことばの頭について意味をつけ加えることばを接頭語といいます。次の1～3があとの意味になるように、□にひらがなを補って、ことばを完成させなさい。

1 □□覚え……ぼんやりと覚えている

2 □□さわぎ……わけもなくさわぎ立てる

3 □高い……品格が高い

(7) ――線⑧「あしらわれた」とありますが、「あしらわれた」は例のように使われ方によって異なる意味をもつことばです。あとの1～3の二つの文の□に共通して入ることばをそれぞれひらがなで答えなさい。

例
- 宝石が[あしらわれた]指輪……とりあわせられた
- 社長に[あしらわれた]意見……ぞんざいにあつかわれた

1
- 毎日寝《ね》る前に日記を□ことにしている。
- 二人の意見に折り合いを□のは大変だ。

2
- 大きな買い物をして懐《ふところ》が□なった。
- きのうの夜、背筋が□なる経験をした。

3
- 彼はスイーツにはなかなか□ところがある。
- 彼が描《えが》く絵は□色づかいのものが多い。

(8) 次の**ア**～**オ**のうち、文章中の[X]にあてはまるものとしてふさわしいものを一つ選んで、記号で答えなさい。

ア 地球への感謝を忘れれば大きくなることができない

イ 地球を大切にしなければ人類に未来はない

ウ 地球を傷つけることは自分を傷つけることだ

エ 地球と人間は料理をしないとつながることができない

オ 地球にくらべれば自分は取るに足らない存在だ

(9) 筆者は料理をどんな行為だと考えていますか。――線⑨「『地球は自分』、『自分は地球』」と――線⑩「『自分は家族』、『家族は自分』」とを手がかりにして、四十字以内で説明しなさい。（、。などは字数に数えます）

3 次の文章は、チンパンジーと比較《ひかく》しながら、人間について述べた文章の一部分です。これを読んで、あとの(1)～(9)の問いに答えなさい。

人生には、自分がいくら頑張《がんば》っても思うようにできないこともあります。たとえば、中学生になり野球部に入部して、一生懸命《いっしょうけんめい》努力する。でも、どんなに努力しても、あいつには敵《かな》わない。彼にはできることが、自分にはどうしてもできず、レギュラーにもなれない。それが悔《くや》しく、苦しい。そんな経験をしたことのない人はいないのではないでしょうか。

自分には決定的に才能がないなあ、①と思い切ることができたなら、楽になれますが、そうでないときにはじつに苦しい思いをするかもしれません。能力の差がハッキリわかるくらいに大きいと、人はあまり苦しみません。素直《すなお》に「あいつはすごいなあ。自分も教えてもらいたい」と思うこともあります。

しかし、②手が届きそうなのに届かない。そしてほんのわずかの差しかないはずなのに、あいつは手が届いた。そんなとき「なぜ自分ではなく、あいつが③レギュラーなんだ」と思う。現実にどうしても納得《なっとく》できないのです。そのとき人は、「あいつ」に才能を与《あた》えた運命を呪《のろ》ったり、ときには嫉妬《しっと》して、「あいつ」の失敗を願ったりするかもしれません。

④この例とは違《ちが》いますが、病気や怪我《けが》、加齢《かれい》によって、いままで当たり前にできたことができなくなってしまうこともあります。たとえば歳《とし》をとってくると、老眼になったり、膝《ひざ》が痛くなったり、いろんなことがいままでのようにできなくなるものです。生きていれば誰《だれ》もが、この⑤「欲望と能力のバランス」という問題に突《つ》き当たります。〈どんな人も、欲望と能力をめぐるドラマを生きている〉。これは、最初におさえておきたい大きなテーマです。

ここでもう一度、人間はなぜチンパンジーと違うのか、を考えてみたいと思います。

先に述べたように、チンパンジーは「いま・ここ」を生きる存在です。チンパンジーは「これから」もずっと食べていけるかとは考えません。「いま・ここ」で食べることができれば、それでいいのです。

チンパンジーに関する有名な実験で、こんなものがあります。

チンパンジーの手が届かないところにバナナを吊《つ》るしておくと、まわりにある椅子《いす》や机を自分で積み上げ、登って取ることができるそうです。つまり、道具を使いこなすことのできる高い知能をもっているわけですが、そのときの[A]（バナナ）も、そのための[B]（椅子や机）も、「いま・ここ」にあって目に見えています。

⑥しかし人は、目に見えない目的、つまり未来の目的をめざすことができます。数年後、数十年後の目に見えない目的を思い描《えが》いて、そのために努力し、そのための手段を積み上げていこうとするのです。これは人間にしかできません。

ではなぜ、人間は「いま・ここ」ではない世界のことを考えることができるのでしょうか。ここでキーワードになるのが「言葉」です。

人は言葉を獲得《かくとく》したことで、他者に複雑なことを伝えることができるようになりました。もともと言葉は、コミュニケーションのための手段として生まれてきたものでしょう。しかしそれは、人間の体験世界そのものを大きく変容させる力をもっていたのです。なぜなら、言葉には、「いま・ここ」を離脱《りだつ》させる力があるからです。

たとえば人は、言葉を使うことで、想像の世界をつくりだすことができます。人は三歳《さんさい》くらいになれば、冒険《ぼうけん》のお話を読んでもらって、ドキドキしたり、喜んだり笑ったりすることができます。でもそのお話の中身は「いま・ここ」に存在するものではありません。想像力のつくりだしたものですね。

言葉をもつことで、人はさらに、はるかな過去を語り、はるかな未来をつくりだすことができます。過去や未来のような、「いま・ここ」にないものを、人はつくりだすのです。こういったことは、言葉をもたない生き物にはできません。

そして人間は、どんな人であっても、ある過去を経て、現在に至り、そして未来をめがけようとする。つまり、その人なりの「人生の物語」を形づくりながら生きていくことになります。

そして誰かと親しくなっていくときには、そんな自分の物語を少しずつ語っていくことになるでしょう。幼いときに感じたことや、学校生活でうれしかったことや、これからの夢も語るかもしれません。

「これまでこうやって生きてきて、そのなかでいろんなことを感じて、現在に至っている。そして、これからはこんなことをしていきたい」という人生の物語を、一人ひとりが言葉によってつくっていきます。そして、その物語を誰かに語ることで、自分の人生の「[X]」と「[Y]」をあらためて確認することもあります。

ときには自分にこのように言い聞かせることもありますね。「私はこういうことをしたいと思っていたんだ。だから、ぼんやりしている場合じゃない。もっと前向きに進まなくちゃ」と。

このように、人は自身の「生の可能性」を気づかう存在であり、欲望と能力をめぐるドラマを生き、過去から未来に向かう⑦「物語」を生きるのです。

（西研《にしけん》『しあわせの哲学《てつがく》』）

(1) ――線①「思い切る」のここでの意味として、次の**ア**～**オ**の中から最もふさわしいものを選んで、記号で答えなさい。また、**1**～**3**があとの意味になるように、［　］に適当なことばを入れなさい。

ア あきらめる　**イ** 大胆《だいたん》なことをする　**ウ** 決心する
エ 縁《えん》を切る　**オ** 覚悟《かくご》を決める

1 思い［　］……人の身をおしはかって、同情する。
2 思い［　］……いい気になる。うぬぼれる。
3 思い［　］……パッと急にひらめく。

(2) ――線②「手が届き」とありますが、これは「ある段階に達する」という意味の慣用句です。**例**にならって慣用句を作るとき、あとの**1**～**4**について、それぞれ組み合わせて使う一つのことばを答えなさい。

例「重い」「軽い」「堅《かた》い」「滑《すべ》らす」は、それぞれ「口」と組み合わせると、「口が重い」「口が軽い」「口が堅い」「口を滑らす」となるから、**答**は「口」。

1「決める」「探《さぐ》る」「立てる」「痛める」
2「重い」「出る」「早い」「洗う」
3「合う」「回る」「余る」「浮《う》かぶ」
4「痛い」「早い」「さわる」「はさむ」

(3) ――線③「レギュラー」は、「レギュラーメンバー」「レギュラー番組」のように、他のことばと組み合わせることができます。次の**1**～**3**の□に共通してあてはまるカタカナのことばをそれぞれ答えなさい。

1　キャッチ□　□機

2　マーク□　□ベルト

3　バリア□　□キック

(4) ――線④「この例」の表す内容として、次の**ア**～**オ**の中から最もふさわしいものを選んで、記号で答えなさい。

ア　他者の才能に嫉妬して、その人の失敗を願うこと。

イ　自分の才能と他者の才能との差について納得できないこと。

ウ　自分との能力の差が大きい相手を頼《たよ》り、教えてもらうこと。

エ　少しの能力の差によって、自分にできないことがあること。

オ　自分の能力があまりにも不足していると、素直に楽になれること。

(5) ――線⑤「欲望と能力のバランス」とありますが、筆者は人間をどのような存在であると考えていますか。次の**ア**～**オ**の中から最もふさわしいものを選んで、記号で答えなさい。

ア　人間は、できることとできないこととの間で、自分自身の夢を追い求め続けるものである。

イ　人間は、常に他者の能力との差に苦しみ、ときには他者の失敗を喜んでしまうものである。

ウ　人間は、自分がしたいことと自分ができることとの間で、なやみながら生きるものである。

エ　人間は、自分の能力が低いために、一生懸命の努力がむくわれないことがあるものである。

オ　人間は、生老病死というさけられない運命にまどわされ、思い通りにならないものである。

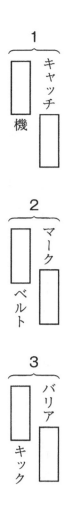

(6)　［Ａ］・［Ｂ］にあてはまることばを文章中からぬき出して答えなさい。

(7)　――線⑥「人は、目に見えない目的、つまり未来の目的をめざすことができます」とありますが、筆者がそのように考えるのはなぜですか。それを説明した次の文の［　］にあてはまることばを、それぞれ指定された字数で文章中からぬき出して答えなさい。（、。などは字数に数えます）

人間はa［（五字）］ことで、b［（十五字）］を得たばかりか、それが生み出すc［（三字）］によってd［（七字）］をはなれ、e［（六字）］をつくりだすことができるから。

(8)　［Ｘ］・［Ｙ］にあてはまることばを文章中からそれぞれ四字でぬき出して答えなさい。

(9)　――線⑦「『物語』を生きる」とは、どうすることですか。四十字以内で説明しなさい。（、。などは字数に数えます）

令和５年度

中学入学試験問題

―― 算　数 ――

《解答時間：７０分》

《配点：１５０点満点》

注　意

1．問題は試験開始の合図《あいず》があるまで開かないこと。

2．問題用紙のページ数は，表紙を除いて14ページ，解答用紙は１枚である。不足している場合は，ただちに申し出ること。

3．解答はすべて，問題の番号と解答用紙の番号が一致《いっち》するよう，解答用紙の所定のらんに記入すること。不明りょうな書き方をした解答は採点しない。（※印のらんには記入しないこと）

4．開始の合図があったら，まず解答用紙に教室記号・受験番号・氏名を記入すること。

1 次の $\square$ にあてはまる数を答えなさい。

(1) $(0.125+0.25+1.25+2.5+12.5+25+125+250)\times 8=\square$

(2) $100+99\dfrac{98}{99}\times 99=\square$

(3) $\left\{4.5+\dfrac{1}{30}\div\left(\dfrac{1}{42}-\dfrac{1}{\square}\right)\right\}\times 10-12=89$

(4) $(15+\square):(31-\square)=95:181$ （$\square$ には同じ数が入ります。）

(5)　分数 $\frac{\text{(あ)}}{97}$ を小数に直し，小数第 2 位を四捨五入すると 0.2 になります。(あ)にあてはまる整数は全部で □ 個あります。

(6)　1 以下で分母が 36 の既《き》約《やく》分数（これ以上約分できない分数）をすべてたすと □ になります。

2 次の[ア]～[エ]にあてはまる数を答えなさい。

(1) 太郎《たろう》さんと花子さんが階段でじゃんけんをします。勝てば4段上がり，負ければ1段下がり，あいこのときは2人とも1段ずつ上がります。はじめ，2人は同じ段にいて，30回じゃんけんをし終えたとき，はじめの段よりも太郎さんは31段上に，花子さんは51段上にいました。このとき，花子さんは太郎さんよりも[ア]回多く勝ちました。また，花子さんは[イ]回勝ちました。

(2) 36の倍数で，位の数に2，8をふくむ4けたの整数のうち，一番小さい数は

[ウ]で，一番大きい数は[エ]です。

3 次の問いに答えなさい。

(1) 12340000 を 9999 で割った余りはいくらですか。

(2) 8 けたの整数 7A5BC3D1 が 9999 の倍数となるとき，A，B，C，D にあてはまる数はそれぞれ何ですか。

4 太郎さんと花子さんの2人は，地点Aから地点Bまではふつうの歩道を歩き，BからAまでは動く歩道を歩きます。AからBまでを，太郎さんは90歩で，花子さんは108歩で歩き，太郎さんはBからAまでを72歩で歩きます。また，太郎さんが15歩歩く間に花子さんは14歩歩きます。さらに，太郎さんがAから，花子さんがBから同時に歩き始めたとき，AとBの真ん中の地点Cよりも1mだけAに近いところで2人はすれ違《ちが》いました。太郎さん，花子さん，動く歩道の速さはそれぞれ一定です。また，太郎さん，花子さんの歩幅《ほはば》はそれぞれ一定です。このとき，次の問いに答えなさい。

(1) (太郎さんの歩く速さ):(動く歩道の速さ)を，最も簡単な整数の比で表しなさい。

(2) AからBまでの距離《きょり》は何mですか。

5 図の台形 ABCD について，次の問いに答えなさい。

(1) 角㋐の大きさは何度ですか。

(2) ▭ の部分の面積は，台形 ABCD の面積の何倍ですか。

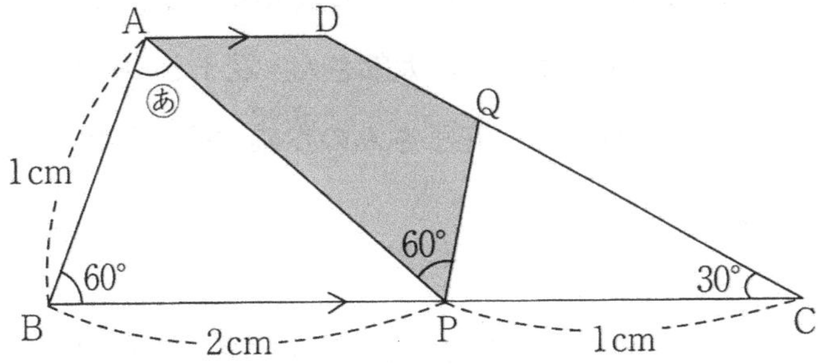

国語解答用紙

教室記号
受験番号
氏名

1

(1) ② まして ⑩ って ⑬ る

(2)

(3) a b c d e

(4)
1 か□□□が悪い
2 □□の□□□□が悪い
3 □□つ□□を打つ
4 ね□□□を打つ

(5) ④ 微動□□しない ⑫ あたし□□に

(6)

(7) 1 2 3 4 5

※ ※ ※ ※ ※ ※ ※

※

※

※150点満点
（配点非公表）

4

(1)	(2)
(太郎)：(歩道) ：	m

5

(1)	(2)
度	倍

6

(1)	(2)				
BF：FC	AH	：	HE	：	ED
：		：		：	

7

(1)	(2)					
角形	(ア)	面	(イ)	cm^3	(ウ)	cm^2

8

(1)	(2)			
個	(ア)	個	(イ)	個

※

算数解答用紙

教室記号	受験番号	氏　　名

※

※150点満点
（配点非公表）

1

(1)	(2)	(3)	(4)	(5)	(6)

2

ア	イ	ウ	エ

【解答

3

(1)
1 思い
2 思い
3 思い

(2)
1
2
3
4

(3)
1
2
3

(4)

(5)

(6)
A
B

(7)
a
b
c
d
e

(8)
X
Y

(9)

※ ※ ※ ※ ※ ※ ※ ※ ※

(9)
⑧
⑨
⑪

(10)

(11)
三つめ
四つめ

※
※

2

(1)
②
④
⑥

(2)

(3)
という点。

(4)

(5)

(6)
1
覚え
2
さわぎ
3
高い

(7)
1
2
3

(8)

(9)

※
※
※
※
※
※
※
※
※

3の解答らんは裏にあります。

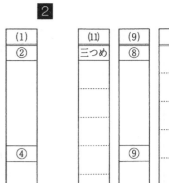

計 算 用 紙

6 正方形ABCDを，図のように，点CがAB上のAP：PB＝1：2となる点Pに重なるように折り返しました。EFは折り目で，GはDを折り返した点です。また，AEとPGとが交わる点をHとします。このとき，次の比を最も簡単な整数の比で表しなさい。

(1) BF：FC

(2) AH：HE：ED

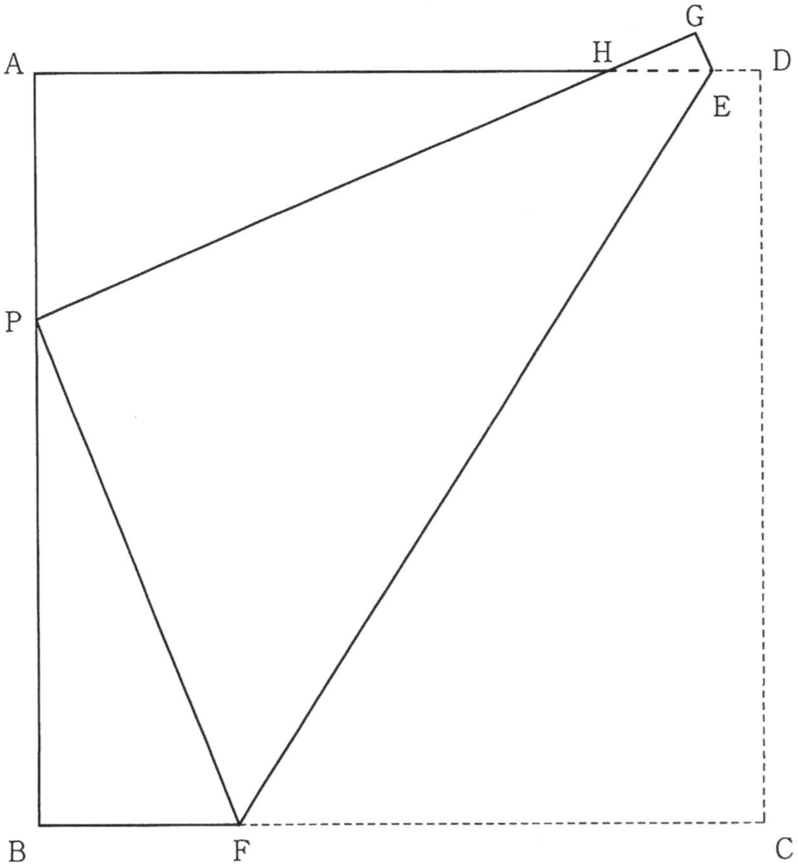

計算用紙

7 図のように，1 辺の長さが 6cm の立方体(あ)があります。(あ)を，AB を軸《じく》として 180 度回転した立体を(い)とします。

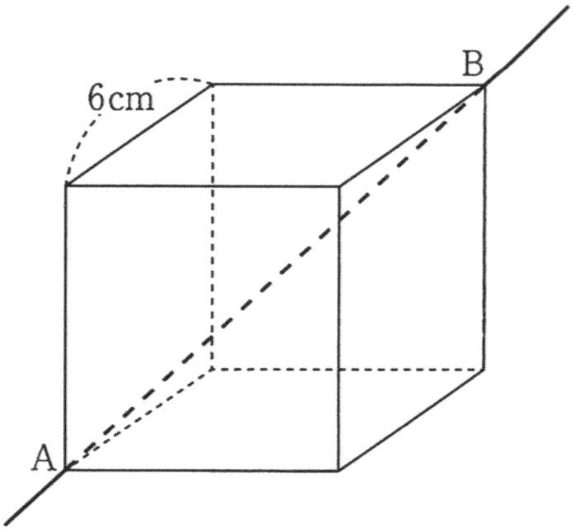

(1) AB の真ん中の点を通り，AB に垂直な面で(あ)を切ると，断面は何角形になりますか。

(2) (あ)と(い)の重なる部分の立体について，次の問いに答えなさい。

(ア) 面の数はいくつですか。

(イ) 体積は何 cm^3 ですか。

(ウ) 表面積は何 cm^2 ですか。

計 算 用 紙

8 図のように，1km ごとに縦と横の道が交差しています。図の • で表したところを交差点と呼ぶことにします。A さん，B さん，C さんが図の位置（◉）から同時に動き始めます。

(1)　A さん，B さんが同じ速さで，ある交差点まで最も近い道のりを歩いたところ，同時に着きました。この交差点として考えられる点は，図 1 の中ではいくつありますか。

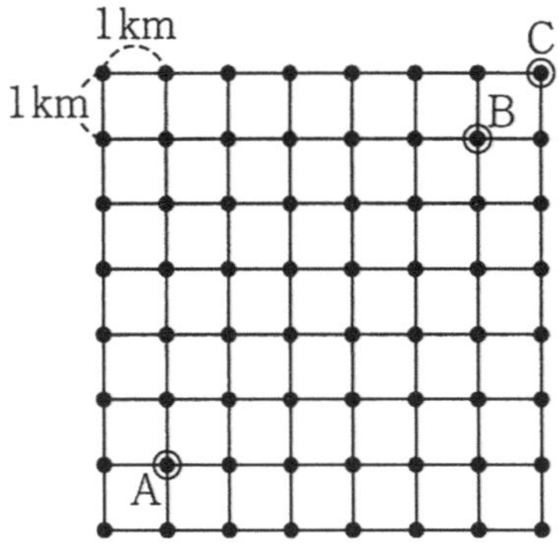

図 1

(2)　A さん，C さんがそれぞれ時速 3km，時速 1km で，ある交差点まで最も近い道のりを歩いたところ，同時に着きました。次のそれぞれの場合，この交差点として考えられる点は，いくつありますか。

(ア) 図 1 の中

(イ) 図 2 の中

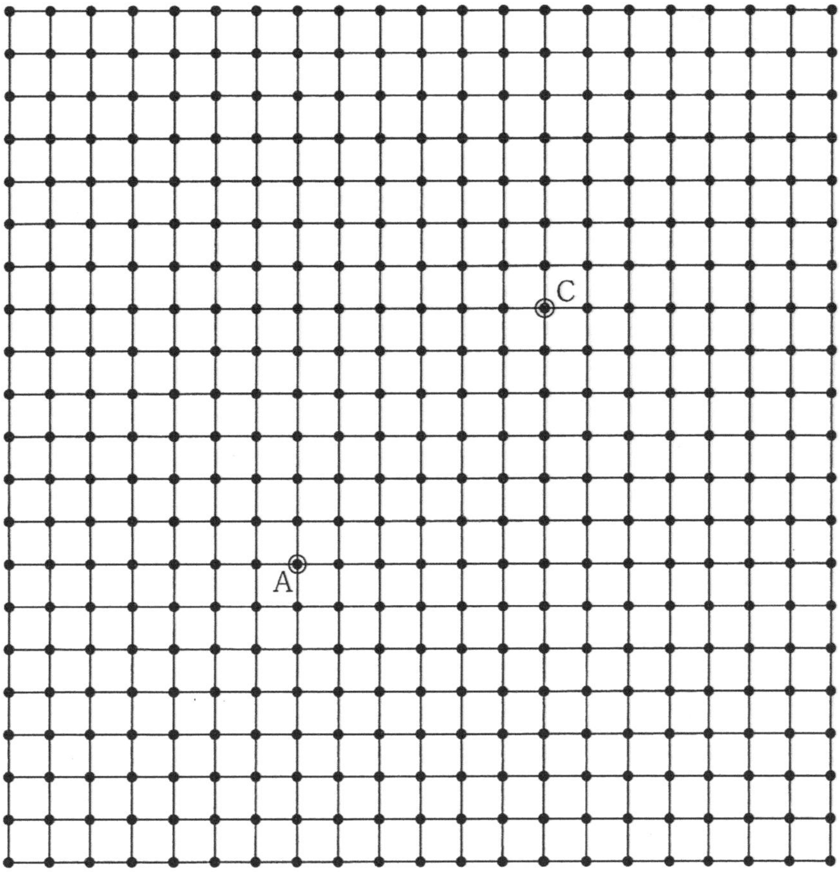

図 2

令和５年度

中学入学試験問題

──理　科──

《解答時間：４５分》

注　意

1．問題は試験開始の合図《あいず》があるまで開かないこと。

2．問題用紙のページ数は，表紙を除いて16ページ，解答用紙は１枚である。不足している場合は，ただちに申し出ること。

3．解答はすべて，問題の番号と解答用紙の番号が一致《いっち》するよう，解答用紙の所定のらんに記入すること。不明りょうな書き方をした解答は採点しない。（※印のらんには記入しないこと）

4．開始の合図があったら，まず解答用紙に教室記号・受験番号・氏名を記入すること。

洛南高等学校附属中学校

問題は次ページより始まります。

1 私たちは，毎日さまざまな場所で植物を目にします。校庭ではホウセンカやタンポポ，食卓《しょくたく》ではキャベツやアスパラガス，庭ではミカンやツバキなど，観察すると面白い特ちょうが見えてきます。これらの植物について，次の（1）～（4）の問いに答えなさい。

（1） ホウセンカは実がはじけて種子が飛び出します。同じように実がはじけて種子が飛び出す植物を，次の**ア～カ**の中から１つ選んで，記号で答えなさい。

ア ヒガンバナ　　**イ** オナモミ　　**ウ** カラスノエンドウ

エ トチノキ　　**オ** イロハカエデ　　**カ** アサガオ

（2） アスパラガスを，**図１**のように赤い色水につけて１日置き，点線に沿って切った断面を観察しました。そのようすとして最も適当なものを，次の**ア～オ**の中から選んで，記号で答えなさい。ただし，■ で示した部分は赤く染まっています。

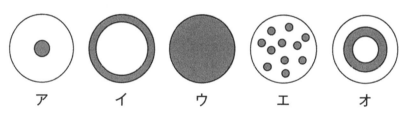

ア　イ　ウ　エ　オ

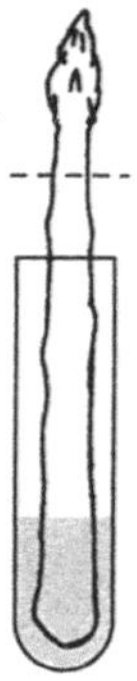

図１

（3） タンポポ，キャベツ，ツバキの花を，次の**ア～ク**の中からそれぞれ１つ選んで，記号で答えなさい。

ア　イ　ウ　エ

オ　カ　キ　ク

（4） ミカンについて，次の①・②に答えなさい。

① **図2**のように葉をポリエチレンの袋《ふくろ》でおおい，1時間後に観察すると，葉から水が出て袋の中に水滴《すいてき》がついていました。このように，植物の葉から水が出ていくことを何といいますか。

図2

② **図3**のグラフは，10月5日（くもり）と10月19日（はれ）において，1時間ごとに葉から出た水の量とその時の気温を表しています。**図3**からわかったことや推測できることとして適当なものを，あとの**ア**～**エ**の中から**2つ**選んで，記号で答えなさい。

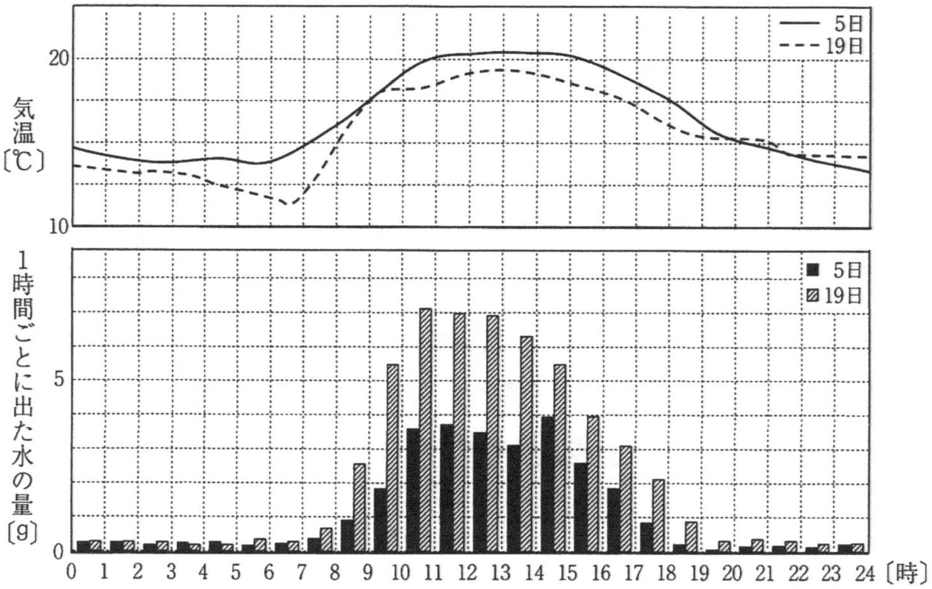

図3

ア 気温が高い日の方が葉から出た水の量が多かった。

イ 日がよくあたると水が多く出ていくと考えられる。

ウ 夜であっても葉から水は少しずつ出ていた。

エ 雨の日は1日を通して葉から出た水の量は一定であると考えられる。

2 健太さんは，夏休みに，何か１つの生き物についてくわしく調べるという理科の宿題が出ていたので，スルメイカの体のつくりについて調べ，次のようにレポートにまとめました。あとの（1)～(5）の問いに答えなさい。

夏休みレポート　スルメイカについて

6年A組　洛南 健太

お店で新鮮《しんせん》なスルメイカが売っていたので，それを買いました。また，家にあった図鑑《ずかん》を用いてスルメイカの体のつくりについて調べました。

まずスケッチをして，体の部位の予想を書きこんでみました。三角の形をした大きな頭のすぐ下には口がついていて，さらに２つの眼《め》，10本のあしが続いていると考えました（**図1**）。

頭の中身が知りたいと思い，頭をはさみで**図1**の点線に沿って開いてみました。すると，なんとその中から脳とは思えないものが出てきたのです。びっくりして図鑑を開いてみると，頭だと思っていた部位は実は胴体《どうたい》であり，開いて出てきたのは内臓だったのです（**図2**）。図鑑を見ながら内臓をくわしく調べると，<u>ⓐ心臓やかん臓，すい臓，胃</u>など，私たち人と同じ臓器があることがわかりました。

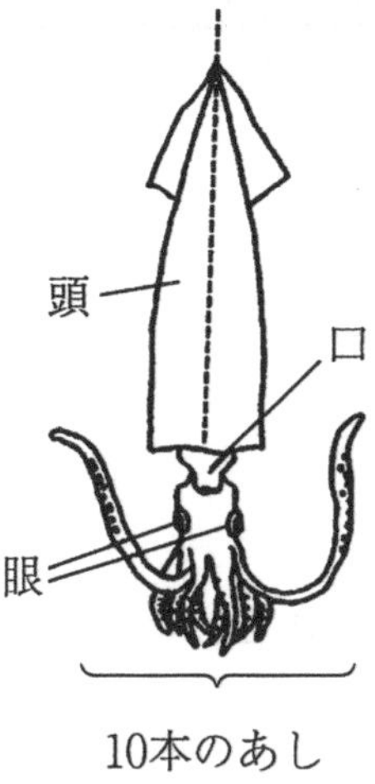

図1

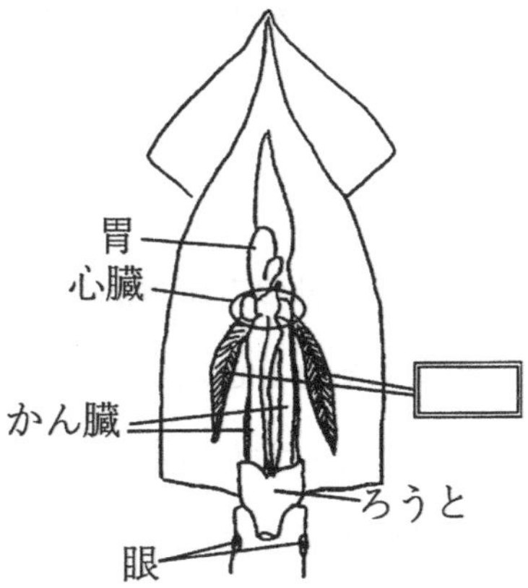

すい臓は，心臓の裏側にありました。

図2

口だと思っていた部位も口ではなく，「ろうと」とよばれます。ここから海水をふき出すことで移動します。その他にも，すみやふんをここから排出《はいしゅつ》します。

あしは10本だと思っていましたが，そのうち長い２本はあしではなく，うでであることがわかりました。

また，スルメイカには，酸素を取りこむ［　　　］からつながる部分にもそれぞれ心臓があり，すべてあわせると３つの心臓がありました。図鑑をよく読んでみると，生きているスルメイカの(い)血液は青いそうです。

脳と口がどこにあるのか図鑑を見てみると，脳は眼の近くにあること，口はあしの付け根にあることがわかりました。口のつくりを実際に見てみると，鳥のくちばしのような形をしていました。

内臓を取りのぞき，残った部分をよく見てみると，細長くてかたいものがみつかりました。(う)背骨かと思いましたが，これは「軟甲《なんこう》」というそうで，背骨はありませんでした。

〈レポートのまとめ〉

・体は，［1］→［2］→［3］→あし の順に並んでいる。
・人と同じ臓器をいくつかもっている。
・ろうとというものがあり，ここから水をふき出して移動する。
・３つの心臓がある。
・８本のあしと，２本のうでがある。
・背骨がない。

（1） レポート中の［　　　］にあてはまることばを答えなさい。

（2） レポート中の［1］～［3］にあてはまるものを，それぞれ次の**ア～ウ**の中から１つ選んで，記号で答えなさい。ただし，同じ記号をくり返し用いてはいけません。

ア 脳　　**イ** 内臓　　**ウ** 口（くち）

（3） 下線部(あ)について，人の臓器の説明として**誤っているもの**を，次のア～エの中から**すべて**選んで，記号で答えなさい。

ア 心臓は4つの部屋に分かれており，縮んだりゆるんだりすることによって体内に血液をじゅんかんさせる。

イ かん臓は体内で最も大きな臓器である。しぼうの消化を助けるたん汁《じゅう》をつくったり，体内の有害なものを無害なものに変えたりする。

ウ すい臓は胃と腸のあいだにある。すい液という消化液をつくり，胃の中に送りこむ。

エ 胃は消化管の一部で，食べ物の消化と吸収をおこなう。胃の4分の3を切り取っても，もとの大きさにもどることができる。

（4） 下線部(い)について，人の血液の説明として**誤っているもの**を，次のア～エの中から1つ選んで，記号で答えなさい。

ア 血液にふくまれる赤血球には，体のすみずみまで酸素を送り届けるはたらきがある。

イ 血液にふくまれる白血球には，体内に入ってきた菌《きん》から体を守るはたらきがある。

ウ 血液には，小腸で吸収した養分をいったんじん臓まで運び，そこから全身に運ぶはたらきがある。

エ 血液には，いらなくなった二酸化炭素を集めて，肺まで運ぶはたらきがある。

（5） 下線部(う)について，次の**ア～ク**の中から，背骨のない生き物を**すべて**選んで，記号で答えなさい。

ア タツノオトシゴ　　**イ** ワシミミズク　　**ウ** クマノミ

エ アオウミウシ　　**オ** トノサマバッタ　　**カ** チョウザメ

キ カワセミ　　**ク** ムラサキシジミ

3 次の文章を読んで，あとの（1）～（4）の問いに答えなさい。

図1のように(あ)水素と(い)酸素を用いて，水と電気を発生させることができます。この発電方法は，(う)二酸化炭素を出さず，環境を汚染《おせん》することがないので，燃料電池自動車などさまざまな場面で利用されるようになってきました。

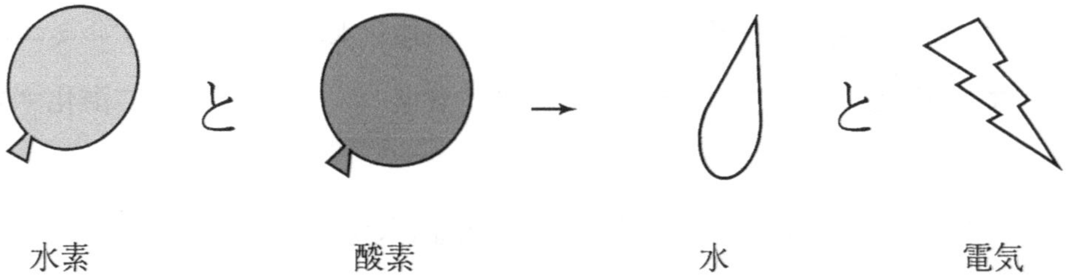

図1

気体の水素は体積が大きいので，液体にして輸送し，貯蔵されています。一方で水素よりも液体になりやすい(え)アンモニアという気体が注目されています。水素を一度アンモニアに変え，さらに液体にしてから輸送し，貯蔵します。そして燃料として使うときには，水素にもどす方法が開発されています。このように，燃料となる物質を一度別の状態や物質に変えたものをエネルギーキャリアといいます。図2は，水素のエネルギーキャリアについてまとめたものです。

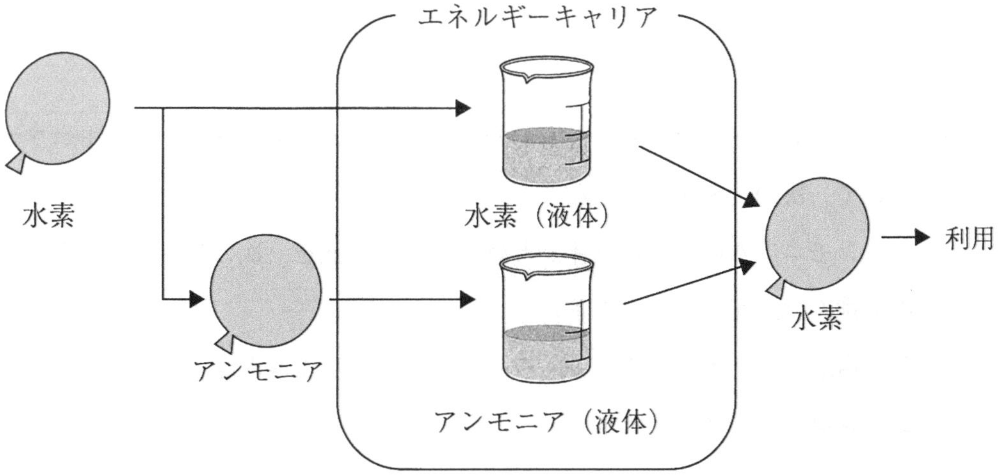

図2

（1） 次の文章は下線部㋐と㋑について説明したものです。文章中の [1] ～ [4] にあてはまるものを，あとの**ア**～**ク**の中から1つずつ選んで，記号で答えなさい。

水素は，気体の中では最も軽く， [1] と [2] を用いると，発生させることができます。酸素は，空気中に約20％存在していて， [3] と [4] を用いると，発生させることができます。

ア うすい塩酸　**イ** 銀　**ウ** 過酸化水素水　**エ** アルミニウム

オ 石灰石《せっかいせき》　**カ** 炭酸水　**キ** 食塩　**ク** 二酸化マンガン

（2） 下線部㋒について，次の①・②に答えなさい。

① 発電するときに，二酸化炭素が発生するものを，次の**ア**～**カ**の中から**すべて**選んで，記号で答えなさい。

ア 水力発電　**イ** 地熱発電　**ウ** 太陽光発電

エ 風力発電　**オ** 原子力発電　**カ** 火力発電

② 二酸化炭素の説明として正しいものを，次の**ア**～**エ**の中から**すべて**選んで，記号で答えなさい。

ア 水でぬらした赤色リトマス紙を青色に変える。

イ 酸性雨の原因になっている。

ウ 固体になったものを，ドライアイスという。

エ 空気より重い。

（3） 下線部㋓の気体が水にとけたものをアンモニア水といいます。アンモニア水について，次の①～③に答えなさい。

① アンモニア水のように気体がとけている水溶液《すいようえき》を，次の**ア**～**オ**の中から**すべて**選んで，記号で答えなさい。

ア 塩酸　**イ** 炭酸水　**ウ** 水酸化ナトリウム水溶液

エ 食塩水　**オ** 石灰水

② アンモニア水にムラサキキャベツの液を入れると何色になりますか。次の**ア**～**オ**の中から１つ選んで，記号で答えなさい。

ア　赤色　　**イ**　むらさき色　　**ウ**　もも色　　**エ**　黒色　　**オ**　緑色

③ アンモニアのにおいを確認するときには，どのようにすればよいですか，10字程度で答えなさい。

（4） エネルギーキャリアの研究対象となっている水素（液体）とアンモニア（液体）を比べると**表**のようになります。あとの①～③に答えなさい。

表

エネルギーキャリア	水素（液体）	アンモニア（液体）
エネルギーキャリア1 kgから取り出せる水素の重さ	1 kg	0.178 kg
エネルギーキャリア1 m^3から取り出せる水素の重さ	70.8 kg	121 kg

① アンモニア（液体）15 kgから取り出せる水素の重さは，何kgですか。

② エネルギーキャリアとしてアンモニア（液体）を用いると，水素を24.2 kg取り出すことができました。エネルギーキャリアは何 m^3ですか。

③ **表**からわかることとして正しいものを，次の**ア**～**ウ**の中から**すべて**選んで，記号で答えなさい。

ア　水素１gを取り出すのに必要な水素（液体）は，約14.1 cm^3である。

イ　エネルギーキャリア１m^3から取り出せる水素の重さを比べると，アンモニア（液体）は水素（液体）の約1.7倍である。

ウ　水素121 kgを取り出すのに必要なアンモニア（液体）は，700 kgよりも重い。

4 次の文章を読んで，あとの（１）～（８）の問いに答えなさい。

小学５年生のたかしさんは，授業で学習した天気の変化が「不思議だな」と思ったので，理科室にある温度計としつ度計を見てノートに記録し，温度としつ度の関係を調べてみました。次は，たかしさんの調べ学習ノートの一部です。ただし，理科室で実験などをするときには部屋を閉め切っているものとします。

表１　理科室の温度などの記録をぬきだしたもの

	日　時	温度〔℃〕	しつ度〔%〕	天気
①	4月25日　11:25	20.0	55.0	はれ
②	7月25日　11:25	30.0	76.0	くもり
③	10月25日　9:35	15.0	45.0	くもり
④	1月25日　9:35	5.0	不明	はれ

※理科室の大きさ：縦8.0m，横8.0m，高さ3.0m

※ほう和水蒸気量：空気１m^3中に入ることができる最大の水蒸気の重さ(g)のこと。ほう和水蒸気量は温度によって変化する。

※しつ度：ある温度の空気１m^3にふくまれている水蒸気量の，その温度のほう和水蒸気量に対する割合(%)のこと。

$$\text{しつ度}(\%)=\frac{\text{空気にふくまれている水蒸気量}(g/m^3)}{\text{ほう和水蒸気量}(g/m^3)}\times 100$$

表２　気温とほう和水蒸気量の関係

気温〔℃〕	0	5	10	15	20	25	30	35	40
ほう和水蒸気量〔g/m^3〕	4.85	6.81	9.41	12.8	17.3	23.1	30.4	39.6	51.1

＜実験１＞

表１の②のとき，実験台に室温と同じ温度の水を入れたコップを置き，氷を少しずつ入れてよくかきまぜながら水温をゆっくりと下げていった。しばらくすると，コップの表面に水滴《すいてき》がつきはじめたので水温を記録した。

＜実験２＞

＜実験１＞のあと，エアコンの冷房《れいぼう》をつけて部屋の温度を下げて27.5℃にした。そして，新しいコップを用意して，室温と同じ温度の水を入れて＜実験１＞と同じ実験をすると，水滴がつきはじめる水温は＜実験１＞のときと比べて低くなった。

（1）　**表１**の①のとき，理科室全体の空気中にふくまれている水蒸気量は何kgですか。小数第２位を四捨五入して，小数第１位まで答えなさい。

（2）　＜実験１＞で，コップの表面に水滴がつくことを何といいますか。

（3）　＜実験１＞で，コップの表面に水滴がつきはじめたときの水温は何℃ですか。適当なものを，次の**ア**～**カ**の中から１つ選んで，記号で答えなさい。

ア　0℃　　**イ**　5℃　　**ウ**　10℃　　**エ**　15℃　　**オ**　20℃　　**カ**　25℃

（4）　＜実験２＞で，下線部のようになった理由として適当なものを，次の**ア**～**エ**の中から１つ選んで，記号で答えなさい。

ア　エアコンの冷房は，室内の空気中の水滴を冷やしているから。

イ　エアコンの冷房は，室内の空気中の水蒸気を使って空気を冷やしているから。

ウ　エアコンの冷房を使うと，室内の空気中の水蒸気量が減るから。

エ　エアコンの冷房を使うと，二酸化炭素が発生するから。

（5） **表1**の③のとき，少し寒く感じたのでエアコンの暖房をつけて部屋の温度を上げました。このとき，しつ度はどのように変化すると考えられますか。適当なものを，次の**ア**～**ウ**の中から１つ選んで，記号で答えなさい。

ア 低くなる。

イ ほとんど変わらない。

ウ 高くなる。

（6） **表1**の④のとき，理科室の空気 $1\ \mathrm{m}^3$ にふくまれている水蒸気量を調べると5.52gでした。このとき，理科室全体の空気は，あと何kgの水蒸気をふくむことができますか。小数第４位を四捨五入して，小数第３位まで答えなさい。

（7） **表1**の④のとき，先生が「部屋を暖かくするときには，電気を使うエアコンよりも石油ストーブのほうが，部屋の乾燥《かんそう》をおさえられるんだよ」と教えてくれました。このようになる理由として適当なものを，次の**ア**～**エ**の中から１つ選んで，記号で答えなさい。

ア 石油ストーブは，室内の酸素を使用して石油がもえているから。

イ 石油ストーブは，エアコンのように風をふき出さないから。

ウ 石油ストーブを使うと，水蒸気が発生するから。

エ 石油ストーブを使うと，二酸化炭素が発生するから。

（8） たかしさんは，理科室の掃除《そうじ》を担当することになり，実験台をぞうきんでふく係になりました。掃除が終わり，洗ったぞうきんを理科室内の日かげに干したとき，最も乾《かわ》きにくいのは**表1**の①～④のどのときですか。適当なものを１つ選んで，記号で答えなさい。

5 は次のページにあります。

5 液体中の物体は，その物体が押しのけている液体の重さに等しい大きさで，上向きの力を受けています。

次の（1）～（7）の問いに答えなさい。ただし，水 1 cm^3 は 1 g，ガラス 1 cm^3 は2.5gとし，糸の大きさや重さは考えないものとします。

（1） 円柱形でフタ付きの容器A（底面積10cm^2，高さ10cm，重さ40g）があります。これを水の中に立てると，**図1**のように水に浮かびます。容器Aの底面は水面から何cm下になりますか。

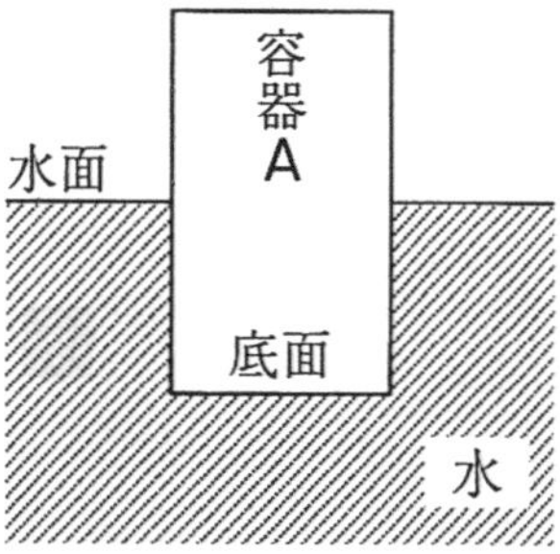

図1

（2） 容器Aに，ある重さの水を入れます。**図2**のように水中で浮くことができるのは，入っている水が何gのときですか。

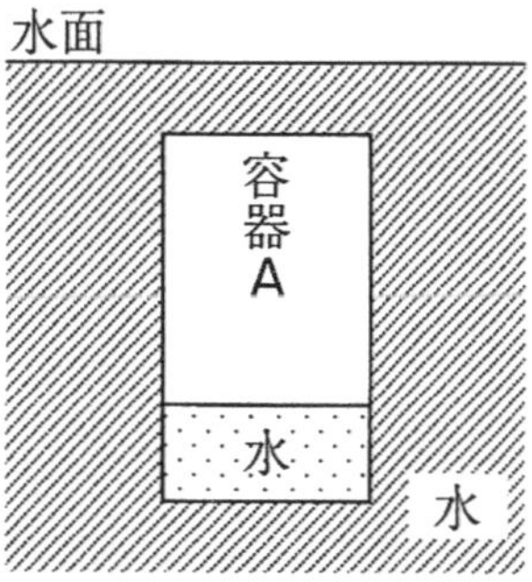

図2

（3） **図1**の容器Aの下に，ある重さのガラスの玉Pを糸でつなぎます。**図3**のように，容器Aと玉Pが水中で浮くことができるのは，玉Pの重さが何gのときですか。

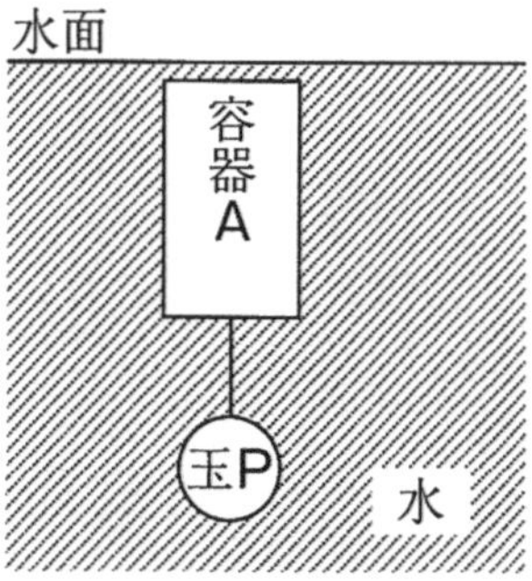

図3

（4） 円柱形の鉄の棒ＸＹ（底面積 1 cm^2, 高さ80cm, 重さ640g）と円柱形でフタ付きの容器Ｂ･容器Ｃ（いずれも底面積30cm^2, 高さ20cm, 重さ200g）を使って，棒ＸＹを浮かせる実験をします。

図４のように，棒ＸＹの中心と容器Ｂ，容器Ｃを糸でつなぎ，水に入れると，棒ＸＹは水平になりました。容器Ｃの底面は水面から何cm下になりますか。

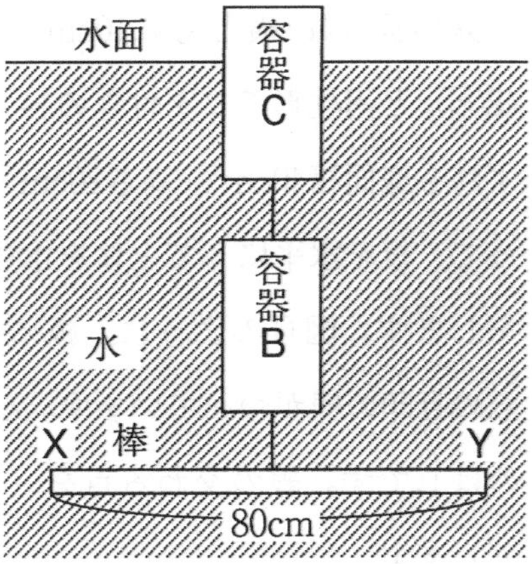

図４

（5） 次の文章中の［ア］～［ウ］にあてはまる整数を答えなさい。

棒ＸＹと，容器Ｂ･容器Ｃを使って，棒を水平にして全体を水中で浮かせる実験を考える。図５のように，Ｘの上に容器Ｂを糸でつなぎ，Ｙから何cmかのところに容器Ｃを糸でつなぐ。容器Ｃは空のままで，容器Ｂに水を入れて全体を水中で浮かせる。

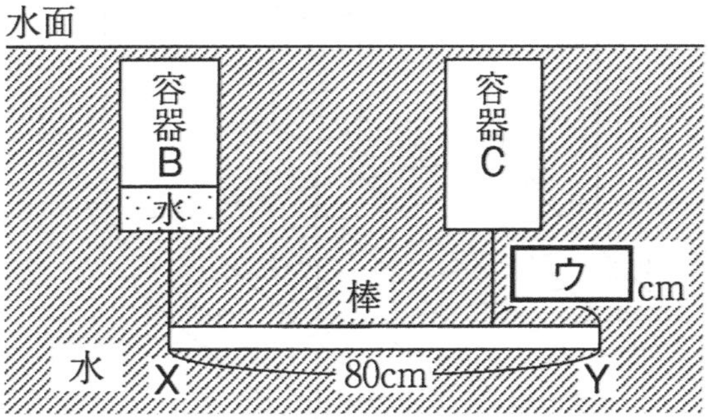

図５

棒ＸＹにはたらく力は，容器Ｂと容器Ｃからの力を除くと，下向きに［ア］gとなるので，容器Ｂに入っている水は［イ］gになる。棒が水平になるので，容器Ｃの糸はＹから［ウ］cmのところにつなぐことになる。

（6） 鉄の板（縦･横ともに10cm，厚さ0.6cm，重さ480g）と円柱形でフタ付きの容器D～容器F（いずれも底面積40cm^2，高さ20cm，重さ300g）を使って，板を水平にして全体を水中で浮かせる実験をします。**図6**のように，板には，縦･横に等間《とうかん》隔《かく》の目印の線がついています。aとg，1と7は板のはしです。線の交わる点を（a，1）のように表します。

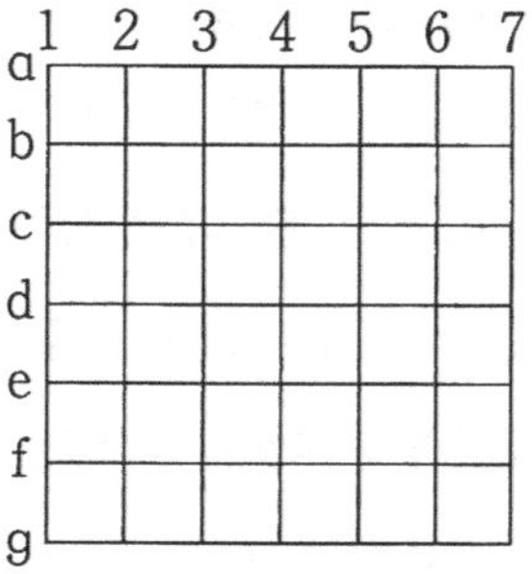

図6

図7のように，（d，1）の上に容器D，（a，7）の上に容器E，（g，7）の上に容器Fをそれぞれ糸でつなぎます。板を水平にして全体を水中で浮かせるためには，容器D～容器Fにそれぞれ何gの水が入っていればよいですか。

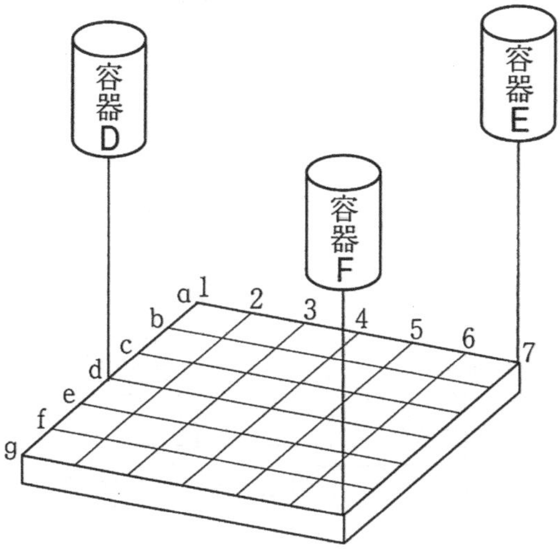

図7

（7） **図8**のように，**図7**の板の（b，3）の下にガラスの玉Q（体積210cm³，重さ525g），（f，7）の下にガラスの玉R（体積70cm³，重さ175g）をそれぞれ糸でつなぎます。板を水平にして全体を水中で浮かせるためには，容器D～容器Fにそれぞれ何gの水が入っていればよいですか。

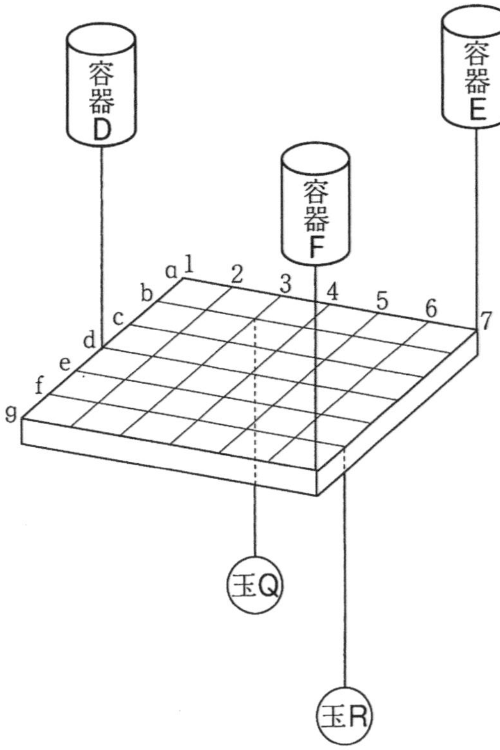

図8

令和５年度

中学入学試験問題

――社　会――

《解答時間：４５分》

注　意

１．問題は試験開始の合図《あいず》があるまで開かないこと。

２．**問題用紙のページ数は，表紙を除いて34ページ，解答用紙は１枚である。不足している場合は，ただちに申し出ること。**

３．解答はすべて，問題の番号と解答用紙の番号が一致《いっち》するよう，解答用紙の所定のらんに記入すること。不明りょうな書き方をした解答は採点しない。（※印のらんには記入しないこと）

４．開始の合図があったら，まず解答用紙に教室記号・受験番号・氏名を記入すること。

1 洛南には部活動の１つとして吹奏楽《すいそうがく》部があります。吹奏楽部ではトランペットやクラリネットといった楽器を用いて，クラシックやポップスなどさまざまな楽曲を演奏します。日本の歴史を振《ふ》り返ると，古来より日本人は音楽に親しんできました。次のＡ～Ｌの文章を読んで，あとの（１）～（20）の問いに答えなさい。

Ａ

①縄文《じょうもん》時代の遺跡《いせき》からは土鈴《どれい》とよばれる楽器が発掘《はっくつ》されています。球形や円《えん》筒《とう》形をした器の中に丸《がん》とよばれる小さな粒《つぶ》が入っており，振ると鈴《すず》のような音がします。このほかにも，岩笛《いわぶえ》とよばれる，石でできた楽器もありました。

弥生《やよい》時代には②中国との交流から，塤《けん》という新しい楽器が現れました。塤は中国で使われていた土笛の一種で，いくつか穴が開いており，６つの異なる音を出すことができました。

（１） 下線①について，縄文時代の遺跡として三内丸山《さんないまるやま》遺跡があります。この遺跡で発見された矢じりは北海道産のあるものを材料としてつくられていました。この材料として正しいものを，次の**ア～オ**から１つ選んで，記号で答えなさい。

ア 水晶《すいしょう**》**　　**イ** 黒曜石　　**ウ** ひすい

エ 琥珀《こはく》　　**オ** アスファルト

（２） 下線②について，次の**ア～エ**の史料は日本と中国との交流が記されているものです。**ア～エ**を年代順に並べかえ，記号で答えなさい。

ア 『隋書《ずいしょ》』倭国伝《わこくでん》　　**イ** 『漢書《かんじょ》』地理志《ちりし》

ウ 『魏志《ぎし》』倭人伝《わじんでん》　　**エ** 『後漢書《ごかんじょ》』東夷伝《とういでん》

B

③6世紀になると，朝鮮《ちょうせん》半島を通じてさまざまな知識が伝えられました。その1つである儒教《じゅきょう》は音楽と関わりがあります。儒教の儀礼《ぎれい》の1つに「八佾《はちいつ》」という舞《まい》があります。これは中国の君主だけが上演を命じることができるものですが，『日本書紀《にほんしょき》』に④蘇我蝦夷《そがのえみし》がこれを舞《ま》わせたと記されています。

（3） 下線③について，6世紀の世界の出来事の説明として正しいものを，次の**ア**～**オ**から1つ選んで，記号で答えなさい。

ア ゲルマン民族が大移動を始めた。

イ インドでガンダーラ美術が栄えた。

ウ 『ローマ法大全《たいぜん》』がつくられた。

エ イスラム帝国が成立した。

オ 新羅《しらぎ》が朝鮮半島を統一した。

（4） 下線④について，中大兄皇子《なかのおおえのおうじ》らは蘇我蝦夷とその子入鹿《いるか》を滅《ほろ》ぼし，新しい政治を始めました。次の史料はその方針をまとめたものです。史料中の（　　）にあてはまる語句を**漢字４字**で答えなさい。ただし，史料はわかりやすく書き改めてあります。

一，各地の皇族《こうぞく》の私有地や私有民，豪族《ごうぞく》の私有地や私有民を廃止《はいし》する

一，国司《こくし》・郡司《ぐんじ》の制度を整え，国《くに》・郡《ぐん》などの境を定める

一，戸籍《こせき》と計帳《けいちょう》をつくり，（　　）法を定める

一，新しい税をつくる

C

7世紀の終わりから，日本では⑤律令《りつりょう》制度が導入されました。令によって定められた8つの省《しょう》の1つに，儀礼や外交を担当する治部《じぶ》省がありました。その中に置かれた雅楽寮《ががくりょう》は朝廷《ちょうてい》の音楽をつかさどるものでした。日本古来の歌と舞だけでなく，外来の音楽も演奏し，また，演奏者を養成しました。竜笛《りゅうてき》や篳《ひち》篥《りき》といった管楽器が中国や朝鮮を通じて日本に入ってきました。

（5） 下線⑤について，701年に定められた律令の名を答えなさい。

D

⑥奈良《なら》時代の聖武《しょうむ》天皇は仏教を厚く信仰し，743年に大仏造立《だいぶつぞうりゅう》の詔《みことのり》を発して，大仏をつくることを命じました。大仏が完成したあとに行われた開眼供養《かいげんくよう》では，鐘《かね》と太鼓《たいこ》が地面をふるわせ，華厳経《けごんきょう》が唱えられ，仏教音楽の梵唄《ぼんばい》が演奏されたといわれています。

（6） 下線⑥について，奈良時代について述べた文として**誤っているもの**を，次の**ア～オ**から1つ選んで，記号で答えなさい。

ア 『万葉集《まんようしゅう》』が編さんされた。
イ 富本銭《ふほんせん》が鋳造《ちゅうぞう》された。
ウ 三世一身法《さんぜいっしんほう》が出された。
エ 道鏡《どうきょう》が失脚《しっきゃく》した。
オ 『風土記《ふどき》』がつくられた。

E

⑦平安《へいあん》時代になると，広く貴族たちが自分で音楽を演奏するようになりました。彼らは，笙《しょう》・琵琶《びわ》・太鼓などを用いて合奏を楽しみました。この貴族たちの器楽合奏を管弦《かんげん》といいます。「管弦の遊び」とよばれる演奏会が宮廷や貴族たちの邸宅《ていたく》でたびたび催《もよお》されました。こうして音楽は，和歌《わか》や漢詩《かんし》に加えて，貴族が身に付けるべき教養の１つとなりました。

（7）　下線⑦について，平安時代に登場した人物とその人物にまつわる出来事の組み合わせとして正しいものを，次の**ア～オ**から１つ選んで，記号で答えなさい。

ア　藤原道長《ふじわらのみちなが》 － 臣下として初めて摂政《せっしょう》となった。
イ　坂上田村麻呂《さかのうえのたむらまろ》 － 陸奥国《むつのくに》に多賀城《たがじょう》を築いた。
ウ　菅原道真《すがわらのみちざね》 － 平等院鳳凰堂《びょうどういんほうおうどう》をつくった。
エ　紀貫之《きのつらゆき》 －『古今和歌集《こきんわかしゅう》』をまとめた。
オ　空也《くうや》 － 真言宗《しんごんしゅう》を開いた。

F

12世紀末に⑧鎌倉幕府《かまくらばくふ》が成立して武家《ぶけ》政治が始まると，『平家物語《へいけものがたり》』を琵琶で弾《ひ》き語る平曲《へいきょく》が登場しました。これは琵琶法師《ほうし》によって広まっていきました。また，新しく広まった仏教にも音楽が取り入れられ，⑨念仏を唱えながら鉦《かね》を打ち鳴らして踊《おど》るという踊念仏《おどりねんぶつ》は有名です。

（8） 下線⑧について，次の図は鎌倉幕府の組織図です。図中（　あ　）～（　う　）にあてはまる語句の組み合わせとして正しいものを，あとの**ア～ク**から１つ選んで，記号で答えなさい。

将軍《しょうぐん》 ―― （　あ　） ――
- 侍所《さむらいどころ》…御家人《ごけにん》の統制・軍事・警察
- （　い　）…行政と財務
- 問注所《もんちゅうじょ》…訴訟《そしょう》と裁判
- 引付衆《ひきつけしゅう》…重要政策の審議《しんぎ》
- （　う　）…京都の警備と朝廷の監視《かんし》
- 鎮西探題《ちんぜいたんだい》…九州の行政・御家人の統制
- 守護《しゅご》…国ごとの御家人の統制
- 地頭《じとう》…荘園《しょうえん》および公領の管理

	（　あ　）	（　い　）	（　う　）
ア	管領《かんれい》	記録所《きろくじょ》	京都所司代《きょうとしょしだい》
イ	管領	記録所	六波羅探題《ろくはらたんだい》
ウ	管領	政所《まんどころ》	京都所司代
エ	管領	政所	六波羅探題
オ	執権《しっけん》	記録所	京都所司代
カ	執権	記録所	六波羅探題
キ	執権	政所	京都所司代
ク	執権	政所	六波羅探題

（9） 下線⑨について，この教えをもつ宗派の開祖を答えなさい。

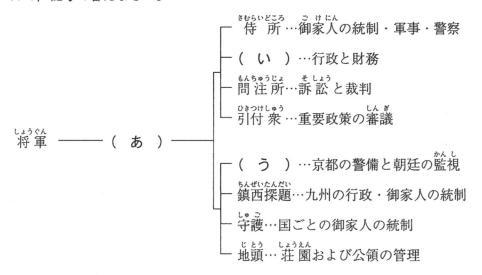

G

室町《むろまち》時代には，笑いを中心とする猿楽《さるがく》に，豊作を祈《いの》る田楽《でんがく》の要素を取り入れ，能《のう》とよばれる音楽舞踊《ぶよう》が登場しました。これは⑩足利義満《あしかがよしみつ》の保護を受けた世阿弥《ぜあみ》が大成しました。一方，猿楽の笑いを中心とする部分は狂言《きょうげん》として独立しました。能は武家や公家《くげ》に，狂言は⑪庶民《しょみん》たちの間に広がり，人々を楽しませました。

(10)　下線⑩について，足利義満は中国に使者を送り，勘合《かんごう》貿易を始めました。このときの中国の王朝名を答えなさい。

(11)　下線⑪について，この時代の庶民の様子を述べた文として**誤っているもの**を，次の**ア**～**オ**から１つ選んで，記号で答えなさい。

ア　牛や馬を使った耕作や二毛作《にもうさく》を行っていた。
イ　馬借《ばしゃく》や車借《しゃしゃく》といった運送業を担《にな》う者が現れた。
ウ　土倉《どそう》や酒屋《さかや》など高利貸し業者になる者がいた。
エ　独自の村のおきてをつくり自治を行った。
オ　備中《びっちゅう》ぐわや千歯《せんば》こきといった新しい農具を使用した。

H

1549年，スペイン人の（　　　）がキリスト教を伝えると，宣《せん》教《きょう》師《し》によるキリスト教布教が始まりました。宣教師は音楽を重視し，カトリック教会の聖歌《せいか》を伝え，弓で弾く楽器や，鍵盤《けんばん》楽器などを持ち込みました。また，セミナリオというキリスト教の学校を開き，音楽も教えました。織《お》田《だ》信長《のぶなが》は⑫安土《あづち》城下のセミナリオで生徒の演奏する西洋音楽を聴《き》いて満足したと伝えられています。

(12)　文章中の（　　　）にあてはまる人物の名を答えなさい。

(13)　下線⑫について，この城の場所を，地図中の**ア～オ**から１つ選んで，記号で答えなさい。

I

江戸《えど》時代の初め，三味線《しゃみせん》の伴奏《ばんそう》に合わせた人形劇である人形浄瑠璃《じょうるり》が人気を集めました。やがて，男性役者が三味線の伴奏に合わせて演劇をする歌舞伎《かぶき》も登場しました。17世紀末の⑬元禄期《げんろく》には市川団十郎《いちかわだんじゅうろう》や坂田藤十郎《さかたとうじゅうろう》といった有名な役者も現れました。しかし，19世紀半ばの⑭天保《てんぽう》の改革によって質素倹約《けんやく》が奨《しょう》励《れい》されると，これらの演劇は制限され，多くの役者が処罰《しょばつ》されました。

(14)　下線⑬について，元禄期に描《えが》かれた作品として正しいものを，次の**ア**～**オ**から１つ選んで，記号で答えなさい。

ア

イ

ウ

エ

オ

(15)　下線⑭について，天保の改革について述べた文として正しいものを，次の**ア～オ**から１つ選んで，記号で答えなさい。

ア　目安箱《めやすばこ》を置いた。

イ　株仲間《かぶなかま》の結成を進めた。

ウ　農民たちを強制的に農村へ帰らせた。

エ　生類《しょうるい》あわれみの令を出した。

オ　参勤交代《さんきんこうたい》の制度を整えた。

J

明治《めいじ》時代になると，西洋音楽を用いて，学校で唱歌《しょうか》を教えるようになりました。わらべ歌など地域の伝承歌は使用せず，西洋の歌を日本語に合うようアレンジしたものを使用しました。たとえば，今でも歌われる「蛍《ほたる》の光」はスコットランドの歌です。このように，音楽においても⑮西欧《せいおう》化が進んでいきました。

(16)　下線⑮について，西欧化は音楽に限らず多くの分野で進みました。この時代の西欧化について述べた文として**誤っているもの**を，次の**ア～オ**から１つ選んで，記号で答えなさい。

ア　大日本帝国憲法《だいにっぽんていこくけんぽう》が制定された。

イ　日本銀行《にっぽんぎんこう》が設立された。

ウ　全国的な郵便《ゆうびん》制度が整えられた。

エ　男子に兵役《へいえき》を義務付けた。

オ　労働組合法《ろうどうくみあいほう》が制定された。

K

20世紀に入るとメディアの役割が大きくなりました。ラジオ放送は⑯1925年の試験放送を経て，1928年から全国放送となり，西洋楽器で伴奏する歌謡曲《かようきょく》が流されました。しかし，日中戦争《にっちゅうせんそう》，そして太平洋戦争《たいへいようせんそう》が始まると政府の統制が強まりました。⑰1943年にはアメリカ合衆国やイギリスの音楽の追放が掲《かか》げられました。

(17)　下線⑯について，この年に普通選挙法《ふつうせんきょほう》が制定されました。この法律によって選挙権を得た人々として正しいものを，次の**ア**～**エ**から１つ選んで，記号で答えなさい。

ア　20歳《さい》以上の男女　　**イ**　20歳以上の男子

ウ　25歳以上の男女　　**エ**　25歳以上の男子

(18)　下線⑰について，この年にアメリカ合衆国・イギリス・中国の首脳によって行われた対日戦争に関する会談を，次の**ア**～**オ**から１つ選んで，記号で答えなさい。

ア　ポツダム会談　　**イ**　大西洋上会談　　**ウ**　テヘラン会談

エ　カイロ会談　　**オ**　ヤルタ会談

L

太平洋戦争の終結後，学校における音楽教育も変化し，音楽の授業では子供たちが楽器を演奏することが重視されました。また，⑱日本の産業が発展するにつれて，ピアノなど西洋楽器の生産も盛《さか》んになりました。

⑲平成《へいせい》時代に入ると，中学校の音楽授業において和楽器を教えることが義務付けられました。また，コロンビア大学において雅楽を教えるコースがつくられるなど，海外でも日本音楽の研究や実技指導が行われています。日本の歴史と文化に深く関わっている日本音楽を大切にしたいものです。

(19)　下線⑱について，1950年代半ばから急速に産業が発展していきました。この発展の一方で，四大公害病が問題となりました。四大公害病のうち，熊本県で発生した公害病の名を答えなさい。

(20)　下線⑲について，平成時代の世界の出来事について述べた文として**誤っているもの**を，次の**ア**～**オ**から１つ選んで，記号で答えなさい。

ア　湾岸戦争《わんがんせんそう》が起こった。
イ　アメリカ合衆国で同時多発テロが起こった。
ウ　東西ドイツが統一された。
エ　リーマンショックにより世界不況《ふきょう》となった。
オ　イギリスがＥＵ（欧州連合《おうしゅうれんごう》）を離脱《りだつ》した。

問題は次に続きます。

2 日本には，９地域の世界ジオパークがあります。世界ジオパークは，世界でも特《とく》徴《ちょう》的な地形・地質をもつ地域でユネスコによって認定されたものです。次の文章は，日本各地の世界ジオパークについて説明したものです（日本ジオパークネットワークHPより引用したものを一部改変)。これらの文章を読んで，あとの（1）～(14)の問いに答えなさい。

〔アポイ岳《だけ》〕

日高《ひだか》山脈は約1300万年前に起きた，２つの大陸プレートの衝突《しょうとつ》によってできました。その衝突の際，地殻《ちかく》の下にあるマントルの一部が突《つ》き上げられるように地上に現れたのが「幌満《ほろまん》かんらん岩体」，つまり①アポイ岳です。アポイ岳周辺には，地球深部のマントルの情報をそのまま持っている新鮮《しんせん》なかんらん岩が広がっており，世界的に注目されています。

〔洞爺《とうや》湖有珠《うす》山〕

約11万年前の巨大噴火《きょだいふんか》でできた洞爺湖，約２万年前の火山活動でできた有珠山など，繰《く》り返される火山活動により変動する大地の姿を体感することができます。また，縄文の人々の暮らしが分かる遺跡や（　あ　）の人々の生活の証なども多く残され，火山と共生してきた人々の歴史を見ることもできます。

〔伊豆《いず》半島〕

３つのプレートがひしめき合う本州で，唯一《ゆいいつ》フィリピン海プレートの上に位置する②伊豆半島は，約2000万年前には，数百kmも南の海底火山群でした。フィリピン海プレートの上にできた火山島は，プレートとともに北に移動。やがて本州に衝突し，現在のような半島の形になりました。

〔糸魚川《いといがわ》〕

その昔，日本列島がアジア大陸から離《はな》れる時にできた巨大な裂《さ》け目が（　い　）です。（　い　）の西端《せいたん》には大きな断層があり，これが日本列島の東西境界，③糸魚川－静岡構造線です。晴れた日には，美山《みやま》公園展望台から，山々が断層に沿って削《けず》られてできた雄大《ゆうだい》な谷地形が一望できます。

〔山陰海岸《さんいん》〕

山陰海岸ジオパークは，④京都府（京丹後《きょうたんご》市），兵庫県（豊岡《とよおか》市・香美《かみ》町・新温《しんおん》泉《せん》町），鳥取県（岩美《いわみ》町・鳥取市）の東西120kmにまたがり，面積は2458.44㎢です。山陰海岸国立公園を中核《ちゅうかく》にし，日本海形成から現在に至る多様な地質や地形が存在し，それらを自然背景とした文化・歴史を体験・学習できる地域です。

〔室戸《むろと》〕

⑤高知県東部の⑥室戸半島に位置し，面積248.20㎢の室戸市全域が範囲《はんい》です。新しい大地の形成や変動する地球のダイナミズムを実感でき，プレートテクトニクス理論を陸上で初めて実証した四万十《しまんと》帯（付加体）の地質や，地震隆起《じしんりゅうき》と海水準変動によって形成された海成段丘《かいせいだんきゅう》など，詳《くわ》しい研究がなされています。

〔隠岐《おき》〕

日本海の離島，⑦隠岐は特異な大地の成り立ちに由来する景観，地質，生物，文化，歴史のつながりを知るジオストーリーを楽しむジオパークです。日本海と日本列島形成を記録した岩石をはじめ，第四紀の環境《かんきょう》変動の結果生み出された独自の生態系や，隠岐の自然環境に適応した文化を小さな島々の中で見ることができます。

〔阿蘇《あそ》〕

⑧阿蘇ユネスコ世界ジオパークを象徴する世界有数の巨大カルデラは，数十万年にわたる火山活動でつくりだされたもの。約９万年前に起こった凄《すさ》まじい噴火による降灰は日本全土を覆《おお》い，火砕流《かさいりゅう》は海を越《こ》え山口県まで到達《とうたつ》しています。その巨大噴火の発生地を訪れ，その凄まじさや日本，人類への影響《えいきょう》などを体感することができます。

〔島原半島《しまばら》〕

日本の西端，⑨九州の⑩長崎県南部に位置しています。⑪島原半島は３市（島原市・雲仙《うんぜん》市・南島原《みなみしまばら》市）の行政区域で構成されており，周りは海に囲まれ，中心には雲仙火山がそびえています。島原半島の北西部は雲仙山系とそれに連なる穏《おだ》やかな丘陵《きゅうりょう》地帯，および海岸沿いに広がる平野部からなります。

（1） 文章中の（　**あ**　）・（　**い**　）にあてはまる語句をそれぞれ答えなさい。ただし，（　**あ**　）には民族の名が入ります。

（2） 下線①について，アポイ岳は様似《さまに》町に位置しています。次ページのグラフは，様似町・赤《あか》井《い》川《がわ》村・泊《とまり》村のいずれかにおける平日・休日別滞在《たいざい》人口の月間平均値（各月14時時点）の推移（2021年）を示したもので，**A**～**C**はそれぞれの自治体について述べたものです。様似町・赤井川村・泊村と**A**～**C**の組み合わせとして正しいものを，あとの**ア**～**カ**から１つ選んで，記号で答えなさい。

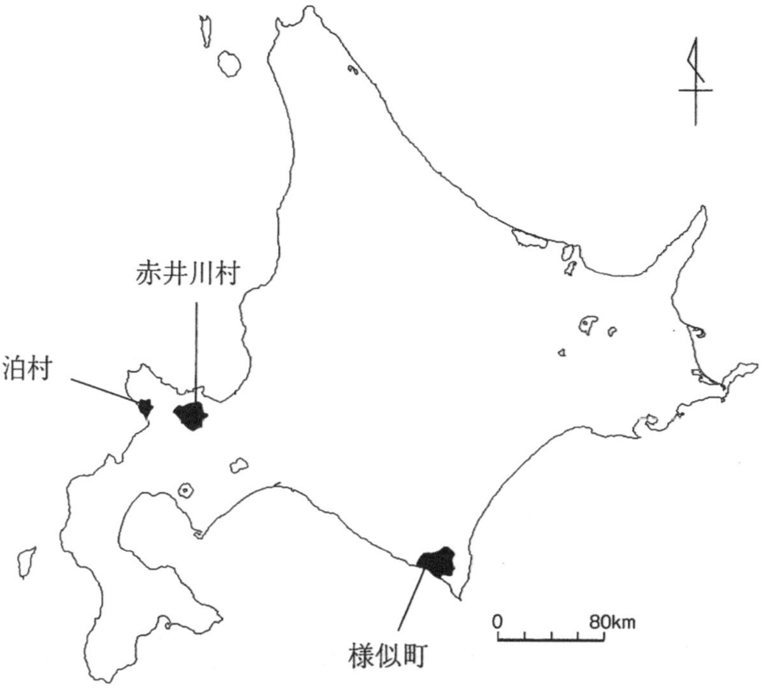

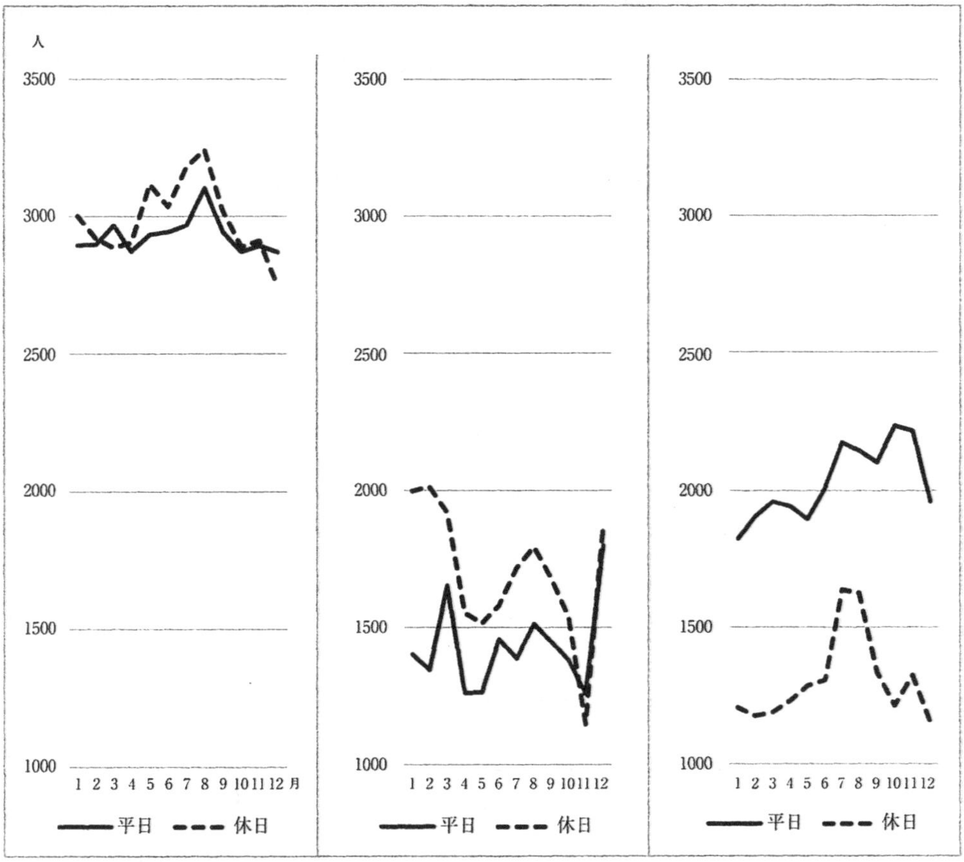

様似町　　赤井川村　　泊村

（地域経済分析《ぶんせき》システム「RESAS」より作成）

A　自然景観を目的として多くの観光客が訪れている。

B　仕事を目的として多くの人が訪れている。

C　スキーを目的として多くの観光客が訪れている。

	ア	イ	ウ	エ	オ	カ
様似町	A	A	B	B	C	C
赤井川村	B	C	A	C	A	B
泊村	C	B	C	A	B	A

（3） 下線②について，伊豆半島が位置する静岡県は茶やパルプ・紙・紙製品の生産が盛んです。次の表中のA・Bは日本における茶（2020年），パルプ・紙・紙製品（2018年）のいずれかの生産量上位5道府県，C・Dは世界における茶，パルプのいずれかの生産量上位5か国（いずれも2019年）を示したものです。**茶**にあたるものの組み合わせとして正しいものを，あとの**ア〜エ**から1つ選んで，記号で答えなさい。

	A	B
1位	静岡県	鹿児島県
2位	愛媛県	静岡県
3位	埼玉県	三重県
4位	愛知県	宮崎県
5位	北海道	京都府

	C	D
1位	中国	アメリカ合衆国
2位	インド	ブラジル
3位	ケニア	中国
4位	スリランカ	カナダ
5位	ベトナム	スウェーデン

（『データブック　オブ・ザ・ワールド2022年度版』より作成）

ア　A・C　　イ　A・D　　ウ　B・C　　エ　B・D

kg	m^3	

4

(1)	(2)	(3)	(4)	(5)
kg				

(6)	(7)	(8)
kg		

※

5

(1)	(2)	(3)	(4)
cm	g	g	cm

(5)		
ア	イ	ウ

(6)		
D	E	F
g	g	g

(7)		
D	E	F
g	g	g

※

(6)	(7)

(8)	(9)	(10)	(11)	(12)	(13)	(14)

※

3

(1)				(2)
a	b	c	d	

(3)	(4)	(5)	(6)		
			e	f	g

(7)

(8)	(9)	(10)
を発行することで補う。		

※

社会解答用紙

教室記号	受験番号	氏　　名

※

※50点満点
（配点非公表）

1

(1)	(2)	(3)	(4)
	→ → →		法

(5)	(6)	(7)	(8)	(9)	(10)

(11)	(12)	(13)	(14)	(15)	(16)	(17)	(18)

(19)	(20)

※

【解答

理科解答用紙

教室記号	受験番号	氏　名

※100点満点
(配点非公表)
４教科型は50点満点に換算

※

※

1

(1)	(2)	(3)			(4)		
		タンポポ	キャベツ	ツバキ	①	②	

2

(1)	(2)			(3)	(4)	(5)
	1	2	3			

3

(1)				(2)	
1	2	3	4	①	②

(3)		
①	②	③

【解答

（4） 下線③について，糸魚川市には北陸新幹線の駅があります。下の**図1**は糸魚川駅・金沢駅・長岡《ながおか》駅（新潟県）・長野駅の位置を示した路線図で，**図2**は北陸新幹線の路線図です。また，下の表は糸魚川駅から各駅への最短の所要時間（2022年）を示したもので，**A**～**C**は金沢駅・長岡駅・長野駅のいずれかです。糸魚川駅から各駅への鉄道による最短の所要時間の組み合わせとして正しいものを，あとの**ア**～**カ**から１つ選んで，記号で答えなさい。

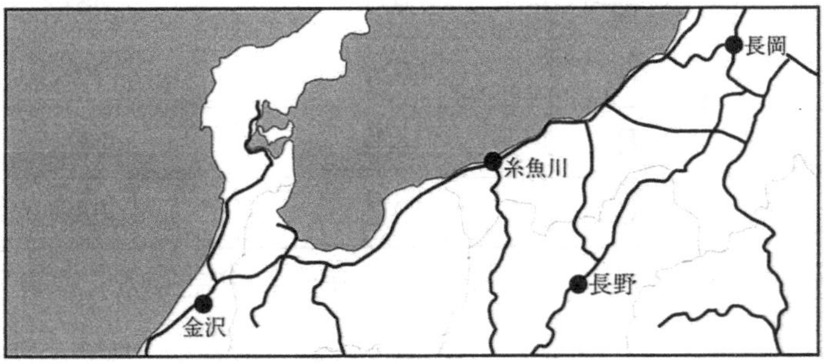

図1
（「地理院地図」より作成）

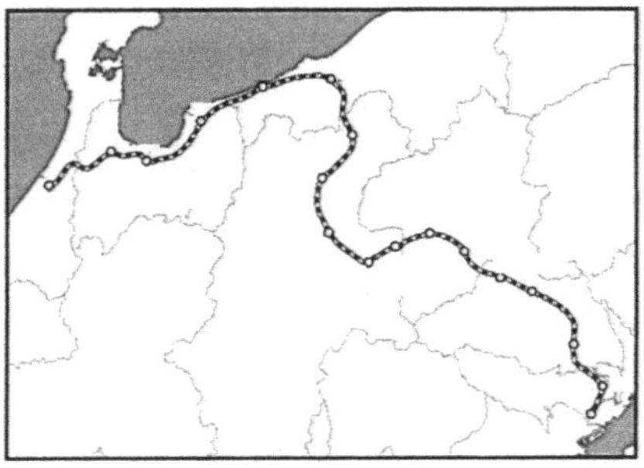

図2
（JR東日本HPより作成）

	最短の所要時間
A	32分
B	50分
C	１時間26分

（『JR時刻表』より作成）

	ア	イ	ウ	エ	オ	カ
A	金沢駅	金沢駅	長岡駅	長岡駅	長野駅	長野駅
B	長岡駅	長野駅	金沢駅	長野駅	金沢駅	長岡駅
C	長野駅	長岡駅	長野駅	金沢駅	長岡駅	金沢駅

（5） 下線④について，京都府の最高地点は皆《みな》子《こ》山の標高971mです。次の表は各府県の最高地点と面積を示したもので，表中の**A～C**は秋田県・千葉県・奈良県のいずれかです。**A～C**にあたる県名の組み合わせとして正しいものを，あとの**ア～カ**から１つ選んで，記号で答えなさい。

	最高地点（m）	面積（㎢）
京都府	971	4612
A	1757	11638
B	408	5157
C	1915	3691

（国土地理院HPなどより作成）

	ア	イ	ウ	エ	オ	カ
A	秋田県	秋田県	千葉県	千葉県	奈良県	奈良県
B	千葉県	奈良県	秋田県	奈良県	秋田県	千葉県
C	奈良県	千葉県	奈良県	秋田県	千葉県	秋田県

（6） 下線⑤について，高知県には東日本大震災以降，30 mを上回る高さの津波《つなみ》が想定されるようになった地域があります。次の図は高知市における**津波**と**洪《こう》水《ずい》**のハザードマップです。この図から読み取れることとして，津波と洪水のどちらも被《ひ》害《がい》が大きい地域にはどのような特徴があるか，簡単に説明しなさい。

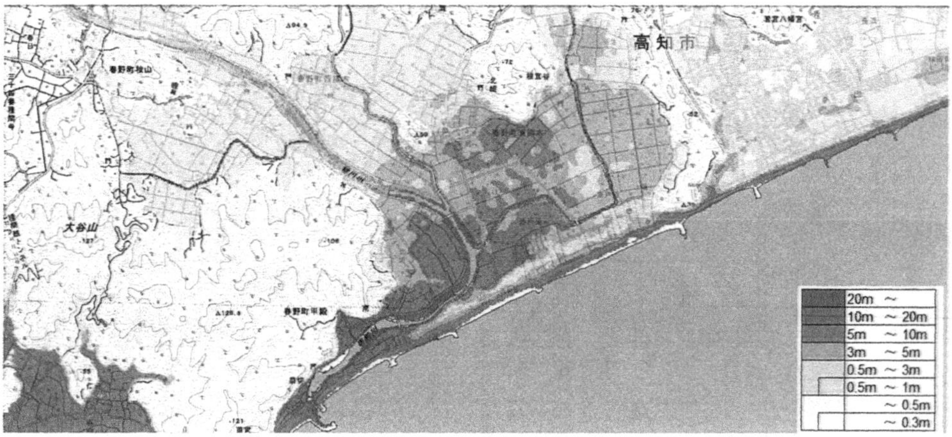

津波

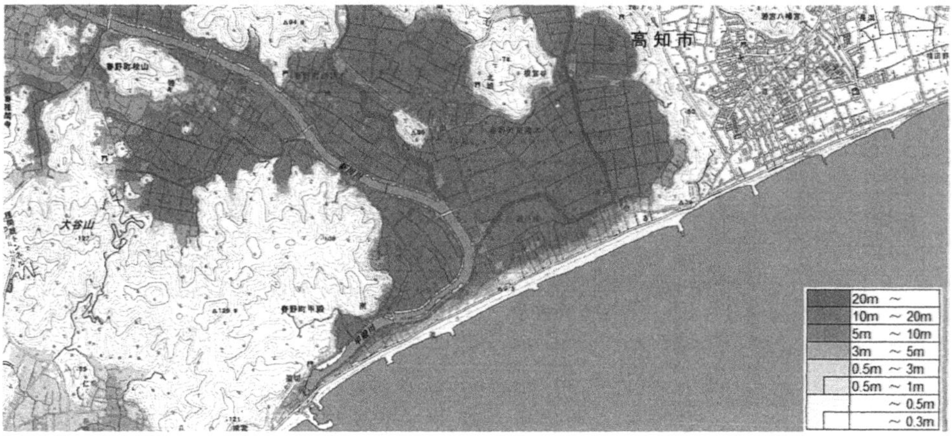

洪水

（「重ねるハザードマップ」より作成）

（7） 下線⑥について，室戸岬《みさき》は高知県の東部に位置しています。次の**A**・**B**は札幌市・北海道釧路《くしろ》市のいずれか，**C**・**D**は室戸市（室戸岬）・熊本市のいずれかの雨温図を示したものです。**札幌市**と**室戸市（室戸岬）**の組み合わせとして正しいものを，あとの**ア～エ**から１つ選んで，記号で答えなさい。

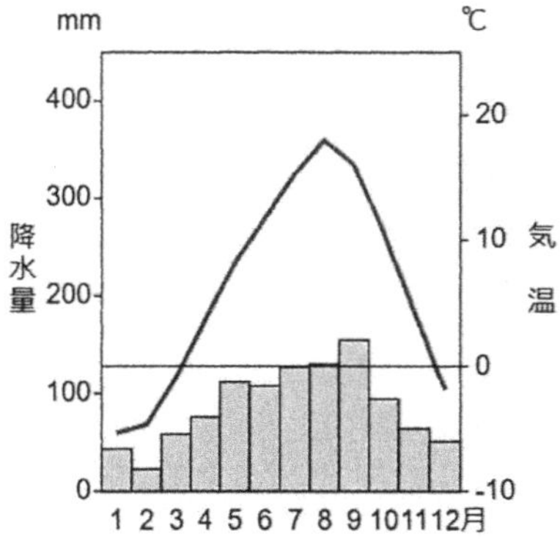

A

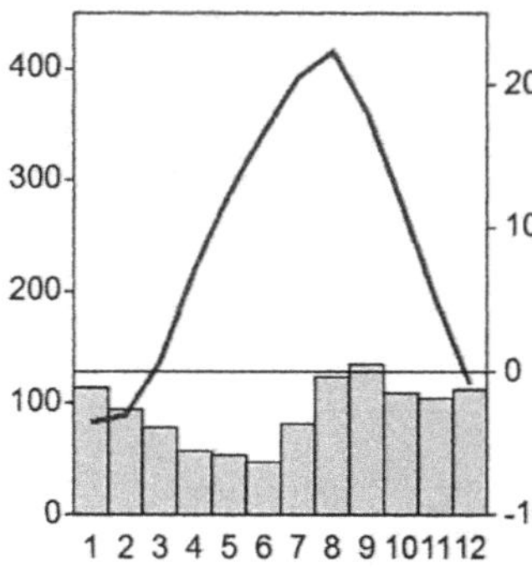

B

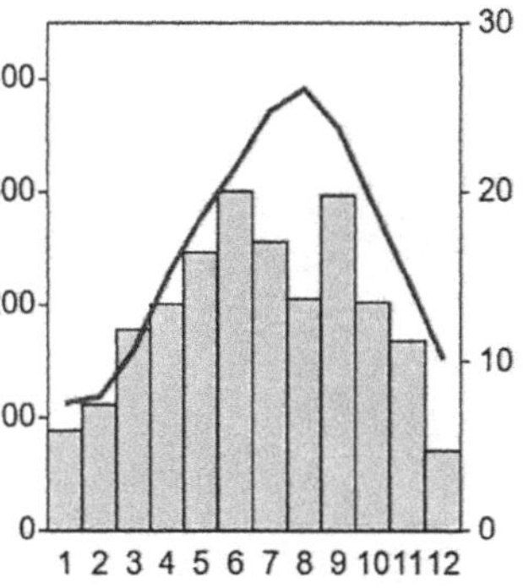

C

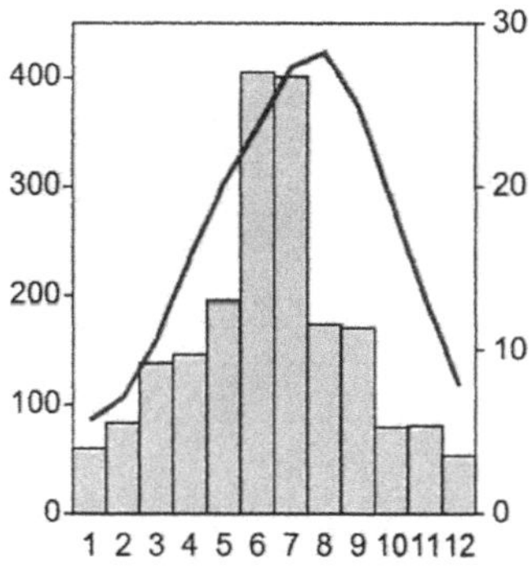

D

（『データブック　オブ・ザ・ワールド2022年度版』より作成）

ア　A・C　　イ　A・D　　ウ　B・C　　エ　B・D

（8） 下線⑦について，次の図は隠岐《おき》の島《しま》町の中心部を示したものです。この地図から読み取れることとして**誤っているもの**を，あとの**ア**～**エ**から１つ選んで，記号で答えなさい。

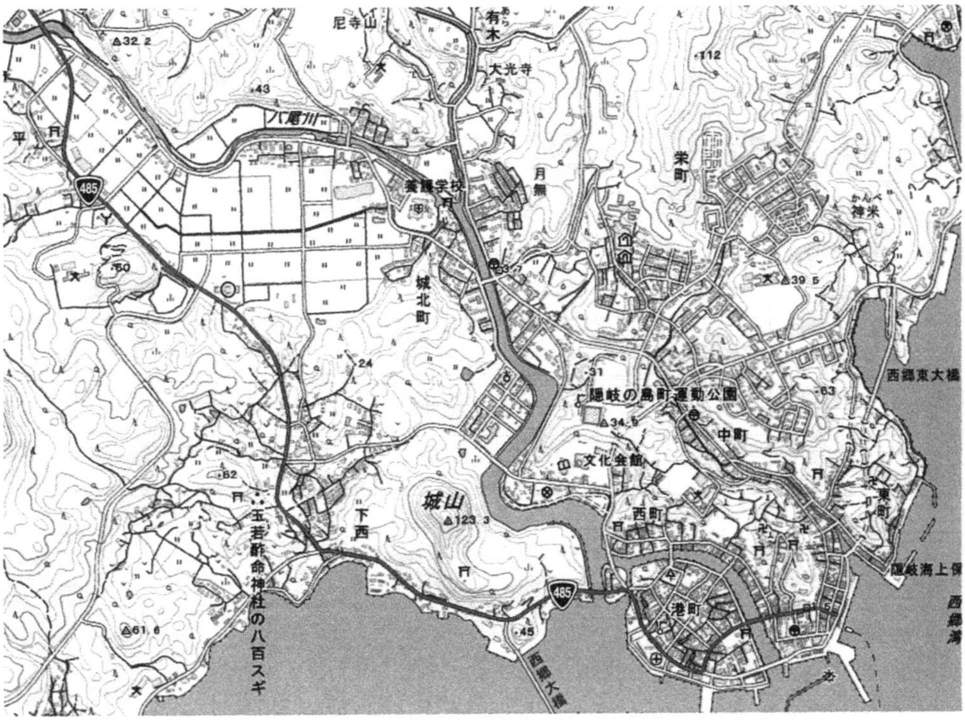

（「地理院地図」より作成）

ア　国道485号沿いに町役場や消防署がみられる。

イ　文化会館の西側には図書館がみられる。

ウ　玉若《たまわか》酢《す》命《みこと》神社の八百《やお》スギの北側には茶畑がみられる。

エ　隠岐の島町運動公園は八尾《やび》川沿いの郵便局より標高が高い。

（9） 下線⑧について，阿蘇が位置する熊本県には，大手自動車メーカーの工場が立地しています。自動車工業について説明した次の文**A**・**B**の正誤の組み合わせとして正しいものを，あとの**ア**～**エ**から１つ選んで，記号で答えなさい。

A　東日本大震災で被災しなかった工場においても，震災の影響で生産が止まった事例があった。

B　自動車を組み立てる工場のうち，愛媛県新居浜《にいはま》市の工場は国内最大規模である。

	ア	イ	ウ	エ
A	正	正	誤	誤
B	正	誤	正	誤

(10)　下線⑨について，九州地方にはさまざまな地形がみられます。次の図中のA～Dの説明として**下線部に誤りがあるもの**を，あとのア～エから１つ選んで，記号で答えなさい。

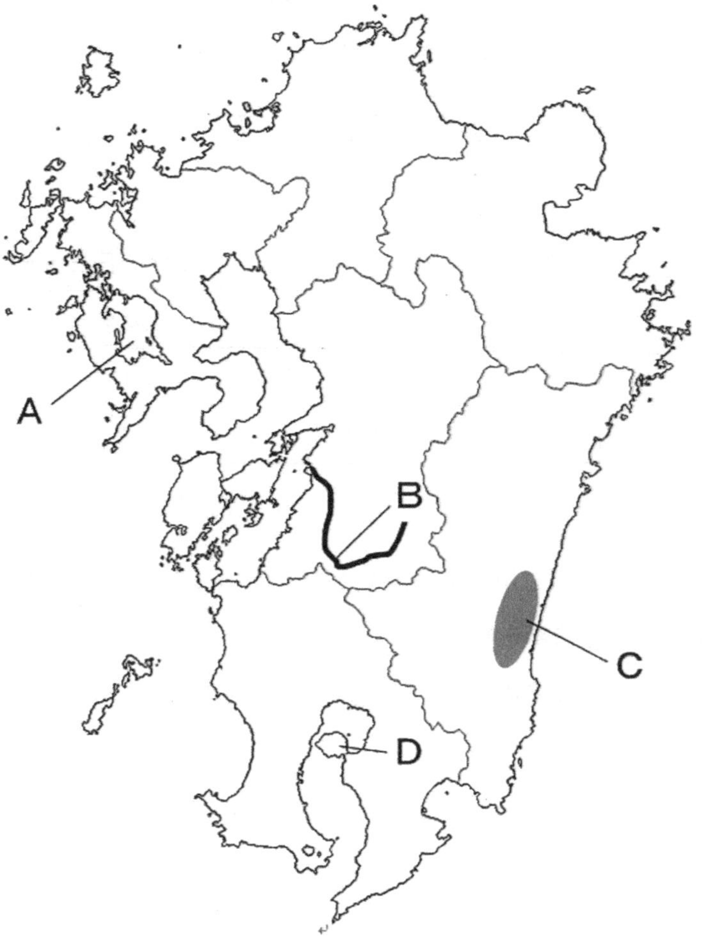

ア　Aは大村《おおむら》湾であり，沿岸部にはリアス海岸がみられる。

イ　Bは球磨《くま》川であり，日本三大急流の１つに数えられる。

ウ　Cは宮崎平野であり，全国的に有名な桃《もも》の産地である。

エ　Dは桜《さくら》島であり，火山活動によって形成された。

(11)　下線⑩について，長崎県の沖合には端島《はしま》や高島《たかしま》など，かつて石炭の採掘によって栄えた島があります。次の表のA・Bは日本における石炭・石油のいずれかの輸入先（2020年）を示したものです。また，C・Dの文は石炭・石油のいずれかについて説明したものです。**石炭**の組み合わせとして正しいものを，あとの**ア**～**エ**から1つ選んで，記号で答えなさい。

	A	B
1位	オーストラリア	サウジアラビア
2位	インドネシア	アラブ首長国連邦
3位	ロシア	カタール
4位	アメリカ合衆国	クウェート
5位	カナダ	ロシア

（『データブック　オブ・ザ・ワールド2022年度版』より作成）

C　北海道や九州を中心に埋蔵《まいぞう》量が豊富であったため，第二次世界大戦後には復興を支える基幹産業とされた。

D　日本国内の埋蔵量はわずかであり，新潟県などで小規模に採掘されている。

ア　A・C　　イ　A・D　　ウ　B・C　　エ　B・D

(12)　下線⑪について，下の図は島原半島にある雲仙普賢《ふげん》岳の立体図（**図１**）と地図（**図２**）です。**図１**は次の**図２**中の**ア～エ**のどの方角から見たものですか。**ア～エ**から１つ選んで，記号で答えなさい。

図１

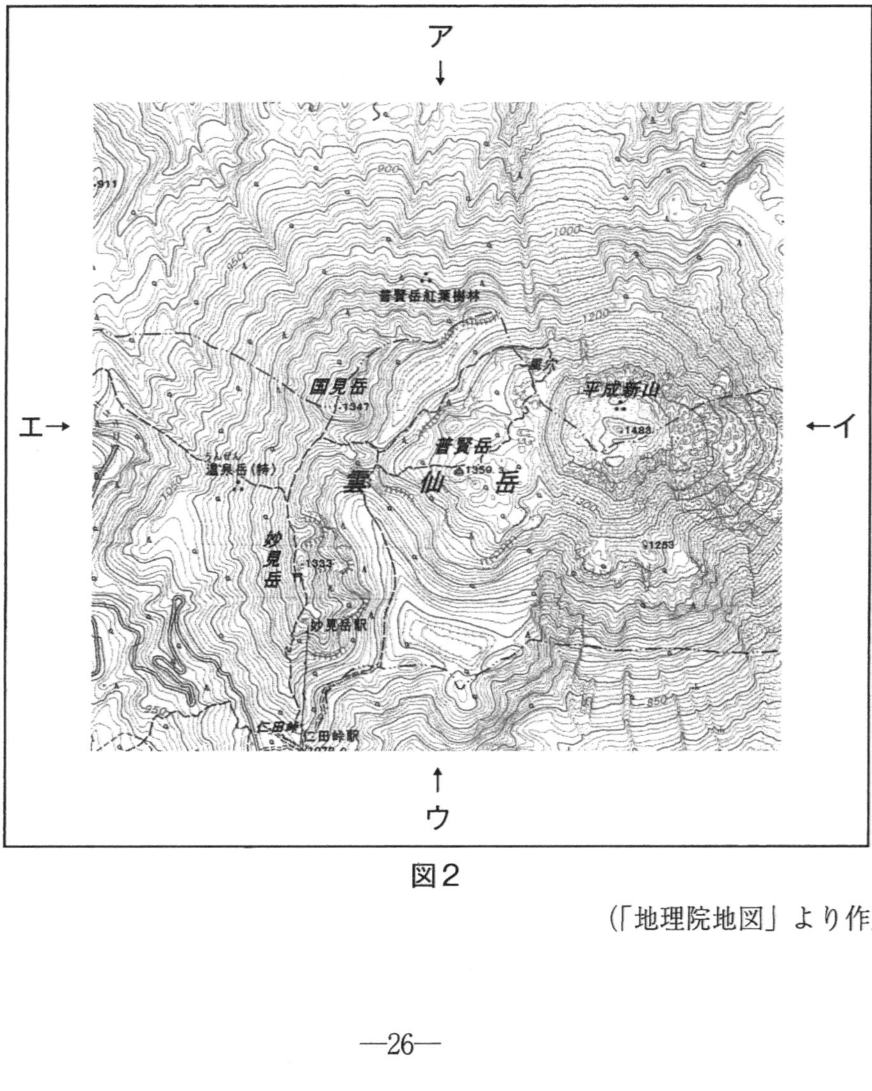

図２

（「地理院地図」より作成）

(13)　次の表は，ジオパークが位置する県の人口上位３市町村（2021年，単位は千人）を示したもので，☆は県庁所在地を表しています。表中の**A～C**は，静岡県・長崎県・新潟県のいずれかです。**A～C**にあたる県名の組み合わせとして正しいものを，あとの**ア～カ**から１つ選んで，記号で答えなさい。

A		B		C	
774		408	☆	779	☆
683	☆	244		263	
246		134		187	

（『データブック　オブ・ザ・ワールド2022年度版』より作成）

	ア	イ	ウ	エ	オ	カ
A	静岡県	静岡県	長崎県	長崎県	新潟県	新潟県
B	長崎県	新潟県	静岡県	新潟県	静岡県	長崎県
C	新潟県	長崎県	新潟県	静岡県	長崎県	静岡県

(14)　アメリカ合衆国・スペイン・ブラジル・ベトナムには世界ジオパークに指定されている地域があります。次の**ア～エ**はアメリカ合衆国・スペイン・ブラジル・ベトナムのいずれかについて説明したものです。**スペイン**について述べた文として正しいものを，**ア～エ**から１つ選んで，記号で答えなさい。

ア　マドリードを首都とする，ヨーロッパ西部に位置する国である。

イ　ワシントンを首都とする，英語を公用語とする国である。

ウ　東南アジアに位置する，稲作が盛んな国である。

エ　北半球と南半球にまたがる，キリスト教を信仰する人が多い国である。

問題は次に続きます。

3 次の会話文を読んで，あとの（1）～（10）の問いに答えなさい。

しゅう「昨年の春ごろのニュースで①『日本20年ぶりの円安水準』という言葉をよく聞いたんだけど，円安っていったい何なのだろう。」

なつき「世界の国々には日本の円以外にもいろいろな通貨があって，アメリカのドルやロシアの（　a　）など，円と他の国の通貨とを交換《こうかん》するときの交換比率を（　b　）っていうんだけど，そこで他の国の通貨に比べて円の価値が下がることを円安っていうんだよ。」

しゅう「じゃあたとえば，１ドル＝100円から１ドル＝50円になることを円安っていうの。」

なつき「それは違《ちが》うよ。１ドル＝50円は２ドル＝100円と同じことだから，それだと100円の価値が１ドルから２ドルに上がってしまっているよね。これは円安じゃなくて円高だから，逆に考える必要があるね。」

しゅう「なるほど，よくわかったよ。ところで，どんなふうになったら円安になるの。」

なつき「一般《いっぱん》的には，多くの人に欲しがられたものは価値が上がり，その逆のことが起こったものは価値が下がるといわれているんだ。昨年の春ごろの場合だと，日本よりアメリカのほうが，お金を預けたり貸したりするときにつく（　c　）が高くなるとみられていたことから，日本の円を手放してドルを手に入れて，アメリカでお金を預けたほうがもうかると考えた人が多くなったのが，理由の１つだといわれているよ。」

しゅう「それじゃあ，円安になったら日本にどんな影響があるの。」

なつき「１ドル＝50円から１ドル＝100円になる場合を例に考えてみようか。アメリカの１ドル相当の商品を円で買うことを考えると，円安になったら買い（　X　）なるよね。そう考えると，円安は日本にとって輸入がし（　Y　）なるということだよね。」

しゅう「だから日本で（　Z　）したんだ。他方で円安になったら，海外の人は日本のお土産などを買いやすくなるだろうし，日本の観光地は盛り上がりそうだね。たとえば，北海道ニセコ町は自治基本（　d　）を独自のルールとして制定して，住民主体となって地元住民と観光客の両方が満足するまちづくりを行おうとしているみたいだし。」

なつき「そううまくいけばいいんだけど，実際には②新型コロナウイルス感染症《かんせんしょう》の影響で，まだまだ海外から多くの観光客を呼ぶのは難しそうだよ。」

しゅう「そっかあ。これから円安の行方と日本の経済はどうなっていくのだろう。」

なつき「昨年行われた③参議院議員選挙では，④憲法改正，⑤安全保障や⑥財政などに並んで，円安にともなう物価高が主な争点にもなっていたみたいだし，⑦国の政治が日本の経済をどうしていくのか，⑧主権者である私たちがしっかり注目していきたいね。」

（1） 会話文中の（ a ）～（ d ）にあてはまる語句をそれぞれ答えなさい。

（2） 会話文中の（ X ）～（ Z ）にあてはまる語句の組み合わせとしてもっとも適当なものを，次の**ア～ク**から１つ選んで，記号で答えなさい。

	（ X ）	（ Y ）	（ Z ）
ア	やすく	やすく	豚《ぶた》肉の価格が値下がり
イ	やすく	やすく	マヨネーズの価格が値上がり
ウ	やすく	にくく	コメの価格が値下がり
エ	やすく	にくく	ガソリンの価格が値上がり
オ	にくく	やすく	豚肉の価格が値下がり
カ	にくく	やすく	マヨネーズの価格が値上がり
キ	にくく	にくく	コメの価格が値下がり
ク	にくく	にくく	ガソリンの価格が値上がり

（3）　下線①について，次のア～エのグラフのうち，**2022年4月～6月**の円とドルとの交換比率の推移（東京市場月中平均）を示したものを1つ選んで，記号で答えなさい。

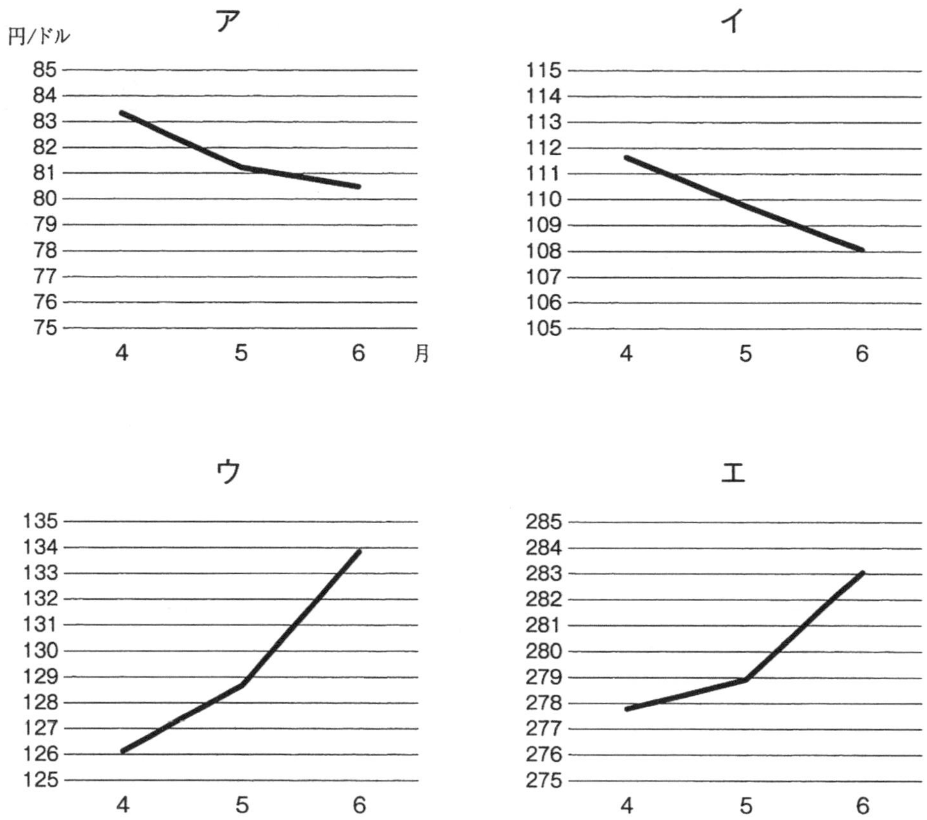

（日本銀行HPより作成）

（4） 下線②について，次のグラフA・Bは，国立青少年教育振興《しんこう》機構が，日本・アメリカ合衆国・中国・韓国の高校生を対象に行った調査の結果を示したものです。これらのグラフから読み取れることがらとしてもっとも適当なものを，あとのア～エから１つ選んで，記号で答えなさい。

A 新型コロナウイルスがとても恐《こわ》い（2021年）

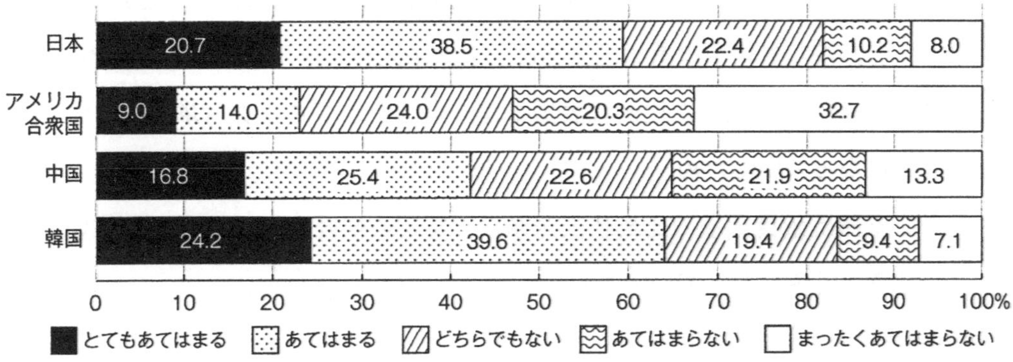

B 自分の将来に不安を感じている（2021年）

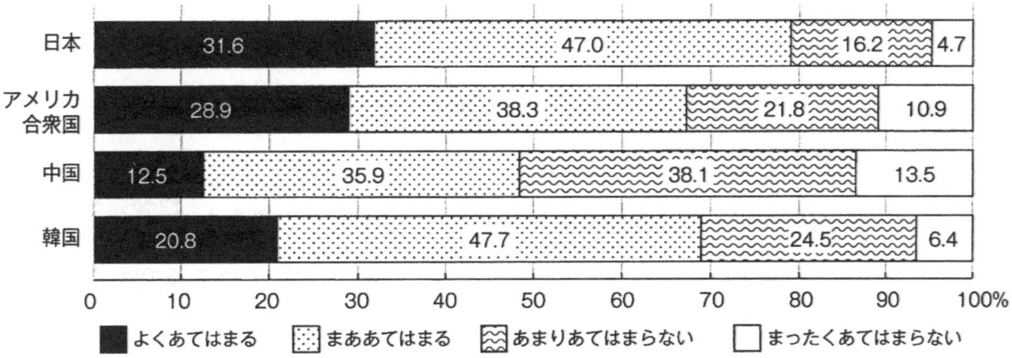

（独立行政法人国立青少年教育振興機構HPより作成）

ア Aについて「まったくあてはまらない」と答えた割合も，Bについて「まったくあてはまらない」と答えた割合も，2016年にひとりっ子政策を廃止した国がもっとも高い。

イ Aについて「とてもあてはまる」と「あてはまる」と答えた割合の合計は，昨年新しい大統領が選ばれた国がもっとも高い。

ウ Bについて「まったくあてはまらない」と答えた割合は，国際連合の本部が置かれている国がもっとも高い。

エ Aについて「とてもあてはまる」，かつBについて「よくあてはまる」と答えた割合は，今年主要国首脳会議（サミット）が開かれる予定の国がもっとも高い。

（5） 下線③について，衆議院議員選挙に比べて，参議院議員選挙では，各政党がタレントやスポーツ選手などの有名人を多く立候補させる傾向《けいこう》があるといわれています。その理由としてもっとも適当なものを，次の**ア**～**エ**から１つ選んで，記号で答えなさい。

ア 衆議院議員選挙の選挙区選挙は，都道府県単位で行われているため。

イ 参議院議員選挙の選挙区選挙は，小選挙区制が採用されているため。

ウ 衆議院議員選挙の比例代表選挙は，全国を１ブロック（単位）とするしくみになっているため。

エ 参議院議員選挙の比例代表選挙は，特定の候補者名か政党名を書いて投票するしくみになっているため。

（6） 下線④について，次の日本国憲法の条文中の（ e ）～（ g ）にあてはまる語句をそれぞれ答えなさい。

第37条 すべて刑事《けいじ》事件においては，被告人は，（ e ）な裁判所の迅速《じんそく》な公開裁判を受ける権利を有する。

２ 刑事被告人は，すべての証人に対して審問する機会を充分《じゅうぶん》に与《あた》へられ，又《また》，公費で自己のために強制的手続により証人を求める権利を有する。

３ 刑事被告人は，いかなる場合にも，資格を有する（ f ）を依頼《いらい》することができる。被告人が自らこれを依頼することができないときは，（ g ）でこれを附《ふ》する。

（7） 下線⑤について，2021年に核兵器禁止条約が発効しましたが，現在のところ日本はこの条約に参加していません。その理由を簡単に説明しなさい。

（8） 下線⑥について，2022年度の国の一般会計予算における歳出は107兆5964億円であったのに対し，税による収入は65兆2350億円でした。この財政収入の不足はおもにどうやって補うことになるか，解答らんに合う形で答えなさい。

（9） 下線⑦について，日本では，国の権力が１か所に集中しないよう，権力を３つの機関に分担して持たせています。次の図は，中学生のまさやさんが３つの機関の関係についてまとめたものです。図から読み取れることについて述べた文としてもっとも適当なものを，あとの**ア～エ**から１つ選んで，記号で答えなさい。

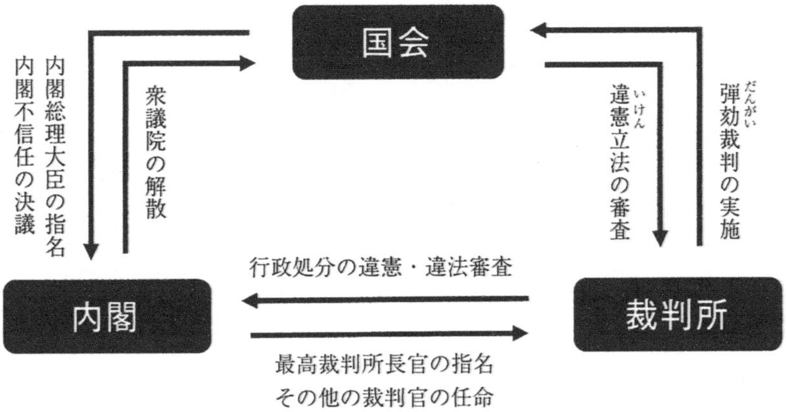

ア　国会・内閣間の矢印についての説明に誤りが含《ふく》まれている。

イ　国会・裁判所間の矢印についての説明に誤りが含まれている。

ウ　内閣・裁判所間の矢印についての説明に誤りが含まれている。

エ　図中のどの矢印についての説明にも誤りはない。

（10） 下線⑧について，主権者である私たちが国や地方の政治に参加する手段について述べた文として**適当でないもの**を，次の**ア～エ**から１つ選んで，記号で答えなさい。

ア　18歳以上の国民が，日本国憲法改正の国民投票で１票を投じる。

イ　20歳以上の国民が，最高裁判所の裁判に裁判員として参加する。

ウ　25歳以上の住民が，市町村議会議員選挙に立候補する。

エ　30歳以上の住民が，都道府県知事選挙に立候補する。

令和４年度

中学入学試験問題

―― 国　語 ――

《解答時間：６０分》

《配点：１５０点満点》

注　意

１．問題は試験開始の合図《あいず》があるまで開かないこと。

２．問題用紙のページ数は，表紙を除いて18ページ，解答用紙は１枚である。不足している場合は，ただちに申し出ること。

３．解答はすべて，問題の番号と解答用紙の番号が一致《いっち》するよう，解答用紙の所定のらんに記入すること。不明りょうな書き方をした解答は採点しない。（※印のらんには記入しないこと）

４．開始の合図があったら，まず解答用紙に教室記号・受験番号・氏名を記入すること。

洛南高等学校附属中学校

1 次の文章を読んで、あとの(1)～(10)の問いに答えなさい。

小説や随筆《ずいひつ》の執筆《しっぴつ》依頼《いらい》を引受《ひきう》けた時、私はこれまで締切《しめき》り日を守らなかったことは一度もない。と言うよりは、締切り日前に必ず書き上げ、編集者に渡《わた》すのを①□としている。

編集者は、小説家の多くが締切り日が来ても書けず、そのことに苦労しているので、

「まことにありがたい。まさに②神様、仏様です」

と、私に言う。

奇癖《きへき》とも言うべきこの私の習慣は、小説家の間にも知られていて、私のことを小説家の敵だ、などと冗談《じょうだん》半分に言う人もいるらしい。

しかし、編集者は、ありがたいと言っているものの、内心ではそうでもないことを③私は知っている。

酒が入ると、編集者は、

「締切り過ぎてやっと小説をとった時の④醍醐《だいご》□は、なににも換《か》えられないな」

と、私が傍《かたわ》らにいるのも忘れて⑤□きわまったように言う。その言葉のひびきには、締切りが過ぎてようやく小説を渡す作家に対する深い⑥畏敬《いけい》の□がこめられている。そのようにして書き上げた作品は、⑦傑作《けっさく》という□がある。

となると、締切り日前に書いたものを渡す私などは、編集者の喜びを取り上げ、さらに作品の質が低いと判断されていることになる。

このような編集者の言葉を耳にする度《たび》に、私も締切り日が来ても書くことはせず、かなり過ぎてから書き上げて渡すようにしようか、と思ったりもする。

しかし、性分《しょうぶん》というものはどうにもならない。過去をふり返ってみると、それは少年時代から身についた性分だということを知る。

小学生時代、夏休みの A 題はかなりの量であったが、それを私は、夏休みがはじまった日から、遊ぶこともせずにこなし、五日ほどで仕上げた。それから夏休みの間、 A 題の日記だけを書くだけで（ 1 ）と過《す》ごした。

中学校に入ると、各学期の試験があったが、私は、学期がはじまった日から試験にそなえてノートの整理、復習につとめた。試験の日の朝、クラスの者たちは徹夜《てつや》もしたらしく眠《ねむ》そうな眼《め》をしていたが、私は試験の期間、映画を見たり寄席《よせ》に足をむけた

りして過した。

「いやみな中学生だったんですね」

と、家内は顔をしかめるが、事実なのだから仕方がない。

私も、締切り日の三日前になったのに短篇《たんぺん》小説が一行も書けなかったことがある。その時の精神状態は、思い出すだけでも恐《おそろ》しい。頭は全くの空白で、どうしてよいのかわからずうろたえにうろたえた。椅子《いす》から立ったり坐《すわ》ったり、全くのパニックであった。なんとか締切り寸前に書き上げたが、あのような恐怖《きょうふ》は二度と味わいたくない、と痛B に思った。

いわば私は、小心者なのである。少《すく》くとも締切り日の十日ほど前を自分なりの締切り日と定め、（　２　）した気分で⑧□を進めるのである。それでなければ書けないのである。

書いたものを家にとどめておいて、締切り日を過ぎてから渡せばよいのに、と忠告してくれる知人もいる。しかし、また、それができない。書き上げたものが身近にあると落着《おちつ》かず、郵送したりファクシミリで送ったりしてしまう。自分でも照れ臭《くさ》いので、「早くてすみませんが……」と書き添《そ》える。

⑨全く因果な性格である。

四年ほど前から、自分でも⑩ほとほと呆《あき》れる現象が起《おこ》った。

文芸誌の「新潮」編集部から歴史小説執筆の依頼があって、『生麦《なまむぎ》事件』と題する長篇小説の連載《れんさい》をはじめた。一回が原稿《げんこう》用紙（四百字詰《づめ》）三十枚で、それに専念し、約一年を要して書き上げた。

その後、「文藝《ぶんげい》春秋」の依頼で、『夜明けの雷鳴《らいめい》』という連載小説の執筆に取組《とりく》み、それも一年後に⑪□をおいた。さらに「読売新聞」に『アメリカ彦蔵《ひこぞう》』という題の長篇小説を書きはじめ、今年の七月には最終回を書き終えた。

『生麦事件』は、今年の「新潮」八月号で連載の発表が終《おわ》っているが、『夜明けの雷鳴』『アメリカ彦蔵』はそれぞれ「文藝春秋」「読売新聞」で連載がつづいている。第三者からみれば、私は三つの連載小説を書いている形になっている。私は、このような旺盛《おうせい》な筆力はない。常に一つの作品のみに没頭《ぼっとう》し、同時並行《へいこう》などは基本的にできないし、やろうとも思わない。

それらの三作品は、過去に一作ずつ書いたもので、すべて書き終えた現在、私は

（ 3 ）となすこともなく日を過している。

私は、[C]事というものに時間を費《つい》やすことを極力避《さ》け、それらの作品を一日三枚ほど休むことなく書きつづけてきたのである。随筆を書くことも、小説を執筆中は引受けないが、本誌の依頼でこの随筆を書く気になったのは、[I]からだ。

この随筆の締切り日まで二十日間ほどあるが、私は、「[II]」と添え書きして、明日にでも郵送するつもりでいる。

（『〆切本』吉村《よしむら》 昭《あきら》の文章による）

(1) ——線①「□としている」④「醍醐□」⑤「□きわまった」⑥「畏敬の□」⑦「傑作という□」の□にあてはまるものを、それぞれ次の**ア**～**オ**の中から選んで、記号で答えなさい。同じ記号は二度使えません。

ア 趣《おもむき**》**　**イ** 感　**ウ** 常　**エ** 念　**オ** 味

(2) ——線②「神様、仏様」とありますが、次のことばの[ア]～[サ]には「神」または「仏」のいずれかがあてはまります。「仏」の入るものをすべて選んで、記号で答えなさい。

・[ア]頂面《づら》　・[イ]通力
・[ウ]がかり　・天地[エ]明
・知らぬが[オ]　・[カ]の顔も三度
・地獄《じごく》で[キ]に会う　・苦しいときの[ク]頼《だの》み
・さわらぬ[ケ]にたたりなし　・すてる[コ]あればひろう[サ]あり

(3) ――線③「私は知っている」とありますが、「私」はどういうことを「知っている」というのですか。次のア～オの中から最もふさわしいものを選んで、記号で答えなさい。

ア 締め切り前に仕上げる私の習慣は、編集者の想定をも超《こ》えてしまっていること。

イ 完成した私の作品は、自分の思いに反して編集者には意外と低評価であること。

ウ 執筆に関わる私の癖《くせ》には、編集者の働きがいをそこなっている側面もあること。

エ 小説家の敵とも称《しょう》される私は、同時に編集者の敵のようにも思われていること。

オ 他の小説家と異なる私の仕事ぶりは、編集者に気を遣《つか》わせてしまっていること。

(4) [A]には「宿」が入り、この漢字の構成には「百」という漢数字がふくまれています。[B]・[C]には「四」～「九」のいずれかの漢数字を構成にふくんだ漢字が入ります。[B]・[C]にふさわしい漢字をそれぞれ答えなさい。

(5) （１）～（３）に最もよくあてはまることばを、それぞれ次のア～オの中から選んで、記号で答えなさい。同じ記号は二度使えません。

ア きっちり　イ のんびり　ウ ぼんやり　エ すんなり　オ ゆったり

(6) ――線⑧「□を進める」⑪「□をおいた」の□に共通してあてはまる漢字一字を答えなさい。また、次の１・２の慣用句の□にそれぞれ共通してあてはまる漢字一字を答えなさい。

１ 「□をつめる」「□をおろす」

２ 「□をはずす」「□をたつ」

(7) ――線⑨「全く因果な性格である」とありますが、これについて次のⅰ・ⅱの問いに答えなさい。

ⅰ これはどういうことを言っているのですか。次のア〜オの中から最もふさわしいものを選んで、記号で答えなさい。

ア 気の小さな自分の性格が悪く誤解されていると感じ、くやしいということ。

イ 自分のせっかちな性格をこっけいに感じ、おかしいと思っているということ。

ウ 器《うつわ》の小さい自分の性格がはた迷惑《めいわく》なものだと感じ、恐縮しているということ。

エ 慎重《しんちょう》過ぎる自分の性格を取り難《がた》く感じ、もうあきらめているということ。

オ 自分の気弱で臆病《おくびょう》な性格は宿命で仕方ないと感じ、正す気もないということ。

ⅱ 「因果」は対比的な意味の漢字を組み合わせたことばですが、次の1〜3について同じような成り立ちのことばになるよう、□にあてはまる漢字一字をそれぞれ答えなさい。

1 収□　2 首□　3 玉□

(8) ――線⑩「ほとほと呆れる現象」とありますが、これはどういうことを言っているのですか。それを説明した次の文の［1］〜［5］にあてはまることばを、文章中からそれぞれ指定された字数でぬき出して答えなさい。

重なる時期に発表されることになる［1（七字）］の執筆依頼を引き受け、［2（六字）］書いて、実際には［3（四字）］書き終わったのだが、あたかも［4（四字）］で執筆をこなす［5（五字）］の持ち主とも思われそうな状況《じょうきょう》になっているということ。

(9) ［Ⅰ］にあてはまる内容を考えて十五字以内で答えなさい。

(10) ［Ⅱ］には、この文章の表題にもなっていることばがあてはまります。文章中からふさわしいことばをぬき出して答えなさい。

2 次の文章を読んで、あとの(1)~(8)の問いに答えなさい。

中学生の「わたし」は家族で行った中華《ちゅうか》料理店で出されたマーボー豆腐《どうふ》の辛《から》さに驚《おどろ》くが、そのとき姉に「お子さま」と言われ、それ以降「わたし」は自分が子どもっぽいことが気になってしまう。

午前の授業が終わって、給食の時間になった。

始業前に美貴《みき》ちゃんと話したときから、わたしはずっと迷っていた。無理して大人になろうとしなくたっていい、と美貴ちゃんは言ってくれたけど、ほんとうにそれでいいのかな。わたしはやっぱり、変わらなくちゃいけないんじゃないかな、って。

どうしたらいいのかわからないまま、わたしは給食のトレイを見おろした。きょうの給食のメニューはマーボー豆腐だった。この前の夜に食べた、本場の黒っぽいのとは違《ちが》う、やさしいオレンジ色の、わたしの好きなマーボー豆腐。

小学校のときから変わらない、その甘口《あまくち》のマーボー豆腐を食べているうちに、わたしはだんだんほっとした気分になっていた。そしてほっとするのといっしょに、ごちゃごちゃこんがらがっていた頭の中の悩《なや》みが、①フシギなくらいするするとほどけていくのを感じた。

もうやめちゃおうかな、こんなこと。わたしはそう考えた。どんなに頑張《がんば》って大人っぽく変わろうとしたって、きっとまた②空□□□をして、勘《かん》違いされちゃうだけ。だったら、こんなつらくてくたびれること、意地を張って続けなくたっていいよね。

悩みは消えたはずなのに、わたしの心はまだもやもやとしたままだった。こっそりため息をついてから、なにげなくとなりの班を見ると、みっくんがつまらなそうな顔で、マーボー豆腐を口に運んでいた。

きっとみっくんも、給食のマーボー豆腐より、中華料理店の本場のマーボー豆腐のほうが好きなんだろうな、と思った。美貴ちゃんや朋《とも》ちゃんと同じように。

わたしはやっぱりお子さまなんだな。お姉ちゃんの言葉を思いだしながら食べたマーボー豆腐は、③ほんのちょっと苦い味が混ざっていた。

放課後、わたしは読むのをあきらめた恋愛《れんあい》小説を、図書館に返しにいった。

返却《へんきゃく》カウンターで、図書館のお姉さんに本をわたしながら、わたしは後ろめたい気分でいた。ほんとうに返してしまっていいんだろうか。この本を返しちゃったら、わたしはこれからもずっと、大人っぽくはなれないんじゃないかな。そんな不安も感じていた。

返却が終わったあとも、まっすぐ童話を借りにいく気にはなれなくて、わたしは大人向けの小説の棚《たな》のあいだをうろうろしていた。またべつの小説を借りてみようかな、とも考えたけど、おもしろそうな本はなかなか見つからなかった。

しばらく迷ったあとで、わたしはためらいがちに、大人の小説のコーナーを離《はな》れた。そしていつもの童話の棚に向かうと、そこでわたしは思いがけない相手の姿を見つけた。

そこにいたのは、大人びた顔の背の高い男子。みっくんだった。みっくんは棚の前で童話の本を開いて、熱心に立ち読みをしていた。

本の表紙は見えないけど、挿絵《さしえ》でわかる。この前わたしが返した、「こだぬきレストランのポックル」の最新刊だ。

それを読むみっくんの顔には、すごくわくわくした表情が浮《う》かんでいた。いつもの不機嫌《ふきげん》で怖《こわ》そうな顔とは違う、昔となんにも変わっていない、おもしろい童話を読んでいるときのみっくんの顔だ。

驚きすぎて声をかけることもできないでいると、みっくんがわたしに気がついた。みっくんは（　A　）した顔になってから、すぐにその表情を引っこめて、「なんだ、高梨《たかなし》か」とぶっきらぼうに言った。そして読んでいた本を棚にもどすと、なにごともなかったかのように、すたすたとその場を立ち去ってしまう。

④呆気《あっけ》に取られてしまってから、わたしはとっさにポックルの最新刊を棚からぬきだして、みっくんのあとを追いかけた。

「道橋くん、待って！」

わたしが呼びかけても、みっくんは立ち止まってくれなかった。わたしは駆《か》け足でみっくんに追いつくと、服の裾《すそ》をつかんで言った。

「待ってよ、みっくん！」

昔のあだ名をつい使ってしまったら、みっくんが怒《おこ》った顔で振《ふ》りかえった。鋭《するど》い目でにらまれて、わたしは（　B　）うつむいた。

けれどそれからすぐに、大きなため息の音が聞こえた。わたしがおそるおそる顔を上げると、みっくんは怖い顔をやめて、あきれたようにわたしのことを見ていた。

「もうその呼びかたはするなよ。恥《は》ずかしいだろ」

「ごめんなさい。その、これ、借りようとしてたんじゃないの？」

わたしは（　C　）ポックルの本をみっくんに差しだした。するとみっくんはその本を見もしないでこたえる。

「そういうわけじゃない。この前高梨が話してたのを思いだして、ちょっと見てただけだ」

「でも、すごくわくわくした顔で読んでたし……」

「そんな顔はしていない」

怖い顔できっぱり言いかえされて、わたしはまた⑤縮こまった。けれど、それでもまだあきらめられないで、わたしがこわごわその顔色をうかがおうとしていると、みっくんはぼそぼそとつけくわえた。

「だいたい、こんなでかいのが低学年向けの童話なんて読んでたら、変に決まってるだろ」

その言葉を聞いたわたしは、（　D　）してみっくんの顔を見あげた。わたしよりも頭ひとつぶんは上にある、みっくんの顔を。

⑥ふてくされたような顔でそっぽを向いているみっくんを見て、わたしは気がついた。みっくんは、童話を好きじゃなくなったわけじゃなかったんだ、って。そのことが、みっくんの声や表情から伝わってきた。

それからわたしは、学校での美貴ちゃんとの会話を思いだした。大人っぽいふりをしていたわたしは、不機嫌そうで怒っているように見えた、と美貴ちゃんは言っていた。不機嫌そうで怒っているように見えるって、それはわたしだけじゃなくて、みっくんだってそうだ。

もしかしたらみっくんも、急いで大人になろうとして、無理をしているんじゃないだろうか、とわたしは思った。わたしと違って、みっくんの外見はどんどん大人に近づいている。だからわたしよりも⑦ヨケイにあせって、大きくなった体に中身もあわせようと、大人っぽく振舞《ふるま》って、好きな童話も読まなくなって……。

大人にならなくちゃとあせっていたのは、わたしだけじゃなかった。そのことがわかった途端《とたん》、わたしの口から言葉が飛びだしていた。

⑧「ゼッタイ、変なんかじゃないと思う！」

静かな図書館に、わたしの声が響《ひび》きわたった。みっくんは目をまるくしていて、わたしも自分の声の大きさに驚いていた。

なにを話したらいいかわからなくて、わたしはおろおろしてしまった。だけどわたしはとにかくみっくんに、またポックルの童話を読んでほしかった。

「あ、あのねっ、この本、ほんとにすごくおもしろかったの！　ポックルの全部のお話の中で、ベストスリーに入れたいくらいに。ライバルのイナリ丸との料理勝負もわくわくしたし、ポックルがつくるいろんなマーボー豆腐がどれもおいしそうで……」

わたしは一生懸命《けんめい》、ポックルの新しいお話のおもしろさをみっくんに伝えようとした。

そんなわたしのことを、みっくんは（　E　）した顔で見つめていた。けれどそのうちに、みっくんはふう、とため息をついて、「わかったよ」とわたしの言葉を止めた。やれやれというような、だけどやさしい声で。

「普段《ふだん》はおどおどしてるのに、好きな本の話をするときはすごいおしゃべりなとこ、昔と変わらないな」

みっくんはそう言って、わたしの差しだした本を受けとった。みっくんに本をわたしながら、わたしは自然と笑顔《えがお》になっていた。変わらなくちゃ、と思って、ずっと頑張っていたはずなのに、変わらないな、というみっくんの言葉が、わたしはなんだかとてもうれしかった。

激辛マーボー豆腐の夜から、ずっと［　　］で重たかった胸が、⑨やっと軽くなったような気がした。

（如月《きさらぎ》かずさ『給食アンサンブル』光村図書出版）

(1) ——線①⑦⑧のカタカナをそれぞれ漢字に改めなさい。

(2) ——線②「空□□□」にあてはまるひらがなを答えなさい。また、次の**1**〜**3**の慣用句の□にあてはまる漢字一字を、それぞれ答えなさい。

1 他人の空□

2 □が空くほど見つめる

3 机《き》上の空□

(3) ——線③「ほんのちょっと苦い味が混ざっていた」とありますが、なぜそのように感じたと言えますか。次の**ア**〜**オ**の中から最もふさわしいものを選んで、記号で答えなさい。

ア 大人になるために本場のマーボー豆腐を好きになろうと努力してきたのに、給食のマーボー豆腐に満足する自分が情けなくなったから。

イ 辛いマーボー豆腐を食べられるようになりたくても、どうしても甘いマーボー豆腐にひかれてしまうという自分の弱さを痛感したから。

ウ 給食のマーボー豆腐を食べているうちに、姉に厳しい言葉をかけられた時に食べた本場のマーボー豆腐の味が自然と思い出されたから。

エ 給食のなつかしい味のマーボー豆腐にほっとしたことで、逆にどう頑張っても大人にはなれないという事実を思い知ってしまったから。

オ 本場の辛いマーボー豆腐ではなく甘口のマーボー豆腐に安心する自分に、結局自分が幼いままであるということを実感させられたから。

(4) （ A ）〜（ E ）にあてはまることばを、それぞれ次の**ア**〜**オ**の中から選んで、記号で答えなさい。同じ記号は二度使えません。

ア ぎょっと　**イ** はっと　**ウ** びくっと

エ きょとんと　**オ** おずおずと

(5) ――線④「呆気に取られて」⑤「縮こまった」の意味として、それぞれあとの**ア**〜**オ**の中から最もふさわしいものを選んで、記号で答えなさい。

④ 呆気に取られて

ア 不意をつかれてあわてふためいて
イ 予想外のことに驚きぼんやりして
ウ 何が起きたのか分からずにこまって
エ あまりに急なことに思わず反応して
オ 感動のあまりに声も出せなくなって

⑤ 縮こまった

ア 驚いて身体を固くした
イ 反省して自らつつしんだ
ウ 反射で身が引きしまった
エ 緊張《きんちょう》で身体が小さくなった
オ 申し訳なさでおそれ入った

(6) ――線⑥「ふてくされたような顔でそっぽを向いている」とありますが、このとき「わたし」が感じている「みっくん」の気持ちはどのようなものですか。次の**ア**〜**オ**の中から、その説明として最もふさわしいものを選んで、記号で答えなさい。

ア 中学生である自分がまだ童話が好きだと気づかれたくなかったのに、「わたし」に知られてしまい、直接目を合わせられないほど気まずく思っている。
イ たまたま目に入った童話を読んでいただけなのに、「わたし」に見られたうえに童話好きであるかのように思われたために、少し不機嫌になっている。
ウ 実は童話が好きだという内心を「わたし」に見すかされたことに驚きながらも、それを自分では認めたくなくて、何とかごまかそうとあせっている。
エ 中学生にもなって、低学年向けの童話を熱心に読んでいることを「わたし」に知られてしまい、どううまく言い訳しようかと恥ずかしく思っている。
オ 童話が気になって読んでいたが、通りがかった「わたし」に昔のあだ名で呼ばれたうえに、童話好きと決めつけられたために、内心腹を立てている。

(7) □に入る二字のことばを文章中からぬき出して答えなさい。

(8) ——線⑨「やっと軽くなったような気がした」とは、どういうことですか。六十五字以内で答えなさい。（、。などは字数に数えます）

3 次の文章を読んで、あとの(1)~(8)の問いに答えなさい。

日本の総人口は減っています。数だけで見れば、「拡大」から「縮小」に転じたことになります。この流れは止めることができません。

定住人口が減るなら、交流人口を増やそうという考え方があります。多くの注中山《ちゅうさん》間離島地域《かんりとうちいき》では、観光客を呼び集めたり、都市部の会社の機能を移転して労働人口を獲得《かくとく》することに苦慮《くりょ》しています。でも、人の数でまちを活性化しようとする発想は、もう持たなくてもいいのではないだろうか？　人口規模は縮小しながらも、まちの営みは充実《じゅうじつ》していく――いわば〝縮充《しゅくじゅう》〟という未来を、日本のふるさとは描《えが》くことができると僕《ぼく》は思っています。

そのときに①カギを握《にぎ》るのが「活動人口」です。これは②辞書には載《の》っていない造語。働いている人の数を指す「経済活動人口」という用語があるけれど、それとは違《ちが》います。活動人口とは、「地域が元気になるための活動に参加している人の数」と考えてみてください。

たとえば、現在の人口が一万人のまちが、二〇年後には八〇〇〇人に減るとします。数の上では二割の縮小です。しかし、定住人口が減っていく過程でも、活動人口を増やしていくことは可能なはずです。

一万人で活動人口が一〇〇〇人のまちが、二〇年後に八〇〇〇人で二〇〇〇人の活動人口がいるまちになったとします。一〇人中一人がまちのために活動している地域と、四人に一人がまちのために活動している地域。どちらが魅力《みりょく》あるまちづくりを実践《じっせん》できるかは、説明不要でしょう。

まちに関わるということは、暮らしている地域への愛情があることです。ここが交流人口との大きな差。観光客はまちから何かを得るために一時的に訪《おとず》れるのであって、まちの暮らしをよくするのが目的ではありません。お客さんですから、まちでお金を使い、まちの税収は増えるかもしれませんが、すでに述べてきた通り、行政だけにまちづくりを任せておく時代ではなくなっているのです。

福祉《ふくし》や教育も含《ふく》めて、これからのまちづくりには住民の参加が不可欠です。僕は内閣府の『国・行政のあり方に関する懇談会《こんだんかい》』のメンバーにもなっていますが、そこでの議論でも「［A］なくして［B］なし」が重要なキーワードになっています。

では、どうすれば活動人口を増やして参加型社会を構築していくことができるのか？

僕がみなさんに伝えたいもう一つのキーワードは、③「楽しさなくして参加なし」です。

まちのための活動というと、ボランティアを連想する人も多いかと思います。とても大切で④イギのある活動です。しかし、ボランティアという言葉は「奉仕《ほうし》活動」と訳されることが多い。経験したことがある人は充実感を味わったと思いますが、「奉仕」という言葉は自己犠牲《ぎせい》の精神に支えられている印象が強くて、「楽しさ」のニュアンスがあまり伝わってこない。

いま、各地のふるさとでは地元で採れた食材を地元で消費する⑤チサンチショウの取り組みや、地域で使う電力を地域の中でつくり出す試みが盛《さか》んに行われています。食料自給率やエネルギー自給率を高めようという施策《しさく》です。僕が気になるのは、こういったふるさとの未来のための活動に、みんなが笑顔《えがお》で参加しているのかということ。ボランタリーという言葉は「自由意志による」という意味です。嫌々《いやいや》やっていたり、無理をして関わっていたりするのだとしたら、その活動を通して地域への深い愛情はなかなか育まれないように思います。

〝楽しさ自給率〟

そんな⑥シヒョウを、これからの僕らは考えてみてもいい。参加することでみんなが楽しいと感じられる具体的な取り組みが、住民の中からどんどん生まれてくる土壌《どじょう》があれば、ふるさとの活動人口は⑦自《おの》ずと増えていくに違いありません。

かつての日本には、その土壌がありました。⑧どこのまちにも「道普請《みちぶしん》」という言葉があった。みんなが使う生活道路を整備したり、拡張したりする作業のことです。これは原則として住民参加。「一〇日後にやるぞ」と寄合《よりあ》いで決まれば、よほどの理由がない限り「ウチは参加しません」という家はなかった。地域住民が総出で汗《あせ》を流したのです。

ちっとも楽しそうじゃない、と思う人もいるかもしれませんが、昔の日本人は楽しさを生み出す知恵《ちえ》に長《た》けていました。「道普請」は一種のイベントなのです。作業を終えて日が暮れたら、慰労《いろう》の宴会《えんかい》が待っています。普段《ふだん》は口にしないようなごちそうが腹一杯《はらいっぱい》食べられるし、おかみさんに気兼《きが》ねをすることなく酒が飲める。おかみさんたちにとっても、宴会の支度《したく》は自慢《じまん》料理を教え合ったり、みんなにグチを聞いてもらったりできる社交の場でした。

まちのためにいいことをしたという充実感が得られ、なおかつ楽しさがセットになっている。「道普請」に見られるように、日本のふるさとには住民たちが楽しみながら地域の暮らしを豊かにしていく活動があったのです。江戸時代は、食糧《しょくりょう》自給率もエネルギー自給率もほぼ一〇〇パーセントでした。その数字に少しでも近づこうとするのであれば、僕らは〝楽しさ自給率〟も一緒《いっしょ》に高めていかなければならないと思うのです。

いつの間にか日本人は、楽しさを生み出す力が弱くなってしまったような気がします。税金と引き替《か》えに受ける行政のサービスがいたれりつくせりになっただけでなく、遊びや買い物までもがお金を払《はら》って誰《だれ》かに楽しませてもらう社会になっている。テーマパークやショッピングセンター、テレビ、ゲーム、カラオケ……。そこで得られるのは与《あた》えてもらった満足感で、楽しさを自給しているとは言い難《がた》い。

必要なのは、自分が暮らしているまちの魅力を探《さぐ》り、人と人とのつながりの中でみんなが共有できる楽しさを創造していく力です。そこから得られる楽しさが、まちの人たちから感謝されたり、地域のためになることとセットになれば、活動人口は増えて日本人の楽しさ自給率も高まっていくと僕は思います。

（山崎《やまざき》亮《りょう》『ふるさとを元気にする仕事』ちくまプリマー新書）

注　中山間離島地域……日本における地域区分の一つ。ここでは、過疎《かそ》地域・離島も含《ふく》め、平野の外縁《がいえん》部《ぶ》から山間地にかけての地域を指す。

(1)　――線④⑤⑥のカタカナをそれぞれ漢字に改めなさい。

(2)　――線①「カギを握る」とありますが、これについて次のⅰ・ⅱの問いに答えなさい。

ⅰ　次の**ア**～**オ**の中から「鍵《かぎ》を握る」の意味として最もふさわしいものを選んで、記号で答えなさい。

ア　問題を解決するための重要な手がかりを持っているということ。
イ　物事を新しくはじめることができるだけの力があるということ。
ウ　伝統的で古い考えから解放される手段を有しているということ。
エ　どうしようもない難題に取り組む準備がととのったということ。
オ　物事に対する見方を変えることで事態を打破できるということ。

ii 「あぶない物事をそばで見ていたりなどして、はらはらする」という意味のことばになるように、次の□にあてはまる漢字一字を文章中からぬき出して答えなさい。

□を握る。

(3) ――線②「辞書」とありますが、次の八つの文は、たけしさんが持っている辞書の一部です。この辞書はことわざが五十音順にのっていますが、たけしさんが破ってしまったために、ことわざの意味の部分しか分からなくなりました。次のⅠ・Ⅱのことわざをそれぞれ**すべてひらがな**で答えなさい。

・月日がたつのは非常にはやいことのたとえ。
・よその土地に住むときは、その土地の風習に従って生活しなさいという教え。
・どんなにすぐれた名人でも、たまには失敗することもあるというたとえ。……Ⅰ
・危険を覚悟《かくご》して物事に取り組まなければ、よい成果はえられないことのたとえ。
・事前に用心していれば失敗することがないということ。
・どんなにすぐれた名人でも、たまには失敗することもあるというたとえ。……Ⅱ
・自分の身が危ないときは、さっさとにげ出して身を守るのが一番よいという教え。
・凡人《ぼんじん》でも三人集まって相談すれば、なんとかいい知恵がうかぶものだということ。

(4) [A]・[B] にあてはまる漢字二字のことばをそれぞれ文章中からぬき出して答えなさい。

(5) ――線③「『楽しさなくして参加なし』」とはどういうことですか。それを説明した次の文の [1]・[2] にあてはまることばを、文章中からそれぞれ指定された字数でぬき出して答えなさい。

楽しさは、[1]（八字）を養い、[2]（四字）を獲得するために必要だということ。

(6) ——線⑦「自ず」とありますが、「自」はこの他にも「みずか（ら）」「じ」「し」などと読みます。次の**1**〜**3**は、それぞれある漢字一字の読み方（送りがなは省いてあります）をならべたものです。**例**にならって、**1**〜**3**の読み方をする漢字一字をそれぞれ答えなさい。

例　さい・こま
「細《さい》」・「細《こま》かい」となるので、**答**は「細」。

1　ぞう・ふ・ま　　**2**　みょう・あ・あき　　**3**　しょう・い・は

(7) ——線⑧「どこのまちにも『道普請』という言葉があった」とありますが、この例を通して筆者はどのようなことを言おうとしていますか。次の**ア**〜**オ**の中から最もふさわしいものを選んで、記号で答えなさい。

ア　みなで楽しみながらまちのために働く行事があれば、それが求心力となってまちの定住人口が将来的に増え、まちの活性化が期待できるということ。

イ　まちのために半ば強制的に働くときでさえも、住民どうしの楽しい交流会が昔にはあったので、現代でも同じ取り組みをしていくべきだということ。

ウ　かつてはまちのために働いて充実感を味わうとともに、何かしらの楽しさを見出していたので、まちの活動を楽しいものにできるはずだということ。

エ　まちが活性化する取り組みのうち、生活道路の整備や拡張など住民の暮らしと密接に関わるものを行うことで、楽しいまち作りができるということ。

オ　自己犠牲の精神で行う活動ではなく、自由意志で参加できる活動を次々と生み出すことが、まちの営みを充実させるきっかけになるのだということ。

(8) ━━線「まちの営みは充実していく」とありますが、どのようにして「まちの営み」は「充実してい」きますか。それを説明した次の文の［　　］にあてはまる内容を、五十五字以内で答えなさい。（、。などは字数に数えます）

［　　　　　　　　　　］ことによって充実していく。

令 和 4 年 度

中 学 入 学 試 験 問 題

── 算　　数 ──

《解答時間：７０分》

《配点：１５０点満点》

注　　意

1．問題は試験開始の合《あい》図《ず》があるまで開かないこと。

2．問題用紙のページ数は，表紙を除いて10ページ，解答用紙は１枚である。不足している場合は，ただちに申し出ること。

3．解答はすべて，問題の番号と解答用紙の番号が一《いっ》致《ち》するよう，解答用紙の所定のらんに記入すること。不明りょうな書き方をした解答は採点しない。（※印のらんには記入しないこと）

4．開始の合図があったら，まず解答用紙に教室記号・受験番号・氏名を記入すること。

1 次の $\square$ にあてはまる数を答えなさい。

(1) $\dfrac{1}{2}-\dfrac{1}{15}+\dfrac{1}{29}-\dfrac{1}{435}=\square$

(2) $\dfrac{1}{12}+\dfrac{3}{28}+\dfrac{5}{84}+\dfrac{1}{2}+\dfrac{1}{8}+\dfrac{1}{16}=\square$

(3) $1.125\times\left\{1\dfrac{2}{3}-0.5-\left(1\div\square+\dfrac{19}{21}\right)\right\}=\dfrac{2}{7}$

(4)　$23.2 \times 999 - 232 \times 99 + 2320 \times 9 - \left(23200 + \frac{22}{3}\right) \times 0.9 = \square$

(5)　$\frac{2}{\square} + \frac{3}{\square} + \frac{5}{\square} + \frac{7}{\square} + \frac{11}{\square} + \frac{13}{\square} + \frac{17}{\square} + \frac{19}{\square} + \frac{23}{\square} = \square$

（$\square$には同じ数が入ります。）

(6)　4時間1分17秒 $\div \square =$ 7分47秒

2 次の [ア] ～ [ウ] にあてはまる数を答えなさい。

　ボートＰとボートＱが，ある川の下流の地点Ａから上流の地点Ｂに向かって，同時に出発しました。Ｐは出発して20分後，ＡからＢまでの距離《きょり》の$\frac{2}{3}$だけ進んだ地点でエンジンが止まり，しばらく川の流れに流されました。出発して [ア] 分後，Ｑに追い越《こ》されました。出発して [イ] 分後，エンジンをかけ直し，再びＢに向かって進みはじめると，Ａを出発して [ウ] 分後，Ｑと同時にＢに到着《とうちゃく》しました。
（Ｐの静水時の速さ）：（Ｑの静水時の速さ）：（川の流れの速さ）＝10：4：1です。
また，Ｐ，Ｑの速さと，川の流れの速さはそれぞれ一定です。

3 次の[ア]，[イ]にあてはまる数を答えなさい。

(1) 2つの容器A，Bがあり，濃度《のうど》が[ア]%の食塩水が75gずつ入っています。Aに2gの水を加えてかき混ぜてできた食塩水の濃度は，Bに2gの食塩を加えてかき混ぜてできた食塩水の濃度の$\frac{3}{5}$倍になりました。

(2) 2つの容器C，Dがあり，濃度が等しい食塩水が[イ]gずつ入っています。Cに12gの水を加えてかき混ぜてできた食塩水の濃度は，Dに12gの食塩を加えてかき混ぜてできた食塩水の濃度より4%低くなりました。

4 16階建てのホテルがあり，各階には16部屋あります。それぞれの部屋には4つの数字による「部屋番号」がわり当てられていて，左2つの数字がその階を，右2つの数字が部屋の順番を表しています。ただし，「部屋番号」に4と9は用いないこととします。

(例) 1階の1番目は「0101」，2番目は「0102」，3番目は「0103」，4番目は「0105」
　　4階の9番目は「0511」，16階の16番目は「2020」

このとき，次の問いに答えなさい。

(1) 「1517」は何階の何番目ですか。

(2) 「部屋番号」を4けたの整数（千の位の数が0のときは3けたの整数）とみなして小さい順に並べたとき，100番目の「部屋番号」は何ですか。

(3) 4つの数字をたすと5になる「部屋番号」は，いくつありますか。

(4) 「部屋番号」を4けたの整数（千の位の数が0のときは3けたの整数）とみなしてすべてたすと，いくらになりますか。

計 算 用 紙

5 右の図は，面積が6cm^{2}の正六角形①，②，③を組み合わせたものです。点P，Q，Rは，はじめ点Oにあり，Pは①の，Qは②の，Rは③の頂点を，それぞれ左回りに移っていきます。このとき，次の問いに答えなさい。

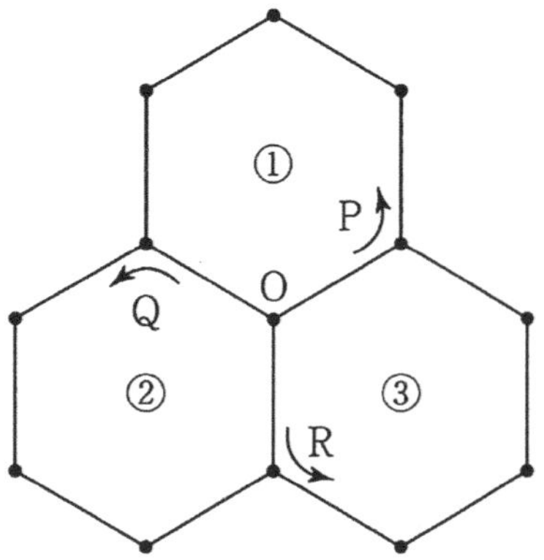

(1) 1回の移動で，Pは1つ先，Qは2つ先，Rは3つ先の頂点に移ります。次の(ア)～(ウ)の回数の移動のあと，三角形PQRの面積はそれぞれ何cm^{2}になりますか。

(ア) 1回　　(イ) 3回　　(ウ) 40回

(2) 1回の移動で，Pは5つ先，Qは4つ先，Rは3つ先の頂点に移ります。三角形PQRの面積がはじめて最も大きくなるのは，何回の移動のあとですか。また，そのときの三角形PQRの面積は何cm^{2}ですか。

計 算 用 紙

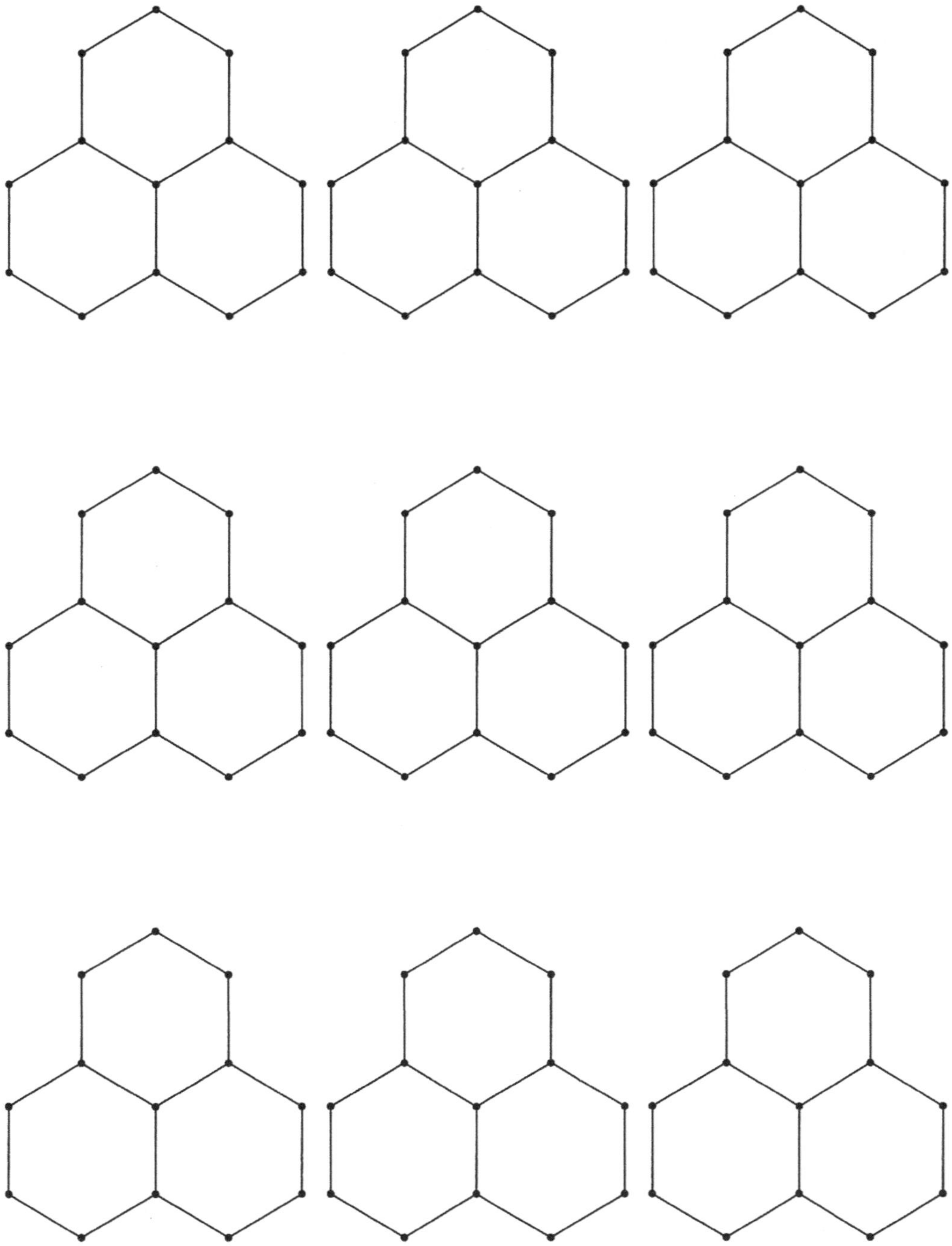

6 分数を小数で表したときに，小数点以下が同じ数字の並びのくり返しとなる数を考えます。$\frac{1}{11} = 0.\underbrace{09}0909\cdots\cdots$では，09 がくり返しあらわれます。この 09 を，循環節《じゅんかんせつ》と呼ぶことにします。例えば，$\frac{1}{7} = 0.\underbrace{142857}142857\cdots\cdots$の循環節は，142857 です。このとき，次の問いに答えなさい。

(1) $\frac{1}{81}$ を小数で表したとき，循環節は何ですか。

(2) $\frac{1}{81} \div 3$ を小数で表したとき，循環節には何個の数字が並びますか。

7 図のように1辺の長さが6cmの立方体があります。B, Cは辺の真ん中の点，EはODとBCの交わる点です。このとき，次の問いに答えなさい。

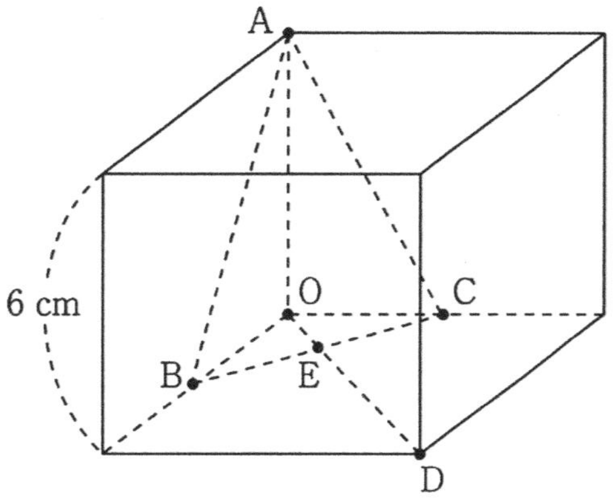

(1) (ア) 三角すいOABCの体積は何cm^{3}ですか。

(イ) 三角形ABCの面積は何cm^{2}ですか。

(2) 面ABCに平行な平面で，立方体を体積が半分ずつになるように切ります。

(ア) 切り口の辺とODの交わる点をFとします。

このとき，(OEの長さ):(OFの長さ) を，最も簡単な整数の比で表しなさい。

(イ) 切り口の面積は，三角形ABCの面積の何倍ですか。

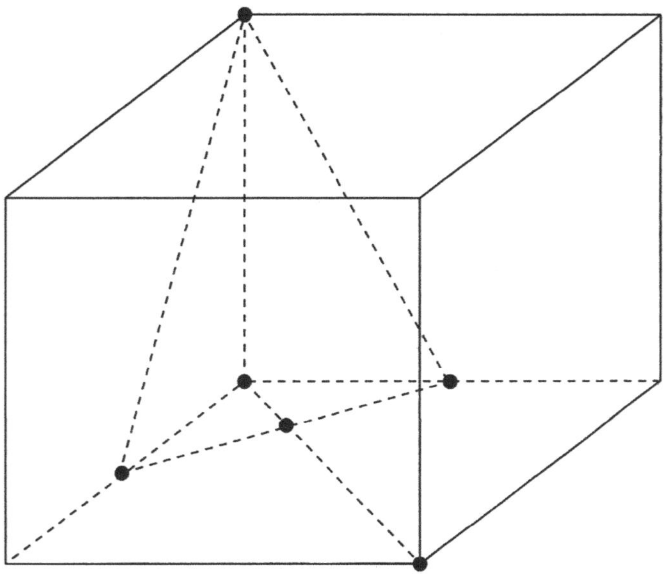

2022(R4) 洛南高附属中
教英出版

令和４年度

中学入学試験問題

理　　科

《解答時間：４５分》

注　　意

1．問題は試験開始の合図《あいず》があるまで開かないこと。

2．**問題用紙のページ数は，表紙を除いて17ページ，解答用紙は１枚である。不足している場合は，ただちに申し出ること。**

3．解答はすべて，問題の番号と解答用紙の番号が一致《いっち》するよう，解答用紙の所定のらんに記入すること。不明りょうな書き方をした解答は採点しない。（※印のらんには記入しないこと）

4．開始の合図があったら，まず解答用紙に教室記号・受験番号・氏名を記入すること。

1 次の文章を読んで，あとの（1）～（5）の問いに答えなさい。

みのりさんは，京都市にあるおじいさんの家によく遊びに行きます。畑には作物以外の植物も生えていて，(あ)小さな動物も観察することができます。(い)4月には，いろいろな花を見つけました。花の観察は外側からだけでなく，(う)切り開いて観察すると面白いことがわかりました。

今日はダイズの収かくを手伝うためにいっしょに畑へ行きました。ダイズの収かくをしながらおじいさんとみのりさんは話をしています。

おじいさん：　ダイズにはたくさんのタンパク質がふくまれているよ。だから，『畑の肉』とよばれることもあって，(え)さまざまな食品の原料にも使われているね。

みのりさん：　そうなんだ。畑に来るといろいろなことがわかって楽しいな。もっと調べてみたくなったよ。

みのりさんは話を聞き，帰ってからダイズについて調べてみました。

（1）　下線部(あ)について，次の①～⑤は畑の周辺で観察された生きもののようすです。1年の中で観察することができる期間（ ⟺ ）として最も適当なものを，**ア**～**オ**の中からそれぞれ選んで，記号で答えなさい。

① アゲハチョウがミカンの木に産卵していた。

② オオカマキリの卵のうが草の茎についていた。

③ アブラゼミの幼虫が木の枝で羽化《うか》していた。

④ ゲンジボタルが光りながら夜空を飛んでいた。

⑤ エンマコオロギが草の上で鳴いていた。

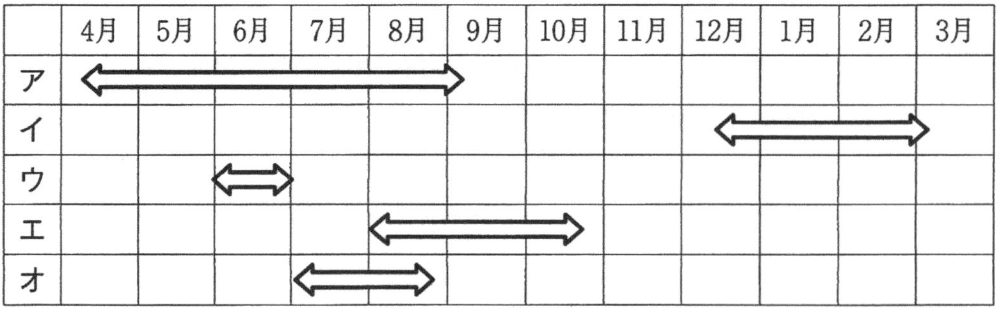

（2） 下線部㋑について，畑に生えていた次の**ア**～**カ**の植物のうち，花が咲いていたものを**2つ**選んで，記号で答えなさい。

ア セリ　**イ** ムラサキツユクサ　**ウ** セイタカアワダチソウ

エ オオイヌノフグリ　**オ** スギナ　**カ** カラスノエンドウ

（3） 下線部㋒について，次の①～⑤はみのりさんがスケッチしたものです。それぞれの花の名前の組み合わせとして正しいものを，あとの**ア**～**カ**の中から1つ選んで，記号で答えなさい。

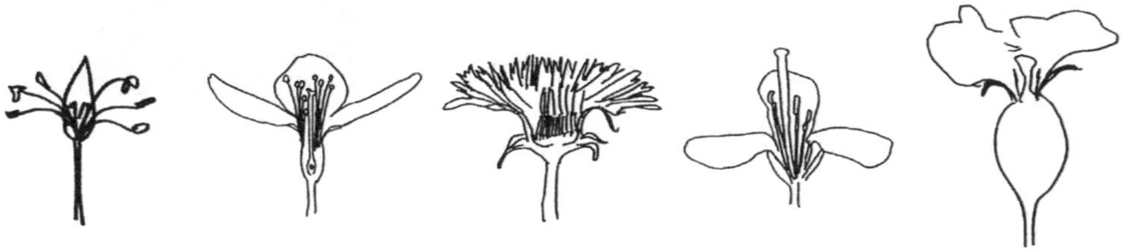

①　②　③　④　⑤

	①	②	③	④	⑤
ア	マツ	アブラナ	ヒマワリ	サクラ	カボチャ
イ	イネ	ツツジ	カボチャ	ユリ	タンポポ
ウ	スギナ	サクラ	タンポポ	ツツジ	アサガオ
エ	ユリ	アブラナ	ヒマワリ	サクラ	タンポポ
オ	イネ	サクラ	タンポポ	アブラナ	スイカ
カ	スギ	ヒマワリ	コスモス	アブラナ	カボチャ

（4） みのりさんが畑に行ってダイズの収かくをしたのはいつ頃ですか。次の**ア**～**エ**の中から1つ選んで，記号で答えなさい。

ア 4月　**イ** 7月　**ウ** 10月　**エ** 1月

（5） 下線部㋓について，ダイズを原料としている食品を，次の**ア**～**カ**の中から**すべて**選んで，記号で答えなさい。

ア みそ　**イ** うどん　**ウ** そば

エ こんにゃく　**オ** とうふ　**カ** しょうゆ

2 次の文章を読んで，あとの（1)～(4）の問いに答えなさい。

アメリカシロヒトリというガは，サクラやクワの害虫として知られています。幼虫はふ化した木からほとんど移動せず，その木の葉を食べつくしてしまいます。幼虫はふ化すると，口から糸を出して巣網《すあみ》と呼ばれる網をつくり，その中で過ごします（図１)。ふ化幼虫が脱皮すると一齢《れい》幼虫に，一齢幼虫が脱皮すると二齢幼虫にと，脱皮するごとに発達段階が進んで体が大きくなります。三齢幼虫の頃までは幼虫は巣網の中で集まって過ごしますが，四齢幼虫からあとは巣網を出て，１匹ずつで生活します。

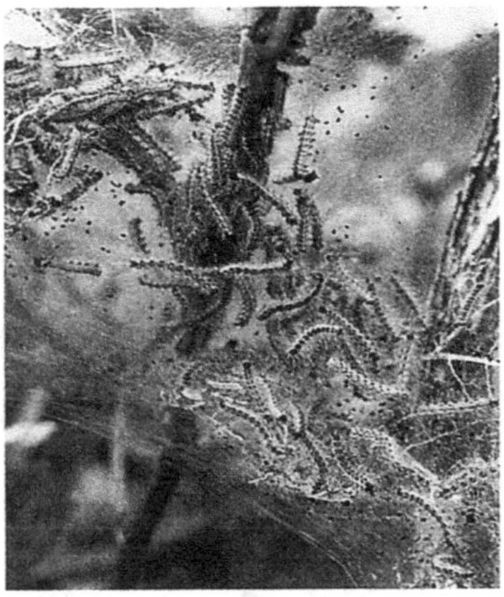
図１

アメリカシロヒトリの卵を，ある木で4319個見つけました。その後の数の変化を発達段階ごとに下の表にまとめました。

表

<table>
<tr><th>発達段階</th><th>数</th><th>気がついたこと</th></tr>
<tr><td>卵</td><td>4319</td><td rowspan="2">ふ化しなかったものや，カメムシに食べられたものもあった。</td></tr>
<tr><td>ふ化幼虫</td><td>4163</td></tr>
<tr><td>一齢幼虫</td><td>4014</td><td rowspan="3">クモに食べられたものもあった。</td></tr>
<tr><td>二齢幼虫</td><td>3854</td></tr>
<tr><td>三齢幼虫</td><td>3013</td></tr>
<tr><td>四齢幼虫</td><td>1417</td><td rowspan="2">スズメバチやカマキリなどの昆虫や，シジュウカラなどの鳥に食べられたものもあった。</td></tr>
<tr><td>五齢幼虫</td><td>274</td></tr>
<tr><td>六～七齢幼虫</td><td>51</td><td>寄生バチに食べられたものもあった。</td></tr>
<tr><td>さなぎ</td><td>9</td><td>病気で死んだものもあった。</td></tr>
<tr><td>成虫</td><td>7</td><td></td></tr>
</table>

（1）　アメリカシロヒトリと同じように幼虫からさなぎへと変化するものを，次の**ア～オ**の中から1つ選んで，記号で答えなさい。

ア　カメムシ　　　**イ**　トノサマバッタ　　　**ウ**　スズメバチ

エ　コガネグモ　　**オ**　オオカマキリ

（2）　サクラとクワの葉をスケッチしたものを，次の**ア～カ**の中からそれぞれ1つ選んで，記号で答えなさい。

ア

イ

ウ

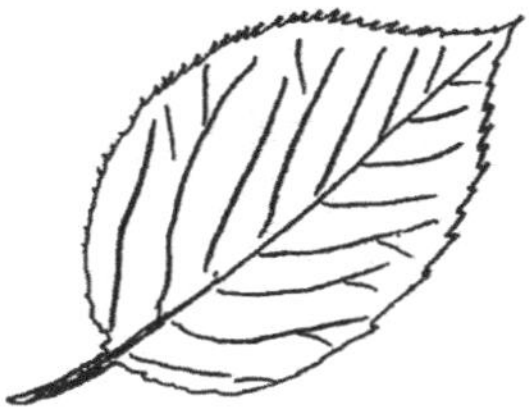

エ

オ

カ

（3）　シジュウカラを次の**ア～カ**の中から1つ選んで，記号で答えなさい。

ア

イ

ウ

エ

オ

カ

（4）　次の**図2**は**表**にまとめたアメリカシロヒトリの発達段階と数とをグラフに表したものです。もし巣網に包まれて生活していなかったとすれば，アメリカシロヒトリの四齢幼虫までの数はどのようなグラフになると考えられますか。あとの**ア～エ**の中から最も適当なものを選んで，記号で答えなさい。

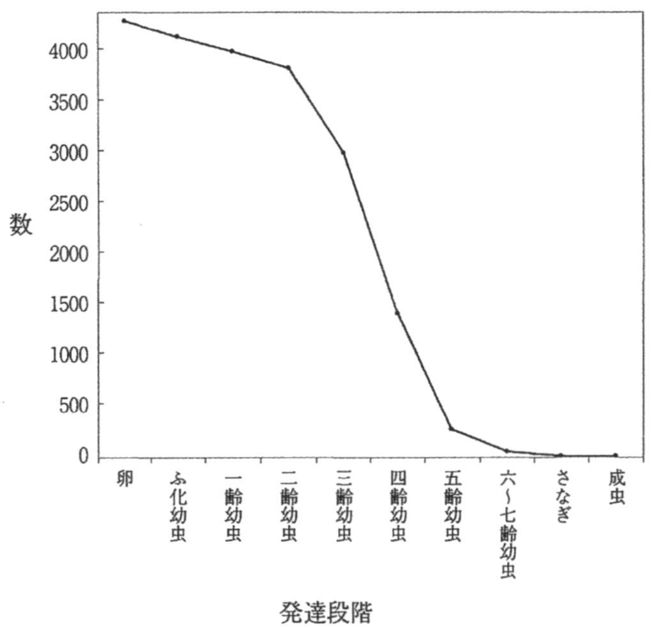

図2

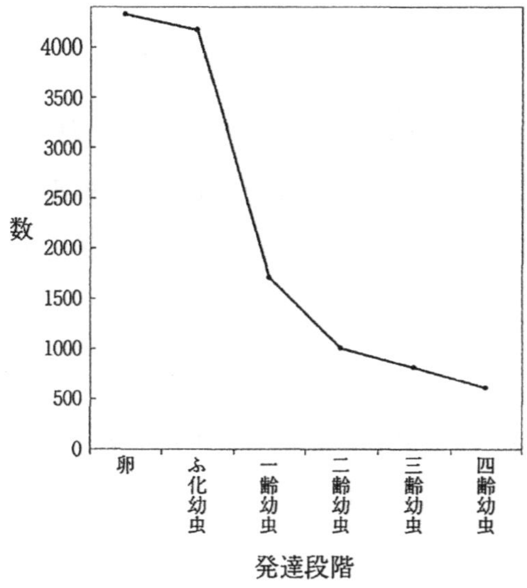
数
4000
3500
3000
2500
2000
1500
1000
500
0
卵
ふ化幼虫
一齢幼虫
二齢幼虫
三齢幼虫
四齢幼虫
発達段階

ア

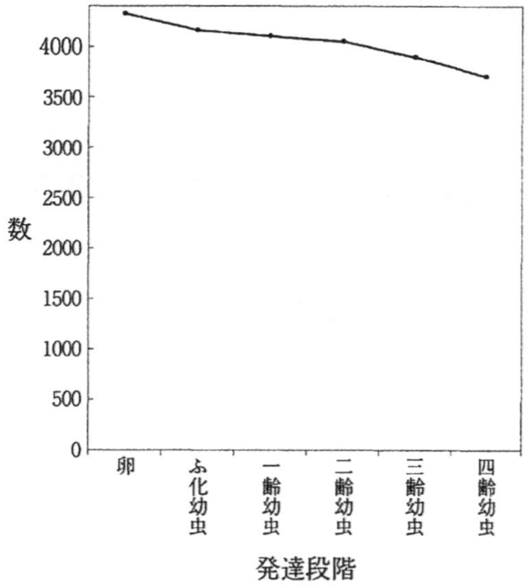
数
4000
3500
3000
2500
2000
1500
1000
500
0
卵
ふ化幼虫
一齢幼虫
二齢幼虫
三齢幼虫
四齢幼虫
発達段階

イ

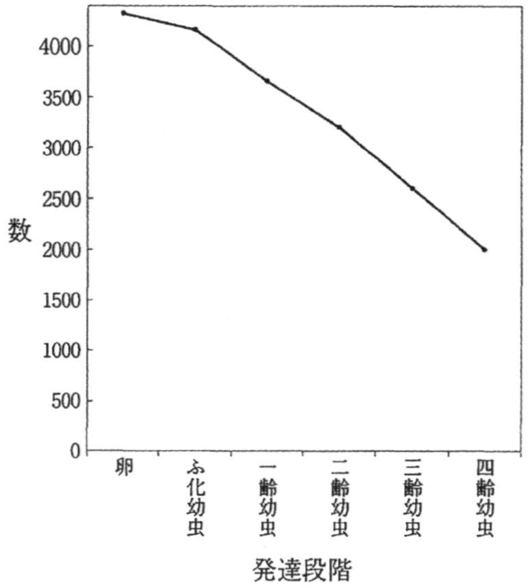
数
4000
3500
3000
2500
2000
1500
1000
500
0
卵
ふ化幼虫
一齢幼虫
二齢幼虫
三齢幼虫
四齢幼虫
発達段階

ウ

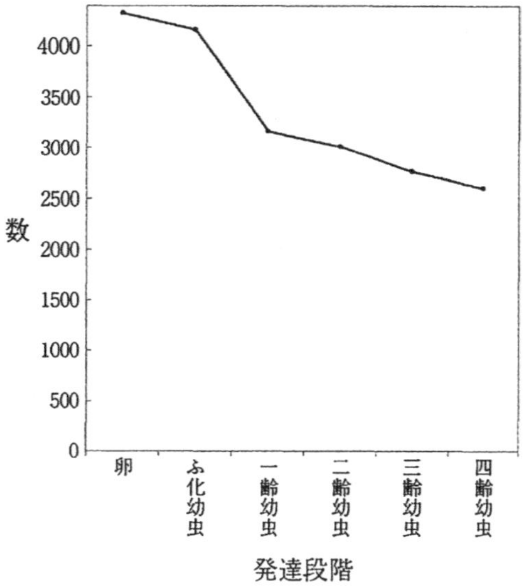
数
4000
3500
3000
2500
2000
1500
1000
500
0
卵
ふ化幼虫
一齢幼虫
二齢幼虫
三齢幼虫
四齢幼虫
発達段階

エ

3 次の文章を読んで，あとの（１）～（３）の問いに答えなさい。

ゆうたさんは，水溶液《すいようえき》中におけるアルコールの濃《こ》さを測る器械を学校の理科室で見つけました。この器械が測る濃さとは，アルコールの重さが水溶液全体の重さの何％かを表した値です。例えば40gのアルコールが溶《と》けた100gの水溶液を測定すると40％と表示されます。

＜実験１＞

アルコールの濃さが40％である水溶液と，なめらかに動くことのできる軽いピストンがついた大きな注射器を用意しました。注射器の口には栓《せん》がついていて，開け閉めすることができます。

図１のように注射器に重さ１gの水溶液を入れ，泡《あわ》をすべて取り除いてから栓を閉めました。この注射器の温度をゆっくり上げていくと，84℃でふっとうしはじめて，ピストンが動き出しました。そして，90℃になったところで温度を一定に保つと，しばらくしてピストンの動きは止まりました（**図２**)。このとき注射器の中には水溶液と気体がともに存在していました。さらに温度をゆっくり上げていくと，またピストンは動き出し，96℃で注射器の中から水溶液がなくなって気体だけになりました。

ゆうたさんは，注射器内に気体と水溶液がともに存在するときのようすが気になったので，さらに＜実験１＞で用意した水溶液と注射器を用いて，次の＜実験２＞をおこないました。

＜実験２＞

操作１　重さ１gの水溶液を**図１**のように注射器に入れ，泡をすべて取り除いてから栓を閉める。

操作２　注射器をある温度で一定に保ち，**図２**のようにピストンの動きがなくなるまで待つ。

操作３　栓を開いて注射器の中の水溶液をすべてビーカーに取り出し，栓を閉める（**図３**）。ここで取り出した水溶液を**A**として，その重さと濃さを測る。

操作４　注射器を10℃に冷やし，中の気体をすべて水溶液にする（**図４**）。

操作５　注射器内の水溶液をすべて取り出し，それを**B**として重さと濃さを測る（**図５**）。

ゆうたさんは，操作２の温度を84℃～96℃の間でいろいろ変えながら，繰《く》り返し＜実験２＞をおこないました。そして結果を**表**にまとめました。

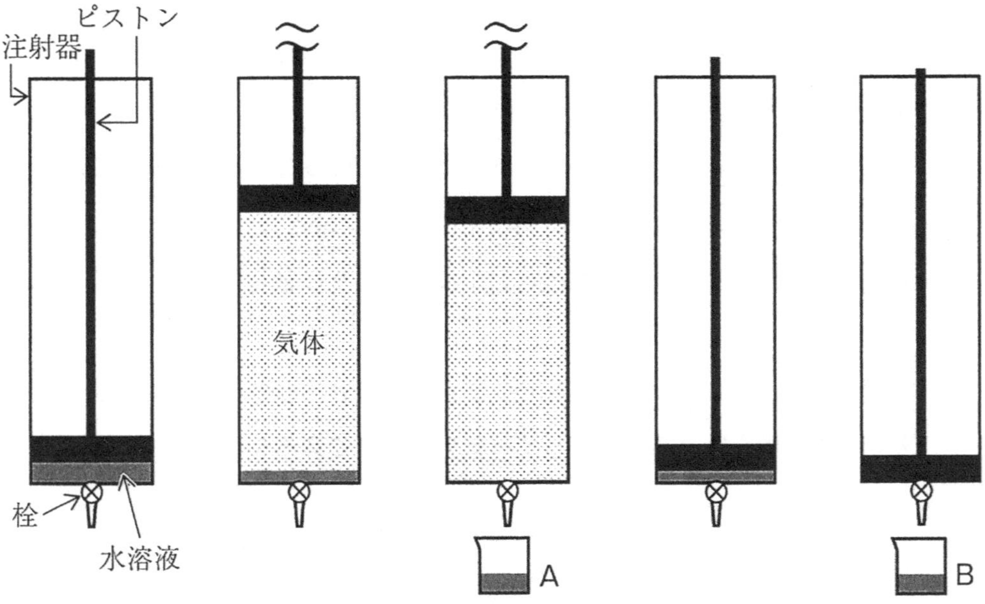

図１　図２　図３　図４　図５

表

操作2の温度〔℃〕	Aの重さ〔g〕	Aの濃さ〔%〕	Bの重さ〔g〕	Bの濃さ〔%〕
84	1	40	0	
86	0.8	30		
88	0.6	20		
90	0.5	16	あ	い
92	0.4	12		
94	0.2	8	0.8	48
96	0		う	え

※結果の一部は書いていません。

（1） アルコールで肌《はだ》を消毒するとひんやりと感じます。これとは違《ちが》い，実際に温度は変わらないが，ひんやりと感じるものを，次の**ア**～**オ**の中から1つ選んで，記号で答えなさい。

ア 真夏に家の前で打ち水をするとひんやりと感じた。

イ かき氷を食べるとひんやりと感じた。

ウ 熱を出したときにジェルシートをおでこに貼《は》るとひんやりと感じた。

エ ミントを食べると口の中でひんやりと感じた。

オ お化け屋敷《やしき》でかいた冷《ひ》や汗《あせ》が引くとひんやりと感じた。

（2） 表の［あ］～［え］にあてはまる数をそれぞれ答えなさい。ただし，割り切れない場合は，四捨五入して小数第2位まで答えなさい。

（3）　さまざまな濃さの水溶液について，いろいろな温度で＜実験２＞をおこないました。その結果，操作１で注射器に入れるアルコールの濃さを変えても，操作２で保つ温度が同じで，注射器内に気体と水溶液がともに存在するならば，Ａ，Ｂそれぞれの濃さは変わらないことがわかりました。次の①・②に答えなさい。ただし，割り切れない場合は，四捨五入して小数第２位まで答えなさい。

①　＜実験２＞の操作２において，88℃で一定に保った場合，Ａの重さは0.2g，Ｂの重さは0.8gとなりました。このとき，操作１で注射器に入れた水溶液におけるアルコールの濃さは何％ですか。

②　アルコールの濃さが20%の水溶液は87℃でふっとうし始め，98℃ですべて気体になります。この水溶液について，どのような温度で＜実験２＞をおこなったとしても，Ａの濃さにもＢの濃さにも**ならない**ものは次の**ア～カ**のうちどれですか。**すべて**選んで記号で答えなさい。

ア　10%　　**イ**　50%　　**ウ**　60%　　**エ**　70%　　**オ**　80%　　**カ**　90%

4 次の文章を読んで，あとの（1）～（4）の問いに答えなさい。

だいすけさんは「なぜ風ってふくのかな。扇風《せんぷう》機《き》やうちわもないのに。」と不思議に思っていました。ある日，先生に質問してみました。

先　　生：　今は夏ですが，冬に暖かい部屋にいてとなりの寒い部屋のとびらを開けるとどうなりましたか。となりの部屋から空気が流れこむ経験がありますね。

だいすけ：　はい，［　あ　］付近が急に寒くなります。

先　　生：　これは［　い　］くて軽い空気が上へ上がり，［　う　］くて重い空気が下に下がって軽い空気の下に入りこむためです。

だいすけ：　この空気の流れが風なのですね。

先　　生：　よく気がつきました。風は冷たい空気を暖かいところへ，暖かい空気を冷たいところへ運んでいるともいえますね。例えば，晴れた日の昼間の海岸では［　え　］側から風がふくことが多いのですが，もし機会があれば確かめてください。ただ，山や谷，地球の動きなどで風がまっすぐふき続けるわけではないのです。

このあと，先生は夏休みの実験を提案してくださいました。だいすけさんは次の＜実験１＞～＜実験３＞をおこないました。

＜実験１＞

５℃に冷やした砂を入れた箱と40℃に温めた砂を入れた箱を用意しました。からの水そうに２つの箱を入れて，火のついた短い線香《せんこう》を立て，とう明なふたをしたのち，手前から観察しました（**図１**）。

＜実験２＞

25℃の砂・水それぞれが入った箱を用意し，からの水そうに入れ，日なたにおきました。30分たってから火のついた短い線香を立て，とう明なふたをしたのち，手前から観察しました（**図２**）。

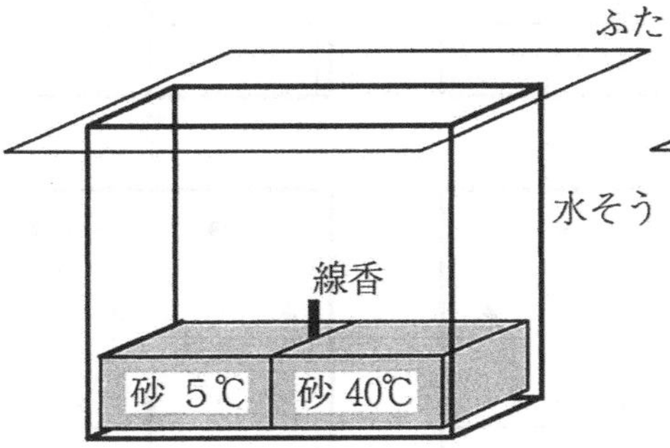

図１

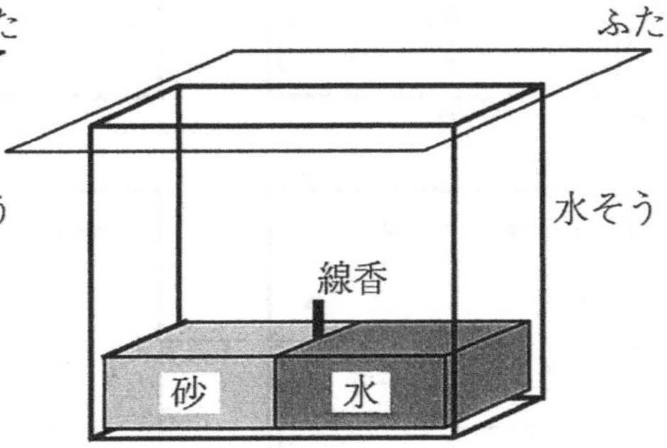

図２

＜実験３＞

＜実験２＞のあとすぐに水そうを25℃の室内に動かしました。30分たってから**図２**のように火のついた短い線香を立て，とう明なふたをしたのち，手前から観察しました。煙《けむり》のようすは上へほぼまっすぐ上がってから，ふたの下を左へ進んで行きました。

（1） 文章中の［　あ　］～［　え　］にあてはまる語を，次の中からそれぞれ選んで答えなさい。

頭　　足元　　暖か　　冷た　　陸　　海

（2） ＜実験１＞での煙のようすはどのようになりましたか。次の**ア～キ**の中から１つ選んで，記号で答えなさい。

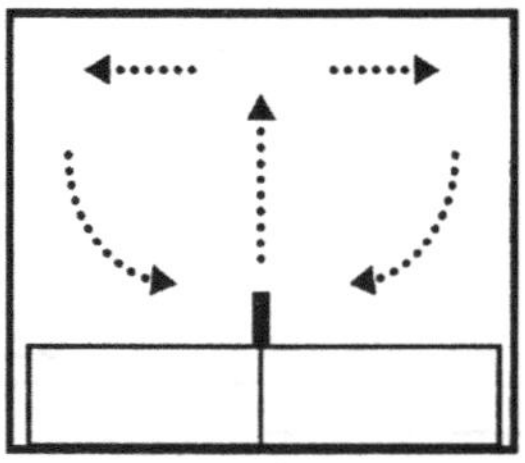

ア

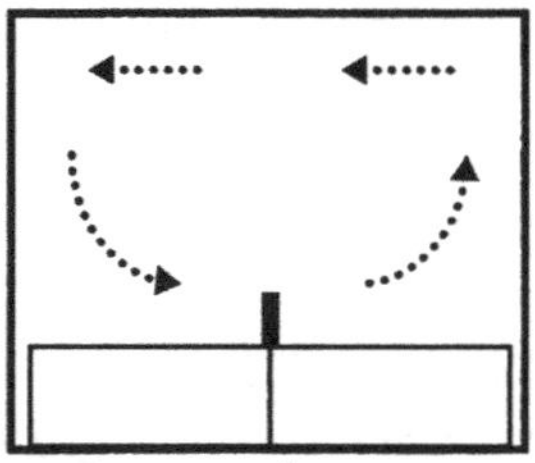

イ

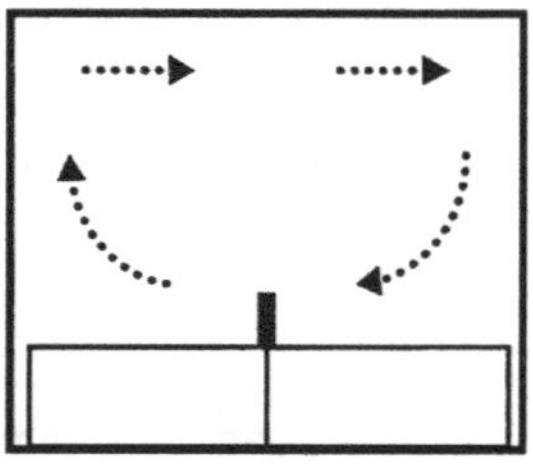

ウ

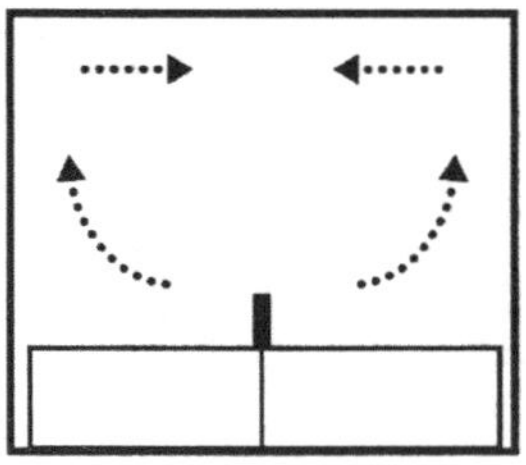

エ

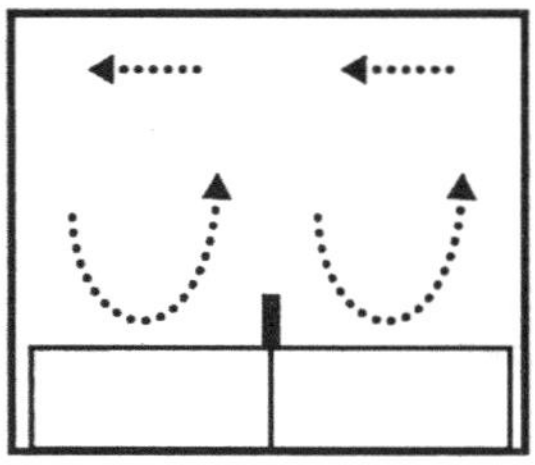

オ

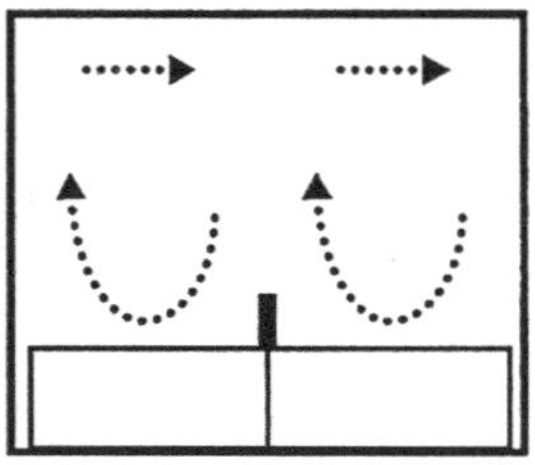

カ

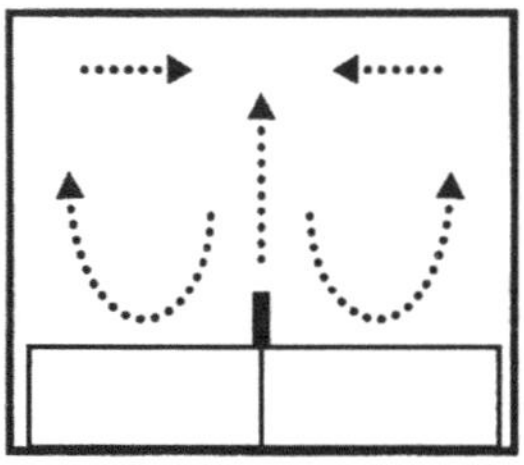

キ

（3） ＜実験２＞で煙のようすはどのようになりましたか。（2）の**ア～キ**の中から１つ選んで，記号で答えなさい。

（4） ＜実験３＞の煙の動きの原因として考えられるものを，次の**ア～カ**の中から１つ選んで，記号で答えなさい。

ア 砂の温度と水の温度が等しい。

イ 砂の温度が水の温度より低い。

ウ 砂の温度が水の温度より高い。

エ 砂の重さと水の重さが等しい。

オ 砂の重さが水の重さより軽い。

カ 砂の重さが水の重さより重い。

5 は次のページにあります。

5 次の文章を読んで，あとの（1）～（6）の問いに答えなさい。ただし，割り切れない場合は，最も簡単な分数で答えなさい。

長さが100cmで重さが500gの均一なパイプ，いろいろな重さの球と，糸を使って実験をおこないました。パイプの一方の端《はし》をA，もう一方の端をBとし，Aが0cm，Bが100cmとなるように目盛りがついています。球はパイプの内側にそって自由に動くことができますが，球をパイプの内側に固定することもできます。パイプの太さ，球の大きさ，糸の重さは考えないものとします。

パイプのA，Bに長さが140cmの糸の両端をとりつけ，糸のAから80cmの位置（Pとする）を手でもって支えたところ，図1のようにつりあい，Pの真下にあるパイプの目盛りは50cmでした。

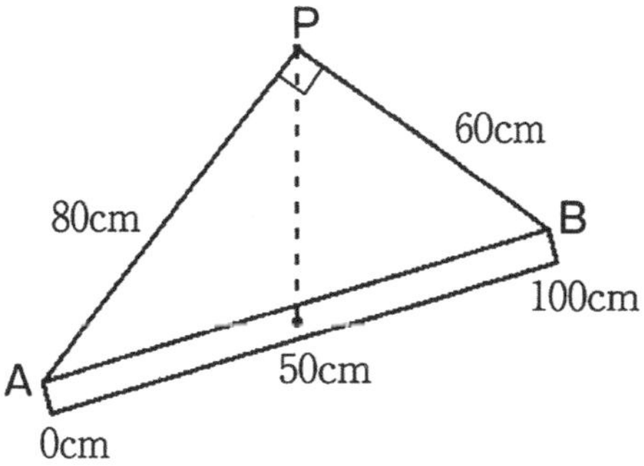

図1

（1） 図1のパイプのBに，重さが500gの球を固定してつりあわせました。このとき，Pの真下にあるパイプの目盛りは何cmですか。

（2） **図2**のように，**図1**のパイプを水平な机の上に置き，**B**に重さが500gの球を固定せずに置いて，**P**を手でもちあげたところ，パイプが傾《かたむ》き，球はパイプの端から落下してしまいました。500gの球をパイプの内側に置く位置をいろいろと変えてもちあげたところ，パイプが傾くことなくつりあうことがありました。このとき，球を置いた位置のパイプの目盛りは何cmですか。

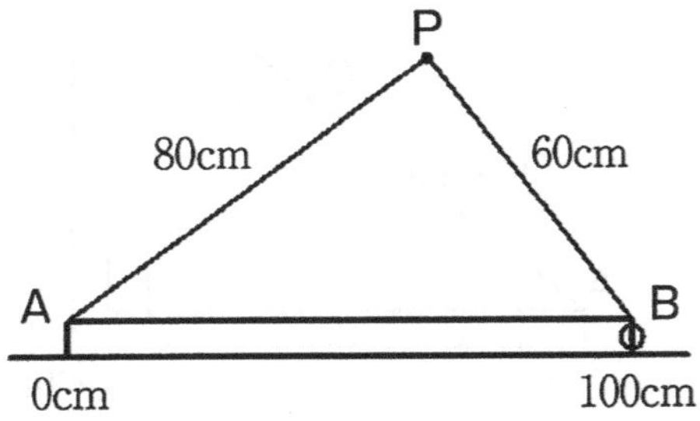

図2

（3） 球の重さをいろいろと変えて（2）と同様の実験をおこないました。次のア～エの重さの球の中で，パイプの内側のどのような位置に置いても**つりあうことがないもの**を**すべて**選んで，記号で答えなさい。

ア　40g　　イ　100g　　ウ　200g　　エ　800g

図3のように，パイプを目盛りが98cmの位置Cで切断し，目盛りが56cmの位置Dで直角に折り曲げました。この重さは490gです。また，球はパイプのDを自由に通過することができます。パイプのA，Cに長さが70cmの糸の両端をとりつけました。

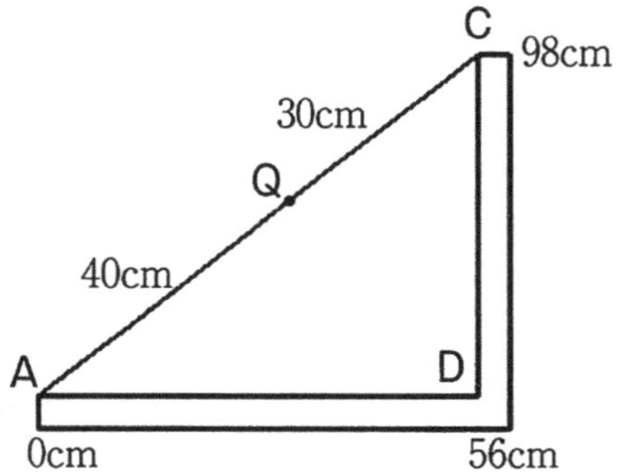

図3

（4） 図3の糸のAから40cmの位置（Qとする）を手でもって支えてつりあわせました。このとき，Qの真下にあるパイプの目盛りは何cmですか。

（5） 図3のQを手でもって支え，パイプの内側に490gの球を固定せずに置きます。パイプの傾きと球を置く位置をいろいろと変えて，パイプの傾きがはじめから変わることなくつりあうかどうかを調べる実験をおこないました。このとき，パイプがつりあうことがある球の位置が3か所あることがわかりました。そのうちの1か所のパイプの目盛りは56cm（D）でした。他の2か所のパイプの目盛りは何cmですか。

（6） 球の重さをいろいろと変えて（5）と同様の実験をおこないました。次のア～エの重さの球の中で，パイプがつりあうことがある球の位置がちょうど2か所あるものをすべて選んで，記号で答えなさい。

ア 50g　　イ 250g　　ウ 750g　　エ 1000g

令和４年度

中学入学試験問題

―― 社　会 ――

《解答時間：４５分》

注　意

1．問題は試験開始の合図《あいず》があるまで開かないこと。

2．問題用紙のページ数は，表紙を除いて34ページ，解答用紙は１枚である。不足している場合は，ただちに申し出ること。

3．解答はすべて，問題の番号と解答用紙の番号が一致《いっち》するよう，解答用紙の所定のらんに記入すること。不明りょうな書き方をした解答は採点しない。（※印のらんには記入しないこと）

4．開始の合図があったら，まず解答用紙に教室記号・受験番号・氏名を記入すること。

1 近年，日本では大規模な災害の発生によって防災への意識が高まるとともに，過去に起きた災害にも注目が集まっています。これまでの日本の災害について述べた次の**A**～**H**の文章を読んで，あとの（1）～（20）に答えなさい。

A

鹿児島県の南部にある鬼界《きかい》カルデラは，約7300年前の大規模な噴火《ふんか》によってできました。この噴火の影響《えいきょう》によって，九州地方の①縄文《じょうもん》人の生活は大きな被《ひ》害《がい》を受けたと考えられています。

火山の噴火による被災は，別の場所でも確認できます。6世紀前半，群馬県の榛名《はるな》山が噴火し，周辺の地域は大量の軽石で覆《おお》われました。このときの集落の跡《あと》である黒井峯遺跡《くろいみねいせき》では，住居や田畑の跡，祭りで使用した道具などが見つかっており，②古墳《こふん》時代の生活を知る重要な手がかりとなっています。

（1） 下線①について，おもに縄文時代の人々が使っていた道具として正しいものを，次の**ア**～**オ**から1つ選んで，記号で答えなさい。

ア

イ

ウ
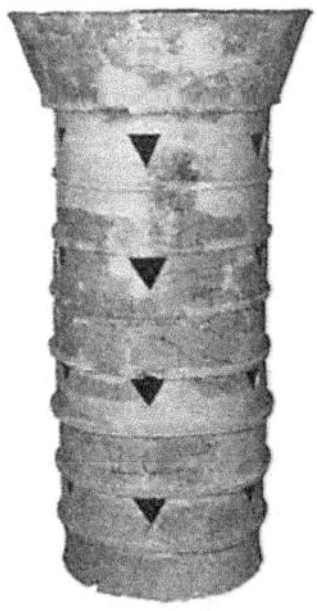

エ
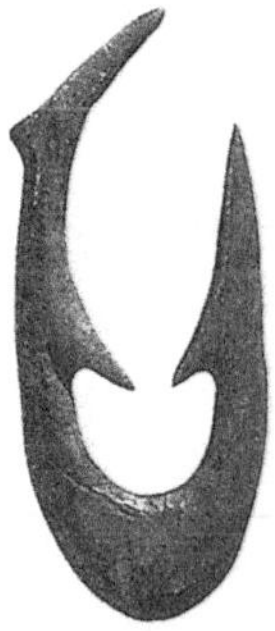

オ

(2)　下線②について，稲荷《いなり》山古墳からは，大和朝廷《やまとちょうてい》の大王《おおきみ》であるワカタケルの名前が刻まれた刀剣《とうけん》が見つかっています。稲荷山古墳がある場所を，地図中の**ア～オ**から１つ選んで，記号で答えなさい。

B

869年，東北地方の太平洋沖《おき》で，貞観《じょうがん》地震《じしん》とよばれる巨大地震が起こりました。③朝廷の歴史書である『日本三代実録《にほんさんだいじつろく》』には，「家屋の倒壊《とうかい》による被害が起き，④多賀《たが》城下に押《お》し寄せた津波《つなみ》によって1000人ほどが亡くなった。」と記されています。

（3） 下線③について，このような歴史書はそれまでにもつくられています。720年に舎人親王《とねりしんのう》らによってまとめられた，朝廷の正式な歴史書の名を**漢字**で答えなさい。

（4） 下線④について，多賀城は東北地方の蝦夷《えみし》を支配するための拠点《きょてん》として築かれました。ここを拠点に，征夷大将軍《せいいたいしょうぐん》として蝦夷を討伐《とうばつ》した人物として正しいものを，次の**ア～オ**から１つ選んで，記号で答えなさい。

ア 中大兄皇子《なかのおおえのおうじ》　　**イ** 平将門《たいらのまさかど》　　**ウ** 藤原清衡《ふじわらのきよひら》

エ 源義家《みなもとのよしいえ》　　**オ** 坂上田村麻呂《さかのうえのたむらまろ》

C

鎌倉《かまくら》時代や室町《むろまち》時代には，天候不順による深刻な食糧《しょくりょう》難が起こり，大規模な飢饉《ききん》がたびたび生じました。1231年に寛喜《かんぎ》の飢饉が起こると，農作物や土地をめぐる対立が激しくなり，⑤鎌倉幕府《ばくふ》には多くの訴《うった》えが寄せられました。

1420年に起きた応永《おうえい》の飢饉は，⑥室町時代に起こった飢饉のなかでも最大規模で，ある皇族の日記には，「都は物乞《ものご》いをする人たちで満ちあふれ，道には無数の死体が転がっている。」と記されています。

（5） 下線⑤について，1232年に鎌倉幕府は武士の裁判の基準となる法律を制定しました。この法律の名を答えなさい。

（6） 下線⑥について，次の図a・bは室町時代の文化に関するものです。それぞれに関して述べた下の文X・Yについて，その正誤の組み合わせとして正しいものを，あとのア～エから1つ選んで，記号で答えなさい。

a

b

X 図aは，貴族の住まいに取り入れられた寝殿造《しんでんづくり》の建物である。

Y 図bは，当時の名所や風景を描《えが》いた浮世絵《うきよえ》である。

ア X－正 Y－正　　イ X－正 Y－誤

ウ X－誤 Y－正　　エ X－誤 Y－誤

D

⑦1498年，東海沖を震源とする明応《めいおう》七年地震が起こり，大津波によって，西は紀伊《きい》半島から東は房総《ぼうそう》半島にいたるまで大きな被害が生じました。このころ，伊豆《いず》国や相模《さがみ》国を攻《せ》めていた（　　　）は，震災や戦乱で苦しむ領民の救済に努めたといわれています。

（7） 文章中の（　　　）にあてはまる人物として正しいものを，次の**ア**～**オ**から１つ選んで，記号で答えなさい。

ア 北条早雲《ほうじょうそううん》　　**イ** 明智光秀《あけちみつひで》　　**ウ** 毛利元就《もうりもとなり》

エ 織田信長《おだのぶなが》　　**オ** 大友義鎮《おおともよししげ》

（8） 下線⑦について，このころの世界の出来事の説明として正しいものを，次の**ア**～**オ**から１つ選んで，記号で答えなさい。

ア 神聖《しんせい》ローマ帝国《ていこく》が成立した。

イ フランス革命《かくめい》が起こった。

ウ 第１回十字軍《じゅうじぐん》が派遣《はけん》された。

エ バスコ・ダ・ガマがインドに到着《とうちゃく》した。

オ 清《しん》が中国を統一した。

E

1657年に起きた明暦《めいれき》の大火では，江戸《えど》の大半が焼き払《はら》われ，多くの大名屋敷《やしき》が焼失しました。⑧江戸幕府は防火対策に一層の力を入れるようになり，８代将軍の徳川吉宗《とくがわよしむね》のころには，⑨町人《ちょうにん》の火消し組合が結成されたほか，屋根を瓦《かわら》葺《ぶ》きに代えたり，延焼を防ぐための空き地を設けたりするなどの工夫が施《ほどこ》されました。

（9） 下線⑧について，次の**ア〜オ**の文は，江戸幕府の政策を述べたものです。これらを年代順に並べ替《か》えたとき，**２番目**と**４番目**にあたるものを，**ア〜オ**から１つずつ選んで，それぞれ記号で答えなさい。

ア 一国一城《いっこくいちじょう》令を出した。
イ 寛政《かんせい》の改革を行った。
ウ 参勤交代《さんきんこうたい》の制度を整えた。
エ 生類憐《しょうるいあわ》れみの令を出した。
オ 日米和親《にちべいわしん》条約を結んだ。

(10) 下線⑨について，『曽根崎心中《そねざきしんじゅう》』や『冥途《めいど》の飛脚《ひきゃく》』などで，町人の生き生きとした姿や義理人情を描いた，人形浄瑠璃《じょうるり》の作者の名を答えなさい。

F

1828年，九州地方西部に上陸した台風によって有明《ありあけ》海周辺は大きな被害が生じ，長崎に停泊《ていはく》していた⑩オランダ商船も難破しました。その際，乗船していた⑪ドイツ人医師の荷物から，国外への持ち出しが禁じられていた日本地図の写しが発見され，その医師や関係者が処罰《しょばつ》されました。

(11)　下線⑩について，江戸時代には，日本はオランダなどの一部の外国や限られた地域と関係をもちました。これに関する説明として**誤っているもの**を，次の**ア**～**オ**から１つ選んで，記号で答えなさい。

ア　オランダとは長崎出島《でじま》の商館で貿易が行われた。

イ　シャクシャインに率いられたアイヌの人々が松前藩《まつまえはん》と戦った。

ウ　朝鮮《ちょうせん》との貿易や外交は薩摩《さつま》藩を通して行われた。

エ　中国人が暮らす場所を長崎の唐人《とうじん》屋敷に限定した。

オ　琉球《りゅうきゅう》王国は日本や中国と貿易を行った。

(12)　下線⑪について，このドイツ人医師の説明として正しいものを，次の**ア**～**オ**から１つ選んで，記号で答えなさい。

ア　鳴滝塾《なるたきじゅく》を開いて多くの蘭学《らんがく》者を育てた。

イ　西洋の医学書を日本語に翻訳《ほんやく》した『解体新書《かいたいしんしょ》』を出版した。

ウ　エレキテルという発電機をつくった。

エ　外国船に対する幕府の対応を批判した。

オ　将軍の外交顧問《こもん》として貿易に関わった。

G

富国強兵《ふこくきょうへい》を目指す⑫明治《めいじ》政府は，東京と京阪神《けいはんしん》を結ぶ鉄道を建設するために，洪水《こうずい》被害が多かった⑬木曽三川《きそさんせん》の改修工事に着手しました。工事には⑭ヨーロッパの最新の技術が取り入れられました。しかし，工事が始まった⑮1880年代末から90年代にかけて，下流域ではたびたび洪水が発生し，工事は難航しました。1912年に工事が完成すると，洪水被害は減少しました。

(13)　下線⑫について，明治政府は国の収入を安定させるため，土地の価格の３％を現金で納めさせることにしました。この政策を何といいますか。

(14)　下線⑬について，木曽三川の改修工事が行われた時期は，日本の近代産業が発展した時期でもありました。次のグラフと下の年表は，日本の近代産業についてのものです。グラフと年表中の**a**～**d**の品目の組み合わせとして正しいものを，あとの**ア**～**エ**から１つ選んで，記号で答えなさい。

【輸出総額に占《し》める各品目の割合】　　【輸入総額に占める各品目の割合】

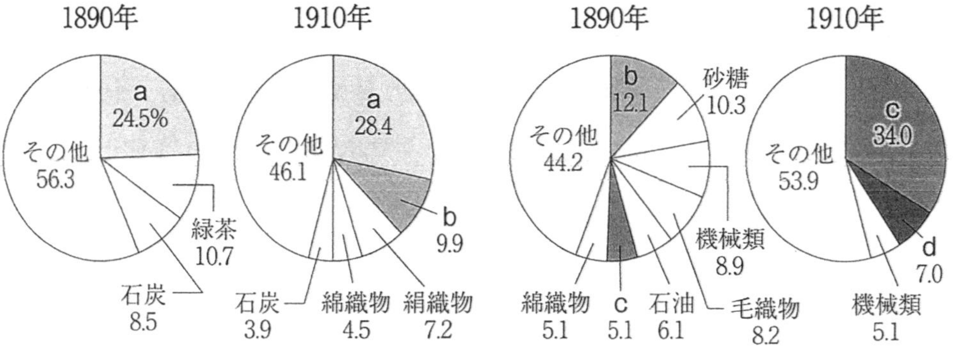

年	主な出来事
1872	富岡《とみおか》製糸場で生産が始まる
1883	大阪紡績《ぼうせき》会社で生産が始まる
1894	日清戦争（～95）
1897	b の輸出量が輸入量を上回る
1901	官営八幡《やはた》製鉄所で生産が始まる
1904	日露《にちろ》戦争（～05）
1909	a の輸出量が世界一

（『日本貿易精覧』より作成）

ア　a　生糸《きいと》　b　綿糸　c　鉄類　d　綿花
イ　a　生糸　b　綿糸　c　綿花　d　鉄類
ウ　a　綿糸　b　生糸　c　鉄類　d　綿花
エ　a　綿糸　b　生糸　c　綿花　d　鉄類

(15)　下線⑭について，明治政府はヨーロッパ諸国やアメリカと条約改正に向けた交渉《こうしょう》を行い，陸奥宗光《むつむねみつ》が外務大臣のときには，イギリスとの間で条約の一部を改正して領事《りょうじ》裁判権をなくすことに成功しました。この条約改正が行われた時期を，次の表の**ア**～**オ**から１つ選んで，記号で答えなさい。

アメリカやイギリスなどと不平等な条約を結ぶ。

↓　**ア**

ヨーロッパに岩倉具視《いわくらともみ》らの使節団が送られる。

↓　**イ**

鹿鳴館《ろくめいかん》で舞踏会《ぶとうかい》などが開かれる。

↓　**ウ**

ノルマントン号事件が起こる。

↓　**エ**

日英同盟《にちえいどうめい》を結ぶ。

↓　**オ**

小村寿太郎《こむらじゅたろう》が条約を改正し，関税自主権が回復される。

(16)　下線⑮について，1889年に大日本帝国憲法《だいにっぽんていこくけんぽう》が発布されました。大日本帝国憲法の制定やその内容に関する説明として正しいものを，次の**ア**～**オ**から１つ選んで，記号で答えなさい。

ア　憲法では，軍隊を率いたり，条約を結んだりするのは内閣総理大臣の権限とされた。

イ　憲法の作成は，政府の中心的な人物であった大隈重信《おおくましげのぶ》によって進められた。

ウ　憲法の作成には，君主の権力が強いイギリスの憲法が参考にされた。

エ　憲法は，天皇が国民に与《あた》えるという形で発布された。

オ　憲法によって，国民は言論や出版の自由を制限なく認められた。

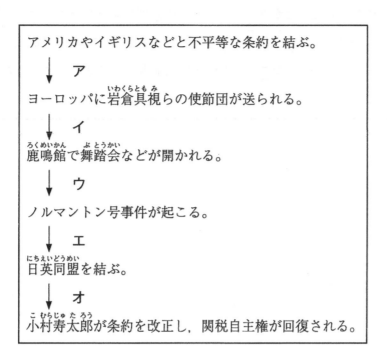

H

1959年の伊勢湾《いせわん》台風は，⑯1934年の室戸《むろと》台風，1945年の枕崎《まくらざき》台風とともに昭和の三大台風に数えられます。伊勢湾に面した名古屋市の南部は高潮によって大きな被害を受けました。これは⑰戦後の復興・発展の過程で，災害対策が不十分なまま市街化されたことが原因でした。この被災によって防災に対する国の意識が高まり，1961年には⑱池田勇人《いけだはやと》内閣によって災害対策基本法が制定されました。また，創設まもない⑲自衛隊が被災地域に派遣され，住まいを失った人々の避難《ひなん》を支援《しえん》しました。

(17)　下線⑯について，1934年から1945年にかけて，政府は人々を戦争に協力させるために，戦時体制を強めていきました。この時期に撮影《さつえい》された写真として**誤っているもの**を，次の**ア～オ**から１つ選んで，記号で答えなさい。

ア

イ

ウ

エ

オ

(18)　下線⑰について，家庭に急速に広まったテレビ・電気洗濯機《せんたくき》・電気冷蔵庫は，天皇の宝物《ほうもつ》にたとえて何といわれましたか。

(19)　下線⑱について，池田勇人内閣の政策として正しいものを，次の**ア**～**オ**から１つ選んで，記号で答えなさい。

ア　アメリカと安全保障《あんぜんほしょう》条約を結んだ。

イ　国民所得倍増《こくみんしょとくばいぞう》計画を発表した。

ウ　郵便事業の民営化を進めた。

エ　三井《みつい》や三菱《みつびし》などの財閥《ざいばつ》を解体した。

オ　男女雇用機会均等法《だんじょこようきかいきんとうほう》を制定した。

(20)　下線⑲について，1992年に自衛隊がカンボジアに派遣され，紛争《ふんそう》の停戦状《じょう》況《きょう》の監視《かんし》や，物資の輸送・補給の支援などを行う国連の活動に加わりました。このような国連の活動を何といいますか。

問題は次に続きます。

2 小学6年生のシンジさんが通う小学校では，夏休みの宿題として「これまでに行ったことのある場所について調べよう」という社会科自由研究が出されました。シンジさんは，小学2年生の夏休みに家族旅行で訪れた山陰《さんいん》地方についてまとめたものを提出することにしました。次の行程と自由研究を読んで，あとの（1）～（15）の問いに答えなさい。

〔行程〕

1日目

京都駅＝＝＝鳥取駅＝＝＝鳥取砂《さ》丘《きゅう》＝＝＝鳥取駅＝＝＝倉吉《くらよし》駅＝＝＝はわい温泉
（鉄道）（バス）（バス）（鉄道）（バス）

京都駅から特急列車に乗車し，①鳥取駅へ向かいました。この特急列車に乗ると，鳥取駅まで約2時間30分で行くことができます。鳥取駅からはバスに乗り②鳥取砂丘に到着しました。鳥取砂丘では「馬《うま》の背《せ》」とよばれる場所まで行き，家族写真を撮《と》りました。その後，鳥取砂丘の近くにある砂の美術館へ向かいました。ここでは，毎年テーマに沿って砂像がつくられています。私たちが訪れたときは③アメリカ合衆国がテーマとなっており，『アンクルトムの小屋』などをモチーフにした作品が展示されていました。この日は東郷《とうごう》池の西岸にある④はわい温泉に宿泊しました。

2日目

はわい温泉＝＝＝倉吉駅＝＝＝境港《さかいみなと》駅＝＝＝境港市内散策＝＝＝境港駅＝＝＝
（バス）（鉄道）（徒歩）（徒歩）（バス）

松江駅＝＝＝松江城＝＝＝松江しんじ湖温泉
（徒歩）（徒歩）

倉吉駅からは特急列車と普通列車を乗り継《つ》ぎ，境港駅へ行きました。⑤境港市では，漫《まん》画《が》家《か》の水木しげる氏が描くキャラクターなどを活用した観光振興《しんこう》を行っています。境港駅から水木しげる記念館まで歩いて行きました。記念館を見学した後，境港駅に戻《もど》り，駅前のバス停から松江行きのバスに乗車しました。境港駅から松江駅へ向かうバスは⑥中《なか》海に浮《う》かぶ⑦江《え》島や大根《だいこん》島を経由します。松江駅到着後，徒歩で⑧松江城へ行き天守閣に登りました。松江城は1611年に築かれ，現在まで当時の姿を保っています。その後，⑨宍道《しんじ》湖の東岸にある松江しんじ湖温泉に宿泊しました。

3日目

松江しんじ湖温泉＝＝＝（徒歩）松江しんじ湖温泉駅＝＝＝（鉄道）出雲《いずも》大社駅＝＝＝（徒歩）出雲大社＝＝＝（徒歩）古代出雲歴史博物館＝＝＝（タクシー）出雲縁結《えんむす》び空港＝＝＝（飛行機）大阪（伊丹《いたみ》）空港＝＝＝（バス）京都駅

　最終日は松江しんじ湖温泉駅から一畑《いちばた》電鉄に乗車し，出雲大社駅に到着しました。出雲大社へ向かう神門《しんもん》通りは多くの土産物《みやげもの》店があり，観光客で賑《にぎ》わっています。出雲大社への参拝を終えた後，昼食に名物である出雲そばを食べました。⑩出雲縁結び空港から大阪空港行きの⑪飛行機に乗り，大阪空港からはバスで京都駅へ帰りました。

（1） 下線①について，鳥取県は，なしの収《しゅう》穫《かく》量が６番目に多い都道府県です。次の表は日本における，なし・ぶどう・りんごのいずれかの収穫量上位５都道府県（2020年）を示したものです。表中のⅠ～Ⅲは，なし・ぶどう・りんごのいずれかで，**A**～**C**は青森県・長野県・山梨県のいずれかを示しています。**A**～**C**にあたる県名の組み合わせとして正しいものを，あとの**ア**～**カ**から１つ選んで，記号で答えなさい。

	Ⅰ	Ⅱ	Ⅲ
１位	A	千葉県	C
２位	B	B	B
３位	山形県	茨城県	岩手県
４位	岡山県	福島県	山形県
５位	北海道	栃木県	秋田県

（農林水産省HPより作成）

	ア	イ	ウ	エ	オ	カ
A	青森県	青森県	長野県	長野県	山梨県	山梨県
B	長野県	山梨県	青森県	山梨県	青森県	長野県
C	山梨県	長野県	山梨県	青森県	長野県	青森県

（2） 下線②について，鳥取砂丘の近くには，サウジアラビアなどの国々と共同研究を行っている鳥取大学乾《かん》燥《そう》地《ち》研究センターがあります。サウジアラビアについて述べた文として正しいものを，次の**ア**～**エ**から１つ選んで，記号で答えなさい。

ア アジアとヨーロッパの境界に位置する国である。

イ 21世紀に独立したアフリカの国である。

ウ かつてポルトガルの植民地で，キリスト教徒が多い国である。

エ イスラム教の聖地であるメッカが位置する国である。

国語解答用紙

教室記号
受験番号
氏名

1

(1) ① ④ ⑤ ⑥ ⑦

(2)

(3)

(4) B C

(5) 1 2 3

(6) 1 2

(7) i ii 1 2 3

(8) 1 2 3

※150点満点
（配点非公表）

※ ※ ※ ※ ※ ※ ※ ※

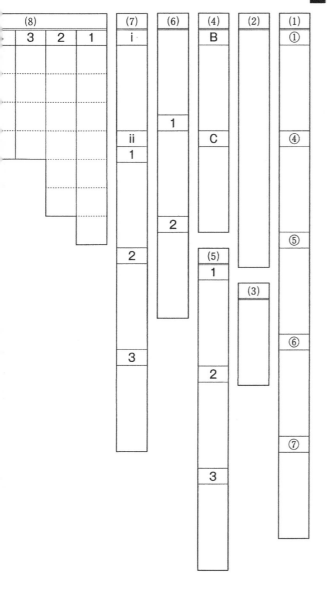

4

(1)	(2)
階の　　　　　　番目	

(3)	(4)
個	

※

5

(1)					
(ア)	cm^2	(イ)	cm^2	(ウ)	cm^2

(2)	
回	cm^2

6

(1)	(2)
	個

7

(1)				(2)			
(ア)	cm^3	(イ)	cm^2	(ア)	OE：OF ：	(イ)	倍

※

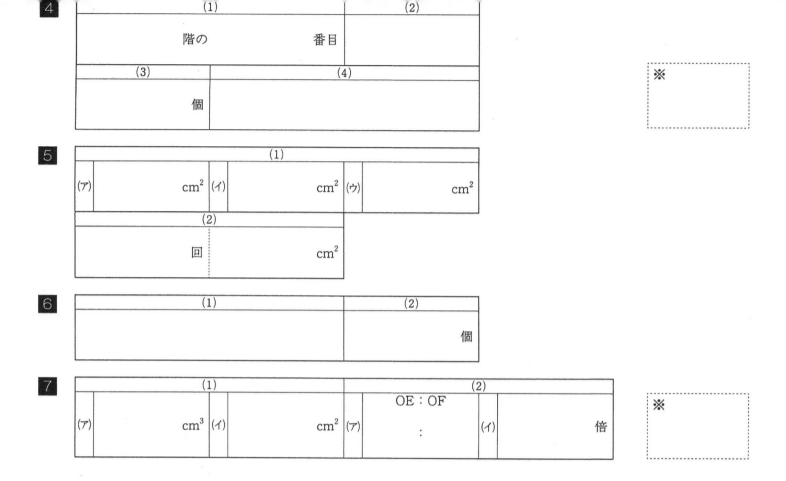

	あ	い	う	え

(3)	
①	②
%	

※

4

(1)			
あ	い	う	え

(2)	(3)	(4)

※

5

(1)	(2)	(3)
cm	cm	

(4)	(5)		(6)
cm	cm	cm	

※

(6)	(7)

(8)	(9)	(10)	(11)	(12)	(13)		(14)	(15)
					鳥取市	高松市		

※

3

(1)			(2)	(3)	(4)
a	b	c			

(5)			(6)	(7)
d	e	f		

(8)	
あ	い

(9)	(10)

※

社会解答用紙

教室記号	受験番号	氏　　　名

※50点満点
（配点非公表）

※

1

(1)	(2)	(3)	(4)	(5)

(6)	(7)	(8)	(9)		(10)
			2番目	4番目	

※

(11)	(12)	(13)	(14)	(15)

(16)	(17)	(18)	(19)	(20)

※

【解答

理科解答用紙

教室記号	受験番号	氏　名

※100点満点
(配点非公表)
４教科型は50点満点に換算

※

1

(1)				
①	②	③	④	⑤

(2)		(3)	(4)	(5)

2

(1)	(2)		(3)	(4)
	サクラ	クワ		

※

【解答

算 数 解 答 用 紙

教室記号	受験番号	氏　　　名

※150点満点
（配点非公表）

※

1

(1)	(2)	(3)
(4)	(5)	(6)

2

ア	イ	ウ

3

ア	イ

【解答

3

(1) ④ ⑤ ⑥

(2) i ii

(3) Ⅰ Ⅱ

(4) A B

(5) 1 2

(6) 1 2 3

(7)

(8)

ことによって充実していく。

※ ※ ※ ※ ※ ※ ※ ※ ※

(9)

(10)

2

(1)
①
⑦
⑧

(2)
空
1
2
3

(3)

(4)
A
B
C
D
E

(5)
④
⑤

(6)

(7)

(8)

3の解答らんは裏にあります。

※ ※ ※ ※ ※ ※ ※ ※ ※ ※ ※

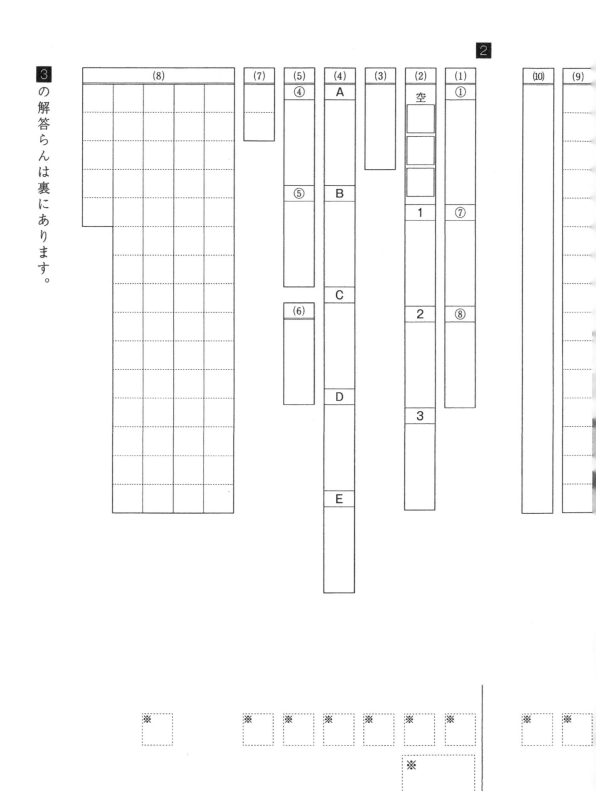

（3） 下線③について，アメリカ合衆国について述べた文として**誤っているもの**を，次の**ア～エ**から１つ選んで，記号で答えなさい。

ア 国内に複数の標準時がある。

イ 緯線《いせん》や経線に沿った国境線がみられる。

ウ 人口は中国の２分の１以上である。

エ 50の州によって構成されている。

（4） 下線④について，次の地図から読み取れるように，はわい温泉の近くには同じ方式を用いた発電施設《しせつ》が複数みられます。これらの施設における発電方式に関する説明の正誤の組み合わせとして正しいものを，あとの**ア～ク**から１つ選んで，記号で答えなさい。

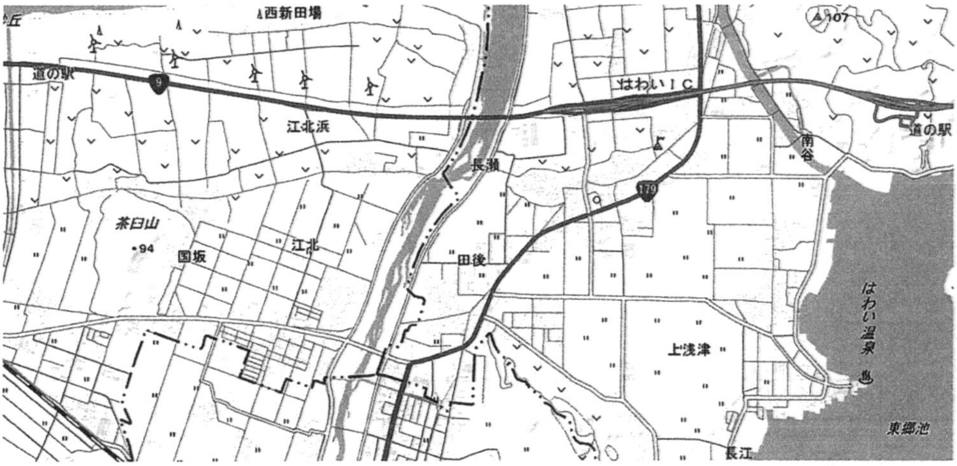

（「地理院地図」より作成）

Ⅰ 再生可能エネルギーの１つである。

Ⅱ 年間を通じて，安定した発電量が確保できる。

Ⅲ 発電する際に騒音《そうおん》が発生する。

	ア	イ	ウ	エ	オ	カ	キ	ク
Ⅰ	正	正	正	正	誤	誤	誤	誤
Ⅱ	正	正	誤	誤	正	正	誤	誤
Ⅲ	正	誤	正	誤	正	誤	正	誤

（5） 下線⑤について，境港市には日本でも有数の水揚《みずあ》げ量を誇《ほこ》る境港があります。次の表は日本の水揚げ量上位８位の漁港とその魚種別割合（いずれも2015年）を示したもので，地図中Ⅰ～Ⅲはあとの表中A～Cのいずれかです。Ⅰ～ⅢとA～Cの組み合わせとして正しいものを，あとの**ア**～**カ**から１つ選んで，記号で答えなさい。

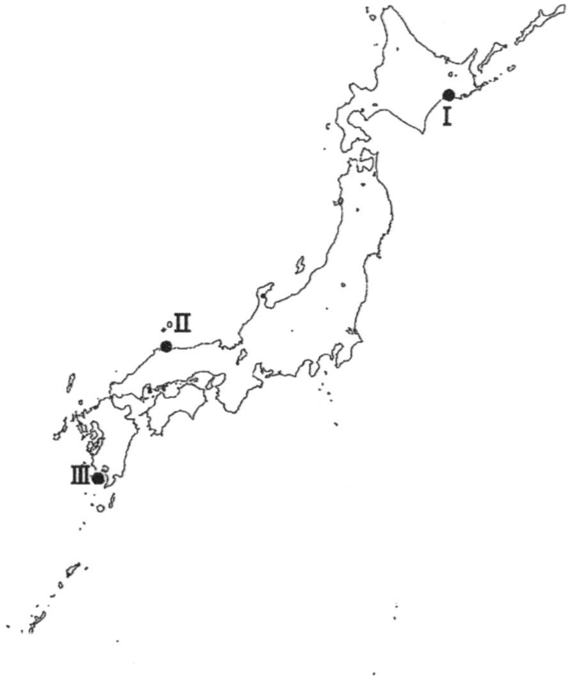

	水揚げ量（千トン）	水揚げ量に対する魚種別割合（%）			
銚子《ちょうし》	219	さば類	66.7	いわし類	19.6
焼津《やいづ》	165	かつお類	60.6	まぐろ類	31.6
A	115	たら類	49.2	いわし類	25.0
B	114	いわし類	37.6	さば類	19.9
八戸《はちのへ》	111	さば類	49.3	いか類	21.2
石巻《いしのまき》	101	さば類	41.4	かつお類	12.0
松浦《まつうら》	100	さば類	34.8	あじ類	31.5
C	82	かつお類	42.7	さば類	23.7

（『データブック　オブ・ザ・ワールド2021年版』より作成）

	ア	イ	ウ	エ	オ	カ
Ⅰ	A	A	B	B	C	C
Ⅱ	B	C	A	C	A	B
Ⅲ	C	B	C	A	B	A

（6） 下線⑥について，中海に浮かぶ江島と境港市は江島大橋で結ばれています。江島大橋西側の坂は下の写真のように急であるため「べた踏《ぶ》み坂」とよばれ，最上部が湖面から約45m高いところを通っています。橋が湖面から高いところを通るように建設された理由を説明しなさい。

（鳥取県観光連盟HPより引用）

（7） 下線⑦について，江島や大根島は中海に浮かぶ火山島です。日本の火山の説明として**誤っているもの**を，次の**ア**～**エ**から1つ選んで，記号で答えなさい。

ア 蔵王《ざおう》山は，北上《きたかみ》高地に位置し，周辺には阿武隈《あぶくま》川が流れている。

イ 有珠《うす》山は，洞爺《とうや》湖の南側に位置し，周辺には昭《しょう》和《わ》新《しん》山がみられる。

ウ 阿蘇《あそ》山は，熊本県に位置し，火山活動によってできた大規模な凹地《おうち》がみられる。

エ 富士《ふじ》山は，静岡県と山梨県に位置し，世界文化遺産に登録されている。

（8） 下線⑧について，松江市は松江城の城下町として知られています。城下町の例として**誤っているもの**を，次の**ア～エ**から１つ選んで，記号で答えなさい。

ア 札幌市　**イ** 彦根《ひこね》市　**ウ** 姫路《ひめじ》市　**エ** 広島市

（9） 下線⑨について，宍道湖は海水と淡水《たんすい》が混じり合う汽水湖です。汽水湖にあたるものを，次の**ア～エ**から１つ選んで，記号で答えなさい。

ア 中禅寺《ちゅうぜんじ》湖　**イ** 十和田《とわだ》湖　**ウ** 浜名《はまな》湖　**エ** 摩周《ましゅう》湖

（10） 下線⑩について，出雲縁結び空港からは大阪空港のほか，新千歳《しんちとせ》空港（北海道）・仙台空港（宮城県）・羽田《はねだ》空港（東京都）・福岡空港（福岡県）などへの定期便が就航しています。次の**ア～エ**は，各空港が位置する北海道・宮城県・東京都・福岡県について説明したものです。それぞれの説明として**誤っているもの**を，**ア～エ**から１つ選んで，記号で答えなさい。

ア 北海道には，玄関の扉《とびら》が二重になっている家屋がみられる。
イ 宮城県には，東北地方唯一の政令指定都市がある。
ウ 東京都には，八王子《はちおうじ》市などの市町村のほかに，23の特別区がある。
エ 福岡県には，台風対策として伝統的な平屋建ての家屋がみられる。

(11)　下線⑪について，日本は飛行機や船を使ってさまざまな国と貿易をしています。次の**ア～エ**は関西国際《かんさいこくさい》空港・東京港・名古屋港・成田国際《なりたこくさい》空港のいずれかにおける貿易額と貿易最大品目（いずれも2019年）を示したものです。**関西国際空港**にあたるものを，**ア～エ**から１つ選んで，記号で答えなさい。

	輸出		輸入	
	輸出額（億円）	最大輸出品目	輸入額（億円）	最大輸入品目
ア	123068	自動車	50849	液化ガス
イ	105256	半導体製造装置	129560	通信機
ウ	58237	半導体装置	114913	衣類
エ	51872	集積回路	39695	医薬品

※液化ガス：液化天然ガスと液化石油ガス

（『データブック　オブ・ザ・ワールド2021年版』より作成）

〔夏休み自由研究〕

山陰地方の自然環境《かんきょう》と人間生活

山陰地方の地形

い

山陰地方の気候

ろ

中海に浮かぶ島々と人々の暮らし

は

まとめ

(12)　シンジさんは，山陰地方にみられる地形について調べたことを，**い**のらんに書きました。鳥取県と島根県の地形について述べた文として正しいものを，次の**ア**～**エ**から１つ選んで，記号で答えなさい。

ア　日本でもっとも大きいため池が，鳥取県東部にみられる。

イ　海岸線が複雑に入り組んだリアス海岸が，鳥取県西部にみられる。

ウ　中国地方でもっとも高い山が，島根県南部にみられる。

エ　国立公園に指定されている諸島が，島根県北部にみられる。

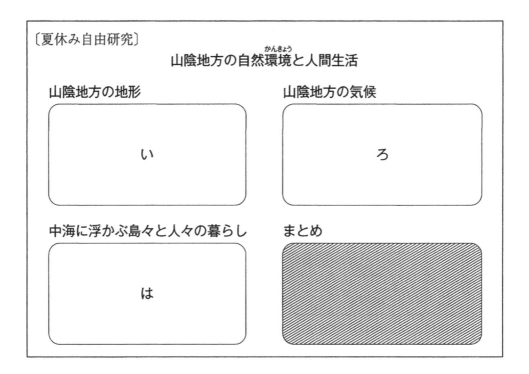

(13)　シンジさんは，山陰地方と他の地方の気候を比べるため，**ろ**のらんに鳥取市・高松市・名古屋市・盛岡市の雨温図を作成しました。次の**ア～エ**は４つの都市の雨温図を示したものです。**鳥取市**と**高松市**にあたるものを，**ア～エ**から１つずつ選んで，それぞれ記号で答えなさい。

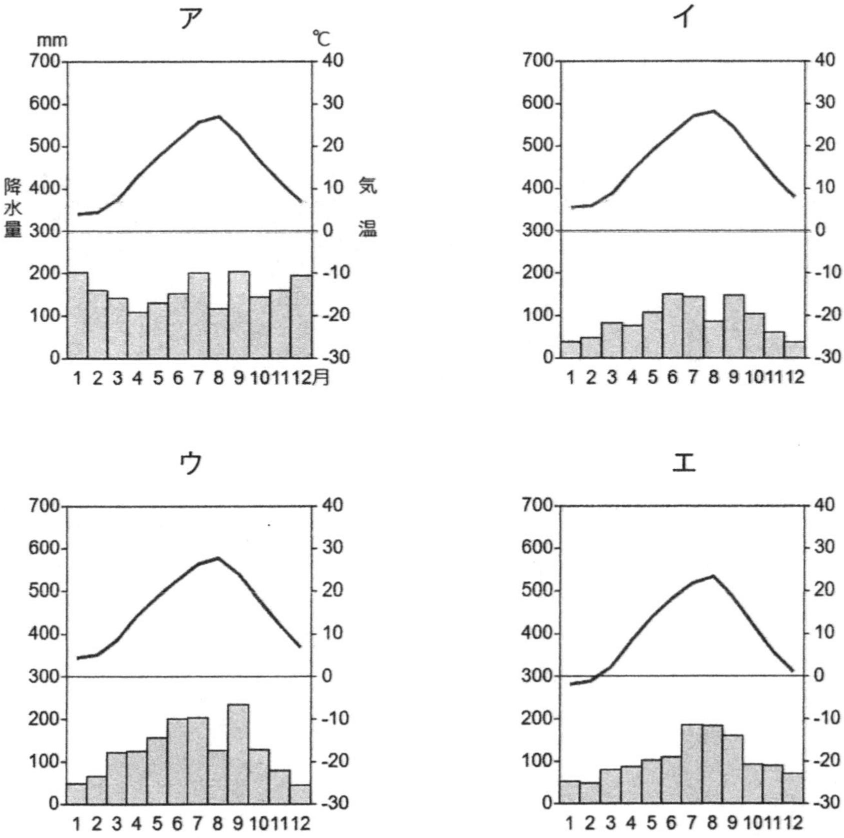

（『データブック　オブ・ザ・ワールド2021年版』より作成）

(14)　シンジさんは，バスで通過した江島大橋が2004年に開通したことを知り，江島大橋開通前はどのような土地利用がなされていたかを，**は**のらんにまとめました。**A**の地図は1975年のもの，**B**の地図は2021年のものです。これらの地図からわかることをまとめたものとして**誤っているもの**を，あとの**ア～エ**から１つ選んで，記号で答えなさい。

A

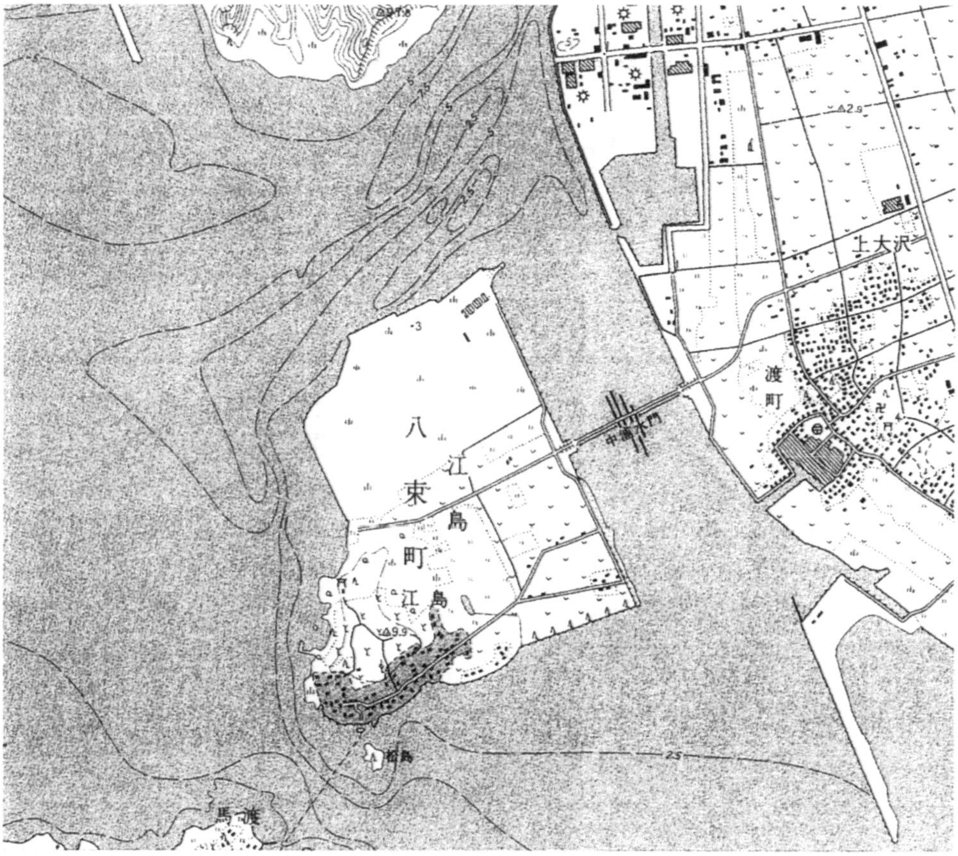

B

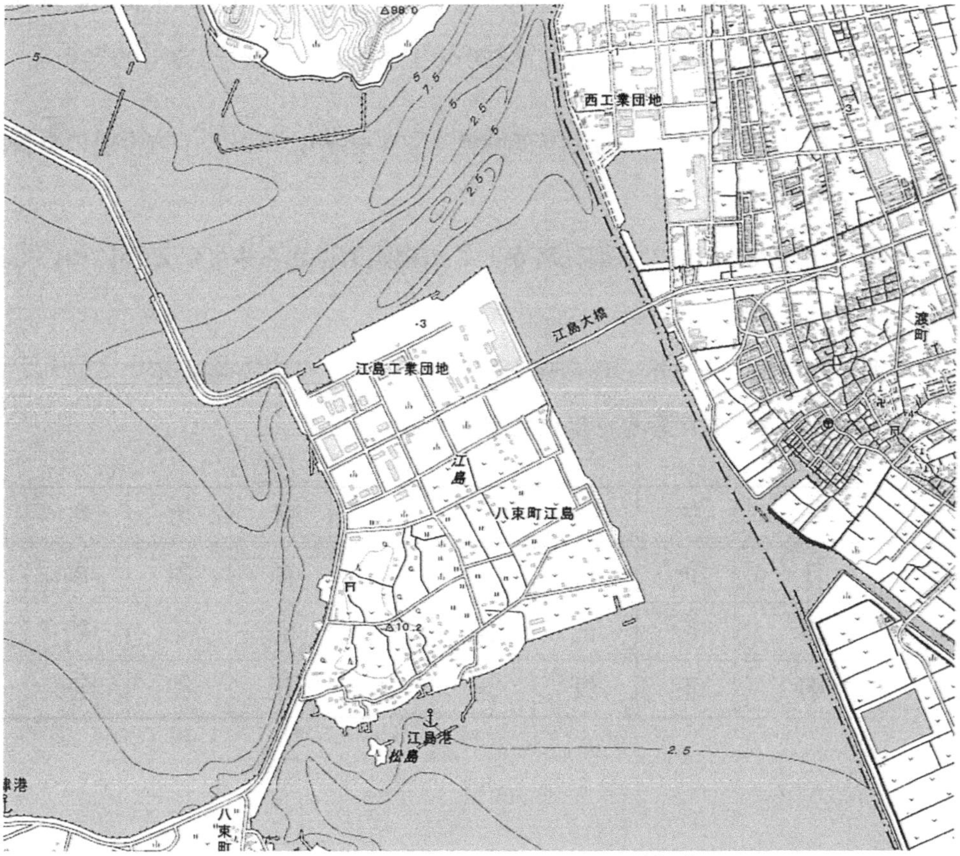

（「今昔《こんじゃく》マップ」HPより作成）

ア　江島の北部では，かつて荒《あ》れ地であった場所に工業団地が造成された。

イ　西《にし》工業団地の東部では，かつて畑が多くみられたが，新たに住宅地が造成された。

ウ　渡《わたり》町の南部では，都道府県境沿いの造成地が拡大した。

エ　江島の北西部では，新たに堤防《ていぼう》が建設されたため，航路が廃止《はいし》となった。

(15)　シンジさんはこの自由研究をもとに，山陰地方の観光業について調査するため，次のⅠ～Ⅲの調査方法を考えました。この調査方法の正誤の組み合わせとして正しいものを，あとの**ア～ク**から１つ選んで，記号で答えなさい。

Ⅰ　松江市がどのような観光政策をしているかについて，市役所の職員に聞き取り調査を行う。

Ⅱ　出雲大社駅前で，観光客がどこの都道府県から来ているかについて，アンケート調査を行う。

Ⅲ　境港駅から水木しげる記念館へどのくらいの観光客が歩いて訪れているかについて，空中写真を用いて調査する。

	ア	イ	ウ	エ	オ	カ	キ	ク
Ⅰ	正	正	正	正	誤	誤	誤	誤
Ⅱ	正	正	誤	誤	正	正	誤	誤
Ⅲ	正	誤	正	誤	正	誤	正	誤

問題は次に続きます。

3 次の会話文を読んで，あとの（1）～（10）の問いに答えなさい。

はやと「最近のニュースを見ていると，いったいどんな行いが正しいとされるのか，わからなくなってきたよ。」

まさる「いきなり何を言い出すの。」

はやと「だってさあ，たとえば①新型コロナワクチンについて，②企業《きぎょう》が従業員に接種を強制していいのかどうかという話題がニュースで取り上げられていたの。そこでは，多くの人に感染が広まらないようにするために接種を強制してもよいという意見と，副反応が怖《こわ》い人などに配慮《はいりょ》して強制すべきではないという意見があって，どちらが正しいのかよくわからなくなってきて。」

まさる「なるほどね。僕《ぼく》もニュースで，③地方公共団体の首長が飲食店に営業時間の短縮を求めているのに対して，飲食店がそれに従うべきなのかどうか，議論になっている様子を見たよ。」

はやと「特にコロナが流行し始めてから，何が正しいとされるのか，考えることが多くなったと思うんだ。まさるくんはこのことについてどう思う。」

まさる「僕はどんな場合でも，自由を守ることができるような行いが正しいとされると思うね。④日本国憲法では⑤自由権が保障されているし，日本の経済だって，生産手段を持つ人が労働者を雇《やと》って自由に経済活動を行える（　a　）主義の仕組みで動いているんでしょ。」

はやと「確かにそういう面もあるけど，自由はどんな場面でも認められるわけではないみたいだよ。実際日本では，企業がある商品の生産や販売《はんばい》を不当に支配してはならないとする（　b　）法が⑥国会でつくられて，価格や生産量について協定を結ぶことなどを制限しているし。それに職業選択《せんたく》の自由だって，日本国憲法第22条では『（　c　）に反しない限り』で保障されるものだとしているよ。」

まさる「そうか。でも⑦世界では，内政不干渉《かんしょう》の原則といって，他国の国内政治について口出しできないという考え方が定着しているよ。これは，各国の自由を他国がじゃましてはいけないということだよね。やっぱり，自由を守ることができるような行いが正しいとされているんじゃないかな。」

はやと「そうだけど，他方で各国が他国を自由に攻撃《こうげき》してよいというわけでもないよね。実際には⑧国際連合が，平和の破壊や侵略《しんりゃく》を行う国に対しては制裁を加える場合だってあるし。」

まさる「それはそうか。まあ，自由が正しいというのはあくまでも僕の考え方だけどね。」

はやと「そうだね。まさるくんの考え方も含《ふく》めて，いろいろな考えをみんなで認め合うことができたら，みんなが平和に過ごしていけそうだね。」

（1） 会話文中の（　a　）～（　c　）にあてはまる語句をそれぞれ答えなさい。

（2） 下線①について，新型コロナワクチンに関わる中央省庁について述べた文として**適当でないもの**を，次の**ア**～**エ**から１つ選んで，記号で答えなさい。

ア　おもに厚生労働省が，ワクチンの審査《しんさ》と承認を行っている。
イ　おもに財務省が，ワクチンに関わる予算の確保を行っている。
ウ　おもに総務省が，ワクチンの輸送業者を決めている。
エ　おもに環境省が，ワクチンに関わる廃棄《はいき》物の処理基準を決めている。

（3） 下線②について，企業のうち，国や地方公共団体が経営するものを公企業といいます。**公企業でないもの**を，次の**ア**～**エ**から１つ選んで，記号で答えなさい。

ア　水道局　　**イ**　造幣《ぞうへい》局　　**ウ**　大学入試センター　　**エ**　農業協同組合

（4） 下線③について，次の表は，中学生のゆいさんが地方公共団体の住民に認められる直接請求《せいきゅう》権についてまとめたものです。表から読み取れることについて述べた文としてもっとも適当なものを，あとの**ア～エ**から１つ選んで，記号で答えなさい。

請求の種類	必要な署名数	請求先	請求後の取りあつかい
条例の制定・改廃の請求	有権者の50分の１以上	地方議会の議長	議会にかけて話し合い，決定する。
監査請求	有権者の50分の１以上	監査委員	監査を実施して，結果を公表する。
首長・議員の解職請求	有権者の３分の１以上	選挙管理委員会	解職について有権者の投票を行い，過半数の賛成があれば職を失う。

ア 「条例の制定・改廃の請求」についての記述に誤りが含まれている。

イ 「監査請求」についての記述に誤りが含まれている。

ウ 「首長・議員の解職請求」についての記述に誤りが含まれている。

エ 表中のどの記述にも誤りはない。

（5） 下線④について，次の日本国憲法の条文中の（　d　）～（　f　）にあてはまる語句をそれぞれ答えなさい。

第76条 すべて（　d　）権は，（　e　）裁判所及《およ》び法律の定めるところにより設置する下級裁判所に属する。

② 特別裁判所は，これを設置することができない。行政機関は，終審として裁判を行ふことができない。

③ すべて裁判官は，その（　f　）に従ひ独立してその職権を行ひ，この憲法及び法律にのみ拘束《こうそく》される。

（6） 下線⑤について，日本国憲法で保障されている自由権のうち，人身の自由（身体の自由）について述べた条文を，次の**ア**～**エ**から１つ選んで，記号で答えなさい。

ア 「学問の自由は，これを保障する。」

イ 「公務員を選定し，及びこれを罷免《ひめん》することは，国民固有の権利である。」

ウ 「思想及び良心の自由は，これを侵《おか》してはならない。」

エ 「何人も，法律の定める手続によらなければ，その生命若しくは自由を奪《うば》はれ，又《また》はその他の刑罰《けいばつ》を科せられない。」

（7） 下線⑥について，日本の国会について述べた文として正しいものを，次の**ア**～**エ**から１つ選んで，記号で答えなさい。

ア 現在，衆議院の議員定数は465，参議院の議員定数は348である。

イ 内閣総理大臣と国務大臣はすべて，国会議員の中から選ばなければならない。

ウ 国会には，不適任だと訴えられた裁判官の裁判を行う権限が与えられている。

エ 国会のうち，衆議院の選挙制度として，小選挙区比例代表連用制が採用されている。

（8） 下線⑦について，次の(あ)・(い)の問いに答えなさい。

(あ) 次のグラフは，日本が世界各国から輸入しているおもな品目の輸入先（2020年）について示したものです。グラフから読み取れることについて述べた文として正しいものを，あとのＡ～Ｃからすべて選び，その組み合わせとしてもっとも適当なものを，下の**ア～キ**から１つ選んで，記号で答えなさい。

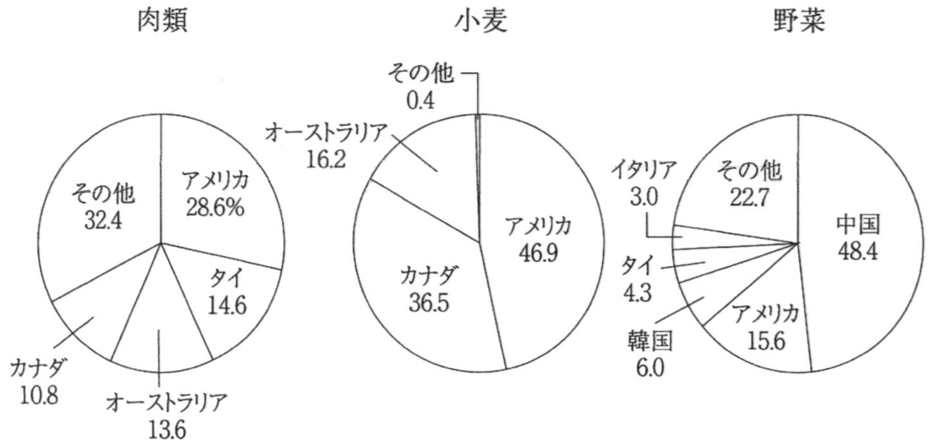

（『日本国勢図会2021/22年版』より作成）

Ａ 肉類の輸入先割合は，現在国内総生産（ＧＤＰ）が世界一の国がもっとも高くなっている。

Ｂ 小麦の輸入先割合も，野菜の輸入先割合も，主要国首脳会議（Ｇ７）のメンバー国が半分以上を占めている。

Ｃ 野菜の輸入先割合は，大統領制をとっている国が20%以上を占めている。

ア Ａ	**イ** Ｂ	**ウ** Ｃ	**エ** ＡとＢ
オ ＡとＣ	**カ** ＢとＣ	**キ** ＡとＢとＣ	

(い) 世界での取り組みが進んでいる「ＳＤＧｓ」の**日本語訳**を答えなさい。

(9)　下線⑧について，国際連合の安全保障理事会では，大国が世界の平和と安全を保つために一致団結して取り組むことを期待した議決の仕組みが取り入れられています。その議決の仕組みとはどのようなものか，簡単に説明しなさい。

(10)　現代社会の課題の１つとして，地球温暖化問題があります。地球温暖化対策にかかる費用を各国が負担する制度をつくるにあたり，**会話文中のまさるさんの考え方に基づいた制度案**としてもっともふさわしいものを，次の**ア～エ**から１つ選んで，記号で答えなさい。

ア　すべての国に，一律に同じ費用負担を課す。

イ　現在，温室効果ガスを多く排出している国の費用負担を重くする。

ウ　温室効果ガスの削減《さくげん》技術が高い国の費用負担を重くする。

エ　各国それぞれで負担する費用を決めてもらい，それに基づいた費用負担を課す。

2022(R4) 洛南高附属中
K 教英出版

令和３年度

中学入学試験問題

国　　語

《解答時間：６０分》

《配点：１５０点満点》

注　　意

1．問題は試験開始の合図《あいず》があるまで開かないこと。

2．**問題用紙のページ数は，表紙を除いて20ページ，解答用紙は１枚である。不足している場合は，ただちに申し出ること。**

3．解答はすべて，問題の番号と解答用紙の番号が一致《いっち》するよう，解答用紙の所定のらんに記入すること。不明りょうな書き方をした解答は採点しない。（※印のらんには記入しないこと）

4．開始の合図があったら，まず解答用紙に受験番号・氏名を記入すること。

洛南高等学校附属中学校

問題は次ページより始まります。

1 次の文章を読んで、あとの(1)〜(13)の問いに答えなさい。

（ここは京都の観光地祇園《ぎおん》の細い路地、老舗和菓子《しにせわがし》店の当主京極丹衛門《きょうごくたんえもん》は、いそがしい日々のなか、ほっと一息つこうと、なじみの甘味処《あまみどころ》「もも吉庵《きちあん》」の近くにいた。）

角を曲がると「もも吉庵」の前で、なにやら女の子たちの声が聞こえてきた。

「このへんのはずよ」

「おかしいなぁ」

女子中学生が四人、道に迷っている様子。よくあることだ。外国人をはじめ観光客が祇園の奥深くまで迷い込《こ》んでくる。そこは神社・仏閣《ぶっかく》でも、観光施設《しせつ》でもない。注お茶屋という商《あきな》いの場所であるだけではなく、そこに住まう人がいる。丹衛門は①眉《まゆ》をひそめた。

やさしく声を掛《か》ける。

「修学旅行ですか？」

「ハイッ、埼玉から来ました」

一人が快活に答え、尋《たず》ねた。

「あの〜教えていただきたいんですが」

「何やろ」

「このへんに、麩《ふ》もちぜんざいの美味《おい》しいお店があるらしいんですけど、②ご存じありませんか」

「麩もちぜんざい」と聞いてドキリとした。なぜなら、注花街の人たちしか知らぬはずの「もも吉庵」の名物メニューだからだ。

「どうして、そのお店を？」

「注SNSで見つけたんです。ある人のグルメ日記みたいなもので③ゼッピンだって……」

「この辺りのはずなのに、④看板が見つからなくて」

丹衛門は、適当な返事をしてごまかそうと思った。だが、⑤セイライ、嘘《うそ》が大の苦手。目の前に探し歩いているお店があるというのに、「知りまへんなぁ」というのは罪な気がした。

ふと見ると、四人組の中の一人の様子が気になった。「虚《うつ》ろ」で⑥〇〇ろ〇〇にあらず。瞳《ひとみ》に陰《かげ》があるのだ。

（妙《みょう》やな。みんなと一緒《いっしょ》なのに X そうやない。ひょっとして他の三人からイジメに遭《あ》っているのやろか……それとも）

もし何か悩《なや》み事を抱《かか》えているとしたら、僅《わず》かなりとも力になってやれないだろうか。そんな⑦「お□□□い」が頭をもたげ、丹衛門は⑧「し□□り」をおかすことにした。

「みんな修学旅行で来たんやから、勉強に教えてあげよう。祇園のお茶屋さんなどではね、『一見《いちげん》さんお断り』いうて⑨フラッと来ても食事できないんや」

「え？　じゃあ、誰《だれ》が入れるんですか？」

「ええ質問や。最初はな、誰かに連れて来てもらわな入れんのや。そいで何回も何回も利用させてもろうているうちに、一人で来ても上がらせてもらえるようになるんや」

「なぜ、そんな面倒《めんどう》な……」

「そう思うのも当然やなぁ。『信用』を大切にしてるからなんや。お茶屋さんの支払《しはら》いは、月末にいっぺんにすることになってる。ツケやな。高額なツケやから万一踏《ふ》み倒《たお》されたらたいへんや。そやから『信用』できる人しか上がることができひんのや」

「へ～」

丹衛門は、四人の女の子の真ん中を割って、前に進んだ。ガラリと扉《とびら》を開けて振《ふ》り向く。

「そのお店はここや」

「え!?　でも看板もなにもありません」

「そうや、みんなが探してた『もも吉庵』も『一見さんお断り』のお店なんや」

「え？　いいんですか？」

「特別やでぇ。さあ、入った入った！」

丹衛門は四人を促《うなが》す。「わあ～」「ヤッター！」と大声ではしゃぐ中、一人だけ「気になる」女の子には笑顔がないままだった。

立花菜摘《たちばななつみ》は、⑩つい二年前まで「幸せ」なんていうものについて考えたこともなかった。朝起きて、母親の作ったご飯を食べ、部活のダンスの朝練のため家を飛び出す。夜は、部活と塾《じゅく》。

それがある日、一変した。英語の授業中、母親の危篤《きとく》が知らされた。交通事故だった。

先生の車で病院へ駆《か》けつけたが間に合わなかった。心筋梗塞《しんきんこうそく》で意識不明になったドライバーの車が駅前の雑踏《ざっとう》に突《つ》っ込んで来た。母親はその中にいた。十名以上の重傷者を出したが、亡《な》くなったのは母親一人だった。

次の「不幸」が追いかけるようにやってきた。母親のことで自暴自棄《じき》になった父親がアルコールに溺《おぼ》れた。自営していた印刷会社が倒産《とうさん》。父親は行方《ゆくえ》不明になった。

「菜摘へ

ごめん。お父さんは弱い人間だ。卓郎《たくろう》おじさんに言っておくから、世話になりなさい。

父」

それが夏休み中の出来事だった。卓郎おじさんの家は仙台《せんだい》だ。九月から向こうで暮らすように言われたが、拒《こば》んだ。十月には修学旅行、十一月にはダンスの地区大会がある。

「今も借金取りがやって来る中、一人暮らしなんてさせられない」と言われた。何度も頼《たの》み、修学旅行には参加できることになった。

修学旅行の二日目はグループ行動だ。その四人は大の仲良し。同じダンス部の仲間でもある。菜摘は、この旅行を最後に転校する。クラスの誰にも内緒だ。「思い出」作りのつもりだった。でも、少しも楽しくない。なぜかみんなとの心の距離《きょり》が遠くなってしまった気がする。

さっきも四人でお土産《みやげ》屋さんに入った。舞《まい》ちゃんがスカーフを見ていたので、そばに行って「いいね」と話しかけたら、⑪プイッと他のコーナーへ行ってしまった。

(わたし何か悪いこと言ったのかな)

ユッキーが可愛《かわい》い舞妓《まいこ》さんのストラップを選んでいた。「カワイイー」と言ったら「そう?」とそっけない返事。

(せっかく無理言って転校を⑫ノばしてもらったのに。来なければよかった。きっと、知らず知らずに暗くて嫌《いや》な奴《やつ》になっている自分に、みんなが愛想《あいそ》を尽《つ》かしたんだ)

(A)みんなの後を着いて行く。気が付くと、古めかしい甘味処に入っていた。

「まあまあ、かわいいお客さんやこと」

「わての紹介《しょうかい》いうことで、麩もちぜんざい食べさせてあげてぇな」

丹衛門が店の前で出逢《であ》ったことを話すと、もも吉は(B)迎《むか》えてくれた。

「この中から、舞妓さんになる娘《こ》もおるかもしれへん。親切にせなあかん」
「え？　私でも舞妓さんになれるんですか」
「卒業してご両親の許可取りはったらなぁ」
「わー」
「なりたい、なりたい」
みんなはしゃぐ。ぜんざいを食べる三人に、もも吉が尋ねる。
「ぎょうさん見て回らはったんどすか？」
「はい、午前中、東寺《とうじ》に行きました……でもうんざりで」
「なんでやの」
「なんか怖《こわ》い顔の仏像ばっかりで、気持ちが悪くなっちゃったんです」
丹衛門はちょっとヒヤヒヤした。自分が無理言って連れて来た女の子たちの言葉で、もも吉を不愉快《ふゆかい》にさせてしまったのではないかと。だが、（　C　）言う。
「そやなぁ、わかるわ。うちも怖い顔した仏様は、なんや苦手や。東寺いうたら不《ふ》動明王《どうみょうおう》、降三世《ごうざんぜ》明王、大威徳《だいいとく》明王……そいから持国天《じこくてん》、増長天《ぞうちょうてん》さんと恐《おそ》ろしい顔した仏像が大勢いてはるからなぁ」
「そうなんです。でも、なんでそんな怖い顔してるんでしょう。ガイドさんが、どの仏様もお釈迦《しゃか》様のお弟子《でし》さんだって言ってたし。人を幸せにするのが仏様じゃないんですか？」
丹衛門は、（　D　）思わず苦笑いした。もも吉が答えた。
⑬「ええとこ気づきはったなぁ。あんた偉《えら》い」
ほめられて、女の子は頬《ほお》を赤らめた。
「大切なんはそこなんどす。みなさん、よろしおすか。世の中いうんはなぁ、一見鬼《おに》のように思える人が幸せを授《さず》けてくださることもある。辛《つら》い苦しいことが、いずれは希望につながるし、不幸に思えることが幸せに導いてくれることもある。⑭『幸運』は『不幸』の顔してやってくるんと違《ちが》いますやろか。そやから、うちは逃《に》げてはあかんと思うてます」
丹衛門も中学生らと共に聞き入っていた。さすがは祇園の名女将《おかみ》だ。かなりの苦労を積み重ねてきたと耳にしたことがある。
その時だった。気にかかっていた女の子が口を開いた。

「そんなの嘘。不幸は続くの……」

「え？」

みんなが注目した。

「どうしたの菜摘ちゃん」

（　E　）リーダーらしき子が言う。

「お母さんは死んじゃったし、お父さんもいなくなっちゃったし……もうダンスもできないし……みんなが冷たくなったし」

その後、身体《からだ》じゅうに溜《た》め込んでいたものを一気に吐《は》き出すように、この二年間の出来事を話し始めた。仲間の三人も、そしてもも吉も丹衛門も黙《だま》って聞いた。途中《とちゅう》、彼女《かのじょ》の眼《め》からは涙《なみだ》がとめどもなくこぼれてきた。

菜摘は思った。せっかく楽しみにしていた修学旅行がメチャクチャだと。そうしたのは自分だ。最後に友達まで失ってしまった。

その時だった。ユッキーが言った。

「菜摘ちゃん、みんな知ってるよ」

「え⁉」

「菜摘ちゃんのうちが大変なことは、私たち知ってる」

すると、あとの二人も頷《うなず》いた。

「担任の山田先生がさ、口軽いじゃん。『お前ら内緒だぞ。あいつは今度の旅行の後、転校するんだ。心だけじゃなくって身体も参ってるはずだ。気遣《きづか》ってやれ』って」

「……」

「はい、コレ」

そう言い、舞ちゃんが包みを差し出した。中を開けると友禅染《ゆうぜんぞめ》のスカーフだった。

ユッキーとアーちゃんも続けて差し出す。

「舞妓さんのストラップ。きっと菜摘のカバンに合うと思って」

「私はモミジの髪留《かみど》め。赤色が好きでしょ」

「え？」

さっき、お土産屋さんで選んでいたのは、自分のためのものだったのだ。

舞ちゃんが言う。

「転校しても友達だからね、私たち」
「そうよ！　友達じゃん」
「私のことも忘れちゃいやだよ」
菜摘は、みんながくれたプレゼントを胸の真ん中でギュッと抱《だ》きしめた。肩《かた》が小刻みに震《ふる》える。目がさらに真っ赤になった。
もも吉はやさしく声を掛けた。
「お代わりしまひょか。今日は京極社長さんの奢《おご》りやさかい」
「な、なんやて……まあええか、何杯《なんばい》でもお代わりしなはれ」
「わー」
「ありがとうございます！」
菜摘は三人と一緒に笑った。⑮実に器用に、悲しみと喜びの涙を一緒に流しながら笑った。

（志賀内《しがない》　泰弘《やすひろ》『京都祇園もも吉庵のあまから帖《ちょう》』ＰＨＰ研究所）

注　お茶屋・花街……「花街」は芸妓《げいこ》・舞妓などの芸者を置く店の集まる地域のこと。花街にあって飲食や芸者の接待を提供する店を「お茶屋」という。
ＳＮＳ……ソーシャル・ネットワーキング・サービスの略。人と人とのコミュニケーションを促進《そくしん》し、社会的なネットワークの構築を支援《しえん》するさまざまなインターネットサービスの総称《そうしょう》。

(1)　――線③⑤⑫のカタカナを漢字に改めなさい。

(2)　――線①「眉をひそめた」とありますが、「眉をひそめる」とはどういう気持ちのことをいいますか。また、次の**1**～**3**のことばはどういう気持ちのことをいいますか。それぞれあとの**ア**～**オ**の中からふさわしいものを一つ選んで、記号で答えなさい。

1　眉につばする　**2**　膝《ひざ》をうつ　**3**　腹をくくる

ア　疑念　**イ**　覚悟《かくご》　**ウ**　夢中　**エ**　不快　**オ**　感心

(3) ――線②「ご存じ」とありますが、これはどういう意味のことをいいますか。また、次の**1**～**3**のことばはどういう意味のことをいいますか。それぞれあとの**ア**～**オ**の中からふさわしいものを一つ選んで、記号で答えなさい。

1 お手すき　**2** お目通し　**3** お目通り

ア 来る　**イ** 会う　**ウ** 知る　**エ** 見る　**オ** 時間がある

(4) ――線④「看板が見つからなくて」とありますが、見つからないのはなぜでしたか。それに答えた次の文の□にあてはまる語句を、文章中から十五字以内でぬき出して答えなさい。（、。などは字数に数えます）

□だったから。

(5) ――線⑥「〇〇ろ〇〇にあらず」の〇に共通するひらがな一字を答えなさい。

(6) [X] にあてはまる五字のことばを、文章中からぬき出して答えなさい。

(7) ――線⑦「お□□い」⑧「し□□り」の□にそれぞれひらがな一字ずつを補って、ことばを完成させなさい。

(8) ――線⑨「フラッ」⑪「プイッ」とありますが、それぞれどんな様子を表していますか。あとの**ア**～**オ**の中から一つ選んで、記号で答えなさい。

⑨ フラッ
- **ア** 前ぶれなく
- **イ** ゆれるように
- **ウ** 力なく
- **エ** 定めなく
- **オ** のんびりと

⑪ プイッ
- **ア** 足を向ける
- **イ** しらを切る
- **ウ** そっぽを向く
- **エ** せきを切る
- **オ** あさっての方を向く

(9) ——線⑩「つい二年前まで『幸せ』なんていうものについて考えたこともなかった」とありますが、ここで「菜摘」の思う「幸せ」とはどのようなものだと考えられますか。次の**ア**〜**オ**の中から最もふさわしいものを選んで、記号で答えなさい。

ア 友人らと、和気あいあいとなごやかに過ごすことができること。
イ 日々明るく過ごすうち、優《やさ》しい人々と出会うことができること。
ウ 家族がそろっており、あたりまえに家や学校で生活できること。
エ 一生懸命《けんめい》に活動すれば、おのずと活躍《かつやく》する場が与《あた》えられること。
オ 家族との暮らしが保たれ、つつがない将来の見通しが立つこと。

(10) （Ａ）〜（Ｅ）にあてはまることばを、それぞれ次の**ア**〜**オ**の中から選んで、記号で答えなさい。

ア 喜んで　**イ** 心配そうに　**ウ** 浮《う》かぬ顔のまま
エ 意外にも穏《おだ》やかに　**オ** 一本取られた気がして

(11) ——線⑬「ええとこ」とはどういうことを指して言っていますか。二十五字以内で答えなさい。（、。などは字数に数えます）

(12) ——線⑭「『幸運』は『不幸』の顔してやってくる」とありますが、この物語ではどういうことがこれにあたりますか。五十字以内で答えなさい。（、。などは字数に数えます）

(13) ——線⑮「実に器用に、悲しみと喜びの涙を一緒に流しながら笑った」とありますが、ここでの「菜摘」の気持ちはどのようなものですか。次の**ア**〜**オ**の中からふさわしいものを一つ選んで、記号で答えなさい。

ア 今までひそかに自分ひとりで苦しみを抱えてきたが、それを友人たちにさらけ出すことで心の穏やかさを取り戻《もど》すことができ、いまからは遠慮《えんりょ》のない気持ちで残りの旅の時間を楽しもうと思っている。

イ 母が亡くなって以降、不幸な出来事が続いて起こり、友人たちとの別れを思って悲しみのピークを迎えていたが、女将の深みのある言葉に諭《さと》されるように、かたくなな心がゆっくりとほどけ始めている。

ウ 突然《とつぜん》のプレゼントはうれしく、友人たちのありがたみは実感しているが、そんな彼女らと別れなくてはならないのは残念でならず、大人の人とのこっけいなやりとりにも苦笑いする思いになっている。

エ 重なる不幸に加え、自分のいたらなさから友人たちとも険悪な形で別れなくてはならないと辛い気持ちでいたが、彼女らの温かい心を知って感激し、よい出会いも含《ふく》めて旅のなごやかさに包まれている。

オ 自分ひとりがつらい目に遭い続け、運命を恨《うら》みがましく感じていたが、旅の中で友人たちの気づかいにもまして地元の人々のやさしさが身にしみて、生きる希望を得て朗《ほが》らかな気持ちになっている。

2 次の文章を読んで、あとの(1)～(10)の問いに答えなさい。

①具体的な人との関係でも、漫然《まんぜん》と言葉を交《か》わしているだけではだめなのです。ちょっと心地よくなると、すぐその場を放棄《ほうき》できてしまう言葉がいくつも準備されていて、自分の感覚的なAノリとかBリズムとか、そういうものの心地よさだけで親しさを確認《かくにん》していると、やはり関係は本当の意味で深まっていきません。料理でいうと「苦み」のない、ただ甘《あま》いだけの料理を求めてしまう感じですね。

ノリとリズムだけの親しさには、深みも味わいもありません。そればかりか、友だちは多いのに寂《さび》しいとか、いつ裏切られるかわからないとか、ノリがちょっと合わなくなってきたらもうダメだとか、そういう希薄《きはく》な不安定な関係しか構築できなくなるのではないかと思います。

②読書のよさは、一つには今ここにいない人と対話をして、情緒《じょうちょ》の深度を深めていけること。しかも二つ目として、くり返し読み直したりすることによって自分が納得《なっとく》するまで時間をかけ理解を深めることができること（実際の会話では「えっ、今なんて言ったの。もう一度言ってみて」、なんて何度も聞きなおすことはできませんものね）。あと三つ目としては、多くの本を読むということは、いろんな人が語ってくれるわけですから、小説にしても評論にしても、「あ、こんな考え方がある」「ナルホド、そういう感じ方があるのか」というC発見を自分の中にD取り込《こ》めるということ。実際のつき合いではそんなにいろいろなキャラクターの人とコミュニケーションすると「人疲《ひとづか》れ」することがありますよね。でも本を読む上では作者でも登場人物でも、いろいろな性格の人と比較的《ひかくてき》楽に対話することができます。その結果、少しずつ自分の感じ方や考え方を作り変えていくことができるわけです。そういう体験を少しずつ積み重ねることは、多少シンドイ面もありますが、慣れてくると、じつはとても楽しい作業になるのです。

こうしたことに関係があるキーワードとして、「楽（ラク）」と「楽しい」という二つの言葉を対比させて考えることができると思います。

③「楽（ラク）」も、「楽しい」も、漢字は同じですよね。

この二つの意味するところは、一致《いっち》する場合もあるけれど、でも必ずしもまったく重なるというわけではありません。

④ラクして得られる楽しさはタカが知れていて、むしろ苦しいことを通して初め

て得られる楽しさのほうが大きいことがよくあるのです。

苦しさといっても、別に大げさなことである必要はありません。

私は青森県の弘前《ひろさき》市に住んでいたことがあるのですが、弘前公園は桜で⑤有名で、どうせなら一番きれいな桜を見たいなと思ったことがありました。でも夜は花見の宴会《えんかい》をやって⑥□夕□夕じていて、昼は昼で人が多い。桜そのものの美しさと静かに向き合いたいのにそれができない。いっそ思い切って早朝五時ごろに見に行こうと思い立ちました。じつは私は夜型人間で早起きは大の苦手なのですが、その日だけは⑦なんと□頑張《がんば》って早起きをすることができました。眠《ねむ》い目をこすりながら公園に行ってみると、きれいな澄《す》んだ空気と静寂《せいじゃく》の中に、ソメイヨシノがふわっと咲《さ》いて浮《う》かび上がる姿が、⑧なんと□荘厳《そうごん》で美しいものでした。静かな雰囲《ふんい》気《き》で本当に美しい桜を見てみようと思い立ち、ラクをせずに早起きするというちょっとだけ苦しい思い（じつは私としては相当頑張ったのですが！）をしてみると、「なるほどこういうすばらしい体験が待っているんだなあ」と、そのときつくづく思ったものです。

「ちょっと苦しい思いをしてみる」ことを通して、本当の楽しさ、生のあじわいを得るという経験はとても大切なんじゃないかと思うんです。ラクばかりして得られる楽しさにはどうも早く限界（飽《あ》き）が来るような気がします。けれどちょっと無理して頑張ってみることで得られた楽しさは、その思いがとても長続きして、次に頑張る力を支えるエネルギーにもなります。かといって、ものすごく大変な苦しみばかりでは、疲れて嫌《いや》になってしまいますよね。どの程度の努力、どの程度の頑張りが、本当の楽しさをあじわうきっかけや力になるのかということを若い人たちにEアドバイスしたり、自分で手本となって示せることも、「大人」といわれる人びとのとても大切な社会的役割だと思うのです。

⑨こうしたことは、人間関係にだってあてはまると考えられます。他者への恐れの感覚や自分を表現することの恐れを多少乗り越《こ》えて、少々苦労して人と⑩□ツ□ツぶつかりあいながらも理解を深めていくことによって、「この人と付き合えて本当によかったな」という思いを込めて、人とつながることができるようになると思うのです。

（菅野　仁『友だち幻想《げんそう》　人と人の〈つながり〉を考える』ちくまプリマー新書）

(1) ――線①「具体的」とありますが、この「的」と意味用法の異なるものを、次の**ア**～**オ**の中から一つ選んで、記号で答えなさい。

ア 外的　**イ** 動的　**ウ** 目的　**エ** 物的　**オ** 私的

(2) 〰線**A**～**E**のうち、他とは性質が異なるものを一つ選んで、記号で答えなさい。

(3) ――線②「読書」とありますが、「読書」について意見を述べた次の**ア**～**オ**の中から、この文章での**筆者の考えにはないもの**を一つ選んで、記号で答えなさい。

ア 小説を読んでいると、いつの間にか自分が主人公となって行動しているような熱い気持ちになることがあります。場面によっていろいろな感動をあじわえます。

イ わたしのおすすめの本は『×××』です。何度も読み返しているうちに、最初は難しいと感じていたところも、今ではすっかり理解できるようになりました。

ウ さまざまな種類の本を読むことによって、自分では思いつきもしないような新たな発見がたくさんありました。これも読書をする楽しさの一つだと思います。

エ いろいろな人と直接会って話をするのは大変なことです。でも、読書をすれば、自然とさまざまな人や考え方にふれることができるので、気軽に楽しめます。

オ 『△△△』を読んでから、それまでとは物事に対する考え方が大きく変わりました。このように、読書をすることは自分自身の内面の変化にもつながります。

(4) ――線③「『楽（ラク）』も、『楽しい』も、漢字は同じ」とありますが、「ラク」は音読みで「たの（しい）」は訓読みです。**例**にならって、音読みが□の横に示された読み方になるような漢字を考え、それを訓読みにして□にあてはめて、あとの**1**～**5**の熟語を完成させなさい。

例 台□《ショ》……□《ショ》に入る漢字として「所」を考え、「ところ」と訓読みにしてあてはめて、「台所」と答えます。

1 □《ナイ》気　**2** □《ジョウ》所　**3** □《ケン》本　**4** □《ウ》具　**5** 楽□《オク》

(5) ――線④「ラクして得られる楽しさはタカが知れていて」とありますが、これとほぼ同じ意味内容のことを述べている一文を文章中からぬき出して、始めの五字で答えなさい。（、。などは字数に数えます）

(6) ――線⑤「有名」と反対の意味となることばを漢字二字で答えなさい。また、次の**1**～**3**のことばと反対の意味となることばをそれぞれ漢字二字で答えなさい。

1　有利　　**2**　得点　　**3**　否決

(7) ――線⑥「□タ□タ」⑩「□ツ□ツ」のすべての□に共通してあてはまるカタカナ一字を答えなさい。また、次の**1**・**2**の□に共通してあてはまるカタカナ一字をそれぞれ答えなさい。

1
しずくが□タ□タとしたたる。
民家が□ツ□ツと並んでいる。

2
□タ□タとふるえが止まらない。
犬がえさを□ツ□ツ食べている。

(8) ――線⑦「なんと□」⑧「なんと□」の□にそれぞれ異なるひらがな一字をあてはめて、ことばを完成させなさい。

(9) ――線⑨「こうしたこと」とは、どういうことですか。それを説明した次の文の [1] ～ [4] にあてはまることばを、文章中からそれぞれ指定された字数でぬき出して答えなさい。（、。などは字数に数えます）

ラクばかりするのでもなく、[1（十一字）] を感じるほど努力するのでもなく、[2（七字）] 思いをすることによって、楽しい思いが [3（三字）] して [4（十五字）] になること。

(10) この文章の表現について説明したものとして、次の**ア**～**オ**の中から最も適当なものを選んで、記号で答えなさい。

ア 文章全体が「です・ます調」の文体で作成されていることによって、筆者の主張が堅苦《かたくる》しくもていねいで、なおかつ断定的である印象を読者にあたえている。

イ 5行目「料理でいうと」は、文章の内容と直接関係のない話を織り交ぜることによって、ここから筆者の考えが広範囲《こうはんい》におよんでいくことを暗示している。

ウ 12行目「（実際の会話では……できませんものね）」は、具体的な筆者の感想を補足することによって、直前の内容を読者が実感できるように工夫《くふう》している。

エ 37行目「ソメイヨシノ」は、あえて桜の品種名を示すことによって、筆者の弘前公園での経験が現実ばなれしたものであったことを読者に連想させている。

オ 49行目「本当の楽しさを……力になるのか」は、「、」を用いることによって、そのことばが筆者ならではの表現であると一目で分かるように強調している。

3　次の文章を読んで、あとの(1)～(9)の問いに答えなさい。

①これからの教養を構成するものは、情緒《じょうちょ》や形ばかりか知識も、基本は実体験によって得られるものです。京都がどんな町かは、京都に行って見なければ完全には理解することはできません。象やキリンがどんな動物かも、何らかの方法で見る必要があります。モーツァルトやビートルズの音楽がどんなものかは、聴《き》く以外にないのです。ぶたれた時の痛さも、貧しくて充分《じゅうぶん》に食べられない悲しさや苦しさも、仲間外れにされる辛《つら》さも、欺《だま》されたり裏切られた時の悔《くや》しさも、そんな目にあって初めて分かります。自分自身の体験によって、そういう目にあっている人に同情したり、他人をそういう目にあわせないよう心がけることになります。

②ここで大問題は、充分な知識や情緒や形を得るために、実体験だけで足りるかということです。一生の間に実体験できることはとても限られています。自らが生涯《しょうがい》に歩いた道路の長さの総和は、世界全道路の長さの兆分の一にもなりません。出会った人の数だって限られています。言葉を交《かわ》した人の数はさらに少なく、深い意志の疎通《そつう》を交した人の数ともなると、大抵《たいてい》の場合、家族を除くと片手の指、多くても両手の指で足りてしまうのではないでしょうか。

（　A　）私達《たち》は、人間とはこういうものだ、こういう状況《じょうきょう》ではこう考え、こう思い、こう行動する、というかなり正しいイメージを持っています。これを持たないと社会生活ができません。私達が、よく知る人はたった数名なのに、そんなイメージを持つことができるのは、映画やテレビドラマや読書などで、乏《とぼ》しい実体験を補強しているからです。

家族や学校で親や先生に教わる知識だって、ほんの基礎《きそ》基本だけです。人間として真っ当で充実した生き方をするためにはとても充分とは言えません。これからの教養、すなわち情緒や形と一体化した知識を獲得《かくとく》するには、まず自ら努力して得る必要があります。実体験では余りにも足りないので、間接体験（追体験）によることになります。読書、文化、芸術などに親しむことが大切となるのです。人によっては自然や宗教もあるかも知れません。先ほど京都がどんな町かは京都に行って見なければ分からないと言いましたが、注意すべきは、それでは目に見えるものしか分からないということです。

（　B　）京都の金戒光明《こんかいこうみょう》寺《じ》は、何も知らない人にとって、京大近くの丘《おか》の上のだだっ広いお寺に過ぎません。しかし書物をひもとけば、ここは、十五歳《さい》より比叡山《ひえいざん》で修行《しゅぎょう》を積んでいた法然上人《ほうねんしょうにん》が、四十三歳の時に山を下りて草庵《そうあん》を結んだ地であり、初めての浄土宗《じょうどしゅう》寺院であることが分かります。（　C　）、十四歳の美少年平敦盛《たいらのあつもり》の首を斬《き》った熊谷直実《くまがいなおざね》が、出家しようと法然の教えを受けに来た所と分かります。

幕末には京都の③チアンを保ち孝明《こうめい》天皇を守ろうと、京都守護職として会津《あいづ》武士一千名がここに滞在《たいざい》したことも分かります。御所《ごしょ》まで二キロ、東海道の京都入口である粟《あわ》田口《たぐち》まで二キロ、という警固上の絶好の位置にあることも分かります。京都を京都たらしめている歴史や文化を知って、初めて京都とは何かが分かるのです。

読書を代表とする疑似《ぎじ》体験は、実体験に比べれば概《がい》して深さも強烈《きょうれつ》さもはるかに小さく、人間の教養を豊かにする力としては微々《びび》たるもの、という声が聞こえてきそうです。その通りです。力としては十分の一かも知れません。しかし、一つ一つは十分の一の深さや強烈さの疑似体験でも、自ら求めさえすれば実体験の百倍に上る回数を体験することも可能です。そうすれば実体験だけの人に比べ X 倍の教養を得ることができることになります。

特に疑似体験の柱となる読書なら時間も金もさほどかかりませんから、いくらでも重ねることが可能です。読書を通じ、④古今東西の賢人《けんじん》や哲人《てつじん》や文人の言葉に耳を傾《かたむ》けることができます。漱石《そうせき》やドストエフスキーの言葉に耳を傾け、紫式部《むらさきしきぶ》や清少《せいしょう》納言《なごん》やシェークスピアと親しく対面することもできます。文庫本代を払《はら》うだけで、⑤あり得ないような恩恵《おんけい》を受けることができるのです。

ポジショントークしかしない政官財の人々や、テレビでもっともらしいことを自信満々に語る人々でなく、幾歳月《いくとしつき》にわたる歴史の星霜《せいそう》に耐《た》えた、古今東西の賢人達の精《せい》魂《こん》こめた授業を、タダで聴講《ちょうこう》することができるのです。知識や思想を吸収できます。文学書を読めば古今東西の庶民《しょみん》の哀歌《あいか》に触《ふ》れることで人間としての美しい情緒や、醜《みにく》い情緒を学ぶことができます。それらに共感し、時には涙《なみだ》し、時には奮い立つことさえできるでしょう。

私は高校一年生の頃《ころ》、宮沢賢治《みやざわけんじ》の「永訣《えいけつ》の朝」を読んで心を揺《ゆ》さぶられました。

「けふのうちに　とほくへいつてしまふわたくしのいもうとよ」

で始まる詩です。

賢治は、死んでいく二歳下でまだ二十四歳の妹とし子が、高熱であえぎながら言う最期《さいご》の願いを聞き入れます。庭の松の枝から雪をとって二人が幼い頃から慣れ親しんだ茶碗《ちゃわん》に入れて食べさせてくれ、という願いです。鉄砲玉《てっぽうだま》のように庭に飛び出した賢治の持ってきた雪を食べた妹は、「生まれ変わったら自分でなく他人のために苦しむ人間に生まれてきたい」と言って息を引き取ります。

賢治はこう嘆《なげ》きます。

「あぁとし子　死ぬといふいまごろになつて　わたくしをいつしやうあかるくするために　こんなさつぱりした雪のひとわんを　おまへはわたくしにたのんだのだ　ありがたうわたくしのけなげないもうとよ　わたくしもまつすぐにすすんでいくから」

この詩を読んだ私は、自分もこれからまっすぐに生きて行こう、何が何でもまっすぐに生きて行こう、と堅《かた》く誓《ちか》いました。一篇《ぺん》の詩に出会っただけで、生き方が変わったり、志を立てたり、それを実現するために頑張《がんば》ることが可能となったりすることもあります。情緒の凄《すご》い力です。

また、歴史や文明や文化に関する本を読むことで、世界史の中における現代の立ち位置、日本の立ち位置、そして⑥キュウキョク的には自分の立ち位置が少しずつはっきりしてきます。立ち位置が確立されないと毎日見聞する社会現象を⑦タイキョク的に見ることができません。

⑧本を読まない人間は井《い》の中の蛙《かわず》と同じになります。この蛙《かえる》にとって、世界は井戸の底と上に見える小さな丸い空だけです。井戸の外を一切《いっさい》知らなくても蛙は幸せな一生を終えることができるのかも知れません。しかし私は、この蛙に広い広い世界を見せてやりたくてたまりません。実体験だけで満足する人は、一度しかない人生をじっと井戸の中で暮らすようなものです。

こうして実体験は疑似体験により補完され、健全な知識と情緒と形、すなわちバランスのとれた知情形が身につきます。これこそがこれからの教養であり、あらゆる判断における価値基準となります。別の言葉で言えば、あらゆる判断における座《ざ》標軸《ひょうじく》が形作られてくるのです。哲学を中心とした「生とは何か」を問うのがかつての教養で、「いかに生きるか」を問うのがこれからの教養と言ってもよいかも知れません。

（藤原　正彦『国家と教養』新潮新書刊）

(1) ――線③⑥⑦のカタカナを漢字に改めなさい。

(2) （　A　）～（　C　）に入ることばとして最もふさわしいものを、次のア～オの中からそれぞれ選んで、記号で答えなさい。

ア　また　　イ　すなわち　　ウ　ところで
エ　にもかかわらず　　オ　例えば

(3) ――線①「これからの教養」が目指すものはどのようなものですか。文章中から十五字程度でぬき出して答えなさい。（、。などは字数に数えます）

(4) ――線②「ここで大問題は、充分な知識や情緒や形を得るために、実体験だけで足りるかということです」とありますが、「大問題」を「私達」はどのように解決していると考えられますか。それを説明した次の文の［1］～［3］にあてはまることばを、文章中からそれぞれ指定された字数でぬき出して答えなさい。（、。などは字数に数えます）

［1（七字）］しか分からない実体験の不足を、［2（八字）］などに親しむという［3（九字）］で補強して解決している。

(5) 文章中の［X］に入る数字を漢字で答えなさい。

(6) ――線④「古今東西」とありますが、これは対《つい》になった漢字を組み合わせてできたことばです。次の1～3のそれぞれの二つの□が対となるように漢字を一字ずつ入れて、ことばを完成させなさい。

1　□同□異　　2　□往□往　　3　三□四□

(7) ――線⑤「あり得ないような恩恵」のここでの内容として、次の**ア**～**カ**の中からふさわしいものを**すべて**選んで、記号で答えなさい。

ア 著名な賢人達の講義をタダで聴けること

イ 裏切られた人に同情できること

ウ 親や先生に教えてもらえること

エ 仲間外れにされる辛さが分かること

オ 美しい情緒や醜い感情を学べること

カ 自分の生き方を変えてしまえること

(8) ――線⑧「本を読まない人間は井の中の蛙と同じになります」について、次の(i)・(ii)に答えなさい。

(i) 「井の中の蛙」は、ことわざの一部です。次の□に漢字二字を入れて、ことわざを完成させなさい。

井の中の蛙、□を知らず

(ii) 「本を読まない人間は井の中の蛙と同じになります」とありますが、「井の中の蛙」とはどんな人間のことですか。四十字以内で説明しなさい。（、。などは字数に数えます）

(9) 次の1～5について、この文章の内容に合っているものには○を、そうでないものには×を答えなさい。

1 教養のための知識や情緒や形を得るには、実体験だけでも充分ではあるが、映画やテレビドラマや読書で補強することも大切である。

2 実体験による知は、実際に見聞きしたものしか分からないということに注意するべきで、それは疑似体験によって補完することで豊かな教養となる。

3 宮沢賢治の詩は、妹の亡《な》くなるときの願いを聞き入れるというもので、それを読む者はだれでも生き方を変え志を立てる力とすることができる。

4 疑似体験の柱になる読書は、いくらでも重ねることが可能で、それによって世界中の賢人達の知識や思想を吸収することができる。

5 本を読むことで自分の立ち位置を確立し、広い世界を見渡して大きくとらえ、実体験による小さな世界だけで満足しないことが重要である。

令 和 3 年 度

中 学 入 学 試 験 問 題

── 算　　数 ──

《解答時間：７０分》

《配点：150点満点》

注　　意

1．問題は試験開始の合図《あいず》があるまで開かないこと。

2．**問題用紙のページ数は，表紙を除いて14ページ，解答用紙は１枚である。不足している場合は，ただちに申し出ること。**

3．解答はすべて，問題の番号と解答用紙の番号が一致《いっち》するよう，解答用紙の所定のらんに記入すること。不明りょうな書き方をした解答は採点しない。（※印のらんには記入しないこと）

4．開始の合図があったら，まず解答用紙に受験番号・氏名を記入すること。

1 次の $\square$ にあてはまる数を答えなさい。

(1) $4\frac{5}{6}+7\frac{8}{9}-10\frac{11}{12}-1\frac{2}{3}=\square$

(2) $\left\{\frac{1}{14}\div\frac{1}{2}+1\div\left(\frac{1}{3}-\frac{1}{5}+\frac{1}{105}\right)\right\}\times\{(4\times16+3\times8+3)\div13-5.6\}=\square$

(3) $37\times79+74\times41+111\times28+148\times22=\square$

(4)　$5.375 \div 0.25 \times \square \times 11.75 \div 0.625 = 2021$

(5)　$9 \div [\, 8 + 7 \div \{\, 6 + 5 \div (\, 4 + 3 \div 2 \,)\,\}\,] = \square$

2 次の [ア] ～ [サ] にあてはまる数を答えなさい。

(1) 1から30までの整数で，2でも3でも5でもわり切れない整数をすべてたすと [ア] になります。

また，1から120までの整数で，2でも3でも5でもわり切れない整数をすべてたすと [イ] になります。

(2) 1個の値段がそれぞれ20円，30円，70円の品物A，B，Cを合わせて何個か買ったところ，合計金額は280円になりました。どの品物も少なくとも1つは買うとき，A，B，Cを買った個数の組み合わせは全部で [ウ] 通りあります。

(3) 下の筆算のそれぞれの □ には，0から9までのいずれかの数字が1つずつ入ります。ただし，各段のいちばん左の □ に0は入りません。

			2	0	2	1
		×	エ	オ	カ	キ
			□	□	□	□
	□	□	□	□	□	
□	□	□	□	□		
□	□	□	□			
3	9	6	□	□	4	□

計 算 用 紙

(4) 下の図において，角㋐の大きさは［ ク ］度です。

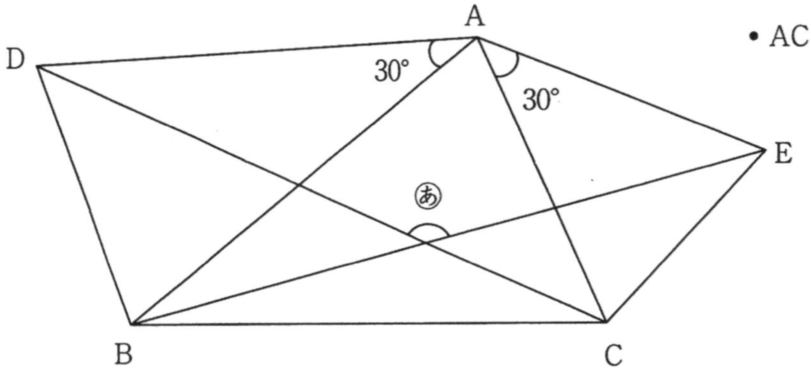

• AD = AB
• AC = AE

(5) 下の図において，CEの長さは［ ケ ］*cm*，長方形ABCDの面積は［ コ ］cm^2
です。

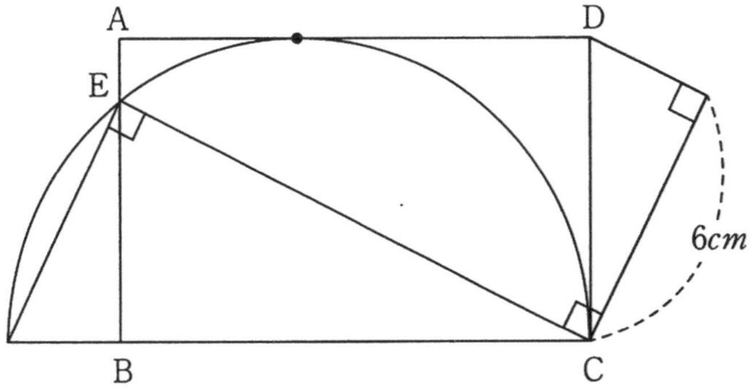

図の • では，半円が
長方形の辺にぴったり
くっついています。

(6) 1辺の長さが1*cm*の立方体をいくつも積み上げ，縦の長さ，横の長さ，高さがそれぞれ10*cm*，15*cm*，［ サ ］*cm*の直方体をつくりました。次に，できた直方体の表面に色をぬり，再びすべてをばらばらにしました。このとき，色をぬっていない部分の面積の合計が，ぬった部分の面積の合計の8倍になりました。

計算用紙

3 図①のように，長方形 ABCD の辺 AD，BC 上を動く点 P，Q があります。P，Q は同時にそれぞれ頂点 A，C を出発し，一定の速さで辺 AD，BC 上を往復します。また，4 点 A，B，Q，P をこの順番に結んでできる図形の面積を S cm^2 とします。

図②は P，Q が A，C を出発してからの時間と，面積 S との関係をグラフに表したものです。P は Q より速く動きます。Q が 1 回往復する間について考えるとき，次の問いに答えなさい。

(1) (P の速さ)：(Q の速さ) を，最も簡単な整数の比で表しなさい。

(2) 長方形 ABCD の面積は何 cm^2 ですか。

(3) 面積 S が 500cm^2 となるのは何秒後ですか。

図①

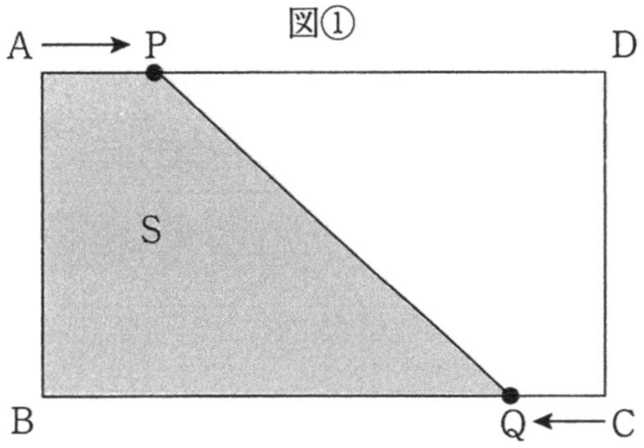

図②

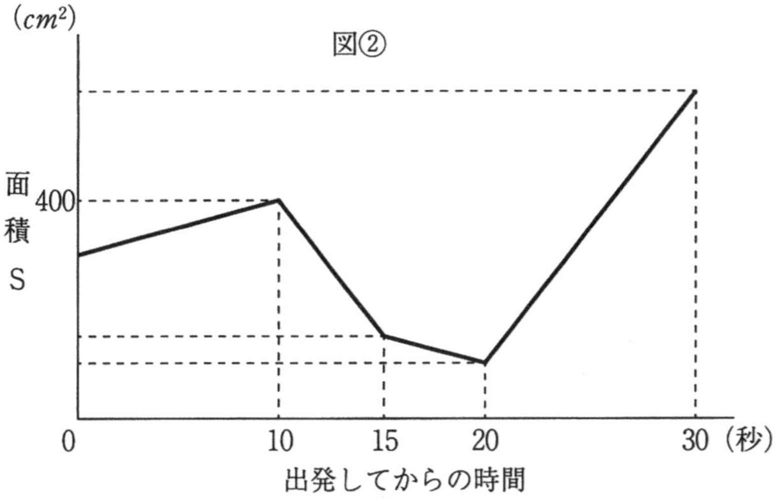

計 算 用 紙

4 3つの容器A，B，Cにはそれぞれ濃度《のうど》の異なる食塩水がいくらか入っています。入っている食塩水の重さは，Aが最も軽く，Cが最も重いです。さらに次のことがわかっています。

- A，B，Cに入っている食塩の重さは同じです。
- Cから，Bに入っている食塩水と同じ重さの食塩水を取りのぞくと，Cに残る食塩の重さは35gとなります。
- Bから，Aに入っている食塩水と同じ重さの食塩水を取りのぞくと，Bに残る食塩の重さは56gとなります。
- Cから，Aに入っている食塩水と同じ重さの食塩水を取りのぞくと，Cに残る食塩の重さは63gとなります。

このとき，次の問いに答えなさい。

(1) （Aに入っている食塩水の重さ）：（Bに入っている食塩水の重さ）を，最も簡単な整数の比で表しなさい。

(2) Aに入っている食塩の重さは何gですか。

(3) A，B，Cに入っている食塩水をすべて混ぜ合わせたときにできる食塩水の濃度は，Cに入っている食塩水の濃度の何倍ですか。

計 算 用 紙

5 A，B，C，D はそれぞれ 1 けたの整数です。いま，4 けたの数 ABCD を CADB と入れかえることを「シャッフル」と呼ぶことにします。例えば，1357 を 3 回シャッフルすると，1357 → 5173 → 7531 → 3715 になります。このとき，次の問いに答えなさい。

(1) 1234 を 21 回シャッフルすると，何になりますか。

(2) 1234 を 21 回シャッフルしてできる 21 個の数をすべてたすと，いくらですか。

(3) ある 4 けたの数 abcd を 21 回シャッフルしてできる 21 個の数をすべてたすと，118626 でした。a から d にあてはまる数はそれぞれ何ですか。

計 算 用 紙

6 1辺の長さが6cmの立方体ABCD－EFGHがあります。辺EF，FG，GH，HEの真ん中の点をそれぞれI，J，K，Lとし，2直線IKとJLとの交点をMとします。このとき，次の体積はそれぞれ何cm^3ですか。

(1) 四角すいA－GKMJ

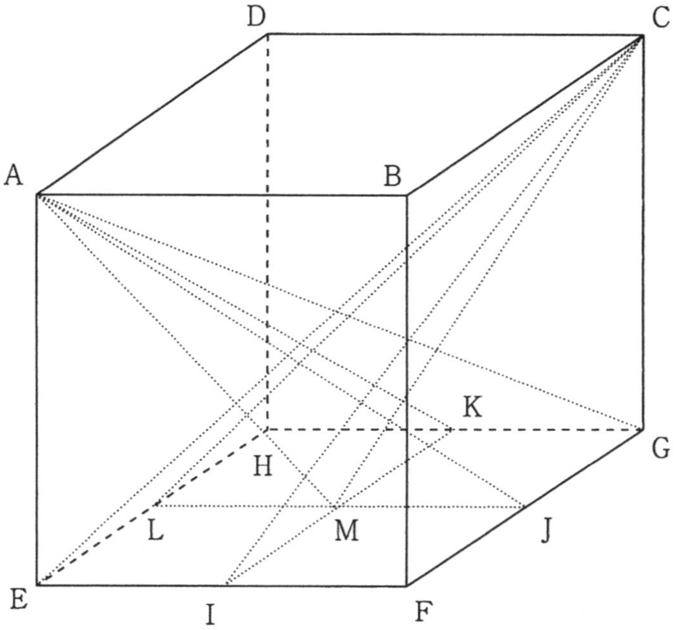

(2) 2つの四角すいA－GKMJとC－EIMLの重なる部分

(3)　2つの四角すいC－EIMLとD－FJMIの重なる部分

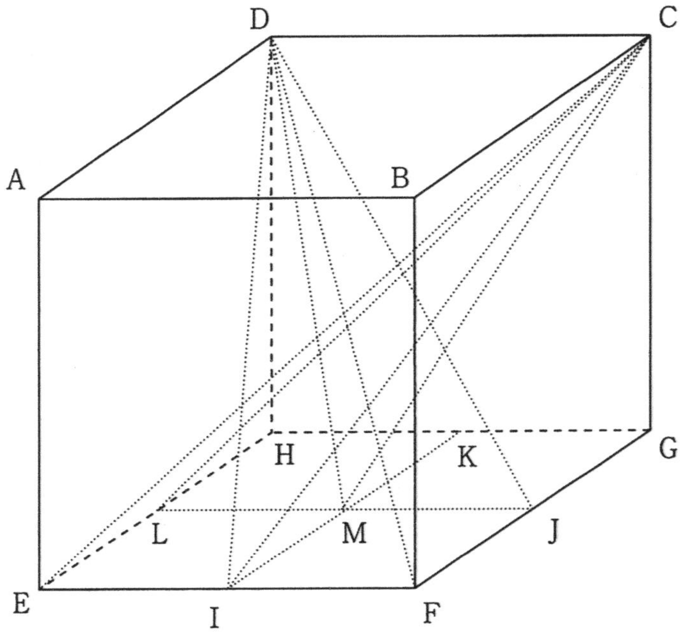

(4)　立方体から4つの四角すいA－GKMJ，B－HLMK，C－EIML，D－FJMIをのぞいた後に残る部分

令和３年度

中学入学試験問題

理　科

《解答時間：４５分》

注　意

1．問題は試験開始の合図《あいず》があるまで開かないこと。

2．**問題用紙のページ数は，表紙を除いて16ページ，解答用紙は１枚である。不足している場合は，ただちに申し出ること。**

3．解答はすべて，問題の番号と解答用紙の番号が一致《いっち》するよう，解答用紙の所定のらんに記入すること。不明りょうな書き方をした解答は採点しない。（※印のらんには記入しないこと）

4．開始の合図があったら，まず解答用紙に受験番号・氏名を記入すること。

問題は次ページより始まります。

1 次の文章を読んで，あとの（1）～（7）の問いに答えなさい。

モンシロチョウは，世界中に広く分布しているチョウで，幼虫はアブラナ科の植物，特にキャベツの葉を好みます。しかし，ふ化してすぐ食べるのは栄養が豊富な卵の殻《から》で，キャベツの葉を食べるようになるとからだが緑色となり「アオムシ」とよばれます。ふ化してから，さなぎになるまでの約２週間で，［　あ　］回脱皮を行います。ところが，幼虫に卵を産むアオムシコマユバチなどの寄生バチによって，多くの幼虫はさなぎになる前に死んでしまいます。また，秋にさなぎになったものは冬を越《こ》して，春に成虫となります。

（1） モンシロチョウの成虫として正しいものを，次の**ア～カ**の中から１つ選んで，記号で答えなさい。

ア

イ

ウ

エ

オ

カ

（2） モンシロチョウの卵を，次の**ア～オ**の中から１つ選んで，記号で答えなさい。

ア　**イ**　**ウ**　**エ**　**オ**

（3） ヒトはキャベツの葉の部分を食材として用います。①くきをおもに食材とするもの，②根をおもに食材とするものを，次の**ア～ケ**の中からそれぞれ**2つ**選んで，記号で答えなさい。

ア タマネギ　**イ** アスパラガス　**ウ** ゴボウ　**エ** ブロッコリー

オ ニンジン　**カ** チンゲンサイ　**キ** タケノコ　**ク** キュウリ

ケ トウモロコシ

（4） アブラナの花を，次の**ア～カ**の中から１つ選んで，記号で答えなさい。

ア　**イ**　**ウ**

エ　**オ**　**カ**

（5） さなぎで冬を越す生き物を，次の**ア～オ**の中から１つ選んで，記号で答えなさい。

ア カブトムシ　　**イ** オオカマキリ　　**ウ** ナナホシテントウ
エ ナミアゲハ　　**オ** エンマコオロギ

（6） [あ] にあてはまる数字を整数で答えなさい。

（7） アオムシコマユバチの成虫を，次の**ア～カ**の中から１つ選んで，記号で答えなさい。

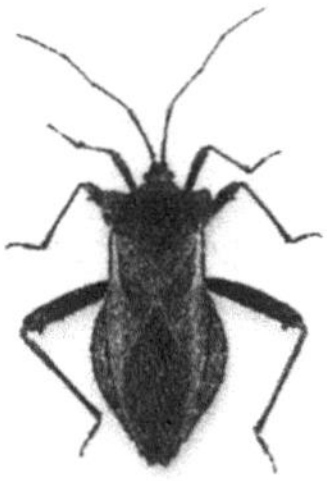
ア

イ

ウ

エ

オ

カ

2 次の文章を読んで，あとの（1）～（3）の問いに答えなさい。

かつゆき君は4月からの新学期，はりきっていたのですが，臨時休校になってしまってがっかりしました。しかし，先生と相談して勉強・運動・お手伝いなど自分の時間割を作ってからはがんばって取り組んでいます。好きなドッヂボールが1人ではできなくて残念ですが，なわとびやランニングをして体力をつけていくつもりです。ちょうど理科の家庭学習で体のつくりについて調べることになり，興味がわいてきました。

（1） **図1**は，かつゆき君が教科書を見ながら体のしくみをまとめたものです。「⟶」はものの動きを表しています。あとの①～③に答えなさい。

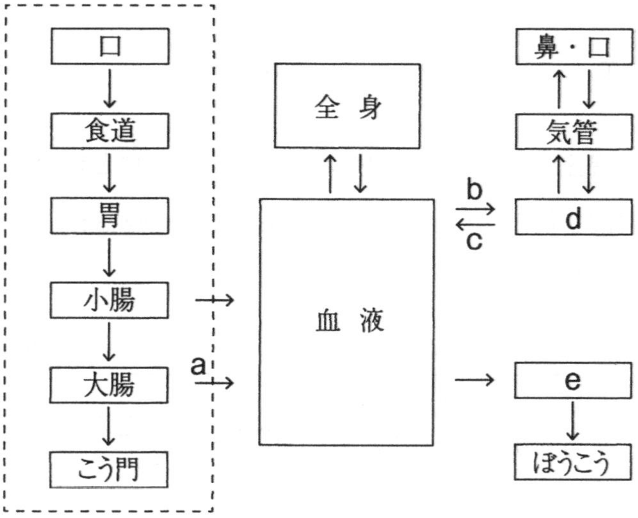

図1

① a～cはそれぞれ何の動きを表していますか。

② ［　　　　］を全体で何といいますか。

③　次の**ア～オ**は体の各部分を表しています。**d**・**e**にあてはまるものをそれぞれ1つ選んで，記号と名前を答えなさい。

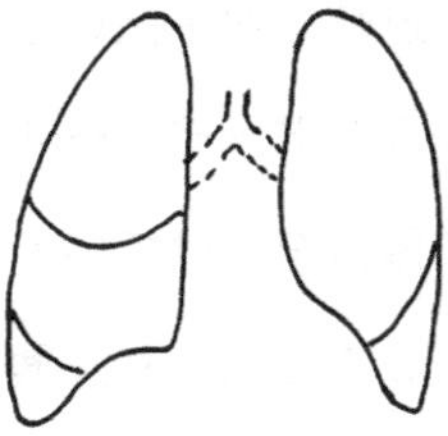

ア

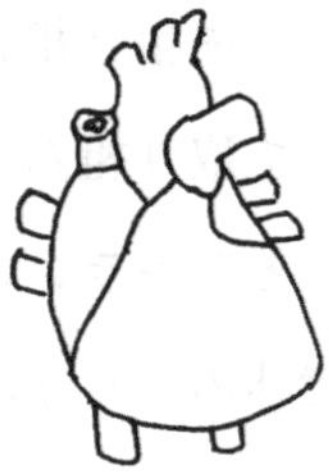

イ

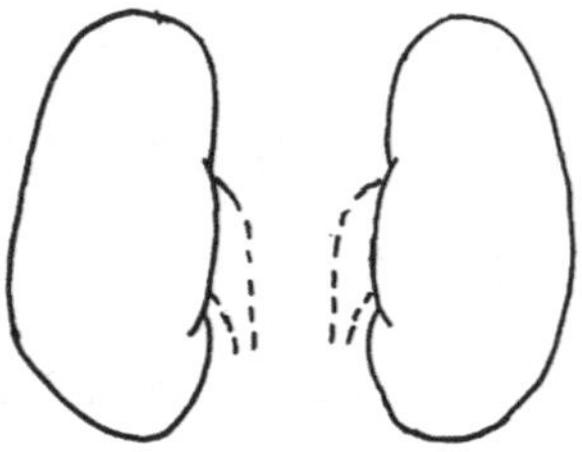

ウ

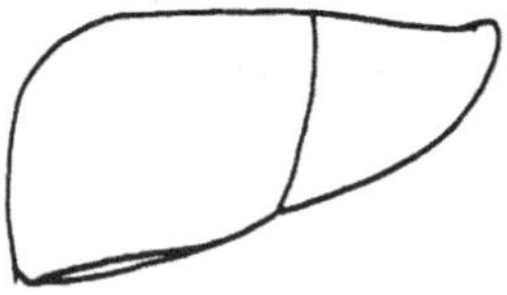

エ

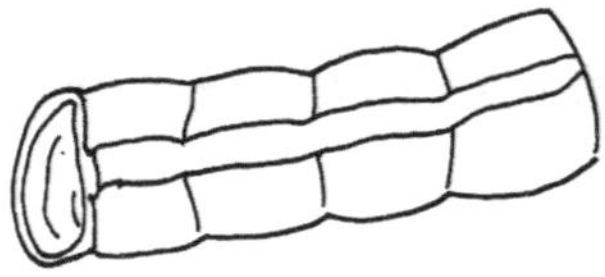

オ

（2）　だ液や胃液のはたらきを調べるため，ごはん粒《つぶ》と魚の切り身それぞれに水・だ液・胃液を加え，しばらく40℃に保ってから観察をしました。結果を次の表にまとめました。

加えたもの	ごはん粒	魚の切り身
水	ほとんど変わっていない。 ヨウ素液を加えると [1] となった。	ほとんど変わっていない。 ヨウ素液を加えると茶色となった。
だ液	形がくずれている。 ヨウ素液を加えると茶色となった。	ほとんど変わっていない。 ヨウ素液を加えると茶色となった。
胃液	ほとんど変わっていない。 ヨウ素液を加えると [2] となった。	形がくずれている。 ヨウ素液を加えると [3] となった。

[1] ～ [3] にあてはまる色を次の**ア～オ**の中からそれぞれ1つ選んで，記号で答えなさい。ただし，同じ記号をくり返し使ってもかまいません。

ア　無色　　**イ**　緑色　　**ウ**　青むらさき色　　**エ**　黒色　　**オ**　茶色

（3） **図2**は，うでの曲げ伸ばしに関係する筋肉を示したものです。あとの①・②に答えなさい。

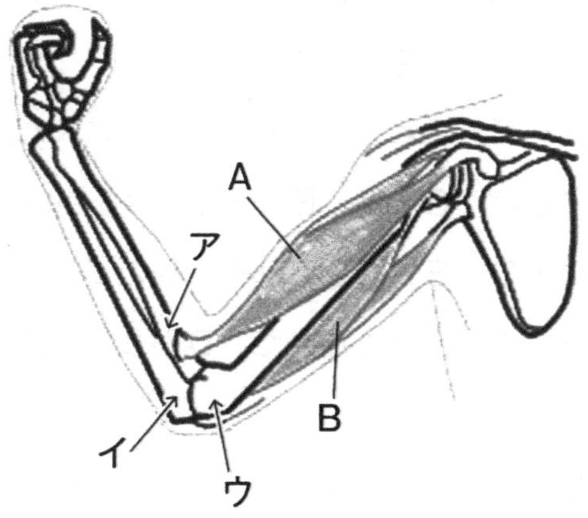

図2

① Bの筋肉のはしはどこにつながっていますか。**図2**の**ア**～**ウ**の中から１つ選んで，記号で答えなさい。

② うでを曲げるとき，A・Bの筋肉はどのようになりますか。次の**ア**～**ウ**の中からそれぞれ１つ選んで，記号で答えなさい。

ア ちぢむ　　**イ** ゆるむ　　**ウ** 変化しない

3 次の（1）・（2）の問いに答えなさい。

（1）　6種類の粉末A・B・C・D・E・Fは，食塩・鉄・銀・砂糖・卵の殻《から》・アルミニウムのいずれかです。A～Fを用いて，＜実験1＞～＜実験5＞を行いました。あとの①～③に答えなさい。

＜実験1＞　A～Fをそれぞれ別のビーカーに入れ，水を加えた。A・Bは完全にとけ，C・D・E・Fはとけなかった。

＜実験2＞　C・D・E・Fをそれぞれ別のビーカーに入れ，うすい水酸化ナトリウム水溶液《すいようえき》を加えた。Dからは気体Xが発生したが，他は変化がなかった。

＜実験3＞　C・E・Fをそれぞれ別のビーカーに入れ，うすい塩酸を加えた。Eからは気体Y，Fからは気体Zが発生したが，Cは変化がなかった。

＜実験4＞　A・Bの水溶液を蒸発皿にのせ，加熱し続けたところ，Aは黒色に変化したが，Bでは白色の粉末を生じた。

＜実験5＞　気体X・Y・Zにマッチの火を近づけると，気体X・Yはポンという音をたてて燃えたが，気体Zではマッチの火が消えた。

①　A・Dはそれぞれ何の粉末ですか。

②　＜実験3＞で使ううすい塩酸は，何がとけていますか。次のア～ウの中から1つ選んで，記号で答えなさい。

ア　固体　　**イ**　液体　　**ウ**　気体

③　気体X・Zについて正しく述べたものを，次のア～オの中からそれぞれ1つ選んで，記号で答えなさい。

ア　しめった青色リトマス紙を赤色に変える。

イ　乾燥《かんそう》した空気中にふくまれる体積の割合が2番目に多い。

ウ　金属をさびつかせる性質がある。

エ　空気より軽い。

オ　つんとしたにおいがする。

（2） 次の表は水100gにとける硝酸《しょうさん》カリウムの最大量です。

水の温度〔℃〕	20	40	60
硝酸カリウムの重さ〔g〕	32	64	109

水の温度を60℃に保ちながら，硝酸カリウムをたくさん入れてじゅうぶんかき混ぜたところ，全部はとけませんでした。ろ過でとけ残ったものを取り除いた水溶液は418gありました。次の①～③に答えなさい。

① ものが水にとけているときの説明として正しいものを，次の**ア**～**エ**の中から**すべて**選んで，記号で答えなさい。

ア すきとおっている。

イ ものが全体に広がっている。

ウ ものが蒸発している。

エ 色がついている。

② 下線部の水溶液には，硝酸カリウムが何gとけていますか。

③ 下線部の水溶液を20℃まで冷やすと，硝酸カリウムは何g生じますか。

4 次の文章を読んで，あとの（1）～（4）の問いに答えなさい。

そらさんの学校では，朝のあいさつ運動をしています。毎朝，午前８時ごろから校舎の入り口のそばで，交代であいさつをしています。

11月のある寒い日の朝，そらさんがあいさつを始めようといつもの立ち位置につくと，ちょうど日なたになっており，朝の日差しが暖かく感じられました。そらさんは，ふと半年前の５月にあいさつ運動をしたときのことを思い出しました。そのときは今朝と同じ時間に同じ位置に立っていたのに，校舎の日かげになっていて涼しく感じられました。

そらさんは，５月におこなった実験のことを思い出しました。棒を地面に垂直に立てて，午前８時，正午と午後４時にできる棒の影《かげ》を紙に記録したのです。その結果を示したものが**図１**です。そらさんは，11月の棒の影がどのようになるかについて興味をもったので，５月に棒の影を記録した紙を使って，再び同じ実験をしてみました。すると，同じ午前８時でも５月と11月では棒の影の長さや棒の影ができる向きが異なることがわかりました。

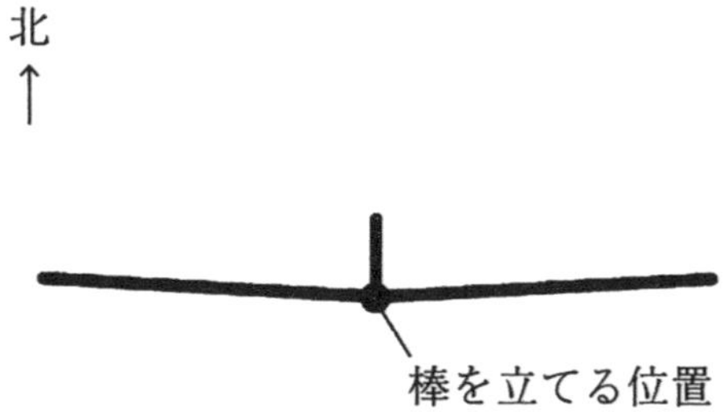

図１

（1） 5月，9月，11月のある日の午前8時の太陽の位置として適当なものを，次のア～エの中から1つ選んで，記号で答えなさい。

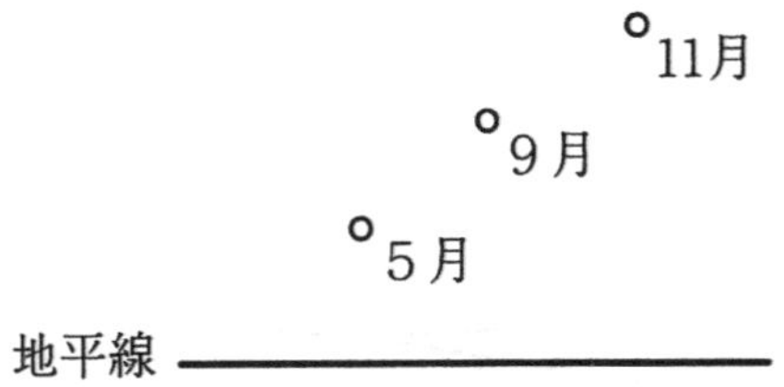

ア

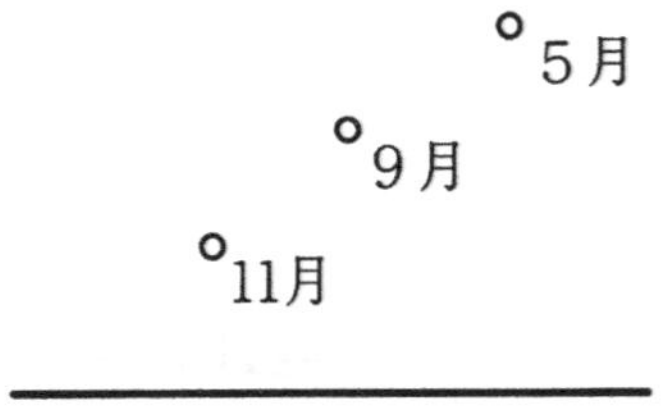

イ

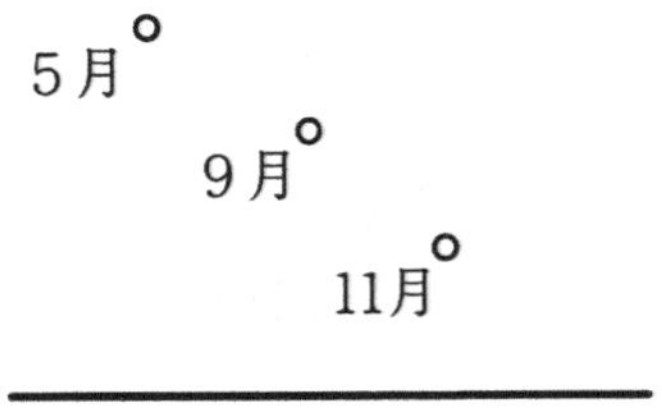

ウ

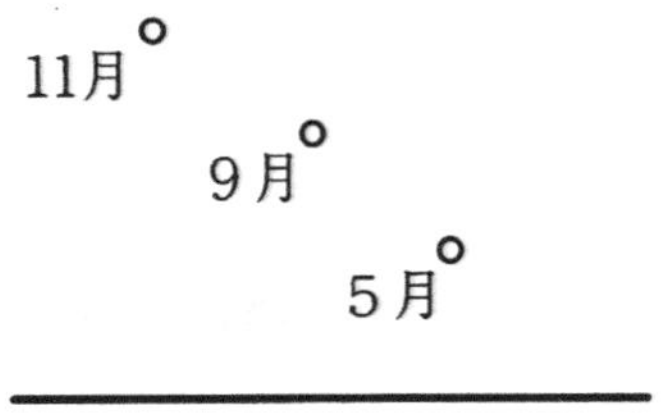

エ

（2） 11月のある日の午前８時と午後４時の棒の影として適当なものを，次の**ア**～**ク**の中からそれぞれ１つ選んで，記号で答えなさい。ただし，点線は**図１**の棒の影を示したものです。

ア

イ

ウ

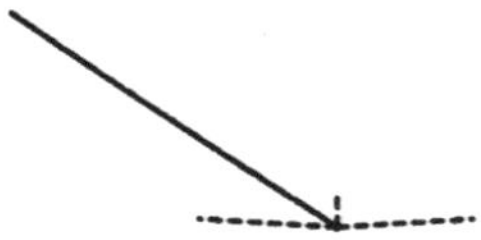

エ

オ

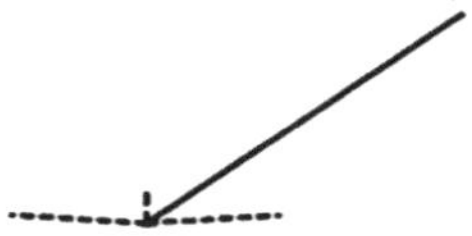

カ

キ

ク

（3） そらさんが朝のあいさつ運動をしていた位置として適当なものを，**図2**の**ア～ク**の中から１つ選んで，記号で答えなさい。

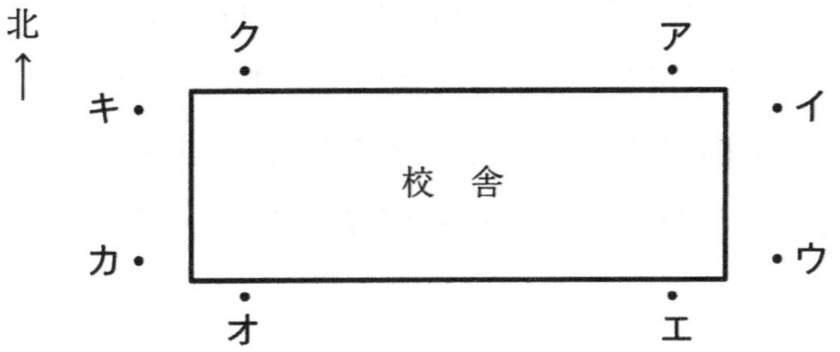

図2

（4） そらさんは，**図3**の**A**の位置が，５月のある日と11月のある日，それぞれどのような時間に日なたになっているか，日かげになっているかについて調べました。その結果として適当なものを，あとの**ア～エ**の中から１つ選んで，記号で答えなさい。ただし，校舎以外のものの影については考えないものとします。

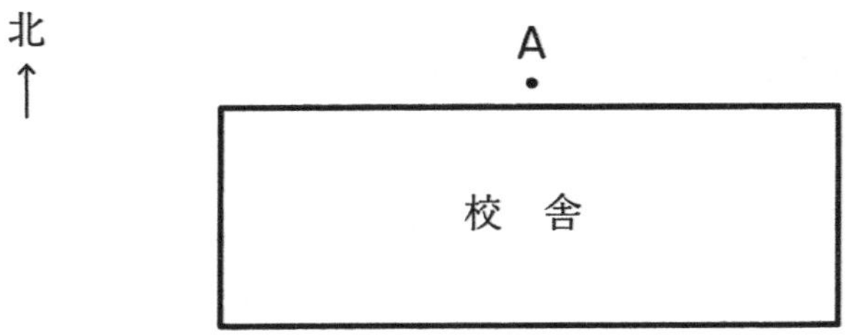

図3

ア　５月のある日は一日中日かげだった。11月のある日は昼の短い時間に日なたになっただけで，あとの時間は日かげだった。

イ　５月のある日は一日中日かげだった。11月のある日は朝と夕方の短い時間に日なたになっただけで，あとの時間は日かげだった。

ウ　11月のある日は一日中日かげだった。５月のある日は昼の短い時間に日なたになっただけで，あとの時間は日かげだった。

エ　11月のある日は一日中日かげだった。５月のある日は朝と夕方の短い時間に日なたになっただけで，あとの時間は日かげだった。

5 次の＜実験１＞・＜実験２＞について，あとの（１）〜（６）の問いに答えなさい。

＜実験１＞

図１のような正方形ABCDと正方形EFGHを側面にもつ箱に，同じ大きさをした球５個を入れて，箱を引き上げる実験をしました。対角線AFとBEの交点をIとします。５個の球の重さは，200gから600gまで100gずつ異なっています。また，箱は**図２**のように球５個がちょうど入る大きさで，重さは考えないものとします。

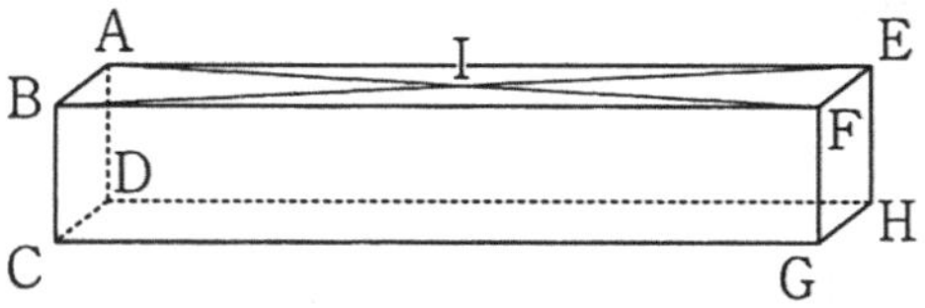

図１

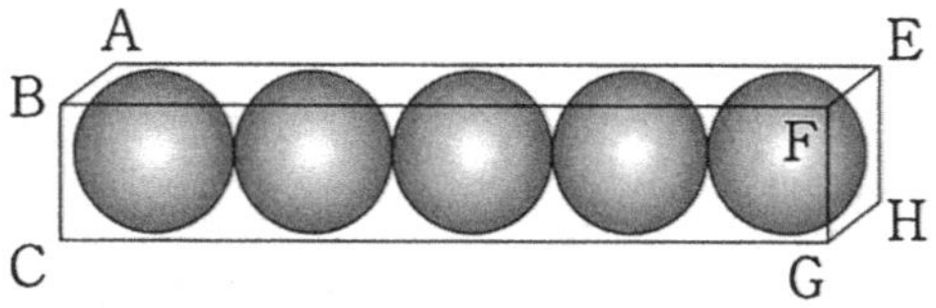

図２

（１） 点Iにひもをつけて引き上げると，面ABFEは水平になりました。**図３**は面ABFEの方から見た図です。図中のア・イ・ウの球はそれぞれ何gですか。

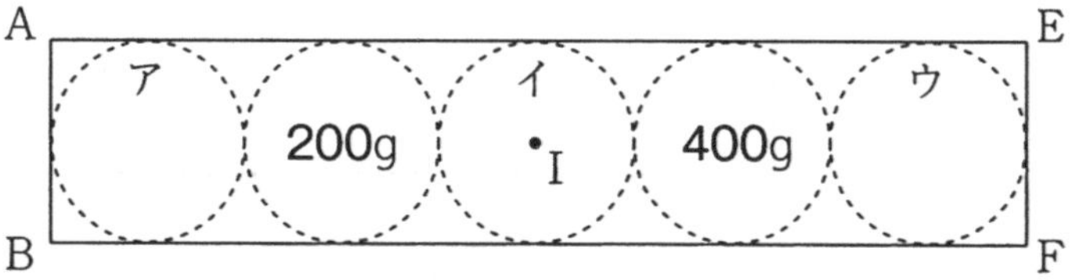

図３

（2）　5個の球を並べかえて，点Iから球の半径だけ辺AB側にずれた点Jにひもをつけて引き上げると，面ABFEは水平になりました。**図4**は面ABFEの方から見た図です。図中のエ・オ・カ・キ・クの球はそれぞれ何gですか。

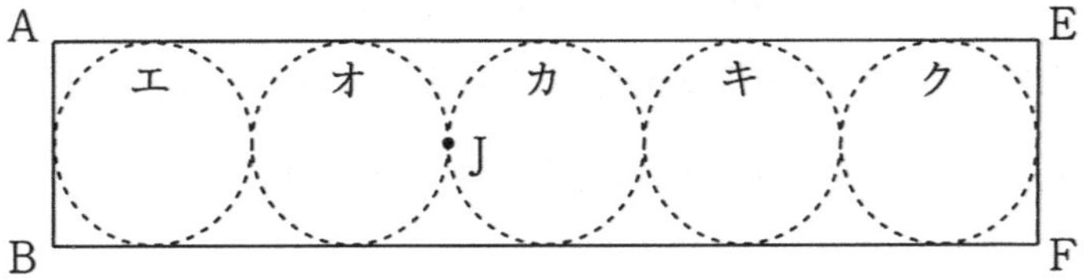

図4

（3）　5個の球を100g，200g，400g，500g，600gにかえました。点Jにひもをつけて引き上げると，面ABFEは水平になりました。水平につり合う球の組み合わせは何通りかありますが，その中で**図5**のスの球の重さが最大になる組み合わせを1つ答えなさい。

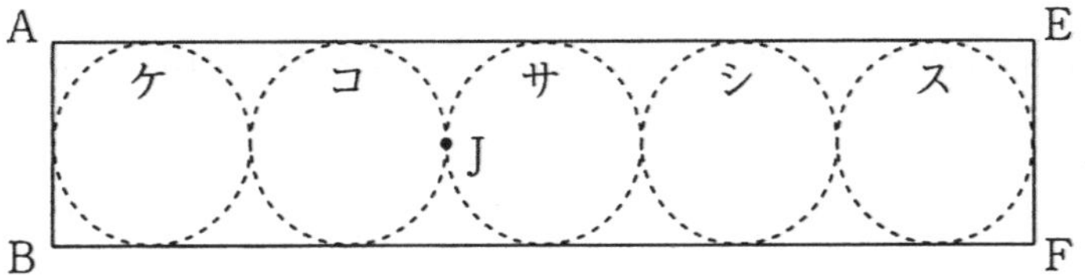

図5

＜実験２＞

図６のような正方形ABCDと正方形EFGHを底面にもつ箱に，同じ大きさをした球９個を入れて，箱を引き上げる実験をしました。対角線AFとBEの交点をI，辺AEの真ん中の点をJ，対角線ACとBDの交点をKとします。９個の球の重さは，100gから900gまで100gずつ異なっています。また，箱は**図７**のように球９個がちょうど入る大きさで，重さは考えないものとします。

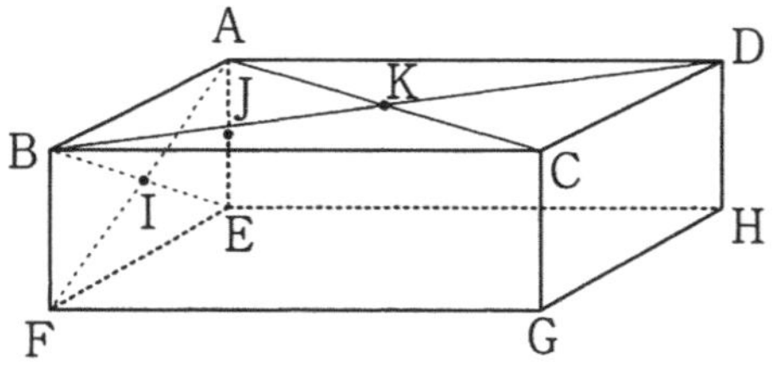

図6

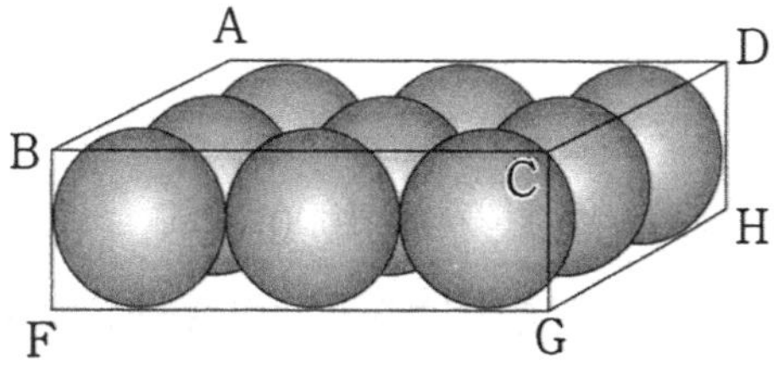

図7

（４）　**図８**のように，点Iにひもをつけて引き上げると面EFBAは水平になりました。**図９**は面ABCDの方から見た図です。セの球は何gですか。

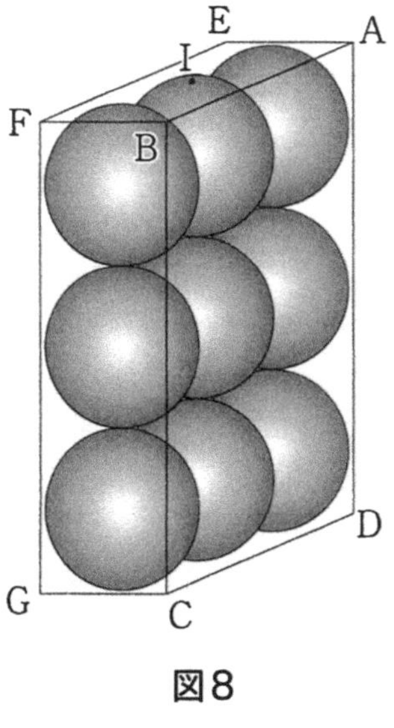

図8

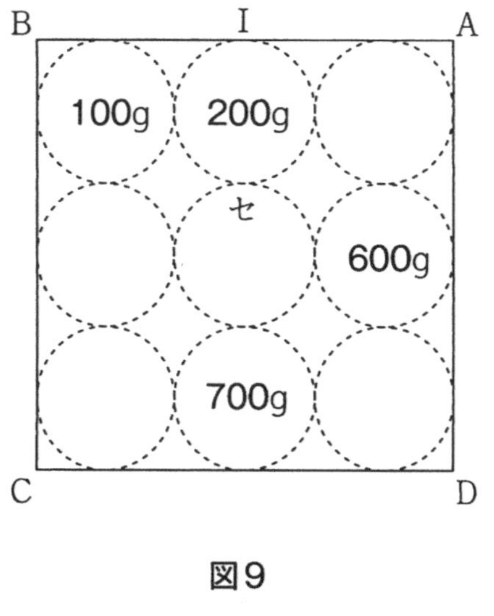

図9

（5）　**図10**のように，点Jにひもをつけて引き上げると4点B·D·H·Fが同じ高さになりました。**図11**は面ABCDの方から見た図です。ソの球は何gですか。

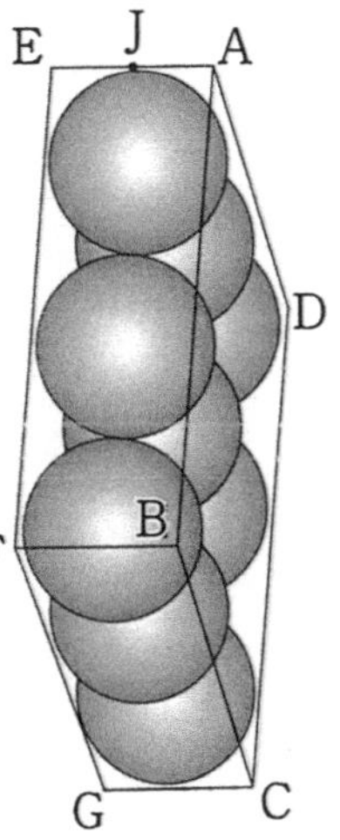

図10

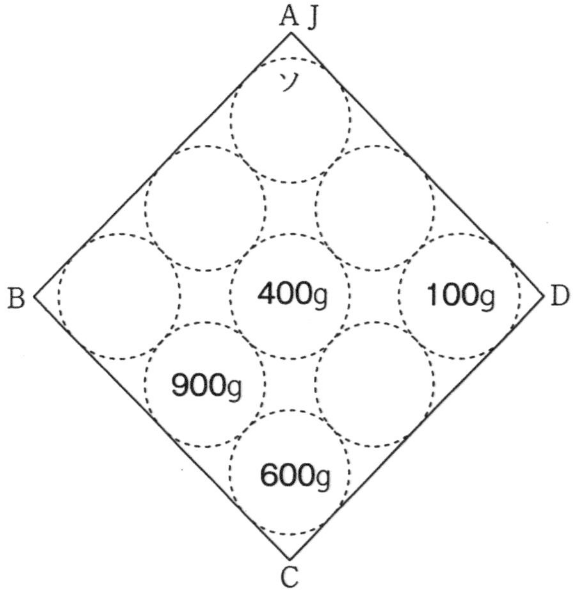

図11

（6）　**図12**のように，点Kにひもをつけて引き上げると面ABCDは水平になりました。**図13**は面ABCDの方から見た図です。タの球は何gですか。

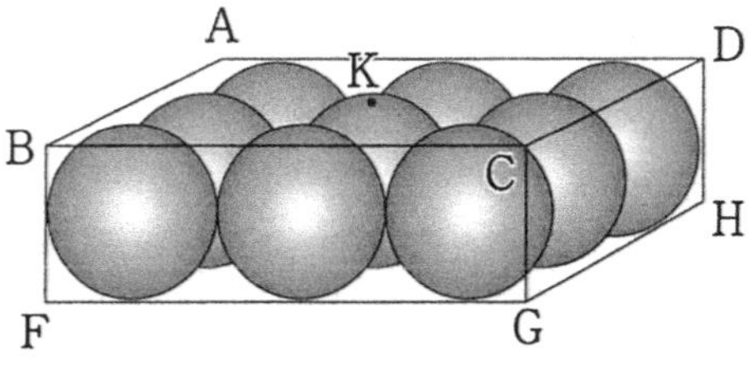

図12

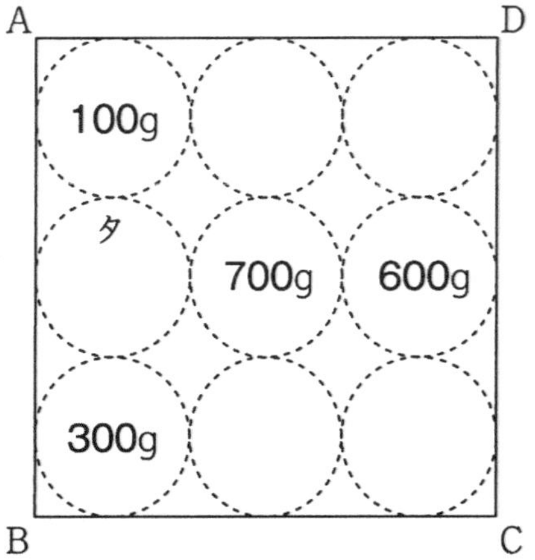

図13

2021(R3) 洛南高附属中
K 教英出版

令和３年度

中学入学試験問題

―社　会―

《解答時間：４５分》

注　意

1．問題は試験開始の合図《あいず》があるまで開かないこと。

2．**問題用紙のページ数は，表紙を除いて26ページ，解答用紙は１枚である。不足している場合は，ただちに申し出ること。**

3．解答はすべて，問題の番号と解答用紙の番号が一致《いっち》するよう，解答用紙の所定のらんに記入すること。不明りょうな書き方をした解答は採点しない。（※印のらんには記入しないこと）

4．開始の合図があったら，まず解答用紙に受験番号・氏名を記入すること。

1 人類は長い歴史のなかで，住居や寺院など多くの建物をつくってきました。様々な建物について述べた次の**A～K**の文章を読んで，あとの（1）～（20）の問いに答えなさい。

A

長く岩かげや洞窟《どうくつ》に住んでいた人々は，①縄文《じょうもん》時代になると，日当たりのよい高台に竪穴《たてあな》住居を建て定住生活を始めました。一軒《けん》に5～6人の家族が住み，数軒が集まって暮らしていました。

②弥生《やよい》時代になっても人々は竪穴住居に住み，平地の住居で生活するようになったのは，平安《へいあん》時代からだといわれています。

（1） 下線①について，次の文は縄文時代の貝塚《かいづか》を発見した人物の日記の一部です。その人物の名を答えなさい。

「横浜に上陸して数日後，はじめて東京へ行くとき，汽車の窓から貝殻《かいがら》の堆積《たいせき》があるのをみて，私はすぐに貝塚であるとわかった。……我々は東京から6マイルの大森まで汽車に乗り，そこから遺跡《いせき》まで半マイルは線路を歩いていった。」

（2） 下線②について，弥生時代の遺跡について述べた文として正しいものを，次の**ア～オ**の中から1つ選んで，記号で答えなさい。

ア 千葉県の岩宿《いわじゅく》遺跡では，関東ローム層の中から打製石器《だせいせっき》が出土した。
イ 群馬県の吉野ヶ里《よしのがり》遺跡では，ナウマンゾウの化石が発見された。
ウ 青森県の三内丸山《さんないまるやま》遺跡では，大量の木製農具や銅剣《どうけん》が出土した。
エ 静岡県の登呂《とろ》遺跡では，水田や高床倉庫《たかゆかそうこ》のあとが発掘された。
オ 佐賀県の唐古《からこ》・鍵《かぎ》遺跡では，2000以上の墓と多数の須恵器《すえき》が出土した。

B

聖徳太子《しょうとくたいし》（厩戸皇子《うまやどのみこ》）は推古《すいこ》天皇を助け，③様々な政治改革を行いました。また，仏教を保護し，法隆寺《ほうりゅうじ》など多くの寺院を建て，仏教の教えにより国を治めようとしました。

対外的には，中国の政治のしくみや，進んだ文化を取り入れようと（　　　　）に使節を送り，対等な関係を築こうとしました。

（3）　下線③について，聖徳太子の政治改革について述べた文として正しいものを，次の**ア～オ**の中から１つ選んで，記号で答えなさい。

ア　戸籍《こせき》をつくり，６才以上の男女に口分田《くぶんでん》をあたえた。
イ　律令《りつりょう》を定め，中央と地方の政治のしくみを整えた。
ウ　役人の位を12に分け，才能のある人物を取り立てようとした。
エ　豪族《ごうぞく》が支配していた土地と人民を，国が直接支配するようにした。
オ　物部《もののべ》氏など有力な豪族に，家がらや地位によって姓《かばね》をあたえた。

（4）（　　　　）にあてはまる中国の王朝名を答えなさい。

C

奈良《なら》時代，天然痘《てんねんとう》の流行や貴族《きぞく》の反乱などで世の中が乱れると，（　　　　）は人々の不安を仏教の力でしずめようと，国ごとに国分寺《こくぶんじ》と国分尼《に》寺を，都には東大寺《とうだいじ》を建て，④大仏をつくることを命じました。大仏殿《でん》は，その後２度にわたり焼失し，現在の建物は江戸《えど》時代に再建されたものです。

（５）（　　　　）にあてはまる天皇の名を答えなさい。

（６）下線④について，このとき大仏づくりに協力した人物を，次のア～オの中から１つ選んで，記号で答えなさい。

ア　行基《ぎょうき》　　イ　運慶《うんけい》　　ウ　鑑真《がんじん》
エ　重源《ちょうげん》　　オ　蓮如《れんにょ》

D

⑤平安時代の中ごろから，阿弥陀《あみだ》仏を信じ念仏を唱えれば極楽へ行けるという浄土《じょうど》信仰《しんこう》が起こり，各地に阿弥陀堂が建てられました。中でも藤原頼通《ふじわらのよりみち》が建てた平等院《びょうどういん》鳳凰堂《ほうおうどう》は，多くの仏像や壁画《へきが》を用いて極楽浄土の世界を表したといわれています。

⑥鎌倉《かまくら》時代になると，浄土信仰は浄土宗などの新しい仏教を生み，わかりやすい教えは武士や民衆の間に広まりました。

（7） 下線⑤について，次のア～キの文は，平安時代の出来事を述べたものです。これらを年代順に並べかえたとき，**2番目**と**5番目**にあたるものを記号で答えなさい。

ア 源頼朝《みなもとのよりとも》が北条《ほうじょう》氏などの協力を得て兵を挙げた。

イ 菅原道真《すがわらのみちざね》が遣唐使《けんとうし》を停止するように進言した。

ウ 平清盛《たいらのきよもり》が武士として初めて太政大臣《だいじょうだいじん》になった。

エ 白河《しらかわ》天皇が上皇となり院政《いんせい》を始めた。

オ 坂上田村麻呂《さかのうえのたむらまろ》が征夷大将軍《せいいたいしょうぐん》に任じられた。

カ 平将門《たいらのまさかど》が関東で反乱を起こし新皇《しんのう》と名乗った。

キ 藤原道長《ふじわらのみちなが》が摂政《せっしょう》となり政治の実権をにぎった。

（8） 下線⑥について，次の図は鎌倉時代の将軍と御家人《ごけにん》の主従関係を表したものです。Aにあてはまる語句を**漢字**で答えなさい。

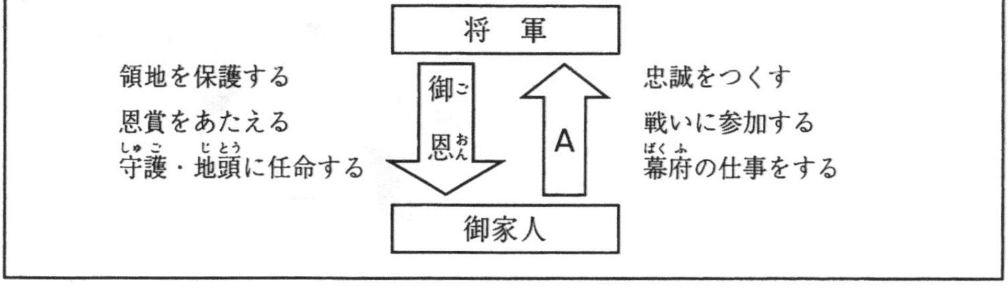

E

室町《むろまち》幕府の８代将軍足利義政《あしかがよしまさ》は，⑦応仁《おうにん》の乱の混乱が続く中，将軍職を子にゆずり京都の東山に銀閣《ぎんかく》を建てるなどぜいたくな生活を送りました。そのうえ，たびたび徳政令《とくせいれい》が出され政治は乱れました。

幕府の力がおとろえると，⑧下剋上《げこくじょう》の風潮が高まり，各地に戦国大名《せんごくだいみょう》が現れました。

（９） 下線⑦について，応仁の乱の後の様子を述べた文として正しいものを，次の**ア**～**オ**の中から１つ選んで，記号で答えなさい。

ア 鉄砲《てっぽう》が伝わり合戦の仕方や城のつくり方が大きく変わった。

イ 近江国《おうみのくに》（滋賀県）の馬借《ばしゃく》が徳政令を求め一揆《いっき》を起こした。

ウ 幕府は倭寇《わこう》と区別するため正式な貿易船に勘合《かんごう》を持たせた。

エ 幕府に従わない悪党《あくとう》と呼ばれる武士たちが現れた。

オ 記録所《きろくしょ》や武者所《むしゃどころ》などの役所を置き天皇中心の政治を始めた。

(10) 下線⑧について，下剋上の風潮が高まる中で，1488年，浄土真宗《じょうどしんしゅう》の門徒が守護大名を追い出し，自分たちで国を治めました。この出来事が起こった国を，地図中の**ア**～**オ**の中から１つ選んで，記号で答えなさい。

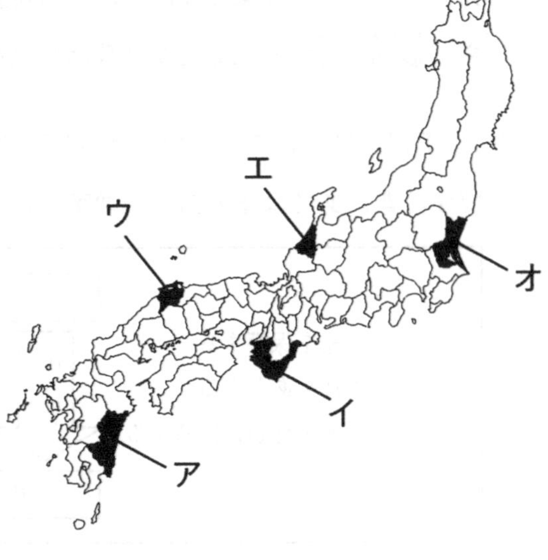

F

⑨豊臣秀吉《とよとみひでよし》は全国を統一すると，関白《かんぱく》や太政大臣として政治を行いました。また，政治の拠点《きょてん》として，巨大な堀《ほり》に囲まれた大阪城《おおさかじょう》を築くとともに，京都に聚楽第《じゅらくだい》という豪華《ごうか》な屋敷《やしき》をつくり，天皇を招いて諸大名に忠誠をちかわせました。

現在の西本願寺《にしほんがんじ》飛雲閣《ひうんかく》はその一部だといわれています。

(11)　下線⑨について，豊臣秀吉の政治に関する史料として正しいものを，次の**ア〜オ**の中から１つ選んで，記号で答えなさい。（史料はわかりやすく書き改めてあります。）

ア　「今後ポルトガル船の来航を禁じる。来航するものは処罰《しょばつ》する。」
イ　「様々な座《ざ》の規制・役務・税金などはすべて免除《めんじょ》する。」
ウ　「日本国を支配する私が，国書を大明国《だいみんこく》の皇帝陛下《こうていへいか》に差し上げます。」
エ　「武家は，学問や武芸の修行にひたすら心してはげむこと。」
オ　「諸国の百姓《ひゃくしょう》たちが刀・槍《やり》・鉄砲などの武器を持つことを禁じる。」

G

15世紀に成立した琉球《りゅうきゅう》王国は，中国や東南アジアとの中継《ちゅうけい》貿易により栄えました。都の（　　　　）には広大な城が築かれ，守礼門《しゅれいもん》では外国からの使節を王が出むかえたといいます。しかし，江戸時代の初めに島津《しまづ》氏に征服《せいふく》され，貿易の利益は薩摩藩《さつまはん》にうばわれ、重い年貢《ねんぐ》を取られるなど厳しい支配を受けました。

その後，明治《めいじ》時代に沖縄県として日本の領土になりました。

(12)　（　　　　）にあてはまる地名を答えなさい。

H

ベルサイユ宮殿は，⑩17世紀にフランス王ルイ14世によって建てられた宮殿で，豪華な建物や広大な庭園は，太陽王とも呼ばれた国王の絶対的な権力を表しています。中でも，外国の使節をむかえるための鏡の間は，第一次世界大戦後に⑪ベルサイユ条約の調印が行われたことでもよく知られています。

(13)　下線⑩について，17世紀の日本の様子を述べた文として正しいものを，次の**ア～オ**の中から１つ選んで，記号で答えなさい。

ア　目《め》安箱《やすばこ》を置き人々の意見を聞いて政治の参考にした。
イ　印旛沼《いんばぬま》の干拓《かんたく》や蝦夷地《えぞち》の開発を進めようとした。
ウ　極端《きょくたん》な動物愛護を定めた生類憐《しょうるいあわれ》みの令《れい》が出された。
エ　営業を独占《どくせん》していた株仲間《かぶなかま》を解散させ物価を引き下げた。
オ　長崎貿易を制限して金・銀の海外への流出を防いだ。

(14)　下線⑪について，ベルサイユ条約の内容として正しいものを，次の**ア～オ**の中から１つ選んで，記号で答えなさい。

ア　中国が日本へ台湾《たいわん》とポンフー諸島をゆずった。
イ　フランスがドイツにアルザス地方をゆずった。
ウ　日本が中国からリャオトン半島の租借《そしゃく》権を得た。
エ　日本がドイツからシャントン省の利権を受けついだ。
オ　世界の平和を守るため国際連合の設立が決められた。

I

幕末に結んだ不平等条約を改正することは，明治政府の大きな課題でした。交渉《こうしょう》のために⑫使節団を欧米《おうべい》に派遣《はけん》したり，鹿鳴館《ろくめいかん》を建てるなど改正に向けて努力しました。その後，憲法制定や議会の開設など近代化を進め，日清戦争《にっしんせんそう》の直前にイギリスとの間で（　　　　）の撤廃《てっぱい》に成功し，日露戦争《にちろせんそう》後にはアメリカとの間で関税自主権を回復することができました。

(15)　下線⑫について，この使節団の大使を務めた人物を，次の**ア〜オ**の中から1つ選んで，記号で答えなさい。

ア　西郷隆盛《さいごうたかもり》　　**イ**　津田梅子《つだうめこ》　　**ウ**　板垣退助《いたがきたいすけ》

エ　福沢諭吉《ふくざわゆきち》　　**オ**　岩倉具視《いわくらともみ》

(16)　（　　　　）にあてはまる語句を，**漢字**で答えなさい。

J

朝鮮《ちょうせん》半島の支配を進めていた日本は，伊藤博文《いとうひろぶみ》が暗殺されたことなどをきっかけに1910年韓国《かんこく》を併合《へいごう》し，その後，王宮の中に⑬朝鮮総督府《そうとくふ》の庁舎を建て統治の拠点としました。

⑭日中戦争《にっしゅうせんそう》が始まると，人々の名前を日本式に変えさせ，日本人として徴《ちょう》兵《へい》するなど支配を強めました。

(17)　下線⑬について，朝鮮総督府の庁舎が完成した1926年，天皇が亡くなり大《たい》正《しょう》時代が終わりました。大正時代に起こった出来事として**誤っているもの**を，次の**ア～オ**の中から１つ選んで，記号で答えなさい。

ア　普通《ふつう》選挙法と同時に治安維持法《ちあんいじほう》が成立した。
イ　田中正造《たなかしょうぞう》が足尾《あしお》銅山の鉱毒被害《ひがい》をうったえた。
ウ　原敬《はらたかし》が初めて本格的な政党内閣をつくった。
エ　関東大震災《かんとうだいしんさい》が起こり大きな被害を受けた。
オ　吉野作造《よしのさくぞう》が雑誌に民本主義《みんぽんしゅぎ》を発表した。

(18)　下線⑭について，日中戦争は，1937年の盧溝橋事件《ろこうきょうじけん》をきっかけに始まりました。この事件が起こった時期を，次の年表の**ア～オ**の中から１つ選んで，記号で答えなさい。

満州事変《まんしゅうじへん》が起こる
ア
五・一五事件が起こる
イ
二・二六事件が起こる
ウ
ドイツがポーランドに侵攻《しんこう》する
エ
日独伊三国軍事同盟《にちどくいさんごくぐんじどうめい》が結ばれる
オ
太平洋戦争《たいへいようせんそう》が始まる

K

1958年，総合的な電波塔《とう》として東京タワーが建設され，テレビ放送が本格的に始まりました。また，観光のために展望台もつくられ，⑮高度経済成長のシンボルにもなりました。

⑯2012年には，自立式の電波塔としては世界一の高さをほこる東京スカイツリーが完成し，放送エリアは大きく拡大し，新たな観光名所として多くの観光客を集めています。

(19)　下線⑮について，高度経済成長と呼ばれる時期に起こった出来事として**誤っているもの**を，次の**ア～オ**の中から１つ選んで，記号で答えなさい。

ア　アメリカから沖縄が返還《へんかん》された。

イ　新しい日米安全保障条約《にちべいあんぜんほしょうじょうやく》が結ばれた。

ウ　大気汚染《おせん》により四日市ぜんそくが発生した。

エ　日中平和友好条約《にっちゅうへいわゆうこうじょうやく》が結ばれた。

オ　東京でオリンピック大会が開かれた。

(20)　下線⑯について，2012年，iPS細胞《さいぼう》をつくった功績によりノーベル賞を受賞した人物を，次の**ア～オ**の中から１つ選んで，記号で答えなさい。

ア　川端康成《かわばたやすなり》　　**イ**　田中耕一《たなかこういち》　　**ウ**　湯川秀樹《ゆかわひでき》

エ　佐藤栄作《さとうえいさく》　　**オ**　山中伸弥《やまなかしんや》

2 日本は現在，「Society 5.0（ソサエティ5.0）」の実現に向け，様々な取り組みを始めています。その１つにスマートシティがあります。スマートシティに関する次の文章を読んで，あとの（１）～（14）の問いに答えなさい。

2018年８月に国土交通省が公表した「スマートシティの実現に向けて」によると，スマートシティは「①都市の抱《かか》える諸課題に対して，②ICT（情報通信技術）等の新技術を活用しつつ，マネジメント（計画，整備，管理・運営等）が行われ，全体最適化が図られる持続可能な都市または地区」とされています。現在，日本各地でスマートシティの実現に向けての取り組みが行われています。

③猪苗代《いなわしろ》湖の西に位置している（　　あ　　）県④会津若松《あいづわかまつ》市は，会津盆地の中心都市で，⑤若松城跡《わかまつじょうあと》などの観光地や日本初のＩＣＴ専門大学などがあることで知られています。ここでは，⑥バスの乗降データなどを分析《ぶんせき》し，コミュニティバスの路線およびダイヤを地域住民とともに整えたことでバスの利用率が向上しました。

⑦石狩《いしかり》平野の東部に位置する北海道⑧岩見沢《いわみざわ》市は，「⑨農業を軸《じく》とした地方創生」をかかげています。大学や企業と協力することで，市内の農地で無人トラクターを使った農作業や，センサーやカメラで作物の生育状況《じょうきょう》を把握《はあく》するなどの実証実験を行っています。

（　　い　　）半島の北に位置し，富士山のふもとにある⑩静岡県裾野《すその》市は，⑪自動車工場の用地であったところを利用して，あらゆるモノやサービスがつながる実証都市をつくる事業を進めています。この事業の対象地域は「ウーブンシティ」と命名され，実際の生活環境《かんきょう》の中で自動運転・ロボット・スマートホーム技術などを導入・検証することが予定されています。

また，⑫海外の都市でもスマートシティの実現に向けての取り組みが行われています。シカゴでは，センサーを街中に設置することで環境に関するデータをリアルタイムで収集し，様々な問題の解決に役立てることが期待されています。このように，これからの社会に向けて日本を含《ふく》めた世界各地で様々な取り組みが行われているのです。

（1） 文章中の（　　**あ**　　）・（　　**い**　　）にあてはまる語句を答えなさい。

（2） 下線①について，都市の抱える諸課題の対策について述べた文として**誤っているもの**を，次の**ア**～**エ**の中から１つ選んで，記号で答えなさい。

ア　騒音《そうおん》の対策として，高速道路に防音壁《ぼうおんへき》を設置している。

イ　洪水《こうずい》の対策として，河道をつけかえて河川を蛇行《だこう》させている。

ウ　交通渋滞《じゅうたい》の対策として，交差点の右折レーンの距離を長くしている。

エ　ヒートアイランド現象の対策として，緑のカーテンを設置している。

（3） 下線②について，情報通信技術の発達により情報通信機器の普《ふ》及《きゅう》も進んでいます。次の図は，通信機器の保有世帯割合の推移を示したもので，図中のA～Cは，スマートフォン・タブレット型端《たん》末《まつ》・パソコンのいずれかです。A～Cにあたるものの組み合わせとして正しいものを，あとの**ア～カ**の中から１つ選んで，記号で答えなさい。

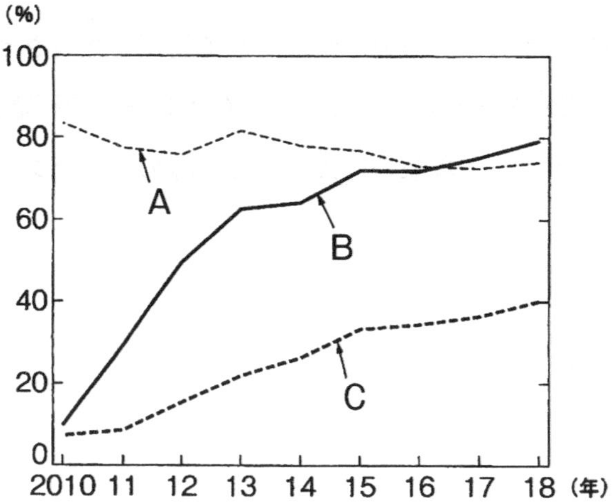

（『日本国勢図会2020/21年版』より作成）

	ア	イ	ウ	エ	オ	カ
A	スマートフォン	スマートフォン	タブレット型端末	タブレット型端末	パソコン	パソコン
B	タブレット型端末	パソコン	スマートフォン	パソコン	スマートフォン	タブレット型端末
C	パソコン	タブレット型端末	パソコン	スマートフォン	タブレット型端末	スマートフォン

国語解答用紙

受験番号

氏名

1

(1)
③
⑤
⑫ ばして

(2)
① 1 2 3

(3)
② 1 2 3

(4)

(5)

(6)

(7)
⑦ お い
⑧ し り

(8)
⑨
⑪

(9)

(10)
A
B
C
D
E

(11)

※ ※ ※ ※ ※ ※ ※ ※

※

※

※150点満点
(配点非公表)

(4)	(5)		(6)
ク	ケ	コ	サ

※

3

(1)	(2)	(3)
(Pの速さ):(Qの速さ) :	cm^2	秒後

4

(1)	(2)	(3)
(Aの重さ):(Bの重さ) :	g	倍

5

(1)	(2)	(3)			
		a	b	c	d

6

(1)	(2)	(3)	(4)
cm^3	cm^3	cm^3	cm^3

※

3

	①		②	③	
(1)	A	D		X	Z

	①	②	③
(2)		g	g

※

4

(1)	(2) 午前８時	午後４時	(3)	(4)

※

5

	ア	イ	ウ
(1)	g	g	g

	エ	オ	カ	キ	ク
(2)	g	g	g	g	g

	ケ	コ	サ	シ	ス
(3)	g	g	g	g	g

(4)	(5)	(6)
g	g	g

※

(10)	(11)	(12)	(13)	(14)

※

3

(1)	(2)	(3)

(4)														

(5)	(6)					
	㋐	㋑				

(7)			(8)	(9)
c	d	e		

(10)		(11)
㋐	㋑	

※

社会解答用紙

受験番号		氏 名	

※50点満点
(配点非公表)

※

1

(1)	(2)	(3)	(4)	(5)	(6)
				天皇	

(7)		(8)	(9)	(10)	(11)	(12)
2番目	5番目					

※

(13)	(14)	(15)	(16)	(17)	(18)	(19)	(20)

※

2

(1)		(2)	(3)	(4)	(5)	(6)
あ	い					

【解答

理科解答用紙

受験番号		氏名	

※100点満点
(配点非公表)
４教科型は50点満点に換算

※

1

(1)		(2)		(3)	①	②
(4)		(5)		(6)		(7)

※

2

(1)	①		
	a	b	c
	②	③	
		d 記号 名前	e 記号 名前

(2)	1	2	3	(3)	①	②
						A B

※

【解答用

算数解答用紙

受験番号		氏 名	

※150点満点
（配点非公表）

※

1

(1)	(2)	(3)	(4)	(5)

2

(1)		(2)
ア	イ	ウ

(3)

【解答

3

(1)
③
⑥
⑦

(2)
A
B
C

(3)

(4)
1
2
3

(5)

(6)
1
同
異
2
往
往
3
三
四

(7)

(8)
(i)
(ii)

(9)
1
2
3
4
5

※ ※ ※ ※ ※ ※ ※ ※ ※

※

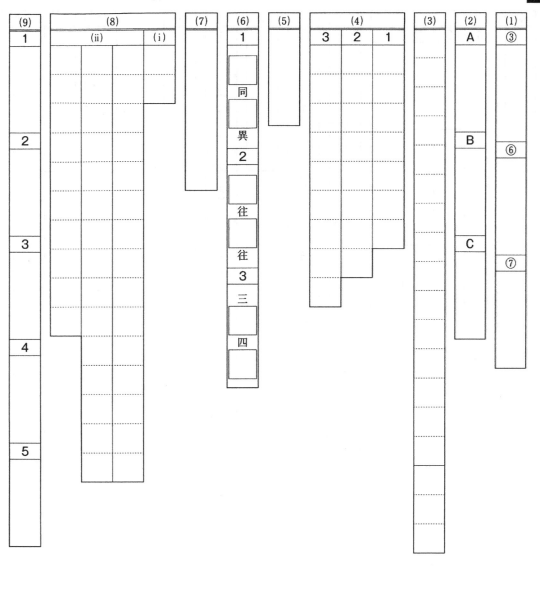

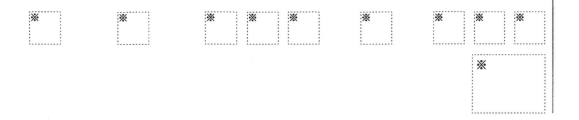

(12)

(13)

2

(1)

(2)

(3)

(4)
1 □気
2 □所
3 □本
4 □具
5 楽□

(5)

(6)
⑤
1
2
3

(7)
1
2

(8)
⑦ なんと□
⑧ なんと□

(9)
1
2
3
4

(10)

3の解答らんは裏にあります。

※ ※ ※ ※ ※ ※ ※ ※ ※ ※

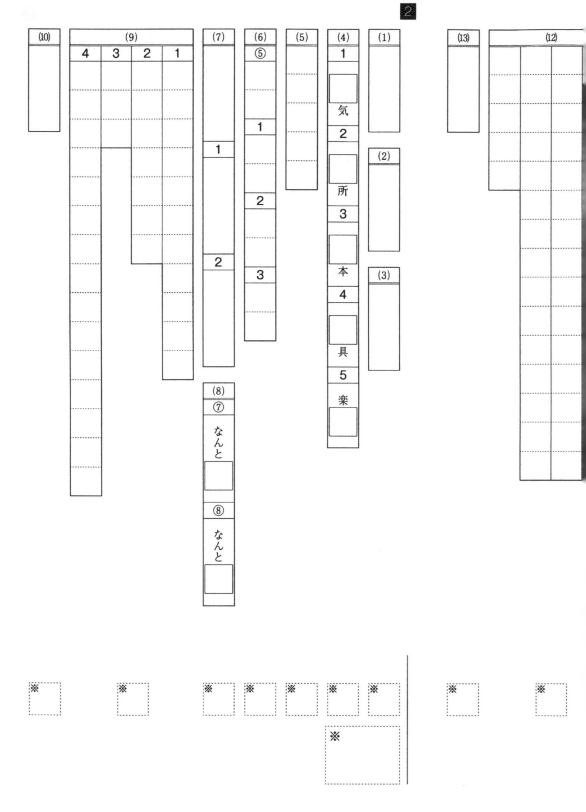

(4)　下線③について，次の**ア**～**エ**の文は，猪苗代湖・宍道《しんじ》湖・諏訪《すわ》湖・田沢《たざわ》湖のいずれかの湖について説明したものです。**猪苗代湖**にあたるものを，**ア**～**エ**の中から１つ選んで，記号で答えなさい。

ア　天竜《てんりゅう》川の水源となっている湖で，周囲では精密機械工業が発達している。

イ　奥羽《おうう》山脈と出羽《でわ》山地の間に位置している，日本で最も深い湖である。

ウ　北に火山である磐梯《ばんだい》山があることから水質は酸性で，透明度《とうめいど》の高い湖である。

エ　海水と淡水《たんすい》が入り交じる汽水湖で，しじみの漁獲量《ぎょかくりょう》は全国有数である。

(5)　下線④について，会津若松市とその周辺は，会津塗《あいづぬり》と呼ばれる伝統的工芸品の生産で全国的に知られています。会津塗と同様に伝統的工芸品に指定されている漆器《しっき》がある県を，次の**ア**～**エ**の中から１つ選んで，記号で答えなさい。

ア　石川県　　**イ**　高知県　　**ウ**　佐賀県　　**エ**　滋賀県

（6） 下線⑤について，次の図は若松城跡とその周辺の地図です。この地図から読み取れることとして**誤っているもの**を，あとの**ア～エ**の中から1つ選んで，記号で答えなさい。

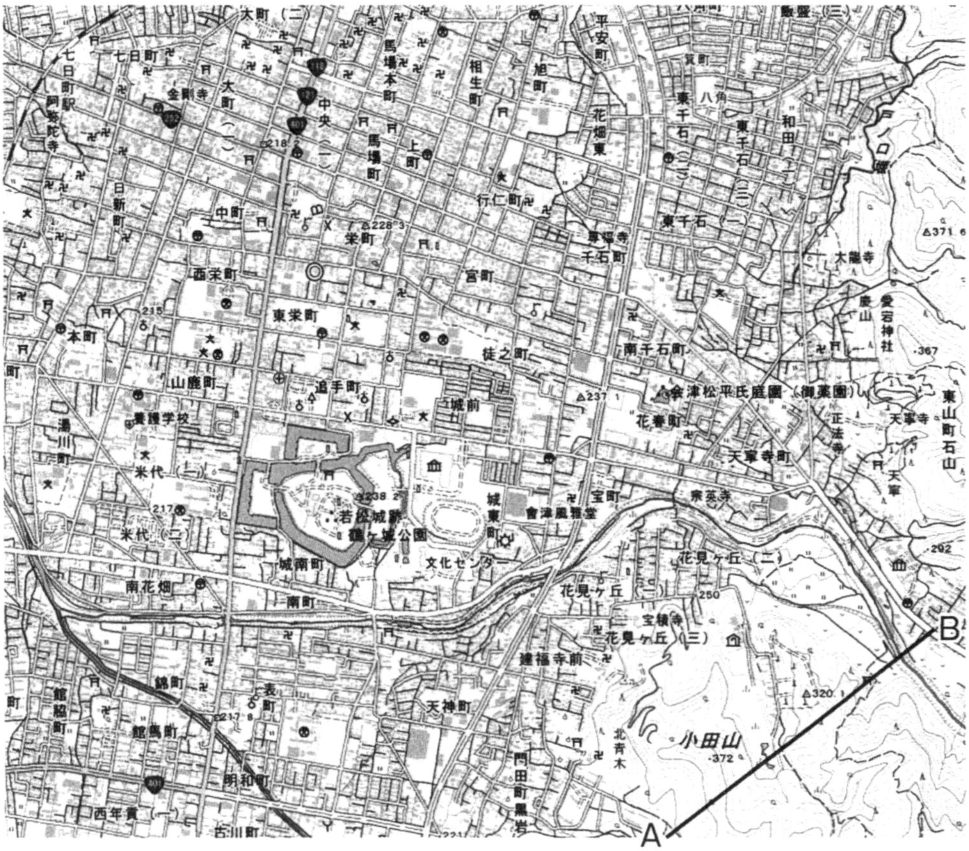

（地理院地図より作成）

ア 若松城跡の北に交番がある。　　**イ** 市役所の北西にＪＲ線の駅がある。

ウ 老人ホームが複数ある。　　**エ** 神社より寺院の方が多い。

（7）（6）の地図中の線分A－Bの断面図として正しいものを，次のア～エの中から1つ選んで，記号で答えなさい。

ア

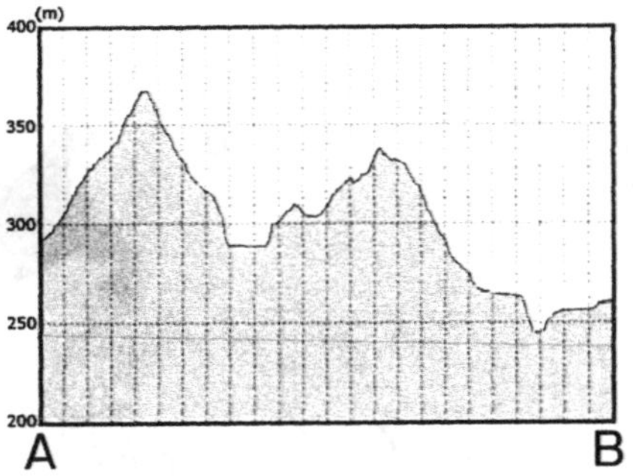

イ

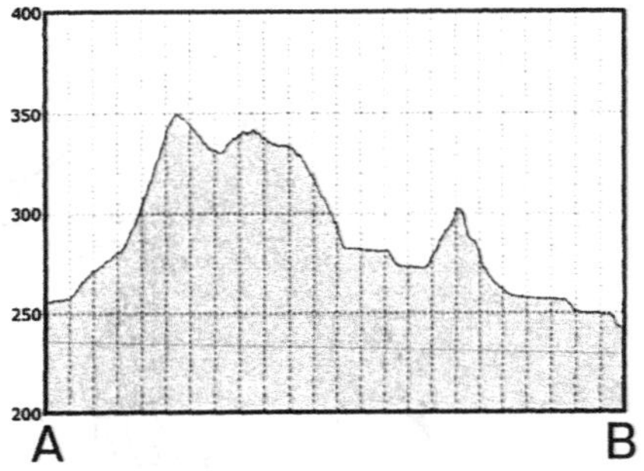

ウ

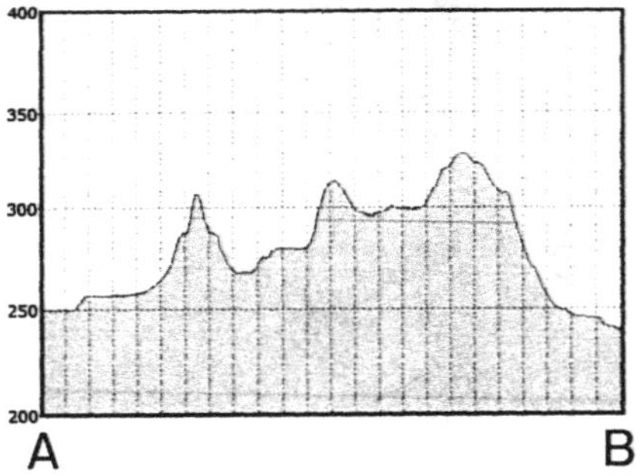

エ

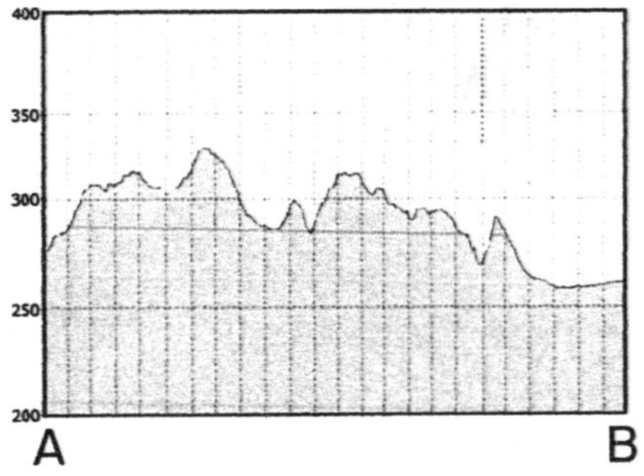

（地理院地図より作成）

（8） 下線⑥について，次の図は，交通手段別の国内旅客輸送量上位５都道府県を示したもので，図中の**A～C**は，海上輸送（2017年）・航空輸送（2018年）・バス（2017年）のいずれかです。**A～C**にあたるものの組み合わせとして正しいものを，あとの**ア～カ**の中から１つ選んで，記号で答えなさい。

A

B

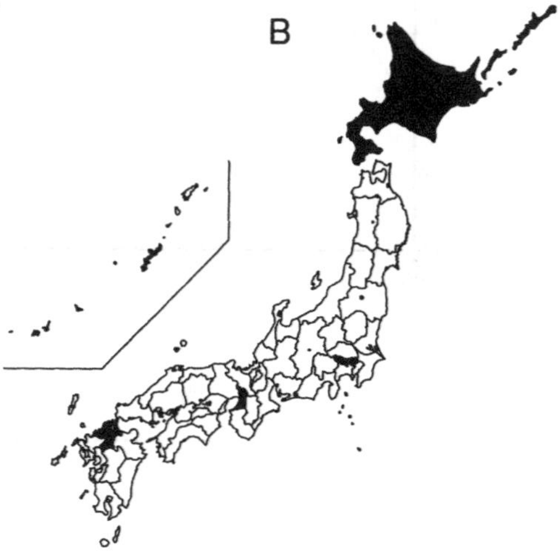

C

（『データで見る県勢2020年版』より作成）

	ア	イ	ウ	エ	オ	カ
A	海上輸送	海上輸送	航空輸送	航空輸送	バス	バス
B	航空輸送	バス	海上輸送	バス	海上輸送	航空輸送
C	バス	航空輸送	バス	海上輸送	航空輸送	海上輸送

(９)　下線⑦について，以前の石狩平野は農耕に適さないところでしたが，ある工夫をした結果，現在は農業がさかんな地域として知られています。その工夫を説明しなさい。

(10)　下線⑧について，次の**ア～エ**の図は，青森県八戸《はちのへ》市・京都府舞鶴《まいづる》市・群馬県前橋《まえばし》市・北海道岩見沢市のいずれかの都市の雨温図です。**岩見沢市**にあたるものを，**ア～エ**の中から１つ選んで，記号で答えなさい。

ア

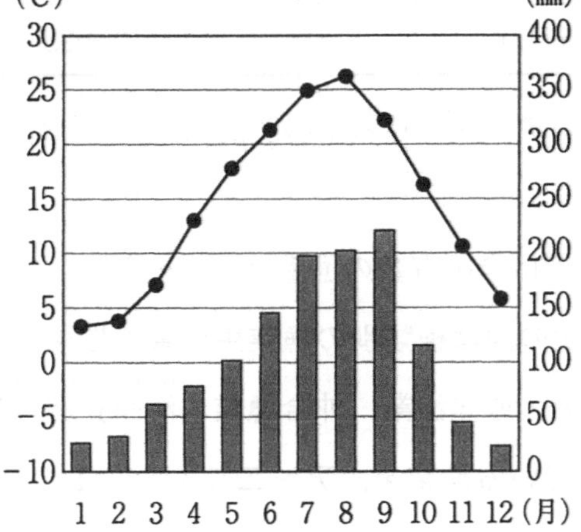

イ

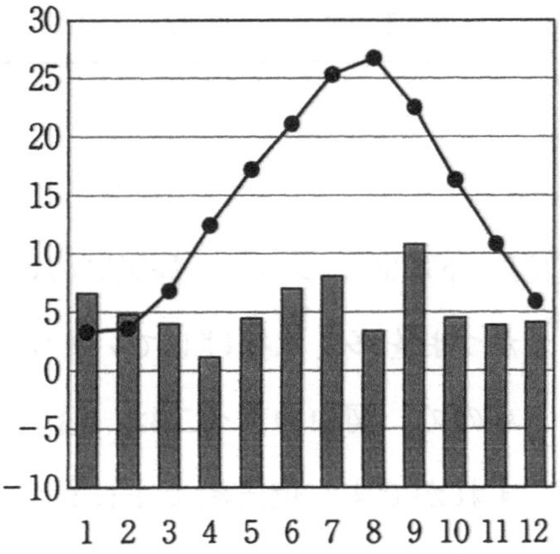

ウ

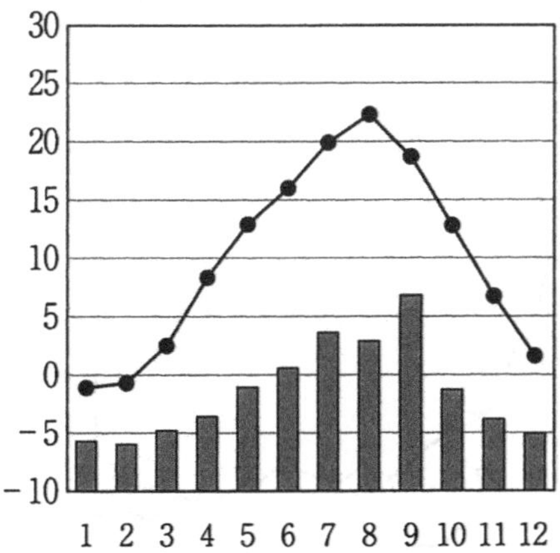

エ

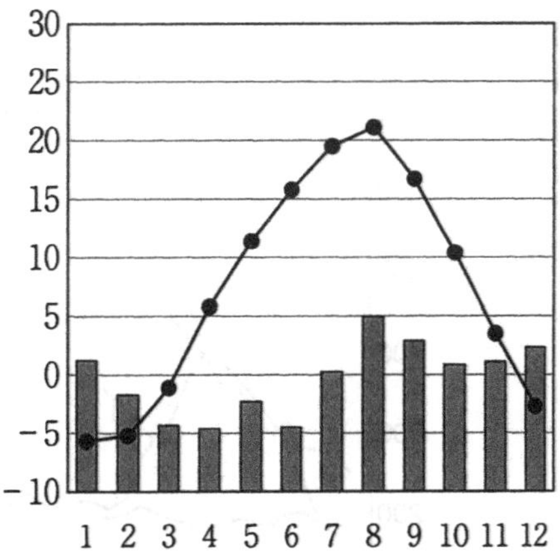

（気象庁ＨＰより作成）

(11)　下線⑨について，次の表は，米・ばれいしょ・レタスの収穫《しゅうかく》量と豚肉《ぶたにく》の生産量（2018年，単位はトン）を示したもので，表中の**ア〜エ**は，茨城県・鹿児島県・長野県・北海道のいずれかです。**茨城県**にあたるものを，**ア〜エ**の中から１つ選んで，記号で答えなさい。

	米	ばれいしょ	レタス	豚肉
ア	514800	1742000	14200	90220
イ	359700	46300	89800	100012
ウ	199000	19600	208900	11315
エ	92400	96500	7000	210523

（『データで見る県勢2020年版』より作成）

(12)　下線⑩について，静岡県の焼津《やいづ》港は全国有数の漁港として知られ，まぐろやかつおを多く水揚《みずあ》げしています。次の図は種類別の漁業生産量の推移を示したもので，図中の**ア〜エ**は，沿岸漁業・遠洋漁業・沖合漁業・海面養殖業《かいめんようしょくぎょう》のいずれかです。焼津港で主に行われている漁業を，**ア〜エ**の中から１つ選んで，記号で答えなさい。

※漁業生産量は，漁業（漁獲量）と養殖業（収獲量）の合計です。

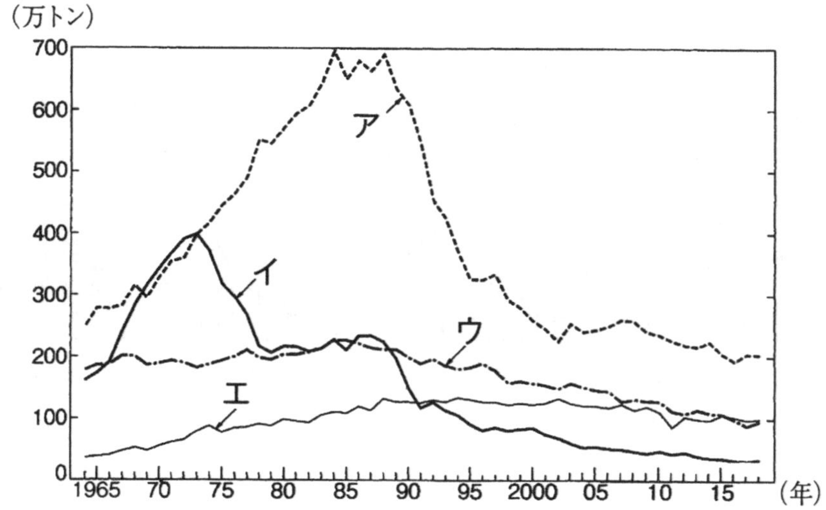

（『日本国勢図会2020/21年版』より作成）

(13)　下線⑪について，自動車工業について述べた文として正しいものを，次の**ア**～**エ**の中から１つ選んで，記号で答えなさい。

ア　１つの工場にすべての部品が集められて組み立てることが一般的《いっぱんてき》である。

イ　水素と酸素から電気をつくって走るハイブリッドカーの普及が進んでいる。

ウ　日本でつくられた自動車の多くが輸出され，主な輸出先は中国である。

エ　国内生産量は減少傾向《けいこう》であるが，日本企業の海外での生産量は増加傾向である。

(14)　下線⑫について，次のア～エの文は，日本以外でスマートシティ事業に取り組んでいるシカゴ・シンガポール・ドバイ・マンチェスターのいずれかの都市について説明したものです。**シカゴ**にあたるものを，**ア～エ**の中から１つ選んで，記号で答えなさい。

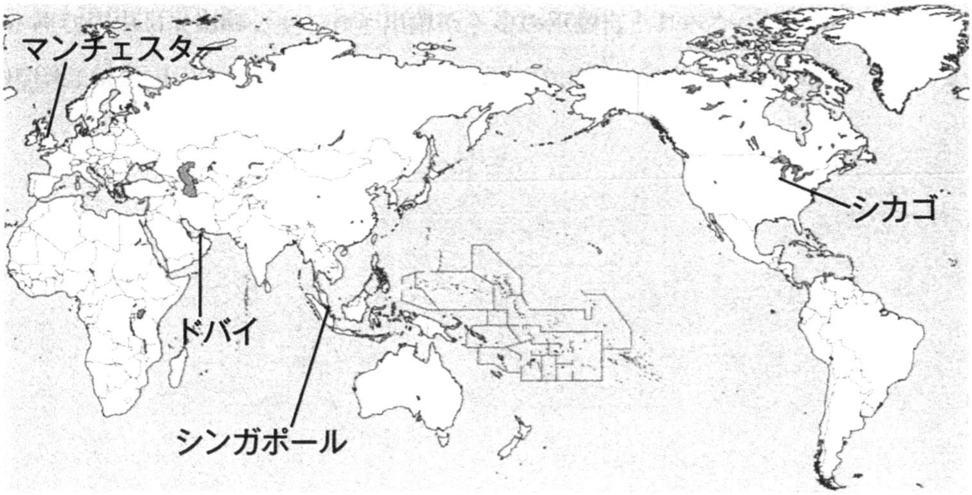

ア　ＥＵを離《り》脱《だつ》した国にあり，世界で最初に産業革命が始まった地域の中心都市である。

イ　日本に多くの石油を輸出している国にあり，近年急速な発展をとげた都市である。

ウ　トウモロコシの輸出量が世界で最も多い国にあり，農作物の集散地となっている都市である。

エ　人口密度が日本よりも高い国にあり，金融《きんゆう》センターとしての機能を持つ都市である。

3 けいこさんとのぶゆきさんは中学校の授業で，「日本の国会は一院制を導入するべきである，賛成か反対か。」というテーマで議論を行うことになりました。次の文章は，けいこさんが一院制の導入に賛成する立場で意見を述べるために考えた原《げん》稿《こう》です。文章を読んで，あとの（1）～（11）の問いに答えなさい。

私は，日本の国会は一院制を導入するべきであることを主張します。ここでいう一院制とは，国会のうち（　a　）を廃止《はいし》することとします。なぜなら，一院制を導入すれば，日本の①財政赤字を大きく改善することができるからです。

現在，国会議員１人に対して年間4000万円以上が給料などとして，私たちが納める②税金から支払われています。これに事務職員たちの給料などを加えると，二院を維持するためにかかる費用は年間1000億円以上ともいわれています。③選挙が行われるときには，これに選挙で必要となる膨大《ぼうだい》な費用も加わるのです。

しかし，日本は財政赤字に苦しんでおり，そのような費用を負担し続ける余裕《よゆう》がありません。国債《こくさい》残高で考えると，日本政府は2019年度現在で約（　b　）円の借金を抱えています。日本のこの借金が国内総生産に占《し》める割合は，④諸外国のそれと比べてかなり大きく，深刻な状態になっているといえます。そこで一院制を導入すれば，議会の維持運営などにかかる費用を大幅《おおはば》に減らすことができ，財政赤字を大きく改善することができるのです。

また，一院制を導入したとしても，日本の政治に大きな弊害《へいがい》は生じません。⑤日本国憲法では，（　a　）ともう１つの議院とが異なる議決を行ったとき，⑥もう１つの議院の優越《ゆうえつ》が認められる様々な場合について定めています。そのため，議院が２つある現在においても（　a　）の意向が反映されないことが多かったのです。

現在，⑦新型コロナウイルス感染症《かんせんしょう》の影響《えいきょう》で生活に苦しむ人が出るなど，多くの人々が日本政府の助けを求めています。日本国民は⑧健康で文化的な最低限度の生活を営む権利を持っていますが，その権利がおかされているといえるのです。しかし財政赤字が大きい状況では，政府は苦しむ人々を救い権利を保障するために十分な資金を確保できません。そこで，日本の国会に一院制を導入することで，少しでも苦しむ人々を助けるための資金を確保する必要があると考えています。

（1） 文章中の（　a　）に共通してあてはまる語句を答えなさい。

（2） 文章中の（　b　）にあてはまる数字に最も近いものを，次の**ア～エ**の中から１つ選んで，記号で答えなさい。

ア　60億　　**イ**　30兆　　**ウ**　100兆　　**エ**　900兆

（3） 下線①について，次のグラフは，日本の財政のうち一般会計予算の歳出構成（2020年）を示したものです。グラフ中の**A～C**にあたる歳出費目の組み合わせとして正しいものを，あとの**ア～カ**の中から１つ選んで，記号で答えなさい。

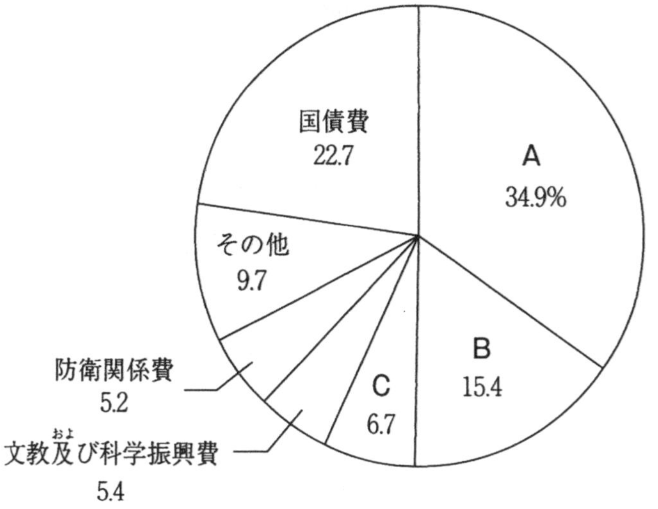

（財務省ＨＰより作成）

	A	B	C
ア	公共事業関係費	社会保障関係費	地方交付税交付金
イ	公共事業関係費	地方交付税交付金	社会保障関係費
ウ	社会保障関係費	公共事業関係費	地方交付税交付金
エ	社会保障関係費	地方交付税交付金	公共事業関係費
オ	地方交付税交付金	公共事業関係費	社会保障関係費
カ	地方交付税交付金	社会保障関係費	公共事業関係費

（4）　下線②について，日本の税金のうち消費税の税率は現在10％となっていますが，食料品などが軽減税率の対象品目となり，それらの品目の税率は８％となっています。それらの品目だけ税率を低くしている目的を**15字以内**で説明しなさい。

（5）　下線③について，現在日本では，選挙の日に用事などがある場合，選挙の日の前でも投票用紙を直接投票箱に入れて投票できる制度が設けられています。この制度を何といいますか。

（6）　下線④について，次の(あ)・(い)の問いに答えなさい。

(あ)　諸外国は，核《かく》兵器問題についての交渉を進めています。アメリカが1987年に旧ソ連と結び，トランプ大統領が2018年に離脱を表明した核軍縮についての条約を何といいますか。

(い)　諸外国において地球規模の問題に取り組む，ＮＧＯの日本語訳を**漢字５字**で答えなさい。

（7）　下線⑤について，次の日本国憲法の条文中の（　ｃ　）～（　ｅ　）にあてはまる語句をそれぞれ答えなさい。

第３条　天皇の（　ｃ　）に関するすべての行為《こうい》には，（　ｄ　）の助言と承認を必要とし，（　ｄ　）が，その責任を負ふ。

第４条　天皇は，この憲法の定める（　ｃ　）に関する行為のみを行ひ，（　ｅ　）に関する権能を有しない。

（8） 下線⑥について，このような場合の例として**誤っているもの**を，次の**ア**～**エ**の中から1つ選んで，記号で答えなさい。

ア 憲法改正の発議　　　**イ** 条約の承認

ウ 内閣総理大臣の指名　　　**エ** 予算の議決

（9） 下線⑦について，この感染症への世界的な取り組みの中心となっている国連の専門機関があります。この専門機関のマークは，次の**A**～**C**のいずれかです。この専門機関の略《りゃく》称《しょう》とマークとの組み合わせとして正しいものを，あとの**ア**～**ケ**の中から1つ選んで，記号で答えなさい。

A　　　B　　　C

	ア	イ	ウ	エ	オ	カ	キ	ク	ケ
略称	UNHCR	UNHCR	UNHCR	WHO	WHO	WHO	WTO	WTO	WTO
マーク	A	B	C	A	B	C	A	B	C

（10） 下線⑧について，次の㋐・㋑の問いに答えなさい。

㋐ 社会権の1つであるこのような権利を何といいますか。

㋑ 1919年に制定され，この権利を史上初めて認めたドイツの憲法を何といいますか。

(11)　次の文章は，のぶゆきさんが一院制の導入に反対する立場で意見を述べるために考えた原稿です。文章中の（　A　）～（　D　）に入る数字や語句の組み合わせとして正しいものを，あとの**ア**～**エ**の中から１つ選んで，記号で答えなさい。

私は，日本の国会は一院制を導入するべきではないことを主張します。なぜなら，一院制を導入することで，国民の様々な視点を反映することが難しくなるからです。現在日本の国会には，任期（　A　）年で解散の（　B　）議院と，任期（　C　）年で解散の（　D　）議院とがあります。そのため，前者の議院はより長期的な視点で，後者の議院はより直近の国民の意見をふまえた視点で議論を行うことができるしくみになっています。しかし一院制が導入されると，このいずれかの視点が無くなってしまう分，幅広い意見を反映しにくくなってしまうのです。

	A	B	C	D
ア	4	ある	6	ない
イ	4	ない	6	ある
ウ	6	ある	4	ない
エ	6	ない	4	ある

2021(R3) 洛南高附属中
教英出版